# Lekker is 'n lag lank

## 'N GRAP-ENSIKLOPEDIE

FANUS RAUTENBACH

J L van Schaik

Uitgegee deur J L van Schaik Uitgewers
Arcadiastraat 1064, Hatfield, Pretoria


Eerste uitgawe 1994

ISBN 0 627 02004 6

Bandontwerp deur Mynderd Vosloo
Geset in 9.7/11 pt Utopia deur A1 Graphics, Pretoria
Gedruk en gebind deur Kaap en Transvaal Boekdrukkery, Kaap

BK4840

# VOORWOORD

Veertig jaar gelede het luisteraars 'n nuwe stem in die Afrikaanse Diens leer ken. Dit was Fanus Rautenbach, wat die program "In almal se kraal" op 1 Julie 1954 by Douwlina Grobler oorgeneem het.

Heel gou het die program die karakter van 'n vrolike inbelprogram gekry – die eerste van sy soort in Afrikaans.

Staaltjies, grappies, ware stories en "spitsies" het aan hierdie program beslag gegee, terwyl Fanus 'n huishoudelike naam in elke huis geword het.

Op 16 Oktober 1961 het Fanus die aanbieder van "Flink uit die vere" geword. Gaandeweg het Jan Alleman aan humor (en sjeef) by die oggendkoffie gewoond (en verslaaf) geraak terwyl Fanus en sy Flinkveria-grappe steeds gewilder geword het.

Fanus se humor is genuanseerd. Soms is hy robuust, soms subtiel, slim, of snydend. Hy ontmasker pretensies en laat jou nuut dink oor die dilemmas van menswees. Hy hou jou nederig en verhoed dat jy jouself en die wêreld alte ernstig opneem.

*Lekker is 'n lag lank* is 'n keur uit Fanus se humorversameling. Dit bevat grappe, anekdotes en staaltjies vir elke geleentheid – 'n ensiklopedie van humor in almal se kraal.

Die uitgewer

*Hierdie ensiklopedie is 'n versameling van humorvertellings en grappe – van stokoues wat steeds oorleef, tot splinternuwes.*

Alle grappies op 'n stokkie:

dis 'n lekker lang H-U-M-O-R-S-O-S-A-T-I-E !

# INHOUD

Hierdie ensiklopedie is vir naslaandoeleindes alfabeties volgens onderwerpe gerangskik.

# A

### *Aap*

1. 'n Plattelandse spotvoël wou eendag ook in die Kaap die gek skeer en vra ewe nuuskierig aan 'n Kaapse kêreltjie: "Haai jong, het jy nie dalk die wa met ape gesien nie?"

"Nee," kom die antwoord, "het jy dan altemit afgeval?"

### *Adam*

2. Theo wil weet waarom Adam beskou moet word as die eerste elektrotegniese ingenieur. Hy het die onderdele voorsien vir die eerste luidspreker.

### *Advertensie*

3. 'n Predikant adverteer vir 'n orrelis en kry die volgende aansoek: "Ek sien uit jou advertensie dat jy 'n orrelis en musiekonderwyser vra, hetsy 'n heer of dame. Daar ek jare lank albei gewees het, maak ek applikasie vir die posisie."

4. Cohen het verskeie male probeer om 'n onderhoud met die pous te kry, maar dit is hom geweier. Hy bied toe die pous 'n honderd rand aan om met hom 'n onderhoud te kry. Die sekretaris se nuuskierigheid was geprikkel.

"Waarom wil jy so graag die pous spreek?"

"Ek wil hom vra dat as hy weer die 'Onse Vader' oor die radio voordra, en hy kom by 'Gee ons vandag ons daaglikse brood,' hy dan melding moet maak van Cohen se bakkery."

### *Afrikaans*

5. Daar was 'n jong juffrou Van Zyl,<br>
te pragtig, met kurwes so geil.<br>
Maar haar kêrel praat Spaans,<br>
verstaan niks Afrikaans,<br>
en hy vry toe maar sommer in braille!

6. Afrikaans het heeltemal die plek van Nederlands in ons skoolonderwys ingeneem. Uit die volgende mededeling van ds D P Faure, wat in *Die Volksbode* van 22 Mei 1890 verskyn het, is dit duidelik dat Nederlands 'n eeu gelede matrikulante maar hotagter gegee het:

Mynheer – Volgens belofte ga ik thans eenige voorbeelden geven van de hoogte van bekwaamheid in het Hollands bereikt door een aantal jongelingen die zich voor Matrikulatie en voor het Civiele Dienst Examen aanmeldden. Om niet te langwijlig te worden, voeg ik er geen overbodige commentaar aan toe.

Op de vraag naar den oorsprong en betekenis van het woord "watertandend" werden de volgende antwoorden onder de ingeleverde gevonden:

- When a man drinks a lot of water.
- Pertaining to waterspouts.
- Het woord wordt zoo genoemd omdat tanden altijd blinken en naar water lijken.
- Means the eating away of the water in a thing.
- Waterproof.
- To put the impression of your teeth on something.
- Watertight.
- Waterzuchtig.
- Water-het-aan-end.
- Watertoothed, that is with inlets.
- Watermasses.

- With bad or soft teeth.
- Tanden zoo zwak als water en daarom onnuttig.
- Waterplaats, or place where there is much water, derived from "water" and "teneo", Latin.
- Iets dat niet grondig is, planten die spoedig verwelken.
- The result got from going into cold water, and that is how the word is derived.

De oorsprong en betekenis van "reikhalzend" werd aldus verklaard:

- Inspiration from "reik" which means smell, and "halzend" means "containing".
- Encircling the country, derived from "reik", a district, and "halzenen" to encircle.
- It means "grote vreugde"; ik reikte hem om den hals.
- Het betekent dat de een den ander ontmoet na lange afwezigheid en dat de ontmoeting van veel ernst is.
- Having a thick long neck.

De volgende zijn staaltjes van vertalingen:

The novelty of the situation.
- De oudheid der positie.
- De snaaksheid der positie.
- De aardigheid der positie.
- De roman der positie.

Sources of disquiet.
- Aanvaringen van ontsteltelijkheid.

A prey to the same reflections.
- Een aas voor hetzelfde denkbeelden.
- Bad om dezelfde terugslag.

Demon.
- Satin.

Withdrawing the curtain.
- Dragende het lapje terug.

Voorraad van denkbeelden.
- Value of memoranda.

Als zij stierf.
- If she be a step-child.

Op den duur vernuwen.
- Expensive renewal.

Als moeder streng of knorrig was.
- When mother strings or knots something.

In haar bijzijn.
- In her broom.

Vurige wagen.
- Weighty recollection.

Zegeningen ontvangen.
- Catch diseases.

Beproevingen ondergaan.
- Undergo examinations.

De dief werd gepakt en in den tronk gezet.
- The thief put the plunder in the trunk.

Samenleving.
- Convivation; secret living.

Joint proprietors.
- Maats proketeers.

Recht en aanspraak.
- Correct in speech.

Exert heroic bravery.
- De grootste dapperigheid uithalen.

Citizen of the world.
- Stadman van de wereld.
- Stadder van de wereld.

In een uurwerk mag het kleinste rad evenmin onklaar zijn, als de veer die alles in beweging brengt.
- In one hour's work the small rat may do as much as the fire that brings everything to destruction (or unto woe).

## *Die Afrikaanse taal*

7. 'n Aantal jare gelede het ons eerste staatspresident, mnr C R Swart, voor die Afrikaanse Skrywerskring gesê dat ons 'n versameling van egte Afrikaanse humor en grappe behoort te maak. Hy sê dit is nou stories wat eerstens net in Afrikaans vertel kan word en tweedens, net in Suid-Afrika kon ontstaan het.

As voorbeeld noem hy die gesegde onder ons oumense: "'n Meisie wat op 'n bakoond sit, kry nie 'n man nie."

In 'n Transvaalse skool word die vraag met 'n eksamen gestel dat gedeeltes van idiome aangevul moet word. Een van hulle is: "'n Meisie wat op 'n bakoond sit ..." Een kandidaat antwoord: "Kry dit hotagter!" Mnr Swart het gesê hy hoop die kandidaat het volpunte daarvoor gekry.

8. Katelknapie. (*Toyboy,* tant San.)

9. Nog 'n voorbeeld: Tydens toetse vir tweetaligheid in die staatsdiens, word 'n damesklerk in Kaapstad gevra om in Afrikaans te vertel hoe sy soggens haar bed opmaak. Dit was haar storie:

"Eers vat ek die blank ... ag, ek bedoel die komberse weg, dan sit ek die pillows ... ek bedoel, dan trek ek af die kussings ... dan haal ek die sheet af ... ek bedoel die laken, en dan draai ek die matroos om!"

10. As iemand Afrikaans wil leer,
sê almal pedagogies:
"Die taal is maklik hoor, Meneer,
want dit is deurgaans logies."

Maar ek het nuus vir hulle, hoor,
want niemand in Suid-Afrika
(tensy jy met 'n taal kan toor)
sal tog beweer dis logika:

Neem nou die woorde *las* en *gas*;
die meervoud: *laste*, *gaste*,
hoe logies dan *das* en *tas* –
dis mos nie *daste, taste*?

As jy 'n nooi in Durban soen,
is *kusse* aan die *kuste*,
maar bly 'n Kommunis dit doen
het *Russe* nie meer *ruste*.

Verduidelik nou *pad* vir my:
Die meervoud is mos *paaie*?
Dus logies – wil jy stry? –
word *stad* in meervoud *staaie*.

As dit nie reg is nie, nou ja,
dan skryf ons *stad* en *stede*:
Ter wille van die logika
word dit ook *pad* en *pede*.

U ken die woorde *gat* en *vat*,
in meervoud *gate, vate*;
dus meer as een *kat* op die *mat*
Is *kate* op die *mate*?

Dis *boerewors*, maar *boerbeskuit*,
*gerugte, klagte, sugte*:
hoekom praat ons dan nie reguit
van *brugte* en van *rugte*?

Word iemand op 'n fuif genooi,
is hy mos 'n *genodigde*:
die hond, pas deur sy baas ontvlooi,
is 'n – hoe snaaks! – *ontvlodigde*.

As jy 'n perd het om te ry,
dan is die woord *berede*;
wie dus 'n nooi het om te vry,
is – logika – *tevrede*.

Hul praat van *bieë, bied* en *bie*,
dit wek weer nuwe vrae,
want tot vandag toe weet ek nie:
is dit *kla, klaag* of *klae*.

Griek, Duitser, Rooinek, Portugees,
Praat u die land se taal?
Laat daar dan 'n bietjie stilte wees
wyl ek my hoed afhaal!

11. Net na 'n politieke vergadering in Bloemfontein spring 'n man in die gehoor op en eis beskuldigend: "Dr Verwoerd, is dit waar dat u die Engelse van hulle taal gaan beroof, dat u Afrikaans die enigste taal gaan maak en dat u Engels geen erkenning as amptelike taal gaan gee nie?"

Dr Verwoerd het ewe kalm geantwoord: "Meneer, sê my net een ding, as u regtig so bekommerd is oor die toekoms van die Engelse taal, waarom stel u dan u vraag in Afrikaans?"

12. Toe mnr Eric Louw Minister van Buitelandse Sake was, besoek hy ons ambassadeur in Washington. Laasgenoemde was getroud met 'n Amerikaanse vrou en hy was hard besig om haar Afrikaans te leer.

Hy vertel haar van mnr Louw en sê sy moet langs hom by die deur staan en as mnr Louw haar groet, moet sy maar net sê: "Naand, mnr Louw ..."

Maar sy raak 'n bietjie deurmekaar, en toe mnr Eric Louw haar met 'n stewige handdruk groet, fluister sy benoud: "Vanaand ..."

Die minister lag en sê: "Ek bly, lyk my dis 'n lekker partytjie!"

13. André Huguenet, die beroemde toneelspeler, het eenkeer tydens 'n besoek aan Durban (in die vroeër baie Britse provinsie) se Afrikaansmagtigheid getoets. Hy stap by 'n poskantoor in en vra in Afrikaans of hy 'n poswissel kan kry.

Die dametjie sê: "I'm sorry, I don't speak Dutch."

Flink kom die antwoord: "Neither do I. Bring me somebody who can speak Afrikaans!"

## *Afrikaner*

14. 'n Afrikaner is iemand wat Afrikaans by die huis praat, maar Engels in die winkel.

15. 'n Afrikaner is iemand wat in Suid-Afrika gebore is, 'n ryk oupa gehad het wat uitgeboer het en nou 'n oudstryder is. Sy oupa, nie hy nie.

16. 'n Afrikaner-snobis is iemand met 'n sekere Duitse motor, 'n dubbelverdiepinghuis, 'n bokserhond, 'n Siamese kat, 'n swembad en 'n vibreermasjien.

## *Aftree (ouderdom)*

17. Dokter: "Hoe oud was oom toe oom afgetree het?"
Oom: "Sestig."
Dokter: "Oom gaan leef tot oom 80 is."
Oom: "Ek is tagtig!"
Dokter: "Wat het ek oom gesê?"

18. Ons kom toe in die hoë staatsamptenaar se kantoor. Ons het gedink hy was dood, maar was te bang om te vra.

19. My oupa het gesê hy sal nooit oud word nie, want "oud" is vyftien jaar ouer as wat jy is.

20. My oom is in die tronk. Hy is 85. Hulle het hom daarvan aangekla dat hy met 'n meisie van 21 gelol het en dat sy nou verwag. Hy sê hy het so lekker gevoel, hy het sommer skuld erken.

21. Bob Hope, wat nou al in die negentig is, het gesê: "Ek voel nie tagtig nie, trouens ek voel niks tot middagete nie. Dan voel ek lus om te slaap."

22. Sewentig is verskriklik:
dis nie om 't ewe nie.
Wat is erger as sewentig?
Dis om nie te lewe nie.

23. As iemand vra: "Wie wil nou tagtig word?"
Dink bietjie na, en antwoord gerus:
"Wie wil 80 word? Hy wat 79 is!"

24. Nelspruit is 'n wonderlike plek – as jy 'n lemoen is.

25. Maar as jy 'n skelmpie wil aanhou, bly in Johannesburg. Sy sal nie so gou ontdek word nie, te veel rookmis.

26. Moenie aftree nie, bly by die huis. Huis is waar deel van die gesin wag dat die ander helfte van die gesin die kar terugbring.

## *Akteurs*

27. Aucklandpark ken net twee woorde: "Stunning ..." en "Lousy". O ja, en Nataniël.

28. En een vol sin: "Wanneer kry ek weer 'n rol?"

29. By die SAUK ken hulle een woord wat meer as een lettergreep het en dit is FILLUM.

30. Die SAUK-TV is die plek waar hulle te veel sepies skiet en te min akteurs.

31. Almal hou van Zack du Plessis, selfs in Aucklandpark, waar niemand van niemand hou nie.

32. Ek dink dit is Anna Neethling-Pohl wat gesê het: "In die ou dae wou die aktrises sterre word; nou wil die sterre aktrises word!"

33. Toneelspel gaan net oor eerlikheid. As jy mense daarmee kan fop, is jy 'n gemaakte man.

34. Eendag vra ek vir Zack du Plessis hoe hy dit regkry om aand vir aand dieselfde dinge op die verhoog te sê. Hy sê toe ons almal sê aand vir aand dieselfde dinge, net nie op die verhoog nie – en hy word nog betaal ook.

35. Gepraat van Zack. Toe ek hom vra of hy lid is van die Broederbond, toe sê hy: "Nee, hulle vat nie akteurs nie!"

36. Toneelspel is nie so wonderlik nie; dis nie vir slim mense nie; dis kinderspeletjies: Shirley Temple kon dit doen toe sy vier jaar oud was.

37. Glenda Jackson wat gesê het: "Die belangrikste ding in toneelspel is om te kan

huil en te kan lag. As ek wil huil, dink ek aan my sekslewe; as ek wil lag, dink ek aan my sekslewe."

### *Alfabet*

38. Die onderwyser begin met die les. "Leonard, ken jy jou alfabet?"

"Ja Meneer," kom die antwoord.

"Nou watter letter kom na A?"

"Al die ander, Meneer."

### *Almanakke*

39. Dit was Piet Pompies wat een aand oor Springbokradio 'n versoek aan die luisteraars gerig het: "Ek weet nie of julle weet nie, maar Fanus Rautenbach versamel ou almanakke. As julle verlede jaar se almanak by die huis het, stuur dit dan aan Fanus Rautenbach, SAUK, Johannesburg."

Dit was mos aan die begin van 1966. Ek het nie getel nie, maar ek dink ek het om en by 2 567 1965-kalenders ontvang. As 1965 weer kom, gaan ek 'n fortuin maak!

### *Ambisie*

40. Ek wil graag wees wat ek was toe ek gewens het ek moet wees wat ek nou is.

41. Op skool was dit my ambisie om 'n dokter te word. Ek het in standerd een reeds die handskrif vir een gehad.

### *Ambulans*

42. Een van Mike Schutte se mooiste grappies:

Hy bel die brandweer en sê sy huis is aan die brand, sal hulle nie asseblief dadelik kom nie?

Die brandweerman vra: "Seker Meneer, hoe kom ons daar?"

En Mike antwoord: "Het julle nie meer van daai rooi waens nie?"

### *Angs*

43. As 'n vrou te veel grimering en te min klere dra, het sy angs.

### *Antwoord*

44. Moeder: "Niemand kan iets verrig deur stil te sit nie."

Annie: "'n Hoender kan, Mammie."

### *Apie*

45. Sê 'n aap toe hy aan sy stert swaai
In 'n boom onder grote lawaai:
"Wie sê in dié blare
oor miljoene van jare
swaai nie 'n professor? Hoesdaai!"

### *Appel*

46. Barnie vertel: "Voorheen was Knysna se markplein die plek waar die vrugtewaens van Langkloof af kom parkeer het om hulle vrugte te verkoop.

"Oom Hansie Boegoeskraal was 'n figuur wat ons almal geken het. Ag, en het ons baie van sy vrugte gesteel! Een aand het 'n paar van my vriende by hom gaan vrot appel vra – hulle wou 'n bietjie *sports* maak. Hy het nie maklik iets weggegee nie, maar nou ja, vrot appel ... wie sou dit nou koop?

"Die twee mannetjies het in 'n donker skaduwee gaan staan – Knysna se strate was maar almal donker. Hier en daar was 'n lamppaal met 'n olielamp.

"Oom Piet Olifant was die munisipale amptenaar wat die lampe elke aand teen sononder opgesteek het. In die donker hoor hulle voetstappe en kan vaagweg 'n figuur uitmaak. Hulle trek los met die vrot appel en laat vat.

"Hulle huis was klein en hulle het op die solder geslaap. Hulle was ook skaars in die bed, toe hulle hoor hoe die voordeur onder oopgaan en hulle pa sê: 'As ek wragtag vanaand die kinders kry wat my met vrot appel gegooi het, vermoor ek hulle!' Dae lank het hulle pa gesoek en navraag gedoen.

"Oom Hansie het geswyg; daarvoor het hulle hom vergoed uit hulle pa se Kommandobottel."

47. Slim Jannie kom uit die skool en sien twee appels op 'n bord lê.

Jannie (aan sy ma): "Ma, hoeveel appels lê daar op die bord?"

Ma: "Twee, natuurlik; hoekom vra jy?"

Jannie: "Ma, ek kan bewys dat daar drie lê. Kyk, dit is een, en dit is twee; en een en twee maak drie.

Ma: "Goed, my seun; die een sal ek opeet, en die tweede kan jy vir sussie gee, dan kan jy maar die derde een vir jou vat."

### *April fool*

48. 'n Beriggewer het op die môre van die eerste April skielik die opdrag gekry om hom te haas na 'n brand in die stad. Toe hy daar aankom, moes hy met die woorde "Eerste April" tevrede wees. Na 'n rukkie moes hy uitvind dat dit sy werkgewer was wat agter alles sit. Op dieselfde dag sit hy die volgende berig in die koerant by wyse van vergelding:

"Gistermôre net voor sononder raak 'n leë huis vol tafels en stoele aan die brand, die mense wat nie in die huis was nie, probeer toe die vuur met leë emmers vol water natgooi. Toe kom daar 'n man met 'n bril wat raamloos is sonder glase en hy gryp 'n bodemlose pot waarvan die kante weggeroes was en slaan toe met 'n geweldige poging sonder kraginspanning die vuur dood."

### *Argitektuur*

49. Moderne argitektuur is wanneer jy jou linkerbeen reguit moet hou om die lewwiedeur toe te hou.

### *Argumente*

50. Ek en my buurman het 'n politieke argument gehad. Hy het gewen. Hy het baie mooi verduidelik: "Hou jou bek," was sy logiese aanbeveling.

51. As iemand met jou saamstem, wees seker hy stel nie in die onderwerp belang nie.

52. Word kwaad oor belangrike goed, nie oor minder belangrikes nie. Moet nooit kwaad word vir jou man nie.

53. 'n Vrou word nie vir haar meerdere kwaad nie, net vir haar mindere, soos haar man.

54. Die persoon wat die argument wen, is die persoon wat die presiese psigologiese oomblik ken om nie 'n woord te sê nie.

55. Ek kan brute geweld verdra, maar brute redelikheid is heeltemal onredelik. Dan slaan iemand jou onder die intellek.

56. Ek hou nie van 'n argument nie. Dit is vulgêr en meestal baie oortuigend.

### *Arm*

57. 'n Arm student kon sy studies nie voortsit nie. Hy het toe besluit om 'n ryk maar suinige oom te nader.

"Liewe Oom," skrywe hy, "dis vir my baie swaar om vir Oom om geld lastig te val, maar ek het nie meer 'n sent sakgeld nie. Ag, Oom, ek het my so geskaam toe die posbode met die brief weg was, dat ek hom agterna geloop het, maar ek kon hom nie inhaal nie."

Hierop antwoord die Oom: "Liewe Neef, bekommer jou nie meer oor daardie brief nie, die posbode het dit op pad verloor."

### *Armoede*

(Niks met politiek te make nie!)

58. Die groot probleem met armoede is dat dit al jou tyd in beslag neem.

59. Ons was so arm, ek en my boetie, Kersfees moes ons 'n *yo-yo* deel. Ek het een yo gekry, en hy die ander yo. Maar ons het baie baklei, ek wou die boonste yo gehad het, en hy ook. Toe word ons groot en ons hoor die Afrikaans vir *yo-yo* is klimtol. Toe kry hy die klim en ek net die tol.

60. Daar is 'n groep mense wat meer aan geld dink as die rykes; dit is die armes.

61. Ek dink ook meer aan geld as die rykes. Ek dink nooit aan die rykes nie!

62. Geld is nie alles nie, dis nie naastenby genoeg nie.

63. Geld is beter as armoede, al is dit ook net om finansiële redes.

64. Geld kan nie vriende koop nie, maar jy kan 'n beter klas vyand bekostig.

65. Ek wil nie geld hê nie. Net mense wat gereeld hulle rekenings betaal, wil geld hê – ek betaal nooit myne nie.

66. Voordat die spoorwegamptenare destyds 'n mooi verhoging gekry het, sê Jan de Villiers se vrou vir hom hy moet nou 'n plan maak en met die minister gaan gesels oor hulle salarisse. Hulle leef heeltemal onder die broodlyn, voeg sy by.

"Ja," antwoord hy, "maar jy moet darem onthou, dis permanent!"

67. Hulle was arm, maar baie goed opgevoed.

Toe die moeder die Saterdagoggend winkels toe gaan, het sy haar seuntjie baie mooi aangetrek. Sy het baie goed gekoop en toe sy klaar is, het die winkelier die seun 'n handvol lekkers gegee. Hy het dit in sy mond gestop.

"Wat sê jy?" vra sy ma kwaai.

Met sy vol mond loer hy vir die winkelier.

"Skryf maar op!" sê hy.

### Assuransie

68. Na 'n lang en vervelende gelol van die assuransie-agent het oom Koot eindelik toegegee en sy woonhuis laat verseker. Toe alles geteken en in orde was, vra oom Koot: "Meneer, sal dit nou juis nodig wees om vooruit kennis te gee as ek die huis aan die brand wil steek?"

### Aster

69. Sien Doedies (Watter een?)

### Atletiek

70. In die volgende vertelling van Hans Hefer stel ek homself aan die woord:

"In die jare twintig was my skoonvader, Willem Louw, die hoof van 'n laerskool in die Vrystaat waar atletiek beskou was as die belangrikste wedywering tussen die omliggende skole. Baie aandag is daaraan gewy en die ouers, meestal boere, het die gereelde interskoolbyeenkomste entoesiasties ondersteun. Daar was selfs 'n naelloop vir volwassenes.

"My skoonvader – tans 75 jaar – was dwarsdeur sy lewe besonder fiks, en hy was destyds die kampioenhonderdtreenaelloper onder die volwassenes.

"So 'n veertien dae voor een byeenkoms het hy bekommerd geraak want hoewel sy stamina reg was, was sy spoed nie na wense nie. Hoe ook al, 'n boer maak 'n plan. Sy plan was dat hulle hom met 'n osriem agter sy 1926-Fordjie sou vasbind, met vroutjie Enna agter die stuur. So gesê, so gedaan.

"Enna sukkel maar om die karretjie egalig weg te kry, want onthou moet word, die petrolhefboom (met die *spark*) van daardie ou karre het bo teen die stuurwiel gesit.

"Die tjorrie het na skoonpa se mening te stadig getrek. 'Enna,' skreeu hy so twintig tree agter die kar, 'vinniger, vinniger, ek hardloop te stadig.'

Vroutjie hoor nie.

'Enna, sê ek, vinniger tog.'

'Hoe sê jy, ou Wil?' skreeu sy terug.

'Ek sê: vinniger – ons gaan te stadig.'

'Hoe sê jy? Ek kan nie hoor nie, die wind is teen jou stem,' laat Enna hoor.

'Is jy dan doof of kan jy nie die kar bestuur nie, of wil jy nie help nie? Hoekom sukkel jy so? Laat staan maar as jy nie wil nie,' bulder die moedelose man.

"Vroutjie, vinnig van geaardheid, vererg haar bloedig en trek die hefboom tot onder. Die Fordjie se agterwiele meerkatgrawe in die aarde en daar trek hy in 'n stofdamp oor die gruispad met Willem agterna, toe van die stof. Al vinniger en vinniger. Die knope van die rieme om sy hande trek styf en Willem kan nie loskom nie. 'Enna, staa-dig!' skreeu Willem uitasem, maar sy hoor nie. 'My bene breek af!' bulder hy. 'Ek kan nie meer nie – stop, stop!'

"Sy treë word al langer en langer, en sy bolyf word al meer en meer vorentoe getrek, totdat hy nie meer orent kan bly nie. Hy slaan neer en dan sleep hy op die gruis.

"Enna spartel naarstiglik met die drie pedale en die hefboom maar kry die kar eers so 'n vyftig tree verder tot stilstand.

"Asvaal, stukkend, geskeur, vuil en vol bloed word Willem opgehelp, want sy dybeenspiere het geskeur. Harde woorde, skaterlag van omstanders; amper skeihof toe. Nooit kon Willem weer hardloop nie. Nog 'n kampioen is gekroon."

## *Atoombom*

71. 'n Klomp studente maak toe 'n atoombom so sterk dat dit die hele wêreld uitwis. Niks bly oor nie, behalwe twee blou apies in 'n krans in die Blyderivier. Die mannetjie speel so met die wyfie se stert en vra terwyl hy sy oog knip: "Wat sê jy, sal ons die hele ding weer van vooraf begin?"

72. Die kortste en seker beste hoofberig wat ooit in 'n koerant geskryf is, is destyds in *Die Transvaler* geskryf.

"Die atoombom is hier om te bly. Maar is ons?"

# B

### *Baas*

73. ’n Man in ’n plattelandse dorpie wou eendag uitvind wie nou eintlik die baas in al die huise van die inwoners van die dorpie is. Hy stel sy toets as volg:

Elke getroude paar wat albei geredelik erken dat die man die hoof van die huis is, gee hy een van sy twee perde.

Elke getroude paar wat geredelik saamstem dat die vrou die baas is, gee hy ’n kuikentjie.

Met ’n volgelaaide kar kuikens agter die twee perde het hy van huis tot huis gegaan. Nadat hy baie kuikens uitgedeel het, kom hy eindelik by ’n huis waar die man en die vrou saamstem dat die man die hoof van die huis is.

“Nou goed, Meneer,” sê hy, “dan kan u een van die twee perde kies.”

Die man sê sommer dadelik dat hy die swart perd sou neem, maar sy vrou maak verskoning en neem haar man eenkant toe. Na ’n rukkie kom die twee terug en die vrou sê: “Meneer, ons het besluit om maar die wit perd te neem.”

“Dit spyt my, Mevrou, maar u sal maar ook ’n kuiken moet neem.”

74. Bang-bang stap ’n nuwe klerkie die direkteur se kantoor binne.

“Meneer,” sê hy senuweeagtig, “Meneer, ek dink iemand wil met u praat oor die telefoon.”

“Jy dink so, kêrel, wat help dit? Jy moet weet!”

“Wel, Meneer,” hakkel die klerk, “die persoon het gesê: ‘Is dit jy, pampoenkop?’”

### *Babas*

75. Die juffrou kry die volgende briefie: “Verskoon asseblief vir Awie omdat hy nie vandag in die skool is nie. Hy het ’n nuwe baba-boetie. Dit is nie sy skuld nie.”

76. Die verpleegster sê vir Jannie dat hy ’n nuwe baba-boetie vir Kersfees gekry het. Hy sê: “Dis bak! Mag ek eerste vir Mamma vertel?”

77. “En het jou nuwe baba-boetie al geleer om te praat?”

“Ja, ons leer hom nou om stil te bly.”

78. “My suster het ’n seuntjie van twee jaar, en hy loop al vandat hy nege maande is.”

“Haai, is hy nog nie moeg nie?”

79. Die jong pappa vra waarom huil die baba so baie. Die mamma is al baie moeg gesukkel en sê: “As al jou tande uit was, en jy het nie hare gehad nie, en jou bene was so swak dat jy nie daarop kan staan nie, en jy kon nie sê wat jy wil sê nie, sou jy ook gehuil het,” waarop Sussie antwoord: “Maar oom Fanus huil dan nie!”

80. “Jannie, wil jy nie jou nuwe baba-boetie sien wat die ooievaar gebring het nie?”

“Nee, ek wil liewer die ooievaar sien!”

81. ’n Laatlammetjie is ’n oorstootdrie in beseringstyd.

82. Onthou jy die storie van die man wat nie kinders gehad het nie? Sy buurman was die pa van vyf en die einde was nog nie in sig nie.

Op ’n dag vra hy: “Buurman, hoe is dit moontlik dat jy vyf kinders het en ek het nie een nie? Wat is jou resep?”

Die buurman sê: "Ek sal jou help. Vanaand as jy by die huis kom, draai jy vir jou vrou die bad oop. Maar die water moenie te koud wees nie, ook nie te warm nie, net reg. Dan bad jy haar, van kop tot tone.

"Jy haal haar uit die bad uit en droog haar af. Maar die handdoek moenie te fyn wees nie, ook nie te grof nie, net reg.

"Intussen skakel jy die elektriese kombers aan. Maar die bed moenie te koud wees nie, ook nie te warm nie. Net reg. Jy maak die lig in die kamer nie te lig nie, ook nie te donker nie, net reg. Tel haar op en lê haar op die bed neer ..." Hy bly stil.

"En dan?"

"Dan roep jy my!"

83. Die baba van Alberta du Pont,
ag, so mooi rond en gesond,
glip uit haar hande
en kom kniediep te lande
in die gemeente se koperdoopvont!

84. Ouers wat nog nat agter die ore is, vind gou uit babas word nie nat agter die ore nie.

85. Het ek jou al vertel dat ek so 'n lelike baba was, my ma het nie die stootwaentjie gestoot nie, maar getrek. Maak dit my dan die eerste Voortrekker?

86. Toe ek gebore is, was ek sprakeloos van verwondering – ek kon 'n jaar daarna nog nie praat nie!

87. Nadat ek gebore is, kry my ma 'n telegram: "Baie geluk, ons het altyd geweet jy het dit in jou ..."

88. Toe ek gebore is, het my ma geglimlag, my pa het hard gelag. Want ek is gebore voordat die ginekoloog kon opdaag. Hy het nie 'n rekening gestuur nie.

89. Toe die juffrou later vir my vra waar ek gebore is, wou ek nie 'n sissie wees en sê in 'n hospitaal nie, toe sê ek maar op Ellispark. Toe dr Louis Luyt daarvan hoor, moes my pa klubfooie betaal.

90. Na my geboorte sê my pa: "As my seun nes ek gaan word, sal ek só gelukkig wees, want as ek net 'n bietjie nederigheid gehad het, dan was ek volmaak!"

91. Klaas (aan sy vriend wat pas pa geword het): "'n Seuntjie, nè?"

Vriend: "Nee, verkeerd."

Klaas: "O, 'n kleine meisietjie?"

Vriend: "Ja, goed geraai."

92. Meester is vanmôre die gelukkigste man in die wêreld, want sy vroutjie het hom verryk met 'n groot, fris seun, hulle eersteling. Hy het tant Mieta, hulle buurvrou, wie se gesig 'n bietjie swak is, laat roep om haar die groot nuus te vertel. Intussen het hy die speenvarkie wat spesiaal vir die gebeurtenis vet gevoer was, geslag, netjies skoongeskraap, en om Tante 'n poets te bak tussen die tjalies in die wieg gelê; en nou staan hy ongeduldig en wag op die koms van die tante. Eindelik, daar kom sy. Gou word die babatjie van Mammie weggeneem en uitgestuur. Tante omhels die vroutjie en wens haar van harte geluk.

"Maar waar is die klein stouterd?" vra sy.

"Kom kyk hier in die wieg," sê Meester. Tante lig die tjalie versigtig op, klop die speenvarkie op sy ronde vet wangetjies, gee hom 'n harde soen en sê: "Uitgeknip sy pappie; uitgeknip sy pappie."

93. Trotse jong vader: "Telkens as ek na my baba kyk, lag hy."

Tergende vriend: "Reken, dat hy nou al 'n sin vir humor het."

94. Trotse moeder: "My baba is net vier maande oud en sy weeg al sewe kilogram." Slagter met belangstelling: "Met of sonder bene, Mevrou?"

### *Babelaas*

95. 'n Man kom Sondagoggend by die kroeg aan: "Het ek gisteraand omtrent R40,00 se whisky uitgedrink?"

"Maklik," sê die kroegman.

"Nee, dan is dit reg. Ek het gedink ek het die geld langs die pad verloor; as ek dit net nie verloor het nie!"

96. Ek sou 'n Alka Seltzer vir my babelaas gedrink het, maar dit raas te veel.

97. As die kat net sagter wil loop!

98. Vir 'n kwaai babelaas, drink die sap van twee halwe whisky's.

### *Bad ... Bybel ... Boot*

99. Sê Noag vir sy vroutjie
(was sy nie skoon en rein nie?):
"Jy kan nog bad – ek gee nie om wat jy daarmee maak nie,
gooi dit net nie in die wyn nie!"

100. Paul Getty wat gesê het: "Salig is die armes van gees, hulle sal die aarde beërwe, net nie die mineraleregte nie ..."

101. My buurman bou 'n boot ('n predikant, moenie vergeet nie) en papnat in die reën, sal almal vra:
"Weet u dalk iets wat ons nie weet nie?"

### *Baken*

102. Boer aan nuwe werker wat besig is om te ploeg: "Waarom hou jy nie die vore reguit nie? Het ek jou nie gesê om 'n baken in die anderkantste kamp te kies en dan daarheen te pyl nie?"

"Maar ek het 'n baken gekies," was die werker se verontwaardigde antwoord.

"Watter baken?" wou die boer weet.

"Daardie os, maar die vervlakste ding wil nie stilstaan nie."

### *Bakker*

103. "Ek sien," sê iemand vir 'n bakker, "dat jy jou brood adverteer."

"Dis reg," antwoord die bakker trots.

"Mag ek jou raad gee?"

"Ja, seker," is die vriendelike toestemming.

"Laat iemand anders jou brood bak."

### *Baklei*

104. Ikey kom huilend tuis met 'n paar dikgeslaande oë en vertel aan sy pa dat hy in 'n geveg met 'n ander seun die tweede beste daarvan afgekom het.

"Maar waarom maak jy nie soos vader nie, my seun? As 'n ander met my wil baklei, hardloop ek betyds weg."

"Ja, pa, maar hoe kon ek weghardloop; ek het dan my voet op 'n tiekie gehad."

105. Pa: "Waaroor huil jy, Jan?"
Jan: "Koos het my seergemaak, Pa."
Pa: "Hoe so?"
Jan: "Ek wou hom met my vuis teen die kop slaan, toe koes hy en ek slaan teen die muur."

106. Koos: "Jy's bang om te baklei, nè?"
Klaas: "Nee, maar ek is bang my pa sal dit uitvind en my 'n pak gee."
Koos: "Hm, hy sal seker sien dat jou neus bloei."
Klaas: "Nee, hy sal dalk sien hoe die ambulans jou kom oplaai."

107. "As ek en my vrou woorde kry, mag niemand daarvan weet nie. Ons stuur selfs die kinders die straat in, sodat hulle ook niks daarvan mag hoor nie."

"Nou verstaan ek waarom 'n mens jou kinders so baie op straat sien."

108. 'n Klein seuntjie vertel eenkeer vir sy pa hoedat hy baklei het, en hy sê toe van die seun met wie hy die onderonsie gehad het: "Ek het hom teen die grond gegooi en hy val bo en ek onder; toe val ek onder en hy bo: toe ons opstaan het ons gehardloop, maar ek was voor."

109. "Ek maak omtrent elke naweek rusie met my man, en jy?"

"O nee, Gert word maandeliks betaal."

110. Mnr Willemse: "Jy en jou vrou het seker weer baklei?"
Mnr Janse: "Nee, hoekom vra jy?"
Mnr Willemse: "Watter verband het sy dan oor haar oog?"
Mnr Janse: "O, dis maar net haar nuwe hoed wat sy so pas uit Parys ontvang het."

111. Katryn (in die loop van 'n hewige woordebombardement van haar kant): "Jonas, maak oop jou bek dat ek ôk die rusie kan smaak."

112. Tydens 'n rusie van 'n getroude paar, het die predikant probeer om vrede te maak. Nadat die dominee alles gesê het wat tot vrede kon lei, en hy sien dat niks help nie, val sy oog toevallig op die hond en kat

wat bymekaar onder die tafel lê en slaap. Hy sê toe aan die man:

"Kyk daar, broer, twee gebore aartsvyande lê vreedsaam bymekaar en slaap."

"Ja, Dominee," antwoord die man, "maar bind hulle nou net aanmekaar vas, dan is die duiwel los."

113. Twee gammatte ontmoet op straat en 'n stryery ontstaan. Die een sê vir die ander: "Aag, jy met jou robot-oë, ek slaat jou dat die een 'Stop' sê en die ander 'Go'."

### Bang

114. Ou Jantjie vat die geweer om die tier te gaan skiet wat die skape vang. Toe hy so 'n entjie geloop het, word hy bang en sy velbroek begin te bewe. Hy trek die broek uit, gooi dit neer en sê: "Nou ja, broek, lê dan hier as jy bang is; ek sal alleen die tier gaan skiet."

115. Vriendin: "Is jy nie bang as jou man so onderstebo vlieg nie?"

Loods se vrou: "Maar natuurlik, hy dra altyd sy geld in sy onderbaadjiesak."

### Bangbroek

116. Jannie en Pietie sit en gesels. Pietie vertel met lus hoe dapper sy pa is.

Toe Jannie stilbly, vra Pietie: "Is jou pa dan nie ook dapper nie?"

"Nee," sê Jannie, "my pa is baie bang. Toe my ma by my siek ouma gaan kuier het, was my pa so bang dat hy die tannie langsaan gevra het om by hom te kom slaap."

### Banke

117. Bankiers is nes ander mense, net meer so.

118. Mnr Herman Mentz van Volkskas het vertel dat een van sy kliënte sonder reëling sy bankrekening oortrek het. Hy skryf toe 'n brief aan hom en vra dat hy die saak moet regstel. 'n Maand daarna ontvang die bank 'n brief van hom met sy eie tjek, uitgemaak aan Volkskas vir R100, en die belofte dat hy die res later sal regmaak!

119. Prof A I Malan, destyds voorsitter van die direksie van Volkskas, vertel die storie: Hy stap by die bank in by Kaapstad om 'n tjek te wissel. Die kassier sê: "Identifiseer uself, asseblief."

Prof Malan is 'n baie beskeie man. Hy sê dat hy prof Malan is.

"Ja," sê die kassier, "u weet u is prof Malan, maar hoe weet ek wie u is?" (min wetend dat hy met die heel grootbaas van sy bank praat). Buite raad, sê prof Malan dat hy Avril Malan se pa is.

Terwyl hy die tjek stempel en die geld tel, sê die kassier: "Maar hoekom het u nie lankal so gesê nie!"

120. Jare gelede het 'n jong Vrystaatse boer 'n oortrokke rekening by sy bank gehad wat, soos hy en die bankbestuurder ooreengekom het, na die oes vereffen sou word.

Die mielie-oes was besonder goed, maar die mielies het nat gebly en kon nie by die graansuier gelewer word nie.

Die bankbestuurder het ongeduldig begin raak en sy kliënt kort-kort aan sy oortrokke rekening herinner. Hoe die jong boer ook al verduidelik het dat die mielies nat is, wou hy net nie rede verstaan nie.

Dit is toe dat die jong boer een oggend vroeg opdrag aan sy arbeiders gee om twee spanne Afrikanerosse in te span en die waens met sakke mielies te laai. Hoe die werkers ook al aan die baas verduidelik het dat die mielies nog nat is, was die jong boer nie in 'n luim om na argumente te luister nie.

So gemaak, is hulle dorp toe, en toe die skoonmaker die bank se deur oopsluit om te vee, hou die twee waens voor die bank stil.

"Dra in," beveel die boer. Eers het hulle die sakke voor die toonbank gepak en later in die bestuurder se kantoor. Die skoonmaker maak toe alarm, en toe die bestuurder half oorbluf en uitasem daar aankom, was dit mielies net waar jy kyk.

Nadat die partye tot 'n ooreenkoms geraak het, het die boer weer die mielies laat laai en teruggestuur plaas toe. Nodeloos om te sê dat hy die rekening op sy tyd, na die oes, vereffen het.

121. Dieselfde persoon het later een van die mees gesiene boere van dié omgewing geword en het sy pragtige rooi Afrikanerosse verruil vir 'n hele aantal trekkers. Die goed gebruik maar baie brandstof, maar die boer het altyd as dit ter sprake kom, gesê: "Toe ek

nog 'n jong boer was en met osse geploeg het, het ek plase gekoop. Vandag ploeg ek met trekkers en koop ek brandstof."

122. 'n Bankbestuurder is 'n vreemde verskynsel. Hy leen jou 'n sambreel as die son skyn en vra dit terug as dit reën.

123. Ek het nou 'n oplossing gekry vir my bankprobleme: ek het my oortrokke rekening op vaste deposito belê.

124. Die ou tante het 'n briefie gekry van haar bankbestuurder. Hy skryf dat haar rekening oortrokke is. Sy wou toe by hom weet of sy drie maande gelede genoeg geld in die bank gehad het. Hy sê ja, sy het toe genoeg gehad.

"Het ek toe vir jou 'n briefie geskryf?"

125. Die omie het nie eintlik banke geken nie. Iemand het hom 'n tjek vir honderd rand gegee en hy is daarmee bank toe. Hy sê hy wil dit in eenrandnote hê. Die kassier het sy vinger natgelek en begin tel. Die omie het met groot oë gekyk. Nadat hy dit klaar getel het, oorhandig hy dit en die omie tel weer oor.

"Een, twee, drie, vier, vyf ... tot by sewe en negentig, agt en negentig, nege en negentig ... honderd."

Die kassier vra: "Is dit reg, Oom?"

Die oom sê: "Ôk net!"

126. 'n Boer wou geld leen. Hy kom by die bank en vra of hy honderd rand kan leen. Die bankbestuurder vra hoeveel sekuriteit hy het. Hy sê hy het nie sekuriteit nie, maar hy het honderd beeste. Die bank is heeltemal tevrede en staan hom die lening toe. Na drie maande kom hy met elfhonderd rand kontant na die bank toe en betaal sy honderd rand skuld.

Bestuurder: "Ek sal daardie geld van jou belê ..."

Boer: "Hoeveel beeste het jy?"

127. Hulle vra die suksesvolle bankier hoe hy in die besigheid begin het. "Ek het 'n kennisgewing gemaak wat gelees het BANK. Toe het 'n boer tweehonderd rand by my belê, 'n ander vyfhonderd rand, en toe het ek genoeg vertroue gehad om self vyf rand te waag!"

## *Bed*

128. Dit was so 'n lekker dag, dit sou jammer wees om op te staan.

129. G'n beskaafde mens gaan op dieselfde dag wat hy opgestaan het, bed toe nie.

130. Ek slaap alleen in die kombuis
en tog het ek my man vermoor,
jy sien hy snork so sagend hard:
selfs in die yskas het ek hom nog
gehoor!

131. Hoe lank moet die gemiddelde mens slaap?

So vyf minute langer.

132. Slaap is die dood, sonder die hel;
wakkerlê is hel, sonder die dood.

133. Een van ons bekende aktrises wil nie hê ek moet haar naam noem nie, maar sy beweer: "Ek kan nie slaap as ek té gelukkig of té ongelukkig is nie. Ook nie as daar 'n vreemde man langs my lê nie."

134. Ons stoute vriend, ons noem hom dr Fixit, sê as jy saans laat by die huis kom, moenie probeer om die voordeurhekkie nie te laat kraak nie en moenie teen die gangmuur skuifel nie ... Ry snorkend tot voor die huis, klap die motordeur toe, skop die voorhek oop, skop die voordeur oop, skop die voordeur toe, slinger in die gang af, stamp die sambreelrak om, vloek die kat, stormram haar kamerdeur oop, skakel die lig aan, begin uittrek en sing: "I'm in the mood for love ...!" Tien teen een sal sy maak of sy slaap!

135. "Vanmôre het ek iets gehoor wat rêrig my oë laat oopgaan het."

"Wat was dit?"

"Die wekker."

136. Vroeg daaruit en vroeg na bed:
verkondig dit aan klein en groot.
James Thurber sê dis baie pret,
want dan's jy vreeslik dood.

## *Bedel*

137. Huisvrou: "Is jy nie dieselfde persoon aan wie ek nou die dag die pastei gegee het nie?"

Bedelaar: "Nee Mevrou, die dokter het gesê dat ek na dáárdie pastei nooit weer dieselfde sal wees nie."

138. Bedelaar: "Ek is eintlik 'n skrywer; ek het 'n boek geskryf met die titel: 'Honderd maniere om aan geld te kom'."

Pat: "Waarom bedel jy dan?"

Bedelaar: "Dis een manier."

139. Huisvrou: "Jou storie het 'n taamlike hol klank."

Bedelaar: "Ja Mevrou, so gaan dit as mens met 'n leë maag praat."

140. Bedelaar: "Mevrou, ek wil nie kos of klere hê nie."

Vrou: "Nou wat wil jy dan hê?"

Bedelaar: "Ek sal bly wees as Mevrou my 'n ou buiteband vir my motor kan gee."

## Been

141. Mnr Jansen: "Mevrou, ken u miskien iemand hier met een been met die naam Coetzee?"

Vrou (ingedagte): "Meneer, wat is die naam van die ander been?"

## Beeste

142. Die beeste in Namibië is so maer, die boere brandmerk hulle twee-twee met koolpapier tussenin.

## Begrafnis

143. Oom Pieter van Niekerk van Kroonstad se wêreld was nog 'n jong man toe die volgende op 'n plaasbegrafnis gebeur het:

Familie en vriende was om die graf geskaar, saamgebind deur rou en meegevoel.

Die seun van die gesin, ook reeds 'n jong man, het langs oom Pieter gestaan en hy het bewoë gesnik.

'n Maer litjiestert-windhond het tussen die mense deur gedwaal en aan die mans se broekspype geruik. Meteens bedaar die jong man se snikke. Hy pomp oom Pieter liggies met die elmboog in die ribbes.

"Jy weet, neef Pieter," sê hy en wys na die hond, "'n haas kan nie vir hom voorbly nie – hieeee!" snik hy voort.

144. Laat my dink aan Rebecca Isaacs wat na haar man se grafsteen gaan soek.

"Wat was jou man se naam?" vra die helper.

"Dit maak nie saak nie, sy grafsteen sal in my naam wees; hy het alles in my naam gesit!"

145. Oom Herklaas roep sy vier seuns en sê: "As ek die dag te sterwe kom, dan vat julle die perdekar en span die twee swart hingste in, Blackie en Skoorsteen. Dan maak staan julle my kis baie versigtig op daardie swart fluweel wat nou die gordyne in die sitkamer is. Dan moet julle baie versigtig ry, en oppas vir die drif; daar moet julle spesiaal oppas, want ou Blackie skrik vir water ... en as julle my laat afneuk, ... nee wat," sê oom Herklaas, "los dit, ek sal dit maar self doen, julle sal alles opfoeter!"

146. Daar moes 'n begrafnis gehou word, maar hulle kon geen predikant vind nie. Die plaaslike afslaer word toe gevra om die diens waar te neem. Hy begin toe die diens: "Broers en susters, ons sal begin deur te sing van Psalm 146 vers 3 ... Wie sê vers 4? Wie sê 4? Wie sê 4 ...?"

147. Vader: "Moet nooit vir iemand anders 'n gat grawe nie."

Dogtertjie: "Pappie, maar hoekom het die mense wat tant Hannie begrawe het dan vir haar 'n gat gegrawe?"

148. Die dag van ou Apools se begrafnis was die sendeling ongelukkig weg. Nadat die ouderling 'n paar versies gelees het, vra hy dat een van die ander begrafnisgangers 'n versie moet opgee om te sing.

Na 'n ruk stilte sê een: "Ons sal maar 'Suikerbossie' sing."

"Nou goed dan," sê die ou, "maar ons moet dit maar dêm sêd sing."

## Bekend

149. Een staaltjie van die gewilde Johannesburgse politikus, dr George Ross, word vandag nog dikwels vertel. Dr Ross, met 'n welige rooi baard, was pas as lid van die stadsraad van Johannesburg verkies. Hy stap in die straat by twee arbeiders verby wat besig is om aan die pad te werk.

"Goeiemôre, dr Ross," groet die eerste een.
"Ja, môre, dr Ross," sê die ander een. "Vandat u in die stadsraad is, ken u ons nie meer nie."

Dr Ross steek vas, bekyk hulle met sy kwaai oë en sê: "Ken ek julle nie meer nie?"

Hy wys na die eerste een. "Jy is Jacobus Johannes Fourie en jy woon in Putneystraat 68, Brixton." Hy wys na die ander een en sê wie hy is en waar hy woon en toe voeg hy by: "En nou, kan julle vir my sê wie ek is en waar ek woon?"

## Belasting

150. Hulle sê ek moet my belasting met 'n glimlag betaal. Maar die mense wil geld hê.

151. Ons kry te min regering vir so baie belasting.

152. Hy het 'n manier uitgedink om nie inkomstebelasting te betaal nie. Hy werk nie.

153. Ek dink ek het 'n fout gemaak met hierdie jaar se inkomstebelastingvorm – ek het drie en twintig sent van my inkomste oor.

154. Die nuwe Ontvanger van Inkomste se vorms is baie eenvoudig. Al wat hy wil weet, is hoeveel jy verdien het, hoeveel jy oor het, en hoekom?

## Bene

155. Doors: "My oom se bene is so krom dat hy die grootste vark nie kan vang nie."

Frits: "My neef se bene is so krom, dat as sy nooi op sy skoot wil sit, hul eers 'n hangmat daaroor span, anders val sy deur."

## Beroepe

156. Seun: "Pa, eendag word ek 'n spioen, dan gaan ek baie dinge doen."
Pa: "My seun, maar is jy dan nie bang dat hulle jou gaan vang?"
Seun: "Ek is g'n bang vir niks nie, Pa. Word dit te erg, dan roep ek Ma."
Pa: "My kind, sê nou hulle wil jou skiet? Dink aan jou ouers se verdriet!"
Seun: "Maar, Pa, ek sal dit alles dra. Ek's nie kleinserig nie, weet Pa."
Pa: "Maar, grootman, jy moet nie vergeet om jou groente nou te eet.
Groente maak jou groot en sterk.
Spioene eet dit vir hul werk."
Seun: "Pa, weet Pa wat? Ek het 'n plan!
Ek dink ek word 'n brandweerman!"

157. As jy dalk soek na gepaste kleure vir verskillende beroepe, wat van:

- 'n Bloedrooi geneesheer
- 'n Hemelsblou predikant
- 'n Potblou kok
- 'n Heuningbruin byeboer
- 'n Kanariegeel ornitoloog
- 'n Bottelgroen dronkie
- 'n Goudgeel mynmagnaat
- 'n Kleurlose omroeper
- 'n Pimpel en pers onderwyser
- 'n Wynrooi Bolandse boer
- 'n Asvaal stoker
- 'n Pikswart padmaker
- 'n Houtskool/hardehoutskool drankhandelaar
- 'n Modderbruin rugbyspeler as dit reën op Nuweland
- 'n Boetebessierooi verkeersbeampte
- 'n Terracotta babatjie
- 'n Kakie verkeersbeampte ("Hier's 'n ka'kie vir jou!")
- 'n Potblou daggaroker
- 'n Ontkleedanseres is of: Off-White, Off-Blue, Off-Green, Off-Pink ... en dan kleurloos (kleerloos!).

158. Hoe kry jy die regte mense vir die regte beroep?

- Die vurigste mense werk by die brandweer.
- Die ongelukkigste by die hospitaal se ongevalle-afdeling.
- Die sieldodendste in die kerk.
- Die gasvryste in Sasolburg.
- Die smerigste mense werk in 'n garage.
- Die pilsierigste in 'n apteek.
- Die temarigste mense is skrywers.
- Die dierbaarste werk in die wildtuin.
- Die pittigste mense is mielieboere.
- Die bevoeterdste is skoenmakers.
- Die koppigste mense woon in die hoofstad.
- Die opvlieëndste mense is in die lugmag.
- Die voortvarendste in die vloot.
- Die belowendste in die volksraad.
- Die saaiste in die SAUK.

- Die diepste mense is in die myn.
- Die boemelaars werk in die dinamietfabriek.
- Die kwasterigstes vir bosbou.
- Die dooierigstes is in Wespark.

159. Wyle dr Andrew Murray vra eendag aan 'n klein seuntjie wat hy eendag graag wil word.

"'n Koster, Meneer," was die antwoord.

"En waarom dan koster?"

"A, Meneer, die koster kom laaste in die kerk, en gaan die eerste weer uit."

"So," was dr Murray se antwoord, "nou ja, liewer 'n eerlike koster as 'n skelm predikant."

160. 'n Predikant, op huisbesoek by 'n ou boer, sien die portret van die boer se drie seuns.

Predikant: "Jou drie seuns, daardie?"

Boer: "Ja, en al drie goed geleerd. Die een is 'n moordenaar, die ander een 'n dief en die derde 'n bedelaar."

Predikant: "Verskriklik! Hoe dan so?"

Boer: "Wel, die eerste een is 'n dokter, en as hy nie mense slag nie, kan hy nie lewe nie; die tweede een is 'n prokureur, as hy nie lieg nie, kan hy nie lewe nie; en die derde een is 'n predikant, as hy nie bedel nie, is daar nie fondse nie."

## *Besigheid*

161. Twee Jode se plesierboot slaan om. Die een klou aan die ander een vas. Hy probeer hom loskry en vra naderhand benoud: "Can't you float alone?"

"Ek gaan dood ... en hy wil besigheid praat!"

162. Dan was daar die man wat 'n dooie perd uitgeloot het. Hy het 'n duisend lootjies teen vyf rand stuk verkoop en toe het hy die man wat die perd gewen het, se vyf rand teruggegee.

163. Hulle vertel dat 'n Boer in oom Paul Kruger se dae 'n sakkie met geld (£100) by 'n sekere winkelier gelaat het. Toe hy later sy geld gaan haal, het die winkelier ontken dat hy die geld vir hom gegee het.

"Waar is jou getuies?" vra hy die boer.

Die boer het sy storie vir oom Paul vertel. Oom Paul het nog £100 geneem en hy en die boer is na dieselfde winkelier toe. "Kan ek hierdie £100 hier by jou laat?" het die president gevra. "Hierdie man is my getuie."

"Sekerlik," antwoord die winkelier.

Twee dae later stuur oom Paul die boer alleen om sy geld te gaan haal. Die winkelier gee hom toe die £100. Nog later stap oom Paul saam met die man winkel toe.

"Ek kom net die £100 haal wat ons nou die dag hier gelaat het."

"Maar ek ... ek het dit vir hom gegee!" sê die winkelier benoud.

"Waar is jou getuies?" vra oom Paul. En die winkelier moes maar die £100 opdok wat hy in die eerste plek by die man gesteel het!

164. 'n Sakeman in groot besigheid moet die miljoenêr se mentaliteit hê. Die miljoenêr sê: "Elke oggend stap ek in my landgoed, dan voer ek die voëltjies ..."

Die joernalis vra: "Wat voer u die voëltjies, voëltjiekos?"

Die miljoenêr sê: "Elke oggend stap ek in my landgoed, dan voer ek die voëltjies vir my kat."

165. 'n Plaasjapie het een skoutyd 'n pragtige rooi en geel das in Johannesburg gekoop en dit saamgeneem na sy dorp toe.

Een van sy buurmanne het op die das verlief geraak en hom 'n belaglike prys aangebied. Die volgende jaar het die boertjie tien dasse gekoop en dit teen ongelooflike winspryse van die hand gesit. Kort daarna stap hy weer by die winkeltjie in Johannesburg in en sê vir die Joodjie: "I want to buy all your ties ..."

"All my ties ... and who are you?"

Hy rig hom op en sê: "Don't you remember me? I am the *tycoon* from Boskuil ..."

166. Die klant kom by die winkelier en daar is duisende derduisende pakkies sout in sy winkel.

"Jy het baie sout," sê hy vir die winkelier.

"Dis nog niks dié nie," sê die winkelier, "kom kyk hier ..." en hy gaan wys hom die magasyn, die waenhuis, en tot binne in sy woonhuis. Alles is vol pakkies op pakkies sout.

"Jy verkoop darem seker baie sout," sê die klant.

"Nee, ek verkoop nie baie sout nie," sê die winkelier, "maar die man wat aan my die sout verkoop het ... Kan hý sout verkoop!"

167. 'n Sekere dame gaan in die winkel sis koop, en vra aan die winkelier: "Maar is dit goeie sterk sis?"
Winkelier: "Ja, ons het dit net gister gekry."
Dame: "Maar verbleik dit nie?"
Winkelier (ingedagte): "Nee, dit lê al vir die laaste twaalf jaar hier, en dit het nog niks verbleik nie."

168. 'n Vrou kom haastig die winkel in.
Vrou: "Môre, meneer, het julle dinges?"
Winkelier: "Goeiemôre, mevrou, ja natuurlik, hoeveel meter wil jy hê?"
Die vrou vervies haar, draai om en sê in die uitstap: "Sies, ek is reeds so haastig en dan spot jy mens ook nog. Van jou soek ek niks."
Winkelier: "Jammer, daarvan is ek uitverkoop."

169. Twee Jode ontmoet mekaar op 'n Vrystaatse dorpie.
"Wel," sê die een, "en hoe gaan dit met die besigheid?"
"Sjuut," antwoord sy maat, "praat tog met eerbied van die dode."

170. Gas (aan bediende van koffiehuis): "Ek het net vier sent; wat kan jy aanbeveel?"
Bediende: "'n Ander koffiehuis, Meneer."

171. Die pryse op die effektemark het skielik gedaal en die bankier sit radeloos in sy weelderige kantoor. Skielik kom die sekretaris binne.
"Meneer, u vrou het gebel ..."
Bankier (ingedagte): "Verkoop dadelik; teen watter prys ook al."

172. 'n Dame vra 'n winkelklerk iets. Ewe kortaf antwoord hy haar dat hulle dit nie het nie. Die eienaar wat in die nabyheid was, sê toe vir hom dat dit nie die regte manier van handel is nie, maar dat hy altyd moet probeer om iets anders in die plek van die gevraagde artikel aan te bied.
Toe kom daar 'n ander dame toiletpapier koop.
"Jammer, Juffrou, ons het nie toiletpapier nie, maar ons het skuurpapier en vlieëpapier en confetti. Kan ek u dalk daarmee help?"

173. "Met Flip kan ek totaal niks uitvoer nie," sê die bestuurder van 'n groot winkel. "Ek het hom al in al die afdelings probeer en hy bly maar deurentyd half aan die slaap."
"Sit hom by die pajama-afdeling," gee die hoofklerk aan die hand, "en steek die volgende kennisgewing met 'n speld aan hom vas: 'Ons slaappakke is so goed dat selfs die man wat hulle verkoop, nie wakker kan bly nie.' "

174. 'n Skotse boer verkoop 20 henne aan 'n slagter, maar stuur net 19. Toe hy eers die volgende dag met die ander een opdaag, vra die slagter:
"Maar waarom bring jy hierdie een nou eers?"
"Wel, man, die vervloekste ding het nou eers gelê."

### Besoekers

175. Boetie: "Pappie en Mammie het besoekers, dink ek."
Sussie: "Hoekom?"
Boetie: "Ek het Ma nou net oor een van Pa se grappies hoor lag."

### Bigamie

176. Bigamie is om een vrou te veel te hê. Monogamie ook.

### Biografie

177. Toe Casper Squire my biografie, *Fanus*, geskryf het, was ek baie eerlik. Ek vertel van my eerste fout op bladsy 560. (Die boek het net 128 bladsye.)

### Bioskoop

178. Prinsipaal aan klein gammat, wat die vorige dag gedurende skoolure gaan fliek het en nie in die skool was nie:
Prinsipaal: "Waar was jy gister?"
Gamat: "Sir, by die bioscope."
Prinsipaal (kwaai): "Kom vanmiddag ná skoolure na die kantoor toe en ek sal jou 'n goeie bioscope daar gee."

Gammat het die prinsipaal se woorde goed oordink, en 'n dik boek agter in sy broek ingedruk. Toe hy buk, merk die prinsipaal dadelik dat hy die boek agterin het.

Prinsipaal: "En wat beteken die boek in die broek?"

Gammat: "Wel, Sir het my bioscope belowe, toe het ek maar my seat gebook."

### *Blaasprobleme*

179. My ma het my een storie vertel, en juis omdat dit so ongehoord van haar was, onthou ek dit.

Sy sê die ou man het blaasprobleme gehad. Sy vrou moes altyd eers vir hom die bad oopdraai as hy 'n draai wou loop. Dominee het gereeld kom kuier, maar toe word Dominee siek.

Weke later kom kuier hy weer en vra: "Tante, en hoe gaan dit nou met die oom?"

"Nee, Dominee, hy is mos dood."

"Haai, wat het gebeur?"

"Dominee, ons is met vakansie Victoriawaterval toe. My arme ou man het hom dood draaigeloop."

### *Bleskoppe*

180. Jannie aan sy oupa toe dié sy hoed van sy kop afhaal: "Jislaaik, Oupa! Maar Oupa het vanoggend Oupa se middelpaadjie breed getrek!"

### *Blind*

181. My goeie vriend André van Piesangland is blind, en hy vertel die mooiste stories van blinde mense.

Hy sê die een ou stap met sy gidshond die supermark binne. Skielik begin hy die hond aan die ketting swaai.

"Wat doen jy?" vra die bestuurder. "Kan ek help?"

"Nee, dankie," sê die ou, "ons kyk net 'n bietjie rond."

### *Blondine*

182. 'n Blondine ry verkeerd in 'n eenrigtingstraat op en 'n konstabel keer haar voor:

"Juffrou, kan jy dan nie sien dis 'n eenrigtingstraat hierdie nie?"

"Maar ek ry mos net in een rigting, Meneer."

### *Bobbejane*

183. Onderwyser aan klas: "Noem my 'n Suid-Afrikaanse dier."

Jannie: "'n Bobbejaan!"

Onderwyser: "Baie goed. En wat kan die bobbejaan doen?"

Jannie: "In die boom klim, Meneer."

Onderwyser: "Ja en wat nog."

Jannie: "En dan weer uitklim, Meneer!"

### *Boeke*

184. Die Afrikaanse omroeper, Awie Labuschagne, was 'n moeilike kalant op sy dae. Hy het graag poetse gebak. Eenkeer het hy op die trappe by die Johannesburgse stadsaal 'n hele paar dosyn boeke teen vyf sent stuk gekoop.

Hy skryf toe voor in elkeen: "Hierdie boek behoort aan ... (hier het hy enigeen van sy vriende se name geskryf) en dit het vir hom baie sentimentele waarde. As die boek na onderstaande adres teruggebring word, sal 'n vergoeding van vyftig sent betaal word."

Hierdie boeke het hy toe oral op strategiese plekke in Joubertpark gelaat. Joubertpark se boemelaars het hulle beloning gaan eis!

185. Hy was te suinig om 'n boek te koop, toe skryf hy maar self een.

186. Daardie nuwe Afrikaanse skrywer is heeltemal onverstaanbaar. Dit moet 'n baie goeie boek wees.

187. As jy 'n lang boek deurgeworstel het, moet jý die prys kry, nie die skrywer nie. Dis jy wat goed is, nie die boek nie!

188. Dit is nie 'n boek wat ligweg weggestoot moet word nie; so raak 'n mens bevooroordeeld.

189. Party Hertzogpryswenners het boeke geskryf asof dit 'n pynlike plig was.

190. Eendag wil ek nog voor in 'n boek skryf: "AAN MY UITGEWER, SONDER WIE SE VRIENDELIKE HULP EN BYSTAND EN

ADVIES ELKE WOORD IN HIERDIE BOEK GESKRYF IS."

191. "Hierdie boek word opgedra aan my dierbare vrou, sonder wie se nimmereindigende simpatie en aanmoediging hierdie boek lankal klaar sou gewees het."

192. Onlangs het 'n Afrikaanse skrywer 'n boek geskryf wat so vieslik was dat ek nie eens die titel kan noem nie. Al wat ek kan sê is: hy hang die boekie saam met die ou tydskrifte in die latrine op en dan sluit hy die deur.

193. Nou weet ek waarom daar mense is wat beswaar maak omdat ons bome afkap om boeke te maak. Ek het een gelees.

194. Hulle koop nie boeke nie, leen net myne;
gee dit nie terug nie. Ek sal hulle wys:
ek gaan al my ongeleende boeke
nou met terugkomduiwe kruis!

195. Nadat ek haar nuwe boek gelees het, het ek lus gehad om my veer terug te sit in die gans.

196. Ek wou nog altyd 'n boek geskryf het, maar ek het nie papier gehad nie.

197. Hierdie boekie is uitsluitlik vir pessimiste bedoel.

Optimiste word gewaarsku om dit nie te lees nie, want ek is finansieel hoegenaamd nie in staat om die gelag te betaal deur doktersrekenings vir die herstel van breuke nie.

198. Verkoopsman: "Kom, Neef, koop hierdie boek; jy kan nie sonder hom klaarkom nie."

Neef: "Ek lees nooit nie."

Verkoopsman: "Koop dit dan vir jou kinders."

Neef: "Ek is ongetroud; al wat ek het is 'n hond."

Verkoopsman: "Nou ja, jy wil tog soms 'n lekker swaar boek hê om na die hond te gooi."

199. 'n Sekere dramaskrywer het gedurig 'n uitgewer lastig geval om van sy dramas te publiseer. Laasgenoemde het egter gereeld geweier omdat die sogenaamde dramas van die allerswakste gehalte was. Eendag kom die dramaturg weer by hom met die woorde: "Meneer, dié slag het ek waarlik 'n interessante stuk; laat my toe om u net kortliks die inhoud mee te deel dan kan u self oordeel."

"Goed," antwoord die uitgewer, en gaan sit in sy leunstoel, vasberade om maar hierdie keer die vent se storie tot die bitter einde uit te hoor.

Die dramaturg begin: "Dis middernag; alles is doodstil, so stil as die graf. Twee inbrekers forseer die bankvenster en begin die brandkas oop te sluit; die klok slaan 'een' ..."

"Watter een?" vra die ongeïnteresseerde toehoorder.

200. Ja, sê die *Grapkoning*, ek gaan my eerste grapbundel uitgee, maar nie onder my eie naam nie, maar onder die skuilnaam Frank Viljoen.

Sy vriend: "Dit sou nie billik wees nie."

Grapkoning: "Nie billik nie. En waarom nie?"

Vriend: "Dink net aan die duisende Viljoens wat onskuldig verdink sal word."

201. Piet: "Ja, Jan! Dis 'n pragtige toespraak wat jy gelewer het, maar ek het 'n boek met elke woord wat jy gesê het daarin!"

Jan: "Dit kan nie wees nie. Die toespraak is my eie en oorspronklik."

Piet: "Tog het ek elke woord daarvan in my boek!"

Jan: "Watter boek?"

Piet: "My woordeboek!"

### *Boeke (Diere ... hasies ... varkies ...)*

202. 'n Ander verhaaltjie is van 'n hasie wat spring-spring en wip-wip sing, want dis lente: "Dis lekker om 'n varkie te is, te is. Dis lekker om 'n varkie te is!"

Die skilpad kom by hom en sê: "Maar jy is nie 'n varkie nie, jy is 'n hasie ..."

Die hasie wip weg en sing: "Dis lekker om 'n varkie te is, te is!"

'n Hasie met 'n pienk strikkie in haar haartjies, want sy is 'n meisie-hasie, sê: "Maar jy is nie 'n varkie nie, jy is 'n mooi ou hasie ..."

En hasie wys na 'n jakkalsie wat net in 'n gat gekruip het en hy sê: "Ag, kyk net daardie fraaie jakkalsie; hy het nou net daar in die gat ingekruip ..."

En die meisie-hasie vra: "Waar? Waar?"

Die stoute hasie sê: "Daar! Daar!"

Die hasie probeer in die gat inkruip, en die stoute hasie sien iets van agter af, en hy gaan en hy wil met die meisie-hasie ... vry.

Die meisie-hasie word vies en sy skree: "Sies, jou vark!" en die stoute hasie spring-spring en wip-wip weg, want dis lente, en hy sing: "Dis lekker om 'n varkie te is, te is!!"

## *Boeke (Lees: koerante, tydskrifte, romans)*

203. Mens moet altyd saans ordentlike boeke lees. My ma het altyd gesê: "Sê nou jy gaan in die nag dood en daar lê 'n Ela Spence of 'n James Joyce op jou bedkassie ..."

"Wie is Ela Spence?" vra my pa.

204. Dis my pa wat gesê het: "Party mense sê die lewe is alles, maar ek verkies om te lees."

205. Hoe lees jy koerant? Ek lees tussen die leuens.

206. 'n Mens moet alles glo wat in koerante staan, want anders gaan dit vreeslik vervelig wees.

207. Hoe begin 'n mens 'n nuwe koerant? Enige ou met ambisie, integriteit, eerlikheid, deursettingsvermoë, opregtheid en tien miljoen rand kan 'n koerant begin.

208. 'n Nuusredakteur is iemand wat die koring van die kaf skei, dan die kaf vir die drukker gee en sê: "'n *Scoop!*"

209. 'n Bekende liberalis se mening: "Ek stem saam oor die kwessie van 'n vrye pers. Maar dis die koerante wat ek nie kan uitstaan nie!"

210. Ek hou nie van lees nie, as ek 'n boek wil lees, skryf ek een.

## *Boeke (Uitgewery) (Poësie)*

211. Groot uitgewers ontdek nie groot skrywers nie; goeie skrywers skep groot uitgewers.

212. Ek wou nie skryf nie, maar ek het 'n voorskot nodig gehad.

213. Ek wou lankal ophou skryf, maar ek is te beroemd.

214. As jy nou 'n gek van jouself wil maak, skryf 'n boek en gee hom self uit.

215. As jy nou 'n gek van jouself wil maak, skryf 'n boek. Punt.

216. Moet nooit van 'n ander skrywer sê: "Ag foei, ek kan beter as dit skryf." Laat hy dit liewer van jou sê.

217. Vrye vers is om gedigte te skryf soos jy tennis sal speel – sonder 'n net.

218. 'n Digter is nie wat almal dink nie: hy hoef nie noodwendig net te drink nie.

219. Dirk Opperman het een keer gesê: "Daar is nie geld in poësie nie, maar dan weer: daar is nie poësie in geld nie."

220. "Nee, jy hoef nie meer vuur in jou poësie te sit nie, inteendeel: sit meer poësie in die vuur!"

221. gedigte moet modern wees:
suster anna, ek hoor 'n motorfiets brom
jy't goeie ore, dis die pos wat kom
mabalel jou stoute hel
wie de hel het jou vertel
die posman-Kawasaki snel ...?

## *Boekbespreking*

222. Hier volg 'n resensie van die boek *Die deur mag nie gesluit word nie* deur ons jongste moderne skrywer: T.P. Incognitus.

*Die deur mag nie gesluit word nie* is 'n boek wat deur almal gelees behoort te word. Die skrywer slaag daarin om op boeiende en unieke wyse die aandag van die lesers gevange te hou. Die boek is op moderne lees geskoei en die kubistiese voorstellings van die karakters word sonder omdraai van doekies (m a w nakend) deur die skrywer wat sterk eksistensieel dink, aan die opreg soekende leser wat nie tevrede is met die skynbare wesensvorme soos dit deur die menslike oog waargeneem word nie, maar homself verplaas in die gedagtegang van die skrywer, wat die vibrerende lewe per definisie aan die verligte leser wil toon, oorgedra.

Ten einde die voornemende leser 'n voorsmakie te gee van wat hy in die boek, *Die deur mag nie gesluit word nie*, kan verwag, volg hier 'n kort uittreksel:

"Die stille donker van die nag, wat alle vorme anders laat lyk, waarin die funksie van die oog sy misleidende rol nie kan speel nie, word van die aarde af weggeskeur deur die komende daeraad. Gewek deur die hanegekraai strek sy haar uit en lui-lui kom sy orent. Hy het bly lê. Deur skrefiesogies betrag hy haar. Die rondinge van haar liggaam gesilhoeëtteer teen die dunne lig van die oosterkim. Hy kreun saggies. En dan gebeur dit: die koeël tref haar in die middel van haar kop. Sy val neer. Leweloos. En 'n kinderstemmetjie vra: 'Pa, het Pa die vark raakgeskiet?'"

## Boemelaars

223. Die twee oues sit onder 'n brug. Die een is besig met 'n potloodstompie en 'n stukkie papier.

"Wat maak jy, maat?"

"Ek skryf 'n brief aan my broer."

"Maar jy kan mos nie skryf nie."

"Dit maak nie eintlik saak nie, my broer kan ook nie lees nie."

224. Boemelaar aan huisvrou: "Die dame hier langsaan het my 'n stuk tuisgebakte koek gegee. Wil u my nie ook iets gee nie?" Huisvrou: "Ja, sekerlik – hier's 'n bietjie koeksoda."

225. Huisvrou: "As jy my 'n guns wil vra, kan jy gerus jou hande uit jou broeksakke haal."

Boemelaar: "Ek wil juis 'n paar kruisbande vra."

226. Eerste boemelaar: "Ek hou nie van vakansie nie."

Tweede boemelaar: "Ek ook nie, 'n mens voel so alledaags as niemand werk nie."

227. Die boemelaar is op pad Kaap toe. Hy is in die middel van die Karoo. Dit is warm, hy sweet, sy voete is seer, sy waterbottel is hoeka leeg.

Hy besluit om die hoofpad te verlaat en beland op 'n plaaspad. Skielik hoor hy 'n DDM (duur Duitse motor) aankom. Die motor hou stil!

"Kan ek jou oplaai, vriend?" vra die boer.

Die boemelaar kyk na die boer, kyk na die lugverkoelde DDM, sien die sespak op die agterste sitplek, kyk na die pad, kyk na die son, kyk na die boer, en sê: "Nee, maak jou eie blerrie hekke oop!"

228. My gunsteling boemelaarstorie is van die ou wat in die omgewing van Bronkhorstpruit op 'n begrafnis beland. Maar hy weet nie dis 'n begrafnis nie. Hy sien net die baie karre op die plaas, en hy sien daar is 'n etery en 'n drinkery.

Nou weet ons die Kapenaars bied die begrafnisgangers wyn en begrafnisrys aan – geelrys met rosyntjies. Maar die mense van Bronkhorstspruit het nie wyn nie en ook nie begrafnisrys nie, daarom kry die gaste witblits en poetoepap.

Daar is baie toesprake, want die wyle was 'n baie gewilde man. Baie wild. Die burgemeester staan op en prys die oorlye persoon, dan skink almal 'n ietsie en gesels oor die man wat dood is se goeie hoedanighede. Later staan die skoolhoof op en hou sy toespraak, wat een lang pryslied is. Daarna skink almal so 'n ietsie.

Die boemelaar haal sy blikbeker en sy blikbord uit, gaan skep vir hom 'n bietjie poetoepap en skink vir hom 'n bekertjievol witblits.

Intussen gaan die toesprake onverpoos voort. Dit beginne lekker kuier, hulle poetoe en hulle blits, hulle poetoe en hulle blits.

En toe daar 'n stiltetjie kom, staan die boemelaar op, haal sy hoed af en sjê ... ek bedoel sê: "Ek wil ok 'n paar woorde sjê ... ek meen sê ..."

Ou Nic Koekemoer wat langs hom sit, trek hom aan sy baadjie en sê: "Jy kan nie nou praat nie, dis 'n begrafnis dié!"

Waarop die boemelaar antwoord: "Ek gee nie om wát dit is nie, dis 'n helse sukses!"

229. "Mevrou," sê die boemelaar by die voorhekkie, "ek is so honger, ek kan die gras hier op die grasperk eet!"

"Kom liewer agtertoe, daardie gras is langer," sê die dame simpatiek.

230. Die hond ruik-ruik aan die boemelaar se been en lig sy eie op.

"Mevrou, jou hond!"

"Hy sal jou nie byt nie," sê die dame.

"Ek is nie bang vir die byt nie, ek dink hy wil my skop!"

### *Boemerang*

231. Baie mense, wanneer julle sake doen, sal jou belowe: "Ek kom terug na jou oor hierdie saak ..." As hy terugkom, is hy 'n boemerang.

Wees 'n boemerang!

Maar as hy nie terugkom nie, is hy 'n kierie.

Moenie 'n kierie wees nie!

### *Boer*

232. "Wat het jy daar op die wa?" vra die man die boer.

"Mis."

"En wat maak jy daarmee?"

"Ek gooi dit oor my aarbeie ... "

"Smaak dit nie lekkerder met room nie?" vra die man.

233. Die "Verkoopsman van die jaar" verkoop aan die boer (wat een koei besit) ses melkmasjiene.

"Ek het 'n deposito nodig, Meneer."

"Ag, Nefie, vat maar my ou koei."

234. 'n Boer het eendag met sy kar gery om vir hom 'n goeie ram te koop. Op sy terugreis kon hy die aand nie sy huis haal nie en moes hy by 'n ander plaas slaap. Hy maak die ram toe aan 'n boom vas met 'n taamlike lang riem. Die ram het toe sommer met die boom begin baklei en hom die hele nag deur gestamp. Toe sy baas die volgende môre daar kom, sien hy dat die hele dier al opgestamp is, net 'n stukkie stert is nog oor en dié stamp nog altyd deur.

235. Boer (aan iemand wat werk soek): "Jy sê jy het ondervinding van boerdery?"

Rondloper: "Ja, Meneer."

Boer: "As jy 'n koei melk, aan watter kant gaan jy sit?"

Rondloper: "Natuurlik aan die buitekant, Meneer."

### *Boerdery*

236. Die buurman se seun vra aan 'n baie bekende perdeteler se seun: "Wat maak jou pa as julle perde siek word?"

"Bedoel jy nou baie siek of net 'n bietjie siek? Want as hulle net 'n bietjie siek is, gee hy hulle medisyne, maar as hulle baie siek is, dan verkoop hy hulle."

237. Ek ry eendag Bronkhorstspruit toe en net daar anderkant daardie skerp draai, daar waar hulle in die oorlog so geveg het, spring 'n klein varkie voor die motor in. Ek swaai weg, maar nog 'n varkie spring rakelings by die voorwiel verby. Ek hou toe stil, want dit kan lewensgevaarlik wees ... vir die varke en die padvarke! ... en ek jaag die varkies uit die pad uit. Toe sien ek die varkies kruip deur 'n gat in die heining. En terwyl ek besig is om die varkies terug te jaag, kom die boer daar aan.

"Meneer, kan jy nie die gat in die heining toemaak nie?" vra ek.

"Ek dink nie dis die moeite werd nie," sê die boer, "een van die dae is hulle te groot om deur die gat te kruip."

238. Party mense las 'n stertjie aan bogenoemde storie: Eendag toe ry ek een van die varkies raak. Die boer storm uit en sê dis opregte teelvarke en hy wil tien rand vir die varkie hê. Hy wil net 'n saak maak! Om van hom ontslae te raak, gee ek hom sy geld. Maar ek hou 'n entjie verder stil, klim uit en stap terug, want ek wil sien of die boer die gat in die heining toemaak. Toe ek daar kom, is hy besig om die gat groter te maak!

239. "Ons boer nou met hoenders. Wit hoenders en swart hoenders. En weet jy wat: ons wit hoenders eet baie meer as ons swart hoenders."

"Maar hoe is dit moontlik?"

"Ons het baie meer wit hoenders as swart hoenders."

240. “Weet jy dat daar elke jaar baie meer reën op my buurman se plaas val as op my plaas?”
“Maar hoe is dit moontlik?”
“My buurman se plaas is baie groter as my plaas.”

241. “Ek is nou in besigheid. Ek koop en verkoop hamers. Ek koop 'n hamer vir R1,50 en verkoop dit vir R1,00 aan die boere.”
“Maar dan verloor jy mos 50 sent op 'n hamer!”
“Dis reg, maar dis nog baie beter as boerdery.”

242. In Bronkhorstspruit se wêreld is die grond so vrugbaar, as jy 'n pampoenpit plant, moet jy vinnig hardloop of die pampoen rank jou toe.

243. As jy vir die hoenders mielies gooi, vang hulle dit in die lug of vreet dit van die kop af.

244. Drie broers boer saam. Die een is verantwoordelik vir die skape, die ander een vir die koring en die derde vir die mielies. Laasgenoemde gaan op 'n studiereis Amerika toe en kom met baie nuwe idees terug, onder andere dat dit baie winsgewender is om 'n maatskappy te stig. Hulle maak so en elke boer is 'n direkteur.

Na die eerste jaar hou hulle direksievergadering en daar moet verslag van die jaar se bedrywighede gedoen word. Die oudste broer, wat ook voorsitter is, vra: “Broer, en hoe het dit vanjaar met jou portefeulje gegaan?”
“Askies?” vra die tweede broer.
“Met die skape, hoe het dit gegaan?”
“Dit het baie goed gegaan, ek het 'n wins van 53% getoon!”
Ouboet klap met die tong en sê: “Nie ek nie, *ons*. Ons is nou 'n maatskappy. Die afdeling waaroor ek in beheer is, is die mielies. My verslag lui soos volg: *ons* het 'n wins van 32% op die mielies gemaak.
“Nou, Kleinboet, wat van die koring? Wat wil jy rapporteer?”
Kleinboet wat maar 'n stouterd is, sê: “Wel, ons het die mooi dingetjie by die Koringraad se partytjie ontmoet. Ons het haar plaas toe genooi. Ons het een aand, toe die maan geskyn het, op haar verlief geraak en haar na die mielieland toe geneem. Broers, daar het die passie ons oorval. Broers ... *ons* is in die moeilikheid!”

### Boereraat

245. “Het jy toe die tafeldoek in die dou laat lê om die kolle uit te kry?”
“Ja.”
“En het die kolle verdwyn?”
“Ja, saam met die tafeldoek.”

### Bokke

246. 'n Sekere ryk ou boer wat omtrent 25 jaar met sy eerste vrou gelewe het, kry toe ewe skielik sin in 'n jong dame. Hy skei van sy vrou en trou met die dame. Hy gaan wys haar aan sy ou neef en stel haar voor as “Bokkie”. Die ou neef sê toe dat hy moet oppas vir bokke, want as hulle die blare klaar geëet het, begin hulle met die stam.

### Bokser

247. My hele familie is boksers, behalwe my een neef, hy is 'n foksterriër.

248. Hy vaar nie te goed in die eerste ronde nie. Die klok lui en hy gaan sit in sy hoek.
Sy afrigter fluister in sy oor: “Jy's fantasties, hy het nog nie 'n vinger op jou gelê nie!”
“Dan moet jy die skeidsregter dophou, want iemand donner my op.”

249. Bokser: “Is dit ver van die kleedkamer af tot by die kryt?”
Teenstander: “Ja, maar jy hoef nie terug te loop nie.”

250. Oom Krisjan vertel vir Barnie Barnard 'n storie van ene Cowley wat 'n groot wa kon optel en dit in die lug hou terwyl hulle die agterwiel afhaal, dit ghries en weer terugsit. Dit was dieselfde Cowley wat 'n ysterkruiwa met 30 ysterpikke daarop, agter aan die handvatsel kon vat en los van die grond af optel.

Pagel se sirkus het Knysna besoek en hulle het enigeen uitgedaag om drie minute lank teen hulle bokser kragte te meet. Ike Cowley het die uitdaging aanvaar. Die boere het mal geword.

Die sirkusman het begin dans. Hy pikpik na oom Ike se ken. Oom Ike staan ewe stilswyend. Hy draai stadig al saam met die ligvoetige bokser. Dié haal op sy beurt weer allerhande manewales uit en peper oom Ike in die gesig.

Skielik los oom Ike 'n hou. Één hou.

Hulle het die mannetjie afgedra.

En wánneer hy bygekom het, weet oom Krisjan nie, maar hy en miesies Pagel het verdwyn sonder dat oom Ike sy beloning ontvang het.

251. Andries Cornelius moes sy eerste boksgeveg uitsaai. Hy vra sy vriend Awie om hom 'n bietjie te help.

Awie skryf 'n denkbeeldige geveg volledig uit op papier en gee dit vir Andries. Gewapen hiermee neem Andries voor die mikrofoon stelling in.

Die klok lui. Helpers uit die kryt. Eerste ronde begin.

Andries begin lees. Die skare juig. Skielik word dit stil. Te stil. Andries kyk van die papier af op. Die twee boksers leun oor die toue.

"Sê, ou Dries, net bietjie stadiger, jong. Ons kan nie byhou nie!"

### Bom

252. Destyds het ons nog die Fanus-klub gehad. Dit was 'n gesellige klub en daar is gereeld toere gereël. Die klublede sou juis een oggend vroeg, ná 'n geselligheid die vorige aand, van Jan Smuts na Beira vertrek. Ek en Sam en Koos vaardig onsself af om hulle te gaan afsien, daarom besluit ons om nie te gaan slaap nie, maar sommer dadelik ná die funksie te ry.

Dit was net ná die stasiebom in Johannesburg – die eerste bom in sy soort, die Harris-bom. Ons kom vroeg-vroeg by die lughawe aan. Nou is ons vaak.

Koos gaan soek vir ons 'n bed. Kan jy glo dat die lewe ooit so ongekompliseerd was?

Ons stap die lughawegebou binne. Daar is een polisiemannetjie wat patrolliediens doen. Ons groet hom vriendelik en stap verby. Koos maak al die deure oop, hy sien in die noodhulpkamer is daar twee spierwit beddens.

"Ou Fanie, waar wil jy slaap, by die venster?" Ek klim in die bed, Koos klim in die bed.

Koos sê vir Sam: "Haai, jy skakel af die lig en dan bring jy netnou vir ons koffie."

Sam skakel af en verdwyn. Sam was 'n towenaar, hy het allerhande hulpmiddels in die tas, soos 'n vals snor, 'n bril, 'n wekker, blikkies met vals bome, en nog ander agterdogwekkende artikels.

Die eerste vliegtuig, El Al, maak so 'n lawaai dat Koos wakker skrik en regop sit: "As ek nie hierdie woonstel verniet gekry het nie, het ek nou gaan 'notice' gee," sê hy.

Ons staan maar op en gaan soek koffie.

Sam het in die motor gaan slaap, maar sy toortas staan daar eenkant.

Koos Meyer laat nie so 'n geleentheid verlore gaan nie. Hy vat die tas en sit dit in die middel van die vloer daar in die vertreksaal, 'n mooi oop gebied.

Die tas staan in die middel van die vloer. Koos bekruip die tas.

Die polisieman sien hierdie vreemde optrede en bestorm vir Koos. "Wat gaan hier aan, meneer?" vra hy en sy stem breek.

"Meneer, ek weet nie wat nie, maar daar tik iets in die tas!" sê Koos en bekruip die tas.

Die polisieman dink: Bom! Hy vee Koos uit die pad uit en hy begin ook die tas bekruip. "Dis my werk, meneer, gee asseblief pad hier!"

Maar Koos laat hom nie gesê nie. Die polisieman bekruip die tas, Koos bekruip die polisieman.

Toe die geregsdienaar by die tas kom, gryp hy dit met albei hande vas en skud. En daar val die allerlei verdagte artikels uit: snorre en baarde en 'n wekker en blikkies met vals bome en toue!

"Waar is die eienaar van hierdie tas?" vra die konstabel.

"Hy lê daar buite onder 'n *Daily Mail* en slaap," sê Koos. "Ek dink hy's 'n kommunis!"

### Boodskap

253. Dit was in die Anglo-Boereoorlog, in die kommando van wyle kommandant Erasmus. Die kommandant wou die burgers met name Els en Spies spreek, en gee toe opdrag aan sy agterryer, Muggie, om die twee burgers te gaan roep. Muggie vleg deur die tente op soek na Els en Spies. Net toevallig staan die twee bymekaar en gesels. Muggie trap vas met sy boodskap: "Skerpgoed, die Kommandant roep julle."

### *Botsing*

254. 'n Onderwyseres het eendag 'n les gegee oor 'n botsing. Sy vra toe vir 'n seuntjie wat nie geluister het nie: "Toe Jannie, kan jy my verduidelik wat 'n botsing is?"

Jannie: "Ja Juffrou, ek het 'n botsing gesien toe my suster haar kêrel gesoen het."

### *Bou*

255. 'n Munisipaliteit êrens in Ierland het die volgende besluit geneem: Die stene van die ou tronk sal gebruik word om 'n nuwe te bou, en die ou tronk sal intussen in gebruik bly tot die nuwe klaar is.

### *Boy Scouts*

256. "The Boy Scouts and the Girl Guides!" Is dit nie die kortste grap wat daar is nie?

### *Brei*

257. Terwyl Katryn een aand langs die tafel sit en brei, glip daar 'n steek van een van die naalde af en sy sê, "O! daar val een van my steke!"

Jantjie gryp die kers en spring haastig onder die tafel in terwyl hy sê: "Wag, Katryn, ek sal hom gou vir jou soek."

### *Briewe*

258. Koos, nadat hy en sy nooi 'n hewige rusie gehad het: "Is dit nou uit tussen ons?" Sy (boos): "Ja, en ek sal jou al jou briewe teruggee."

Koos: "Goed, ek sal bly wees, want ek sal hulle weer nodig kry."

259. Pat (wat haastig is): "Marie, my skat, hulle sê vele hande maak ligte werk. Plak jy vir my die koevert toe solank ek die brief skryf."

### *Bril*

260. 'n Klein seuntjie wou baie graag 'n bril dra en om sy doel te bereik, sê hy gedurig vir sy ma dat hy g'n ding kan raaksien nie. Sy ma wis beter, maar om eindelik van die las ontslae te raak, neem sy hom op 'n goeie dag na 'n bekwame oogdokter.

Die dokter vra vir die seun: "Wel, mannetjie, wat makeer jou oë?"

"Kan Dokter daardie speldjie in die hoekie sien?" was die antwoord.

"Ja," sê die dokter, "maar 'n mens se oë moet nogal taamlik goed wees om daardie klein speldjie op so 'n afstand raak te sien."

"Wel," antwoord die seun, "daar lê juis die knoop, my oë is sleg, daarom kan ek nie die speldjie sien nie."

261. Sy: "Maar waarom dra jy dan nou 'n bril?"

Hy: "Vir seer voete."

Sy: "En help dit?"

Hy: "Alte seker. Nou kan ek sien om my voete uit ander mense se pad te hou."

262. Koos: "Waarom dra jy 'n bril?"

Piet: "Jy sien man, vandat ek so baie blokkiesraaisels uitwerk, kyk my een oog vertikaal en die ander een horisontaal."

### *Broek*

263. Moeder: "Gaan jy tog nie met daardie gelapte broek speel nie?"

Jannie: "Nee, Ma, met die seuntjie hier langsaan."

### *Broekskeur*

264. Op 'n dans merk 'n vrou dat haar man se broekspyp geskeur is. Versigtig het sy hom na 'n kamer geneem, sy broek laat uittrek en begin stop aan die broek. Skielik hoor sy mense aankom. Die eerste die beste deur word oopgeruk en die man daardeur gedruk. Skaars was hy uit of 'n vreeslike geklop en geskop breek los op dieselfde deur.

"Maak oop, vrou, maak oop! Ek is in die danssaal."

### *Brood*

265. Dit was vir ons baie snaaks toe hy dit vertel het! Ons sit onder 'n moepel, maar dit kon ook 'n maroela gewees het. Doer anderkant wei omtrent drie koedoes en sewentien rooibokke en 'n vlakvark of twee, ongeveer:

"Oupa Karel het die brood uit die bakoond gehaal, dit laat afkoel en by die stoeptafel gaan sit. Het jy al gesien as iemand sit en brood sny?" vertel Ras.

"Dit is 'n ritueel.

"Hy bêre die korsie. Die tweede sny is die meneer wat hy gebruik. Hy hanteer die smeermes soos 'n swaard van Scaramouche: dis alles in die vingers, niks in die gewrig nie. Wit klou die varkvet op die brood. Hy sny die sny in vyf gelyke dele; nie vier nie, nie ses nie: vyf. Langs hom staan die blik Lyle's Golden Syrup, met die leeu op: uit die sterke kom die soete, en Simson.

"Oupa Karel vat die mes se punt, druk dit in die stroopblik, skep net die regte hoeveelheid op die mespunt. Nou vat hy die een vyfde stukkie brood met sy linkerhand tussen duim en voorvinger. Met die regterhand, waarin die mes is, krul hy die gouestroop op die boonste punt van die broodmootjie, net onderkant die duim en voorvinger.

"Skielik lig die gewrig van die linkerhand totdat die arm reguit is. Met een beweging gooi hy sy kop agteroor. Die stroop loop af en net soos dit die onderpunt van die broodjie bereik, gaan die mond oop en die mootjie-broodjie met die stropie verdwyn op die skoon, rooi tong agter die sterk, wit tande.

"So eet hy al vyf op. Hy vryf sy vingers en bêre alles weer.

"My hele kindertyd het ek hom dopgehou. Toe ek groot en getroud is en my eie huis het, bou ek vir my 'n bakoond. Ek leer om my eie brood te bak. Ek kry 'n tafel wat ek op die stoep inrig. Ek sorg vir die varkvet en die Lyle's. Ek bêre die korsie. Ek sit ook en sny die brood.

"Net soos Oupa Karel deel ek die sny brood in vyf gelyke dele. Net soos Scaramouche hanteer ek die mes. Ek doop die mespunt in die gouestroop, krul dit op die bopunt van die broodjie. Die linkergewrig skiet op. Die kop is agteroor. Die stropie kom af, die mond gaan oop.

"Ek doen alles presies net so.

"Maar dit het nooit so lekker gesmaak soos Oupa Karel s'n nie."

### Brug

266. Mnr Wennie du Plessis het 'n staaltjie vertel uit die dae toe hy sekretaris van dr Van Broekhuizen in Europa was.

Dit was dr Van Broekhuizen en sy gesin se gebruik om met hulle boot in die rivier op te vaar. Dié dag is mnr Du Plessis saam en het hulle miskien te lank gedraai om terug te kom, want toe hulle by die ophaalbrug kom, was dit gesluit en kon hulle nie met hul boot onderdeur vaar nie.

"Mnr Du Plessis," sê dr Van Broekhuizen, "gaan praat met die brugwagter ... Sê vir hom hy moet die brug oplig sodat ons kan deurvaar." Die jong Wennie du Plessis gaan en stel sy versoek soos wat van hom verwag word, maar die brugwagter het nie hiermee genoeë geneem nie.

"Dat kan tog niet," sê hy.

"Hoekom nie?" vra oom Wennie, en die man verduidelik dat die enigste persoon wat toestemming kan gee, die Minister van Waterweë is.

"En waar is hy?" vra mnr Du Plessis.

"In die kerk," kom die antwoord. "Dit is Sondag en daarom is die rivier vir verkeer gesluit."

Met hierdie ontstellende nuus gaan oom Wennie terug na dr Van Broekhuizen toe.

"Die man wil nie dat ons deurgaan nie, Doktor," sê oom Wennie en verduidelik.

Niks was ooit te moeilik vir dr Van Broekhuizen nie en hy is daar weg kerk toe. Tien minute later het hulle deurgevaar.

### Bul

267. Daar was 'n tentoonstelling op die dorp. Onder andere is daar 'n beroemde Afrikaner kampioenbul tentoongestel. Oom Klaas, 'n groot veeboer, besluit toe om na die bul te gaan kyk. Hy het veertien seuns gehad. Die oubaas kom daar aan met sy seuns. By die hek vra die man of hulle almal oom Klaas se seuns is.

"Ja," antwoord die oubaas.

Die kêrel is sommer daar weg, bring vir die oom 'n stoel en sê: "Sit, Oom, ons gaan die bul haal om na Oom te kom kyk."

### Bulpille

268. Die ou boer het niks van seks af geweet nie, maar hy het geweet daar is groot fout toe sy bul nie bullig wou word nie. Nou vertel hy vir sy buurman van die wonderlike pille wat hy gaan koop het.

"Ek het die bul net twee ingejaag, toe jaag hy al wat koei is die werf vol."

"Buurman, wat is die pille se naam?"

"Nee, buurman, ek weet nie hoe heet hulle nie, maar hulle smaak so pippermenterig."

### *Bure*

269. "Ek sê, Buurman, gaan jy vanmiddag jou grassnyer gebruik?"

Buurman wat nie sy goed wil uitleen nie: "Ja, ek is jammer, maar ek moet vanmiddag gras sny."

"Dis goed, dan kan ek seker jou tennisraket leen?"

270. Mevrou K (aan haar buurvrou): "Buurvrou, laat ek dan 'n bietjie vandag my frikkadel in jou botter braai, dan kan jy weer anderdag jou vleis in my sop kom kook."

271. Daan: "Vertel jy altyd vir jou vrou wat jy gedoen het toe sy met vakansie was?"

Faan: "Nee, die bure vertel."

272. Ek hoor ons bure is so windmakerig. Ja, hulle stamboom dagteken uit die dae toe hulle nog daarin gewoon het.

273. Mev Janse: "Dit lyk my ons nuwe bure is maar taamlike arm mense.

Mnr Janse: "Hoekom dink jy so?"

Mev Janse: "Elke keer as ek daar iets wil leen, het hulle dit nie."

### *Bus*

274. Onthou u die storie van die man met die vierton bus? Hy hou elke keer stil en dan slaan hy met 'n stok teen die kant van die bus. Toe iemand kom vra waarom hy dit doen, toe sê hy: "Dis 'n vierton bus hierdie. Ek vervoer agt ton kanaries ... ek maak so geraas sodat helfte van hulle moet vlieg!"

275. Dit het glo rêrig gebeur. In die Kaap in. Die ingekleurde, opgesmukte, oorgegrimeerde dametjie klim in 'n stampvol bus en almal kyk weg deur hul vensters, niemand staan vir haar op nie. Sy gryp die streppie styf vas en lyk bra ongelukkig.

Twee manne wat teenoor haar sit, kyk na mekaar. Die een sê vir die ander: "Toe, toe, staan jy nie op vir 'n 'lady' nie?"

Die ou kyk na haar ooggrimering, oorbelle, rooi wange, rooi lippe en sê: "Nei, 'n 'painting' moet hang!"

276. In Natal gebeur. Die bus is vol. Die bestuurder is laat. Hy laat waai en die bus raak die pad byster. Hy is deur die veld.

Skielik sien hy twee bome voor hom. Hy moet vinnig besluit. Hy dink en meet en skat en besluit die bus sal dit tog haal.

Hy stuur die bus tussen die twee bome deur en skreeu opgewonde: "Look out!"

Hy hoor hoe skraap die bome die kant van die bus. Net anderkant die bome bring hy die bus tot stilstand. Dit is doodstil. Hy kyk om.

Agter, in die middel, sit 'n mannetjie, bleek geskrik.

"Waar is my passasiers?" vra die bestuurder.

"You must be very careful, man! And watch your language! You shouldn't say, 'Look *out*!' You should say, 'Look *in*!', man."

277. 'n Plaasvriend kom kuier by 'n vriend in Johannesburg, en hulle ry met een van die dubbeldekkerbusse. Die plaasvriend besluit om op die boonste dek te gaan sit. Hy kom sommer vinnig weer af en gaan sit langs sy vriend.

"Nou hoekom bly jy nie daar sit nie?" vra die stadsvriend.

"Nee wat, maat, dis nie veilig daar bo nie. Daar is dan gladnie 'n drywer nie."

278. 'n Bejaarde passasier is bevrees dat die bus by haar bestemming verby sal ry.

Sy druk met haar sambreel teen die kondukteur en vra: "Is dit die Nasionale Bank daardie?"

Kondukteur: "Nee, Mevrou, dit is my maag."

### *By*

279. Koos (vererg): "Een van jou bye het my gesteek, wat gaan jy doen in verband met die saak?"

Piet: "Wys hom vir my, dan sal ek hom 'n goeie pak slae gee."

## *Bybel*

280. Daar is baie humor in die Bybel en na aanleiding van die verkeersmanstories sê 'n dominee ek moet Psalm 10 verse 8 en 9 lees: "Hy sit in die hinderlae by die dorpe; in skuilplekke maak hy die onskuldige dood; sy oë loer op die ongelukkige. Hy loer in die skuilhoek soos 'n leeu in sy lêplek; hy loer om die ellendige te vang; hy vang die ellendige deur sy net toe te trek."

281. 'n Ou man lees vir sy vrou 'n stukkie uit die Bybel voor, waarin die naam "Beëlsebul" voorkom. Hy spel die woord en probeer dit noukeurig uitspreek, maar elke keer kom net die laaste lettergreep reg uit. Hy lees toe verder en kom weer op dieselfde naam af. Toe sê hy maar net: "Die seimste bul van flussies."

282. Twee gammatte stry oor die Bybel. Die een sê vir die ander: "En wat weet jy van die Bybel af?"

"Ek? Ek sal jou sê, gammat, wat ek van die Bybel af weet. Ek ken die Bybel van Pontius tot Pilatus."

283. Enkel Gereformeerd
was die eerste twee,
Adam was 'n Venter
en Eva 'n Coetzee.

En sal ek jou
met die ander storie verveel:
Hulle het in die tuin gewerk,
en vrugte gesteel ...
Niemand wil dié een plaas nie,
en ek weet nie wat skort nie:
"Staan soontoe," sê Adam,
"Ek weet nie hoe lank dit gaan word
nie!"

Maar dié een is *kousjer*,
en u sal dit plaas:
reduseer Eva tot 'n spreekwoord:
'tussen die boom en die baas!'

284. Tydens die Engelse oorlog moes kaptein Boshoff een Sondag die kommandodiens hou. Die burgers kom bymekaar in 'n leë waenhuis en Boshoff klim op 'n omgekeerde dopemmer. By die eerste plek wat hy oopslaan, begin hy uit die Bybel te lees van die geskiedenis van die vernedering van Nebukadnesar. Hy het toe uitgewei oor die saak, maar sy woorde het gou beginne opraak, en om 'n einde aan die diens te maak, sê hy:

"En Nebukadnesar het smôrens veld toe geloop soos enige bees en hom daar dik gevreet aan die gras en bossies; en burgers, julle kan my glo, as hy saans huis toe kom, dan gee hy hierdie dopemmer vol melk."

285. Onderwyseres gedurende Bybelles: "Wie was die eerste mens?"

Seuntjie: "Jan van Riebeeck, Juffrou."

Onderwyseres: "En wat van Adam?"

Seuntjie: "Ekskuus, Juffrou, maar ek het nie geweet Juffrou bedoel uitlanders ook nie."

286. Klein Piet was die môre baie woelig en het nie veel na die Bybelles wat oor Adam en Eva gehandel het, geluister nie. Hy fluit hard en skrik baie groot toe die onderwyseres hom vra wie Adam en Eva gemaak het. Piet, wat die vraag nie mooi gehoor het nie en skuldig voel oor die fluit: "Ek, Juffrou, maar ek sal dit nooit weer doen nie."

287. Onderwyser: "Wat is die vierde gebod?" Piet: "Ses dae sal jy arbeie dra, en die sewende dag sal jy rus."

## *Bygelowigheid*

288. Dis Vrydag Dertien – wat 'n pret:
Nou bly ek heeldag in die bed.
Maar liewe mense, arrie nee,
weet jy dat ek my koppie tee
alreeds oor my gekantel het?

289. Fortuinverteller: "Jy sal arm en ongelukkig wees tot jy veertig is."
Plaasvroutjie: "Ja, en dan?"
Fortuinverteller: "Dan sal jy daaraan gewoond raak."

290. Weer Vrydag die Dertiende
Ek is vandag glad nie bang nie:
niks en niemand kan my vang nie;
ek lê in die bed en lees –
dit sou nog volmaak kon wees
as die lamp nie daar sou hang nie.

### *Bysiende*

291. 'n Bysiende professor loop diep ingedagte die straat af. Toe hy om die hoek gaan, loop 'n koei teen hom vas. Hy lig sy hoed ewe beleef, en sê: "Ekskuus, Mevrou." Iemand wys hom op sy fout, en hy loop vies verder. Toe hy by die volgende draai onverwags teen 'n bekende aristokratiese dame vasloop, sê hy knorrig: "Is dit alweer jy, jou ellendige ou koei?"

# C

### *Cactoblastis*

292. Jan Pohl is aan die woord: "In Desember 1931 is my vader per trein af Boesmans toe. Oom Henry en sy gesin is ook saam. My vader het daardie jaar longvliesontsteking gehad en het nog steeds 'n pyp in sy rug gehad, met die gevolg dat hy nie lang ente per motor kon aflê nie. Vader en Mammie het 'n kompartement bespreek, omdat 'n koepee te beknop was, maar toe kom die kondukteur daar aan en wil met alle geweld nog ander persone in die kompartement plek gee. Oom Henry, wat by vader-hulle gesels het, is dadelik by met: 'Maar jy kan dit nie doen nie. Hierdie man ly aan die ergste graad van *cactoblastis* en ek neem hom juis nou na 'n spesialis in die Baai.'

"Natuurlik het g'n ander passasier toe die geleentheid gekry om hom in die kompartement tuis te maak nie.

"Terloops, *cactoblastis cactorum* is die insek wat ons regering destyds uit Australië ingevoer het om turksvye mee te bestry. Net bobbejaan se kind was sy dood."

### *Chirurg*

293. Gehoor van die beroemde chirurg wat die pasiënt se blindederm voor 'n klomp studente moes uithaal? Hy doen dit toe so goed dat hulle vir hom hande klap – en as 'n toegif haal hy toe sommer die pasiënt se mangels ook uit.

294. En die dag toe hy Vannermerwe se appendiks moes uithaal? Koos weet nie hoe lyk 'n appendiks nie en die chirurg belowe toe hy sal die ou dermpie in 'n houer op die vensterbank sit sodat Koos dit kan sien sodra hy wakker word.

Toe Koos bykom, sien hy 'n apie wat by die venster ingeklim het, en met die houertjie sit en speel. Koos sug net 'n keer diep en sê: "Appendiks, my kind, jy moet soet wees, want jou pa is 'n baie siek man!"

295. 'n Bekende chirurg in plastiese snykunde vertel dat hy 'n brief ontvang het van 'n plattelandse pasiënt – 'n jong dogter wat vir hom skryf: "Liewe Dokter, ek verstaan dat u mense se gesigte kan mooier maak. Ek wil my ook laat opereer. Ek verstaan dat u dit so doen dat 'n mens nie eers weet wie dit was wat die operasie gehad het nie, maar ek wil vra, kan u dit asseblief so doen dat ek mooier lyk, maar nie so mooi dat die mense nie weet dit is ek wat nou so mooi is nie?"

# D

### *Dakke wat lek*

296. Dis baie gevaarlik om te sê jy het dit eerste uitgedink, maar in die geval van die blomme is dit toevallig waar.

Ons dak lek. En dis nie 'n grap nie. Nou hét ek al vir Vroutjie-Douwtjie gesê die dak lek net as dit reën, maar sy dink nie dis snaaks nie. Een oggend vertel ek in my program *Oepse-Daisy* oor Radio Jakaranda van die dak wat lek.

Só is dié storie gebore:

Ons dak lek. Ek weet 'n boer maak 'n plan en ek het ook gehoor van die koster wat die kerk se dak heelgemaak het. Die kerk se dak het gelek en die kerkraad vra tenders vir die dak se herstel. Die laagste tender is R5 000. Maar die koster vra slegs R500 en hy verskaf 'n waarborg!

Die dak het nooit weer gelek nie, en dertig jaar later, toe hulle besig was om die kerk te restoureer, kry hulle bo in die kerk onder die dak, sewe emmertjies. Een reëndag het die koster in die dak geklim, die lekplekke gemerk, 'n emmertjie onder elke gaatjie gesit, en siedaar! Die emmer reën vol en as die son skyn, verdamp die water weer.

Nou lek my dak ook. Ek sit 'n emmertjie onder elke lekplek en as dit reën, klink dit soos 'n waterorrel. Word die emmer vol, gooi ek die water op die potplante. Later word ek slim: in plaas van om die emmers water op die potplante te gooi, sit ek sommer die potplante self onder die lekplekke.

Maar toe begin dit op die bed te lek! En watter twee potplante gaan sit ek in die bed? Ja: 'n *delicious monster* en 'n Jakob-regop!

### *Dans*

297. Jan Pohl se vader en oom Henry Momberg was baie groot vriende. Hy was heelwat jonger as oom Pieter Pohl. Oor die ses voet en groot van postuur. Jan se vader vertel dat hulle by een geleentheid saam op Knysna gaan vakansie hou het. Die vrouens was saam. Hulle hoor toe dat daar iewers by 'n private woning 'n dans gehou word en sit af soontoe.

Daar aangekom, word hulle meegedeel dat dit 'n private dansparty is. Hulle is teleurgesteld by die deur weg en staan en gesels by die huis se tuinhekkie en wonder wat om te doen, toe twee motors met vier paartjies daar stilhou. Een van die mans vra toe aan oom Henry: "Is dit hier waar die dans is?"

Soos mes sê oom Henry: "Ja. Dit sal 'n halfkroon per paar wees, dankie." Hy kollekteer toe gou vier halfkrone en hulle maak spore.

298. "Nee, ek dans nie, maar ek sal daarvan hou om jou vas te hou terwyl jy dit doen ..."

299. Man en vrou moenie staan en vry nie, dit gee aanleiding tot dans.

300. En dans is die vertikale uitdrukking van horisontale begeertes.

301. Een aand kom die drie dogters van 'n vrome predikant baie laat van 'n dansparty af terug. Hy het hulle al dikwels vantevore gewaarsku teen die sondige vermaak, en toe hulle die slag saggies by sy kamerdeur verbygaan, sê hy net: "Nag, julle kinders van die duiwel."

"Nag, Pa," antwoord die koortjie plegtig.

302. Koos leen eenkeer vir 'n dans 'n broek van Jan. Kort-kort skree Jan: "Koos, moenie my broek vuilsmeer nie."

Naderhand kla Koos by Piet, en Piet sê: "Kom, ek sal jou 'n broek leen, gee syne terug."

Toe hoor jy weer elke keer: "Smeer maar vuil Koos, dis myne."

303. 'n Nooi en haar kêrel was besig om te leer dans. Nie een van hulle was juis te goed in die kuns nie. Op albei se gesigte was 'n trek van verleentheid. Met die gevolg dat die kêrel, om 'n wending aan die saak te gee, sê: "My skat, jy dans wonderlik."

304. Vervelige dametjie aan stafsersant met wie sy dans: "Wat beteken die strepe en kroon op jou arm?"

Die stafsersant wat al baie moeg is vir die baie vrae, antwoord ewe nors: "Die kroon beteken dat ek getroud is en die strepe dat ek drie kinders het."

Kort hierna dans dieselfde dametjie met die sersant en met oë wydstarend gerig op sy drie strepe sonder kroon, roep sy geskok uit: "Jou stouterd!"

305. Piet en Nellie gaan na 'n dans. Ongelukkig is Piet van die soort mense wat altyd iets sê wanneer hy moet stilbly. Na 'n rukkie sit hy toe ook sonder 'n maat en verdwyn so stil-stil. Ewe bek-af kom hy weer na 'n rukkie by Nellie aan.

Nellie: "En toe, hoe lyk jy dan so treurig, het jy alweer iets gesê wat jy nie moes sê nie?"

Piet: "Ag Nellie! Hulle het daar gepraat van rotte wat so pla, en dat 'n mens gif in hul gate moes sit. Al wat ek wou weet is wie gaan die rotte vashou?"

### De Aar

306. Daar was 'n jongman van De Aar
Wat onder die meisies baljaar.
Hy druk haar so seer
Tot sy sê: "Meneer,
Jy moet vir my man ook iets spaar!"

### Demokrasie

307. Demokrasie beteken regering deur middel van gesprek, maar dit is net effektief as jy mense kan keer om te praat.

308. Demokrasie is die ergste vorm van regering, behalwe nou al die ander regeringsvorms wat deur die eeue misluk het.

309. Demokrasie is om jou eie diktators te kies nadat hulle jou vertel het wat jy graag wil hoor.

310. In 'n outokrasie het een mens al die sê; in 'n aristokrasie het 'n paar mense al die sê, in 'n demokrasie het niemand enige sê nie.

311. Demokrasie is die helfte plus een. Dit is dan daardie een wat regeer. Is dit nie maar weer outokrasie nie?

312. Demokrasie is die teorie dat die gewone mens weet wat hy wil hê; dit dan kry – en dit verdien!

313. Demokrasie is so 'n briljante regeringstelsel, jy behoort dit vir jouself te hou, en met niemand te deel nie.

314. Demokrasie – wat 'n wonderlike stelsel: ons het drie dinge van onskatbare waarde, vryheid van spraak, vryheid van die gewete, en die vryheid om nie een van die twee ooit toe te pas nie.

315. "Ek hoor jou broer het so hard probeer om daardie werk in die Nuwe Demokratiese Regering te kry, wat doen hy nou?"

"Niks nie – hy het die werk gekry!"

316. 'n Politikus is iemand wat net aanhou praat en praat, en nie sy bek kan hou nie! 'n Staatsman het geleer om sy bek te hou.

317. "Is dit te laat om te registreer om te stem?"

"Vir watter party?"

### Deug

318. "Wil jy nie rook nie?" vra 'n paar kwaaijongens 'n stil jongkêrel in die trein. Eenkant sit ook 'n predikant.

"Nee dankie, ek rook nie," sê die stil jongkêrel ewe bedaard.

Later vra hulle vir hom of hy dan nie wil saam kaart speel nie.

"Nee dankie," sê hy, "ek speel nie kaart nie."

'n Rukkie later vra hulle: "Wil jy dan nie saam drink nie?"

Hy antwoord weer: "Nee dankie, ek drink nie."

Op 'n stasie gekom, loop hulle 'n bietjie rond. Die predikant steek sy hand uit na die jongkêrel terwyl hy sê: "Jongman, ek is bly om kennis te maak met jou. Dis die soort man wat ons vandag nodig het. Deur voorbeeld kan 'n mens baie doen. Kom, laat ek jou voorstel aan my dogter."

"Nee dankie, dominee, ek vry ook nie."

## Deurmekaar

319. Eendag doen Tielman Roos huisbesoek by een van sy kiesers. Hy sit sy hoed langs hom op die vloer neer. Die huisvrou is besig om uit te vee en toe sy by sy hoed kom, raak sy skoon verbouereerd en deurmekaar met sy naam en sy sê: "Mnr Roos, tel net asseblief jou Tielman op, ek wil hier vee!"

320. Toe Moeder die kamer binnekom, was sy baie ontevrede om te sien hoe deurmekaar dit is. Oral op die vloer en stoele lê klere rond. "Wie het nie sy klere opgevou toe hy in die bed geklim het nie?"

Onder die kombers brom 'n stem: "Adam."

## Diamante

321. My oom Hans van Wyngaardt was op sy dag 'n polisieman en hy het gereeld hierdie *wooi* (ware, mooi) verhaal vertel:

Vroeër dae, vertel oom Hans, was Port Nolloth een stuk ryk diamantveld. Hulle het letterlik diamante opgetel. Om te keer dat die diamantprys heeltemal val, het hulle die prys probeer beheer en Port Nolloth soos 'n kamp ingerig. Nou het die manne alles probeer om diamante uit te smokkel. Oom Hans was daar gestasioneer en deel van sy pligte was om alle motors wat die plek verlaat, te deursoek.

Een ou, die garageman, het 'n motorkar gehad wat hy baie mooi opgepas het. Op 'n dag kom daar vir hom 'n telegram, en die ou vat die telegram na oom Hans toe.

Oom Hans lees: "Moeder gister oorlede. Begrafnis die tiende Junie. Kan jy kom, Ouboet?"

"Kan ek maar gaan?" vra die garageman.

"Maar jy kan tog nie gaan nie," sê oom Hans. "Jy weet mos ons moet eers jou motor deursoek en dit vat 'n hele dag. Jy sal laat wees vir die begrafnis."

Die werktuigkundige staan diep en hartseer en dink, toe sê hy: "Sersant, as ek nou sersant se kar vat ... sal dit dan in orde wees? Ek sal mooi ry ... Ek was baie lief vir my ma."

Oom Hans se hartjie was maar klein, en hy weet mos sy motor is skoon. "Nee, daar's nie fout nie, jy kan maar my kar vat."

Ja, jy het reg geraai: as werktuigkundige het hy genoeg geleentheid gehad om die sersant se kar vol van die diamante te laai. Hy ry deur die hek sonder dat iemand skeef na hom kyk. By die "begrafnis" haal hy die diamante uit en die persoon wat vir hom die telegram gestuur het, kry darem ook sy deel.

Natuurlik het hulle hom gevang. Hoe anders weet oom Hans van die slim smokkelspel?

## Dief

322. In die Boereoorlog was daar 'n ou man in die konsentrasiekamp by Norvalspont waar melk baie skaars was. Die oubaas het darem gelukkig 'n ou koei aangehou wat elke oggend en elke aand 'n paar druppeltjies blouerige melk gegee het. Een oggend sit die oubaas sy koppie warm koffie met die melk daarin voor sy tentdeur neer, en terwyl hy na binne gaan om sy pyp te haal onderwyl die koffie afkoel, ruil iemand die koppie vir 'n soortgelyke een sonder melk.

Toe die oubaas weer by die tentdeur uitkom, sien hy die swart koffie, en sê: "Soe, hulle steel darem fyn in hierdie ellendige kamp! Hulle het jou wragtie die melk uit my koffie gesteel."

323. 'n Chinees word deur 'n man met 'n pistool aangehou: "Jou geld! Gee jou geld!"

Die Chinees lyk benoud: "To take away?"

324. Eerste inbreker: "Sjuuuuut ... ek hoor iemand aankom."

Sy maat: "He ... e ... e ... en al hierdie bekers is gewen vir skyfskiet."

325. 'n Bouaannemer moes ondervind dat daar kort-kort van sy gereedskap makeer. Hy het van sy werksmense verdink en gee opdrag aan die opsigter om, sodra daar weer iets vermis word, almal se sakke te deursoek.

Eendag kom hy weer by die werk aan en wat sal hy sien: die werknemers staan op 'n ry en die voorman loop van een na die ander, terwyl hy op hul baadjie- en broeksakke klop.

"Wat is nou weer weg, Piet?" vra die eienaar.

"'n Kruiwa, Meneer," was die lakonieke antwoord.

326. Mnr A: "As ek jy is, sal ek nooit daardie nagklub besoek nie, want al die grootste diewe behoort daaraan."

Mnr B: "Ag nee! is dit waar?"

Mnr A: "Ja, dit is so. Die laaste maal toe ek daar was, het hulle nie net my broek gesteel nie, maar ook gewigte aan my kruisbande gehang sodat ek nie kon merk dat my broek weg is nie."

327. Die huiseienaar het 'n inbreker in die eetkamer voorgekeer.

"Sit dadelik al daardie goed op die tafel."

Inbreker: "Maar Meneer, wees billik, die helfte van die goed behoort aan u buurman."

328. 'n Inbreker wat in die kamer was, hoor die huisvrou aankom. Hy spring gou onder die bed in, die vrou loop by die katel verby en skop teen sy kop.

Geluid onder die bed uit: Pieng!!!

329. Regter: "Is die beskuldigde 'n bekende skelm?"

Konstabel: "Edelagbare, hy sal selfs die tuig van die nagmerrie se rug afsteel."

330. Vrou van inbreker, jaloers: "Waar was jy die hele nag? Die oggendkoerant sê niks van huisbraak nie."

### Dieretuin

331. Dr T G Nel, vroeëre direkteur van die dieretuin in Pretoria, se storie: Hy en 'n kollega moes gereeld georganiseerde groepe deur die dieretuin neem, vrae beantwoord en lesings oor diere gee. Baie moeg kom hulle by die luiperd se hok aan en 'n lastige ou tante wil weet hoeveel kolle 'n luiperd het.

Dr Nel sê: "Driehonderd vyf en sestig ... een vir elke dag van die jaar."

Nog nie tevrede nie, vra sy: "En wat van skrikkeljaar?"

Terwyl dr Nel so wegstap, sê hy vir sy kollega: "Piet, tel op die luiperd se stert!"

332. Dis alles 'n kwessie van prioriteite.

'n Juffrou vat haar klas dieretuin toe. Vooraf vertel sy vir hulle van die apies wat so oulik is en dat hulle elkeen 'n pakkie grondboontjies kan koop om vir die apies te gooi.

Maar toe hulle by die ape se hokke kom, is daar geen apie te sien nie. Ontsteld en teleurgesteld vra sy vir die beampte: "Meneer, waar is al die apies?"

Hy sê: "Dit is lente en hulle is in hulle slaaphokke en besig met die dinge wat apies doen as dit lente is en hulle nie wil uitsterf nie."

Ewe ernstig en onskuldig vra die juffrou: "Meneer, dink u hulle sal uitkom as ons grondboontjies gooi?"

Hy glimlag en vra: "Juffrou, sou jy?"

333. Toe 'n seuntjie van omtrent agt jaar oud van die dieretuin in Pretoria tuiskom, sê hy vir sy pa: "Pa, ek het net so 'n groot bobbejaan gesien soos Pa is."

334. 'n Seuntjie wat vir die eerste keer in die dieretuin kom, kom by die kwaggas.

Seuntjie: "Pappie, wat se donkie is daardie een met die pajamas aan?"

### Digters

335. "Hoekom noem hulle dit vrye vers?"

"Het jy al ooit probeer om daarvan te verkoop?"

336. Die digter sê dit het hom tien jaar geneem om uit te vind dat hy geen aanleg vir die digkuns het nie.

"En het jy toe opgehou dig?"

"O, nee, toe was ek reeds te beroemd!"

## *Diplomasie*

337. Diplomasie is die patriotiese kuns om vir jou land te lieg.

338. Diplomasie is om iemand hel toe te stuur op so 'n mooi manier dat hy uitsien na die reis.

339. Diplomasie is om te sê: "Siebie ... Siebie ..." tot jy 'n klip kry.

## *Dis my doedie daai!*

340. Sy kan soen! Elke keer as sy my soen, voel ek hoe die goud in my voortand smelt.

341. Sy noem my Lodewyk want ek is die XIVe.

342. Sy wil nie trou nie, want sy het koue voete.

343. Sy het 'n pelsjas present gekry. Ek weet nou nog nie of dit is om haar warm te hou of om haar stil te hou nie.

344. Natuurlik dink sy nie altyd aan mans nie, maar wanneer sy dink, dan dink sy aan mans.

345. Wat is die verskil tussen 'n mooi doedie en 'n oulike doedie? Jy sien 'n mooi doedie raak, maar 'n oulike doedie sien jou raak.

346. Eendag kry ek haar in die kombuis – sy staan op haar kop besig om 'n onderstebokoek te bak.

347. Ek sien toe 'n naakstudie van haar, maar sy sê ek moenie sleg dink van haar nie, sy het nie naak geposeer nie, die skilder het sommer geskilder wat hy kon onthou.

348. Ons het natuurlik ons verskilletjies. Daarom kuier ek so graag by haar.

349. Ek wil haar nie soos 'n boek lees nie, maar dis lekker om so 'n bietjie rond te blaai.

350. Sy is baie deftig. Sy eet grondboontjies met 'n goue knyptangetjie.

351. Sy wou altyd manne aan haar voete hê. Sy het toe met 'n skoenverkoopsman getrou.

352. Ek sal nooit vergeet hoe ek haar ontmoet het nie. Ek het haar foonnommer in 'n lotery op 'n kerkbasaar gewen.

353. Ek hou daarvan om dinge gemaklik te vat, maar sy wil nie saamspeel nie.

354. Sy is 'n bietjie bokant my vuurmaakplek. Ek hoop nie sy kry dit hotagter nie.

355. Hy: "As ek iets probeer, sal jy om hulp skree?"
Sy: "Dink jy jy sal hulp nodig hê?"

356. Gehoor van die man wat op sterwe gelê het en toe by sy vroutjie gebieg het dat hy ontrou aan haar was?
"Ek weet daarvan," sê sy, "hoe dink jy, wie het gif in jou koffie gegooi?"

357. Dan was daar die oujongnooi wat elke aand gebid het: "Ek vra niks vir myself nie, maar stuur asseblief vir Moeder 'n skoonseun!"

358. Daar was 'n ander oujongnooi wat nie net elke aand onder die bed gekyk het nie, sy het 'n kas bier daar gehou.

359. Sy was 'n harpspeelster en sy het gou 'n man gekry. Hy het daarvan gehou dat iemand sy rug krap.

360. Sy was 'n model en was so mooi, 'n skilder het tien uur geneem om haar te skilder en toe het hy uitgevind daar is nie verf aan sy kwas nie.

361. Hy: "My ma het 'n apie vir Kersfees gekry."
Sy: "Ek dag dan jy is in September gebore!"

362. Sy: "My hond is so slim hy kan sê wat sy naam is."
Hy: "Wat is sy naam?"
Sy: "Woef!"

363. Sy pa kom vir hom kuier in dieselfde koshuis waarin hy (die pa) dertig jaar gelede was.

"Dieselfde ou koshuis," sê hy met trane in sy oë ...

Hulle stap met die trap op.

"Dieselfde ou koffiekamer ..."

Toe stoot hy die kamerdeur oop.

"Dieselfde ou kamer ... dieselfde ou lessenaar ..."

Hy stap na die hangkas toe en maak dit oop. Daar staan 'n verskrikte doedie.

"Sy ... s-s-sy het net 'n boek kom leen, Pa ..." sê die seun benoud.

"Dieselfde ou ekskuus ..."

364. Doedies kan vreeslik gaaf wees as hulle wil.

365. Hy sê hy verwag nie om die volmaakte doedie te kry nie, maar dis so lekker om te soek.

366. Jare gelede het die doedies hulle geld in hulle kouse weggesteek. Vandag bêre hulle dit waar dit nie gesien kan word nie.

367. Chinese spreekwoord: As hond man lei, hy blind; as man hond lei, hy getroud.

368. Lag en die wêreld lag saam met jou, maar sy sê, huil en kry al jou plate verkoop.

369. Doedies begin met vuur speel, later kook hulle kos daarop.

370. 'n Doedie met 'n negatiewe persoonlikheid kan altyd in 'n donker kamer ontwikkel word.

371. "Rook jy?"

"Nee."

"Drink jy?"

"Nee."

"Vry jy?"

"Nee."

"Wat doen jy?"

"Ek jok."

372. Sy: "Wie't gesê jy kan my soen?"

Hy: "Almal!"

373. Hy: "Ek het verlede nag van jou gedroom."

Sy: "Het jy?"

Hy: "Nee, jy wou nie."

374. Sy sê toe vir hom as hy nie met haar trou nie, sal sy sterf. Hy wou nie met haar trou nie en sestig jaar later hét sy gesterf.

375. Hy: "Jy's mooi!"

Sy: "Jy's mal!"

Hy: "Miskien is ons albei verkeerd."

376. Hy: "My pa het gesê doedies is gevaarlik."

Sy: "Mý pa het gesê ouens is gevaarlik."

Hy: "Nou hoekom hol ons nie weg nie?"

377. "Hoekom gaan jy nie meer met Willem uit nie?"

"Nee wat, hy spandeer 'n rand op jou en dan probeer hy dit alles weer uitdruk!"

## *Dissipline*

378. "Gehoor van die Romeinse ouers wat so streng was met hulle kinders? Die kinders moes na elke orgie terug wees voor tien."

## *Dobbel*

379. Koos gaan Sun City toe. Sy sigarette raak op. Hy gaan na 'n sigaretmasjien toe, gooi geld in en trek vir hom 'n pakkie twintigs.

Sy vriend staan later nader, want Koos het die masjien al amper leeg getrek.

"Haai, Koos, los vir my ook, jong!"

Koos kyk met glaserige oë na hom en sê: "Hier los ek nie. Kry jou eie masjien, ek is op 'n 'winning streak'!"

380. Koos gaan Sun City toe. Hy wen die Boerpot. Hulle wil hom 'n tjek gee. Hy sê nee, hy het randstukke gebruik om te wen, hy wil alles in randstukke hê. Hulle gee hom tweeduisend randstukke. Toe hy by die huis kom, besluit hy om die geld te tel. Hy pak die geldstukke in hopies van tien op die stoep uit, word vaak en gaan slaap. Douvoordag staan hy op om sy geld te gaan haal. Daar staan tweeduisend bottels melk.

381. Ons kon nie glo dat Mevrou Ladida elke naweek Marula Sun toe gaan nie. Later keer ons haar dogter voor en vra: "Sê my, dobbel jou ma?"

"O, nee," sê die dogter, "sy dobbel nie, sy wen gewoonlik!"

382. Vier kêrels sit met kaarte en dobbel. Een van hul het net een oog gehad, en was besig om te kul. Een van die ander wat hom sien, neem 'n rewolwer, sit dit langs hom op die tafel neer, en sê: "As enigeen van julle vanaand kul, gaan ek sy ander oog uitskiet."

## Doedies

383. Uys Krige en 'n vriend ry in die moltrein in Londen. Die trein is vol en hulle moet staan. Voor hulle staan 'n liefdingetjie met alles op die regte plekke.

Uys sê vir Jan: "Jan, 'n man kan haar mos lekker vasvat, of wat sê jy?"

Jan antwoord iets, ook op Afrikaans, en die dametjie glimlag.

"Dagsê!" sê sy. "Waar kom julle vandaan?"

Uys flits soos blits terug: "Sorry, don't speaka da English!"

384. 'n Stuk of sewe van ons jongmense lê eendag op die strand en gesels, toe 'n vreemde nooientjie die sandpad afkom en stoksielalleen daar eenkant gaan sit.

"Ou Jannie," sê Ballie, "gaan gesels met haar en bring haar hier na ons toe, jong."

Na verdere uitdagings van die maats, staan hy toe op en stap oor na die meisie. Hy stel homself voor en kom net mooi op stryk. Hy was toe so agtien-negentien jaar oud, met geen vaste sleep nie. Hy gesels naderhand net lekker, maar toe hy opkyk, staan Ballie voor hom met so 'n jaaroud-baba in sy arms wat hy iewers geleen het. Hy sit die baba voor Jan neer met die woorde: "Ou Jannie, jou vrou sê sy het nou lank genoeg na die baba gekyk. Dis nou jou beurt."

Onnodig om te sê, Jan het rooier as die rooiste kalkoenbel geword.

## Dokters

385. "Dokter, jy moet gou kom," sê hy dringend oor die foon. "My vrou slaap altyd oopmond en nou het daar 'n muis in haar mond ingehardloop."

"Ek is nou daar," sê die dokter, "maar hou solank 'n stuk kaas voor haar mond, dit sal die muis uitlok."

Toe die dokter daar opdaag, is die man besig om 'n stuk vis voor sy vrou se mond te hou.

"Ek het gesê kaas! Muise eet nie vis nie!"

"Ek weet," sê die man droogweg, "maar ek probeer eers om die kat uit te kry."

386. My dokter het gesê ek moet ophou drink en ryk kosse eet. Hy sê dit sal help om sy rekenings te betaal.

387. Ek ken 'n dokter wat regtig baie geld gemaak het. Hy het sy eie begraafplaas gekoop.

388. Toe my blindederm uitgehaal is, storm die dokter daar in: "Het iemand jou temperatuur geneem?"

Al waaraan ek kon dink, was: "Hoekom? Is dit dan weg?"

389. Ek het nou nog nie my dokter betaal vir die blindederm wat hy uitgehaal het nie. Ek hoor hy wil dit nou weer terugsit.

390. Ek dink nog hy's 'n genie: hy haal 'n viersentimeterderm uit 'n driesentimetersny.

391. Nee, dit was nie ek wat vir die verpleegster gevra het of dit 'n rekord is toe sy sê my temperatuur is 104 nie.

392. Langs my het 'n ou omie gelê. Net ingekom. Die verpleegster vra toe vir hom: "Het Oom pajamas?"

"Nee, nursie," sê hy, "ek het bromkaatjies!"

393. Ek wou my mangels laat uithaal. Toe sê die dokter dit sal duisend rand kos. Ek vra toe vir hom of hy dit nie net 'n bietjie kan losmaak nie.

394. Die dokter sê my operasie sal twintigduisend rand kos – vyfduisend rand deposito en vyfhonderd rand per maand.

"Jislaaik," sê ek, "dit klink of ek 'n motor koop."

"Jy koop een. Vir my."

395. By 'n ander geleentheid sê 'n dokter vir my: "Alles sal regkom. Maak net oop jou mond en steek uit jou tjekboek!"

396. Hy storm by die dokter se spreekkamers in. Die dokter gryp hom en sê: "Sê aaaaaaaa!"

"Nee, ek is nie 'n pasiënt nie," sê hy. "Ek kom net my rekening betaal."
Toe sê die dókter: "Aaaaaaa!"

397. Dit was tydens 'n rugbywedstryd. Die dokter het lekker op die radio daarna ingeluister. Toe lui die telefoon. Oom Piet sê Dokter moet dadelik plaas toe kom, want hy dink sy ou broer Koos het iets oorgekom.
Vies klim hy in sy motor – dit is nou die dokter – en ry plaas toe. Toe hy daar kom, hoor hy dofweg hoe die wedstryd nog uitgesaai word. Oom Koos lê voor die radio. 'n Hartaanval. Terwyl die dokter oom Koos nog ondersoek, sien hy die twee pantoffels langs hom staan.
Hy sê toe vir oom Piet dat sy broer dood is.
"Ag, ja," sug oom Piet, "nou is ou Koos ook dood, maar die Springbokke het darem gewen."

398. Pasiënt: "Dokter, jy moet my iets gee vir my snork. Ek snork nou so vreeslik, ek snork myself wakker. Wat moet ek doen?"
Dokter: "Slaap in 'n ander kamer!"

399. Mediese student aan dokter: "Waarvoor het u daardie pasiënt geopereer?"
Dokter: "Vir duisend rand."
Student: "Nee, ek bedoel, wat het hy gehad?"
Dokter: "Dis ál wat hy gehad het."

400. Dokter aan pasiënt: "Ek sal jou ondersoek vir twintig rand."
Pasiënt: "As jy dit kry, kan jy die helfte vat!"

401. Dokter: "Wat jy nodig het, is baie vars lug. En jy moet minstens twee kilometer per dag stap. Sê my, wat werk jy?"
Pasiënt: "Ek is 'n briewebesteller."

402. Dokter: "Ek het jou deeglik ondersoek. Sê my, het jy dit al voorheen gehad?"
Pasiënt: "Ja, Dokter."
Dokter: "Nou ja, jy het dit weer."

403. Die dokter sê hy moet tot by die venster loop en sy tong uitsteek.
"Hoekom?"
"Ek hou nie van die ou hier langsaan nie!"

404. "Die dokter het gesê ek moet baie minder vleis eet ..."
"Maar hoe het jy dit reggekry, jy is dan so lief vir vleis?"
"Dit was maklik. Ek het net na sy rekening gekyk. Nou kan ek nie meer vleis bekostig nie."

405. "Dokter, dokter, my seuntjie het 'n teelepel ingesluk, wat moet ek doen?"
"Mevrou, sê vir hom hy moenie roer nie!"

406. "Dokter, dokter, my seuntjie het 'n handvol hoofpynpille ingesluk, wat moet ek doen?"
"Mevrou, gee hom 'n hoofpyn!"

407. 'n Dokter vertel dat hy 'n dringende oproep moes behartig en toe 'n pap wiel op die sielsiekehospitaal se terrein kry. Baie haastig haal hy die wiel af, maar twee pasiënte gryp die vier moere en hardloop daarmee weg.
Baie moedeloos staan hy daar en weet nie wat om te doen nie. 'n Ouerige pasiënt kom verbygestap en vra wat die moeilikheid is. Die dokter vertel hom.
"Maar dis baie eenvoudig," sê hy, "haal een moer van elke wiel af en maak die wiel vas."
Baie verbaas vra die dokter vir hom of hy dan nie 'n pasiënt in die inrigting is nie.
"Ja," glimlag hy, "ek mag mal wees, maar ek is nog lank nie onnosel nie!"

408. "Dokter, dokter, my seuntjie het die vulpen ingesluk, wat moet ek doen?"
"Mevrou, skryf solank met 'n potlood!"

409. Die ou tante in Namakwaland was nog nooit in haar lewe siek nie, maar toe gebeur die ergste. Sy word siek en daar is 'n jong doktertjie wat pas oorgeneem het.
Hy sê vir haar: "Tante, trek al jou klere uit en gaan lê daar op die bed ..."
Sy kyk hom baie skepties aan en vra: "Om te wat?"

410. Een oggend bel Pikvis die dokter.
"Juffrou, mag ek asseblief met Dokter praat?"
"Wie is dit wat praat?"
"Juffrou, ek is die man wat met die dokter wil praat."

411. Die jong dingetjie kom by die dokter. Die dokter sê sy moet uittrek.

Sy gaan agter die skerm in en trek uit. Later vra sy: "Dokter, wat moet ek met my klere maak?"

Die dokter sê: "Gooi dit sommer daar op myne!"

412. "Dokter," sê Sam, "elke keer as ek koffie drink, kry ek so 'n steek in my regteroog."

Die dokter sê: "Dit is tog onmoontlik. Wat het die koffie daarmee te make?"

"Ek weet nie, dokter, maar dit is so: elke keer as ek koffie drink, kry ek 'n steek in my regteroog."

"Nou wys my. Maak vir jou koffie en drink dit. Ek wil sien wat gebeur."

Sam maak toe 'n koppie koffie en begin drink.

Die dokter lag: "Jy moet die lepel uit die koppie haal as jy drink, man!"

413. Sam sê: "Dokter, en daar is nog 'n ding: toe ek vanmôre uit die kamer kom, kon ek nie regop kom nie."

Die dokter ondersoek hom en sê: "G'n wonder jy kan nie regop kom nie, jy het jou gulpknoop aan jou onderbaadjie vasgeknoop."

414. Op 'n partytjie in 'n Vrystaatse dorp het 'n kêrel te veel bier gedrink.

Daardie aand toe Moeder Natuur in sy oor fluister dat hy te veel bier gedrink het en dat hy 'n plan sal moet maak, onthou hy skielik dat hy by vreemde mense is, en dat hy nie weet waar die badkamer is nie. Dit is vrek koud buite. Dit is 'n outydse huis met outydse skuiframe in die vensters.

Hy gaan staan toe by die venster, skuif dit oop en vat dooierus. Maar die venster se toutjies was verrot.

Laat daardie nag, toe hy aan die dokter verduidelik wat gebeur het, lag die dokter só dat hy nie die wond kan dokter nie.

415. 'n Vrou skryf aan 'n dokter en kla dat haar seun die bed natmaak. Die dokter antwoord en sê sy moet haar nie baie daaroor bekommer nie, dit is heeltemal normaal. Die vrou beantwoord die brief en skryf: "Liewe Dokter, u sê dat dit heeltemal normaal is, maar ek dink nie so nie en my seun se vrou ook nie."

416. Wees tog net versigtig om nie mense te verveel met grappies wat hulle reeds moes gehoor het nie. Elke dokter in die wêreld het al tot vervelens toe gehoor van die pasiënt by die apteek wat nie kon waag om te hoes nie, en Langenhoven wat sy medisyne liewers nie gedrink het nie omdat hy kwansuis dan self wou lewe.

417. Moet ook nie 'n storie vertel as die toehoorders nie die tegniese besonderhede het nie.

418. My dokter was eers 'n fotograaf. Toe ek 'n operasie nie kon bekostig nie, het hy die X-straalfoto so 'n bietjie verbeter.

419. Toe Leon Schuster begin beroemd (berug) word het, moes hy hospitaal toe. Toe hy uitkom, vra ek hoe hy nou geld gaan verdien.

"O, ek verkoop plate ..."

"Langspeelplate?"

"Nee, X-straalplate!"

420. As jy vir die dokter sê jy het 'n pyn op jou maag, en dis baie erg om 'n pyn op jou maag te hê, en jy sê vir hom jy sou verkies het dat die pyn op 'n ander plek was, en hy vra waar, dan sê jy vir hom: "Ek sou verkies het dat die pyn op jóú maag was!"

421. Ek sê vir die dokter my liddoring is vreeslik seer. Die dokter sê: "Dit kon erger gewees het – dit kon mý liddoring gewees het!"

422. Die dokter sê vir die mooi vrou: "Jy ly aan nikotienvergiftiging."

"Maar ek rook nie!"

"Ek weet, maar jy's met 'n twak getroud!"

423. "Dokter-dokter, my man het 'n bottel brandewyn ingesluk, wat moet ek doen?"

"Sê hy moet jou dophou tot ek kom ..."

424. "Dokter-dokter, my kind het 'n handvol spelde ingesluk."

"Gee hom 'n speldekussing drie maal per dag voor ete!"

425. "Dokter-dokter, my man het 'n lemmetjie ingesluk, gaan hy gesny word?"

"Het hy die lemmetjie geëet of gedrink?"

426. "Dokter-dokter, my man het die yskas ingesluk!"
"Sê hy moet koel bly ..."

427. Die dokter kom om sy pasiënt te sien, en vind hom in die bad besig om pille te sluk.
"My skepsels, man, wat doen jy in die bad?" vra die dokter.
"Dokter het dan gesê ek moet die pille in water neem."

428. Oom Vet Koos: "Dokter, ek weet nie wat dit is nie; ek is so sterk soos 'n perd, ek eet soos 'n vark, en ek slaap soos 'n os, maar ek voel nogtans nie lekker nie."
Dokter: "Ek dink Oom Koos moet 'n veearts gaan raadpleeg."

429. "Pappie," sê die dokter se dogter, "Jan mag nie ryk wees nie, maar sy hart klop op die regte plek."
"Hoe weet jy dit?" sê haar pa. "Het jy dan jou oor daarteen gehou?"

430. Oom Piet word eendag skielik siek, en kry trekkings deur sy hele lyf en 'n vreeslike pyn oor sy borskas. Die dokter word dadelik geroep, en oom Piet, wat dink dis sy plig om Engels te praat, gee die volgende inligting: "Oh, Doctor, I got such a pull troo my whole life, and a fearful pine in my breast box."

431. Ver in die gramadoelas word 'n vrou skielik siek. Haar man skryf met langdradige moeite 'n brief aan die dokter met volledige beskrywing van haar simptome, en vra dat hy tog dadelik moet kom help. Voor die boodskap egter gestuur kon word, was die vrou al heelwat beter. Toe voeg die man gou 'n NS onderaan die lange brief as volg: "My vrou is beter, nou hoef Dokter nie meer te kom nie."

432. Dokter: "Neem twee van hierdie pille na elke maaltyd."
Armoedige pasiënt: "Sal Dokter my nie liewers die maaltye gee wat ek voor die pille moet neem nie?"

433. "O, Dokter," sê mev Finkelstein, "ons het so geskrik, ons dag onse Ikey het 'n rand ingesluk."
Dokter: "So? En was dit nie so nie?"
Mev Finkelstein: "Nee, gelukkig nie, dit was maar 'n tweesent."

434. Dokter: "Het jy jou oë met die brandewyn gewas?"
Pasiënt: "Nee dokter, ek het 'n nuwe kwaal bygekry; ek kan my hand nie hoër as my mond lig nie."

435. Dokter: "Ja, inenting is die beste ding."
Agtervelder: "Daarin glo ek net niks nie; ek het my kind laat ent, en die week daarna val hy uit die venster, morsdood."

436. Besoeker: "U behandeling het my baie goed gedoen."
Dokter: "Maar u was nog nooit 'n pasiënt van my nie."
Besoeker: "Nee, nie ek nie, maar my oom was. Ek is sy erfgenaam."

437. 'n Drinker gaan na 'n dokter.
Drinker: "Dokter, kan u iets aan my keel sien?"
Dokter (verbaas): "Ek kan niks sien nie."
Drinker: "U is nie werd om die titel van dokter te dra nie."
Dokter: "Jy moet weet wat jy daar praat, want ek laat my nie so lig beledig nie."
Drinker: "U kan dan nie eers sien dat sewe plase deur my keel gegaan het nie."

438. Pasiënt: "Dokter, ek hoor sulke snaakse geluide in my kop."
Dokter: "Dan is daar 'n skroef los."

439. "Die moeilikheid met jou is presies dieselfde as met oom Frans," sê die dokter, "hy het hom dood bekommer oor sy vleisrekening, later 'n maagkwaal ontwikkel en nou is hy gesond."
"Maar hoe het u hom gesond gemaak?" vra die pasiënt.
"Ek het hom eindelik sover gekry om alle bekommernisse opsy te sit."
"Juis," kom die droewige antwoord, "ek is sy slagter!"

440. "Goeiemôre!" sê die bedelaar aan die dame wat die deur kom oopmaak het, waarop die bord met die naam "Dr Walters" pryk. "Het die dokter nie ou broeke wat hy nie meer gebruik nie?"
"Nee, ek is jammer, dit sal jou nie pas nie," sê die vrou.

"Ek is baie knap met die naald," hou die bedelaar vol, maar die dame skud haar kop en sê weer, "Nee, dit sal nie pas nie."

"Waarom is u so seker daarvan? Kan ek nie net die broeke aanpas nie?"

"Wel," antwoord die dame, "ek is dr Walters."

441. Man: "En wat het die dokter gesê?"

Vrou: "O, niks besonders nie. Hy het net gesê ek moet my tong uitsteek, en toe gesê: 'Oorwerk'."

442. Dokter: "Dis die klein dingetjies wat mens snags uit die slaap hou."

Jong vader: "Ja Dokter, veral dié wat tussen een dag en agtien maande oud is."

443. Die dokter wou die pasiënt moed inpraat. "U geval is een wat ons geneeskundige wetenskap sal verryk," sê hy belangstellend.

Pasiënt: "Vaderland, en ek dag dat ek met sowat tien rand daarvan sou afkom."

444. Dokter: "As jy regtig gesond wil word, moet jy net skille van vrugte eet. Wat is jou geliefkoosde vrug?"

Man: "O! ... Turksvye!"

445. Pasiënt: "Onthou u toe u my 'n jaar gelede genees het van rumatiek, het u gesê dat ek my nie moet natmaak nie?'

Dokter: "Ja."

Pasiënt: "Wel, ek wil net weet of dit nou veilig sal wees om te bad."

446. Dokter: "Wel, Pat, hoe gaan dit vanmôre?"

Pat: "Nee sleg, Dokter. Ek kry elke halfuur 'n aanval, en die ergste is dat dit 'n uur aanhou."

447. 'n Spesialis het beweer hy kan, deur in sy pasiënt se oog te kyk, presies sê aan watter kwaal hy ly.

Spesialis: "Jy ly aan 'n swak hart, dubbele longontsteking, swak niere, knoop in die derm, ..."

Pasiënt: "Dokter, Dokter, stadig asseblief, jy kyk in my glasoog."

## *Dom*

448. Aan 'n gierige swaap word gevra wat sy grootste wens is. Hy antwoord: "Ek wens dat al die mense op die wêreld moet doodgaan, en net ek alleen moet oorbly, sodat alles myne kan wees."

"En wat gaan jy dan met al jou besittings aanvang?"

"Vendusie hou, natuurlik!"

449. Daar was eenmaal vyf swape. Hul het geploeg, en toe die koring net mooi ryp was, kom daar 'n koei in. Hulle trek toe lootjies wie die koei moet gaan uitja, maar die een op wie die lootjie val, sê: "Nee, ek sal te veel koring plattrap as ek deur die land moet loop." Die ander sien dadelik in dat dit baie dom sou wees, en hulle neem toe 'n katel en dra die een op wie die lootjie geval het, deur die land sodat hy die koei kon gaan uitja.

450. Jan: "Ek wonder wie sal die brief kry as ek dit adresseer aan die domste man in die Republiek?"

Piet: "O, die poskantoor sal dit seker maar vir jou terugstuur."

## *Dominee*

451. Dit het die Dominee baie gehinder dat die kerkbywoning Sondag na Sondag so krimp. Hy het toe 'n plan uitgedink:

"Geliefde gemeente," sê hy, aan die einde van een van sy preke, "as die kerk volgende Sondag stampvol is, dan beloof ek om te preek oor 'n treurige skandaal wat plaasgevind het in die allereerste familie van ons gemeenskap."

Die aankondiging het die nuuskieriges so geprikkel dat die kerk die volgende Sondag stampvol skindertonge was. Die Dominee het woord gehou. Hy het 'n preek gelewer oor Adam en Eva se val in die paradys.

452. 'n Predikant wou in die kerk uitvind wie sy vark gesteel het. Hy sê van die preekstoel af: "Gemeente, hier onder ons sit 'n dief. Ek sal nou driemaal met die Bybel swaai, en dit dan op die dief se kop laat val."

Net toe hy met die Bybel mik, sê 'n vrou vir haar man: "Koes, Klaas!"

453. 'n Sekere predikant het een Saterdagaand laat kaart gespeel en die pak kaarte in sy binnesak vergeet. Die volgende Sondag was die onderwerp van sy preek: "De Weg der Goddelozen." Hy het sy gemeente onder andere gewaarsku teen dans, rook, drink, kaartspeel, ens. Hy het naderhand gesweet van opgewondenheid. Toe hy sy sakdoek uithaal, ruk hy per ongeluk die pak kaarte uit sy sak, en hulle waai van die preekstoel af soos 'n reënbui oor die voorste gemeentelede se koppe. Flinkdenkend op sy voete, roep die Dominee plegtig uit: "Alzoo, geliefde Broeders en Zusters, zullen de goddelozen verstrooid worden."

454. Predikant: "Maar Jan, skaam jou tog; kom jy alweer uit die kantien?"

Jan: "Dominee verwag tog nie dat ek vir ewig daar moet bly nie."

455. 'n Predikant wat heeldag op huisbesoek uit was, klop aan by 'n ou tante wat goed bekend gestaan het vir haar gasvryheid, en vra 'n koppie koffie. Die vrou willig dadelik in. Onderwyl sy besig was om die koffie te maak, bemerk die predikant 'n swetterjoel katte wat onder die tafel gulsig uit 'n groot bord pap staan en vreet. Die dominee vra toe ewe verwonderd of al die katte dan aan die huisvrou behoort.

"Nee," antwoord sy ewe onskuldig, "dit is maar die gewoonte van al die uitgehongerde gediertes om by my te kom kos soek."

456. "Hoe gaan dit, Tante?"

"Nee, goed dankie, Dominee ... en mag die Here my die ou leuentjie vergewe ..."

457. Jan: "Watter soort van predikant het julle nou, Klaas?"

Klaas: "O, niks om in die koerant van te skrywe nie; ses dae in die week is hy onsigbaar, en die sewende dag is hy onverstaanbaar."

458. Predikant: "Jannie, as jy vir my kan sê waar die duiwel is, dan gee ek vir jou 'n lemoen."

Jannie: "Dominee, as jy vir my kan sê waar hy nié is nie, dan gee ek vir jou twee lemoene."

459. 'n Dominee sit een aand nadat die huisgenote almal in die bed was in die eetkamer en lees. Die tuinier, ou Tom, het 'n bietjie laat uitgebly, maar kom eindelik in die kombuis waar sy kos op hom wag. Toe begin hy sommer hardop te gesels. Die Dominee dag dat hy iemand saamgebring het en gaan toe kyk, maar ou Tom was alleen.

"Met wie praat jy dan, Tom?" vra die Dominee.

"Met myself, Dominee," kom die antwoord, "dan kom daar g'n stryery nie."

460. Eendag het 'n dominee vir 'n seun in die Sondagskool gevra: "Wat is 'n Fariseër?"

"Meneer, 'n klip wat byna toe lê onder die sand, want as Pa so 'n klip raakry, sê hy altyd: 'Hier, jou Fariseër!'"

461. 'n Predikant neem eenmaal 'n preekbeurt waar vir sy kollega wat bekend was vir sy vervelende preke en wat met vakansie was by die strand. Na die preek sê die predikant aan een van die ouderlinge dat dit hom spyt dat hy so kort gepreek het, want 'n hond het in sy studeerkamer gekom en het 'n paar blaaie uit sy preek geskeur.

"O, Dominee," antwoord die ouderling terwyl sy gesig glinster van hoop, "sal Dominee dan nie vir ons predikant een van die hond se kleintjies laat kry nie?"

462. Een Sondag sê die predikant van 'n sekere dorp aan die koster: "Onthou tog dat ek na die diens vir die gemeente sê dat hier nog van die nuwe gesangboeke wat ek bestel het, te kry is."

Na afloop van die diens staan die koster op en sê eers dat die ouers wat kindertjies na die doop wil bring, na die pastorie moet kom om die name op te gee. Die predikant wat erg doof was dink, toe hy die koster sien praat, dat hy iets van die boeke sê, en hy voeg daarby: "Dié wat nog nie het nie, kan konsistorie toe kom; hier is nog te kry, kleintjies vir 'n halfkroon stuk, en grotes vyf sjielings stuk."

463. Gemeentelid (aan predikant): "Sien Dominee, my rede waaroor ek nie kerk toe gaan nie, is omdat daar soveel huigelaars soontoe gaan."

Predikant: "Dis nie 'n ekskuus nie; daar is altyd plek vir nog ene."

464. Die predikant was met huisbesoek. Een ou vrou wat nooit in die Bybel gelees het nie, sien die predikant aankom, gryp die Bybel, hou dit onderstebo en maak of sy lees. Die predikant kom in, kom staan by haar en sê: "O, ek sien Mevrou lees van die kruisiging van Jesus."

"O," sê sy, "is Hy dan gekruisig? So gaan dit met 'n arme weduwee wat niks van die jongste nuus weet nie."

465. Dominee is op huisbesoek en tref oom Hans op die land aan waar hy besig is om 'n ploeg reg te maak. Oom Hans, nadat hy 'n hele ruk met die ploeg gesukkel het: "Dominee kan maar asseblief solank huis toe gaan, ek kom nou."

Dominee: "Waarom dan so?"

Oom Hans: "Ek wil net 'n bietjie gesels met hierdie moertjie wat nie wil losdraai nie."

466. Dominee aan Piet en Jan wat op Sondag albaster speel: "Seuns, kan julle my sê watter dag dit vandag is?"

Die twee seuns maak of hulle die dominee nie hoor nie en hou aan met speel, waarop die dominee sy vraag herhaal.

Jan aan Piet: "Skiet Piet, skiet, moenie jou steur aan die ou kêrel nie. Hy kom natuurlik weer van die hotel af, daarom weet hy nie eens watter dag dit is nie."

467. 'n Predikant en 'n boer ontmoet mekaar in die straat.

Boer: "Goeiemôre, Dominee. Wil u nie by my eiers koop nie?"

Dominee: "Nee dankie broeder, ek kry dit vars op die mark. Maar waarom kom jy nie kerk toe nie?"

Boer: "Nee dankie, Dominee, ek kry die preke vars oor die draadloos."

468. 'n Predikant ontmoet 'n vrou wat 'n kinderwaentjie teen 'n steil opdraand stoot. Pligsgevoel laat hom die waentjie stoot tot bo-op die bult. Hy vee die sweet van sy voorkop af en sê: "Mevrou, al wat ek hiervoor wil hê, is om die kindjie 'n soentjie te gee."

Vrou: "Ekskuus, Dominee, dit is nie 'n babatjie nie, dis net my man se drankies vir die week."

469. Predikant: "Bid jy gereeld elke aand?"

Seuntjie: "Ja, Dominee."

Predikant: "En elke môre?"

Seuntjie: "Nee, Dominee, in die dag is ek nie bang nie."

470. Die dominee wou in die oorlogsjare, toe dit gerantsoeneer is, graag meer petrol hê. Hy rig 'n aansoek aan die petrolkontroleur, waarby hy die volgende teks voeg: "Gaan heen en verkondig die Evangelie aan die ganse mensdom."

Die petrolkontroleur wys die aansoek van die hand, en voeg toe 'n ander vers by: "U dienaar sal 'n esel opsaal en daarop ry."

471. Die dominee kom af op twee seuntjies wat besig is om op die plaaswerf 'n kerk van beesmis te bou.

Predikant: "Wat is dit nou dié?"

Een seun: "Dis 'n kerk met die gemeente."

Predikant: "Waar is die predikant dan?"

Seun: "Ons het nie genoeg mis om 'n predikant te maak nie."

472. 'n Predikant koop vir hom 'n motor en ry die aand laat huis toe. Net toe hy by die kantien verbykom, struikel een dronk ou van die sypaadjie af en kom onder die kar te lande. Die dominee trap die rem en spring af om te sien wat gebeur het. Ons maat kruip ongedeerd onder die kar uit maar begin vreeslik te knoop.

Dominee: "Ek het nooit kon dink dat ek eendag nog so bly sal wees om sulke woorde te hoor nie."

473. Tydens 'n kerkraadskonferensie was heelwat predikante, ouderlinge en besoekers by 'n dinee wat vir die afgevaardigdes gehou is.

'n Tafelbediende stort ewe lomp 'n hele bord sop op 'n dominee se skoot uit.

Vies spring die predikant op, bekyk sy bemorste manelpak en sê: "Sal een van die broers wat nie in die bediening is nie asseblief 'n paar gepaste woorde spreek?"

474. 'n Dominee hou diens. Die mense luister almal met aandag. Een ou man begin vreeslik te huil, ja hy huil dat die trane loop. Die dominee dink toe dat sy preek die ou man diep tref, en hoe meer die dominee preek, hoe meer huil die ou man.

Toe die diens verby is, vra die dominee dat die broeder wat so hartseer was, moes agterbly. Die dominee vra hom toe of die preek hom dan so diep getref het dat hy so hartseer is.

"Nee, Dominee, maar daardie bokbaardjie van u laat my so terugdink aan my oorlede vader se ou bokram."

### Donkie

475. Gehoor van die ou wat 'n donkiekar gehad het, maar die donkie was baie lui? Eenkeer steek die donkie vas en wil nie 'n poot versit nie. Die man vat 'n koerant en steek dit onder die donkie se pens aan die brand. Die donkie loop drie tree vorentoe en toe brand die donkiekar uit.

476. My pa se donkiestorie:

Hy koop 'n donkie by oom Wouter du Preez. Oom Wouter sê ou Vaaltyn is 'n baie getroue dier, maar my pa moet hom net nie slaan nie. As hy nie wil loop nie, moet my pa net mooi met hom praat. Hy moet mooi asseblief vra.

Nou span my pa die donkie in en sê: "Trek!" maar die donkie verroer nie 'n spier nie. Hy jaag nie eens die vlieë weg nie. Twee ure later gaan kla hy by oom Wouter: "Daai donkie wil niks weet nie." Oom Wouter sê nie 'n woord nie. Hy stap saam met my pa.

By die donkie gekom, sê oom Wouter: "Wys my."

My pa sê: "Trek!" maar die donkie staan.

"Praat mooi," sê oom Wouter.

"Asseblief, my ou donkie ... trek?" soebat my pa. "Sien jy?"

Oom Wouter vat die sweep, draai dit om en piets die donkie tussen die ore. "Loop nou, asseblief? Trek nou, ou Vaaltyn!" En daar gaat die donkie.

"Maar jy het dan gesê ek moenie die donkie slaan nie!" sê my pa kwaad. "Jy het dan gesê ek moet mooi met hom praat!"

"'n Donkie," sê oom Wouter filosofies, "is nes 'n kind, jy moet net eers sy aandag trek, dan kan jy maar mooipraat."

477. Pieter Hauptfleisch kon dié storie so mooi vertel. Hulle het transport gery. Een aand merk sy pa daar is twee van sy donkies weg.

Hy sê: "Kleinboet, gaan soek jy Pa se donkies. Hulle het seker nog nie ver geloop nie, vra maar die boere hierlangs."

Kleinboet loop van huis tot huis. By die derde huis klop hy aan. 'n Ou omie in 'n nagjurk en 'n slaapmus maak die deur oop.

"Naand, antie," sê Kleinboet, " het antie nie my pa se donkies gesien nie, Vaaltyn en Ribbok."

"Ek is nie jou antie nie," sê die omie.

"Ja, antie," sê Kleinboet, "maar my pa gaat my slaat as ek nie sy donkies kry nie. Het antie nie ..."

"Ek is nie jou antie nie!" Die oom word driftig.

"Ja, antie, maar my pa vra of antie nie my pa se donkies gesien het nie, dis Vaaltyn en Ribbok, antie."

Die oom vererg hom, pluk sy nagjurk oor sy kop en sê: "Ek is nié jou antie nie! Ek is niemand se antie nie! Ek is *nie* 'n antie *nie!*"

Waarop Kleinboet grootoog sê: "Jithlaaik, antie!"

### Dood

478. Dood is die natuur se manier om vir jou te sê om dit kalm te vat.

479. Dood is die kersie op die koek, daarom bêre hulle dit vir laaste.

480. Dis nie dat ek bang is vir die dood nie, ek wil net nie daar wees as dit gebeur nie! (Woody Allen)

481. As my dokter vir my sê ek het tien minute om te leef, sal ek niks doen nie, miskien bietjie vinniger tik.

482. Haar man het aan sy hart gely. Sy stuur hom Margate toe vir 'n vakansie. Gawie, bruin gebrand, kry 'n noodlottige hartaanval. Hulle stuur die lyk terug Johannesburg toe. Sy klik met haar tong terwyl sy na sy bruingebrande liggaam kyk en sê: "Die vakansie het hom rêrig goed gedoen!"

483. Toe 'n bekende politikus dood is, kon oom Tielman nie sy begrafnis bywoon nie, maar hy het darem 'n telegram gestuur: "Ek stem!"

484. "My seun, as ek nou te sterwe kom, wat word dan van jou?"
"Ek bly hier, maar wat word van Pa?"

485. Ek sien na tien jaar 'n ou vriend en vra: "En hoe's besigheid, ou maat?"
"Dood," sê hy, en tot my verbasing glimlag hy, "ek het 10 000 mense onder my."
"Dan kan dit nie té dood wees nie?"
"Ja, dit is. Ek sny gras in die begraafplaas ..."

486. Gedurende die groot oorlog was daar 'n griepepidemie onder die matrose van 'n sekere skip, met die gevolg dat só baie omgekom het dat daar nie meer genoeg gewigte oor was om die dooies in die see te laat afsak nie. Daar sterf weer 'n matroos, en die kaptein gee instruksies dat hulle maar 'n halfsak steenkole aan die lyk se voete moet vasbind. Terwyl die kaptein met die lyksrede besig was en hulle die lyk oorboord laat afsak, bars 'n Ierse matroos skielik uit van die lag. Na alles verby was, laat die kaptein vir Pat roep om hom 'n deeglike skrobbering te gee oor sy ontydige en onstigtelike vrolikheid by die plegtigheid.
Ter verskoning sê die Ier: "Kaptein, ek kon waarlik nie help om te lag nie; ek het al baie matrose na die warmplek sien vertrek, maar nog nooit tevore een wat sy eie vuurmaakgoed saamneem nie."

487. Ierse vrou aan haar man: "Pat, kom kyk gou hier; ek het die hen se kop al vyf minute gelede afgesny, en kyk net hoe spring sy nog rond! Sy is seker nog nie dood nie."
Pat gerusstellend: "O, sy is dood genoeg, sy besef dit maar net nog nie."

488. Jan terwyl 'n lykstoet verbygaan: "Ek wonder wie is dood."
Piet: "Wel, ek kan nie sê nie; maar dis waarskynlik die man in die kis."

489. Sondagskoolonderwyser: "Wat was die toestand van Job aan die einde van sy lewe?"
Piet: "Dood, Meneer."

490. 'n Jong Hollandse aristokraat het op 'n jagtog na Soematra gegaan. Sy grootste begeerte was om 'n tier te skiet. Na een of twee geesdriftige briewe aan sy mense tuis, kom daar eendag van 'n kennis die treurige telegram: "Jan Willem leven verloren op tijgerjacht."
Die familie telegrafeer terug: "Stuur stoffelijk overschot terug naar vaderland."
Hulle ontvang daarop die berig dat dit per skip gestuur word. Toe die skip in Rotterdam aankom, is Jan se vriende en familie daar, maar tot hul ontsteltenis hoor hulle dat daar g'n doodskis vir hul adres aan boord is nie, slegs 'n hok met 'n groot lewendige tier daarin. Die familie verstaan die ding gladnie en telegrafeer dadelik aan die vriend in Soematra: "Waar is stoffelijk overschot van Jan Willem?"
Hulle ontvang die volgende antwoord: "In tijger."

491. Oom Herman was 'n vreeslike ou dwarskop. Eendag val hy in die rivier en verdrink. Tante Sarie, sy ou vrou, gaan kry mense om die lyk te soek. Sy bring hulle by die plek waar hy ingeval het, en sê: "Hiervandaan moet julle nou bokant toe soek, want hy het altyd stroomop gebeur."

492. Vrou: "Weet jy, ou man, die koerant sê elke keer as jy asemhaal, gaan daar iemand dood."
Man: "Wel, ek is baie jammer, maar ek kan dit nie help nie; as ek ophou asemhaal, sal ek self doodgaan."

493. Man op sy sterfbed: "Moet tog nie te ontsteld wees nie, liefste; jy sal wel weer geluk vind."
Vrou: "Ag, wie sal tog met so 'n ou weduwee wil trou? Tien jaar gelede sou ek nog 'n kans gehad het. Kon jy dit nie maar toe al afgehandel het nie?"

494. Op die grens tussen Holland en Duitsland het 'n vreemdeling wat by die doeanebeamptes moes deurgaan, skielik beswyk aan hartverlamming. Die beamptes moes toe besluit waar die man begrawe moet word, want hy het toevallig net mooi op die grenslyn gelê, met sy kop op Duitse en sy bene op Hollandse bodem. Eindelik het 'n ou Duitser die kwessie opgelos met die Latynse spreekwoord: "Ubi bene, ibi patria," – wat hy vertaal het as: "Waar sy

bene is, daar is sy vaderland." Daarby het hy gevoeg: "Dus moet julle Hollanders hom begrawe, want sy bene lê in Holland."

495. Oom Willem en tant Saartjie het so 'n bietjie stry gehad. Toe sit hulle mekaar doodstil en aankyk. Eindelik verbreek oom Willem die stilte.

"Vrou," sê hy, "as jy eendag doodgaan, met wie sal ek dan weer trou?"

"Met die duiwel," sê tant Saartjie, nog ewe boos.

"Nee, vrou," antwoord oom Willem ewe bedaard, "dit kannie; dis te na familie van jou."

496. Willem: "Dis tog treurig, Gert, dat tant Sarie so skielik dood is."

Gert: "Ja, dis waar, 'n mens vind soms dat mense skielik doodgaan, terwyl ander weer tot die laaste minuut lewe."

497. 'n Barbier is ter dood veroordeel. Op die dag van sy teregstelling word aan hom gevra of hy nog 'n laaste versoek het.

"Ja," was die antwoord. "Ek sou graag my advokaat nog 'n maal wou skeer."

498. 'n Boer aan wie die dokter om tienuur gesê het dat hy nie langer as twee uur sal lewe nie, jaag vir al wat hy werd is om by die huis te kom. Toe hy voor die deur stilhou, gewaar hy 'n vark in sy groentetuin. Hy kyk op sy horlosie en sien dat dit alreeds tien minute oor twaalf is.

"Vervlakste vark," sê hy, "was dit nie dat ek al tien minute dood is nie, sou jou hare nou gewaai het."

499. Klavierspeler: "Dit was 'Die dood van 'n held'."

Luisteraar: "Dit verbaas my glad nie."

## Doof

500. 'n Stokdowe ou man het vir hom 'n gehoorpyp aangeskaf, en gaan een Sondag daarmee in die kerk reg voor die preekstoel sit. Die koster het hom eers suspisieus beloer, en dam hom uiteindelik by met hierdie woorde: "Kyk hier, ou oom, dit is nie die Salvation Army hier nie, en as jy dit durf waag om op daardie trompetter te blaas, dan trek jy soos 'n koeël op die punt van my voet hieruit."

501. Oom Piet: "Moet asseblief nie so hard praat nie. Ek is nie doof nie."

Oom Jan: "Maar ek is en ek hou daarvan om te hoor wat ek sê."

502. Eerste dowe: "Waar gaan jy heen?"

Tweede dowe: "Ek gaan visvang, waar gaan jy heen?"

Eerste dowe: "Ek gaan visvang."

Tweede dowe: "O ... ek dog jy gaan visvang."

## Doop

503. Toe die leraar dié Sondag die laaste kindjie doop, vra hy aan die vader: "Is dit die laaste?"

Hy antwoord ewe verleë: "Sou nie kon sê nie, Dominee ..."

504. Hulle het laat kind doop, en toe die plegtigheid verby was, skrywe die predikant die kind se naam op. Toe hy by die datum kom, vra hy vir die vrou: "Laat ek sien, is dit die twintigste of die een en twintigste vandag?"

"Nee a, Dominee," antwoord die vrou verleë, "dis nog maar die elfde een."

505. Die man en vrou laat hul tweeling doop. Pa vergeet om die name op die briefie te skryf en toe die dominee vra wat die kinders se name is, sê hy deur die wind: "Steak en Kidney!"

"Nee," sis sy vrou, "Kate en Sidney!"

## Dorpe

506. Nuwe intrekker in Alberton: "Is daar enige groot manne op hierdie dorp gebore?"

Ou inwoner: "Nee, Meneer, net babatjies."

507. Hulle sê Bronkhorstspruit is so 'n gesonde plek, hulle moes 'n honderdjarige doodskiet om die nuwe begraafplaas in te wy.

508. 'n Reisiger vra hoe ver is dit na Willowmore.

Plaasboer: "Wel, dis omtrent driehonderd kilometer in die rigting wat jou kar staan, maar as jy omdraai, is dit omtrent twee ..."

## *Draaiboeke*

509. Ek dink dit is Frans Marx wat vertel het hy kry letterlik honderde draaiboeke per week in sy pos.

"En is hulle bruikbaar?" vra 'n joernalis.

"Bruikbaar? Die een was so swak, ek moes dit oorskryf voordat ek dit teruggestuur het!"

## *Drank*

510. Charles Truter gril hom morsdood vir die eerste drankie wat hy drink. Hy sê hy gaan aanhou totdat dit vir hom lekker word.

511. Later toe klim ons met die leer op, maar na 'n halfuur, toe hoor ons 'n trein aankom. Dit was toe nooit 'n leer nie: dit was die dwarslêers van die treinspoor.

512. Die eerste drankie is sleg. Die tweede maak my lekker. Die derde maak my dronk. Nou gooi ek die eerste en die derde weg en drink net die tweede.

513. Sy beste maat is dood. Elke aand gaan hy kroeg toe en bestel twee doppe. Een vir hom en een vir sy maat. Een aand bestel hy net een drankie.

"Niks vir jou maat nie?"

"Nee," sê hy hartseer, "niks vir my nie; ek het opgehou drink!"

514. Die man bewe verskriklik: "Drink jy baie?"

"Nee, ek stort meer!"

515. Die dokter ondersoek die ou drinker: "Drink jy ...?"

Hy sit regop: "Ja, Dokkie, wat het jy?"

516. Die dokter het gesê hy moet iets kry vir sy lewer. Toe bring sy vrou vir hom 'n kilogram uie.

517. Mark Twain wat gesê het as jy water matig drink kan dit niemand kwaad doen nie.

518. Onthou jy die storie van die ou wat gesê het hy kan enige soort drank toe-oë identifiseer? Eers skink hulle vir hom 'n brandewyn.

"Dit is KWV ... brandewyn ... 1976 ..." In die kol!

Toe rooiwyn: "Kanonkop ... Cabernet ... 1978 ..."

Mooi! So hou dit aan: Sjampanje ... Vodka ... Sjerrie ... Port ... Selfs likeur.

"Gee hom 'n glas water," fluister die gasheer.

Hulle gee hom 'n glas water. Onthou, hy is nog geblinddoek. Hy ruik, proe, suig ... en skud sy kop: "Ek weet nie wat dit is nie, maar dit sal nie verkoop nie!"

519. Natuurlik is brandewyn sleg vir jou – veral slegte brandewyn.

520. Bier maak 'n mens sterk. Ek kon skaars die vaatjie bier die trap opdra. Nou, na twee weke, dra ek dit net waar ek wil.

521. Een aand in Piet Barmann se kroeg, kom 'n dronkie in en kyk na die groot, opgestopte vis wat teen die muur gemonteer is. Hy bekyk die vis, wieg heen en weer en mompel: "Die ou wat daai vis gevang het, lieg lat hy bars!"

522. Na vier drankies word my vrou 'n vreeslike feeks. Na die vyfde raak ek aan die slaap.

523. Ek is sprankelend, jy is spraaksaam, maar hy is dronk.

524. Hy is so dronk hy sit en slinger.

525. "Wat 'n partytjie! Hulle het ons uitgegooi! Toe sê Koos hy is al by beter plekke as dit uitgegooi!"

526. Geheelonthouding is 'n goeie ding, maar dít moet altyd matig gedoen word.

527. Ek vertrou nie kamele nie, en ook niemand anders wat so min drink nie.

528. 'n Dronkaard begin regtig hinderlik word in 'n trein en party van die passasiers het begin te praat of hul hom wil uitgooi, maar 'n goedhartige ou heer het hom onder hande geneem en hom deur mooi te praat, stil gekry. Aan die end van die reis klim die nugter geworde man af, skud die hand van sy welmenende helper, en sê: "Dankie,

Meneer, dat u my gehelp het; ek kan sien u weet wat dit is om aan drank verslaaf te wees."

529. Daar is die storie van die kroegvlieg ... nie letterlik nie, maar 'n dronkie wat voor die bioskoop gaan staan en aan 'n paal hang. Toe die bioskoop uitkom en die mense by hom verbykom, sleeptong hy: "Sing, julle blikskottels ... sing ..." Maar 'n mens steur hom mos nie aan 'n dronk man nie, jy ignoreer hom, soos 'n stopstraat. Tog hou die dronkie aan met: "Sing, julle blikskottels, sing ..." Een ou vererg hom, stap na hom toe, gryp hom voor die bors en sê: "Ek is nie 'n blikskottel nie, gehoor?" Toe glimlag die dronk ou ewe vriendelik en sê: "Dan hoef jy nie te sing nie!"

530. 'n Man ry eendag per perdekar van die dorp af plaas toe, nadat hy 'n bietjie te diep in die bottel gekyk het. Op pad het hy gerook en per ongeluk die vrag hooi agter op die kar aan die brand laat raak sonder dat hy dit opmerk. Hoe warmer die vuur agter hom word, hoe vinniger ry hy. Eindelik jaag 'n man te perd hom in, en wys hom op die vlamme wat agter op die perdekar uitslaan. Hul het gou die vuur geblus, toe sê die beskonke kêrel: "Man, ek kon al nie begryp waarom ek so warm word nie. Ek dag dat ek seker besig is om inflammasie of koors op te doen, en jaag toe maar so hard as ek kan om voor die koors my oorval, by die huis te kom."

531. 'n Sekere man wat van 'n vol glasie gehou het, het privaatles aan 'n taamlike klompie leerlinge gegee. 'n Vriend sê eendag vir hom: "Man, jou klasse is nogal gewild, net jammer jy kan nie die drank los nie, dan sal jy mos baie meer leerlinge kry."

"Dis waar, maar ek gee juis private lesse vir drankgeld. Nou wil jy hê ek moet my drank los om meer lesse te gee."

532. "Watter verversings het jy by jou?"

"Net droë tong."

"Ek het darem 'n lekker bottel whisky."

Die bottel word leeggedrink.

"Daai droë tong van jou sal darem nou lekker smaak na die whisky."

"Hy's nie meer droog nie."

533. By geleentheid van 'n voordrag deur 'n beroemde afskaffer word daar 'n praktiese voorstelling gegee van die nadelige gevolge van alkohol. Die voordraer neem 'n glas water en gooi daar 'n paar wurmpies in wat heerlik rondswem. Daarna haal hy hulle uit en gooi hulle in 'n glas brandewyn waarin hulle binne 'n paar sekondes doodgaan.

Iemand uit die gehoor spring op en vra: "Watter soort brandewyn is dit daardie?"

"Kommando," was die antwoord.

"Waar koop u dit?"

"By Collisons; maar hoekom wil die vriend dit dan weet?"

"Wel," was die antwoord, "sien u, ek ly al vir die laaste vyftien maande aan wurms."

534. "My voorstel, my vriende," sê 'n afskaffer op 'n groot vergadering van belangstellendes, "is dat ons al die wyn en brandewyn van die Westelike Provinsie in groot vate moet gooi en dan die hele spul in Tafelbaai moet laat sink."

"Ek sal dit van harte sekondeer," roep 'n luidrugtige vriend onder die skare uit.

"Wat is jou professie?" vra die voorsitter.

"Diepseeduiker," was die antwoord, tot groot vreugde van die menigte.

535. 'n Man wat geneig was om te diep in die bottel te kyk, was daarby ook nog baie jaloers op sy vrou. Nadat hy een nag weer hoog geswael by die huis aangekom het, gaan lê hy langs sy vrou op die bed. Om seker te maak dat daar nie nog 'n man op die bed is nie, begin hy voete tel, "een, twee, dis my voete, een twee, dis my vrou se voete, een twee, maar wie se voete is daardie ..." Sy vrou stamp hom in sy ribbetjies met die elmboog en sê: "Slaap man, jy is mal."

Hy skrik en lê stil, dog die gedagte aan die derde paar voete laat hom nie met rus nie. Hy spring op, gaan staan by die voetenend van die bed en tel weer. Glad verbaas oor die derde paar voete wat nou makeer, sê hy: "Ja, ek is mal."

536. Nee, ek drink nie, en een goeie rede is ek wil weet wanneer ek dit geniet.

537. Natuurlik drink ek, anders kan ek my vriende nie uitstaan nie.

538. Het ek jou vertel van die ou wat op 'n tweedoring gaan sit het, en gedink het 'n slang het hom gepik. Toe spuit Koos hom slanggif in. Toe hulle uitvind dit was 'n doring, moes hulle 'n regte slang gaan soek om hom te pik!

539. My pa was eendag so kwaad – iemand het die kurk uit sy middagete gesteel!

540. Dit vat net een dop om my lekker te laat voel, maar ek kan nie mooi onthou of dit die dertiende of veertiende is nie.

541. "Ek was gisteraand op 'n partytjie, maar ek kan niemand onthou wat daar was nie. Hulle was almal dronk!"

542. 'n Man is nie dronk as hy op die vloer kan lê sonder om vas te hou nie.

543. 'n Man met net een nier drink 'n bier
of twee of drie of vier.
Hy gaan aan 't bewe,
maar hy sê dis om 't ewe,
want hy doen dit tog vir sy plesier!

544. Van die mooiste uitdrukkings in Afrikaans: die Griekwavrou wat 'n bottel wyn katel toe vat en dan noem sy dit "kooikos"!

## *Dreig*

545. Twee transportryers met hul swaarbelaaide waens kom gelyktydig uit aan die teenoorgestelde kante van 'n drif wat baie nou is. Na 'n warm woordewisseling van wie nou die reg het om eerste deur te ry, sê een: "Kyk hier, ou kêrel, as jy my nie eerste laat deurry nie, maak ek met jou soos ek die anderdag met 'n ander man gemaak het; ook by 'n nou driffie."

Sy teenstander kyk hom aan, en besluit dat hy in 'n geveg die slegste daarvan sal afkom.

"Nou goed, kom maar deur."

Toe die ander kêrel hier langs hom stilhou, vra hy ewe nuuskierig: "En sê my, ou vriend, wat het jy met daardie ander man gedoen?"

"Ek het hom eerste laat deurry."

## *Drink*

546. 'n Oom was by sy familie op kuier. Kort-kort kom die vierjarige seuntjie van die huis by die oom en vra of hy nie wil water drink nie. Die oom het naderhand suspisie gekry en vra vir die seuntjie: "Maar hoekom wil jy so graag hê dat ek moet water drink?"

Ewe flink kom die antwoord: "Pa en Ma sê Oom drink soos 'n vis."

547. 'n Man wat baie drink, het laat huis toe gekom en sy vrou het 'n laken omgehang om hom bang te maak.

Vrou: "Ek is die duiwel."

Man: "Dan kan ons mekaar gerus die hand gee, want ek is met jou suster getroud."

548. "Jan, het jy my brandewyn gedrink?"

"Nee, Meneer."

"Is jy heeltemal seker?"

"Absoluut, Meneer. Ek kon nie die prop afkry nie."

## *Dronkie*

549. Verkeerskonstabel: "Wie het die motor bestuur toe die ongeluk plaasgevind het?"

Dronkie: "Niemand nie, ons het al drie agter gesit."

550. Dana Niehaus speel een aand in die hotel pyltjies vir die amptelike pyltjiekampioenskap. 'n Dronkie dring daarop aan om ook te gooi. Eers wil hulle argumenteer, maar om van hom ontslae te raak, laat hulle hom speel.

Hy wen.

Die kroegman gee hom 'n klein skilpadjie as prys. Die boemelaar steek die skilpadjie in sy sak en loop.

Ná 'n halfuur is hy terug en sê hy wil weer speel.

Hy wen weer.

Hy kry nog 'n skilpadjie, wat hy in sy sak steek. Toe loop hy weer.

'n Derde keer kom hy terug en wen weer. Hy loop na die kroegman toe en sê: "As jy nog 'n prys vir my het, net nie weer een van daai 'meat pies' nie, die kors is te hard!"

551. Die boemelaar sê hy het 'n drankprobleem. Sy probleem is hy kan nie geld kry om drank te koop nie.

552. Die ou was vreeslik lief vir sy dop. Dominee het al mooi gepraat, gesoebat en gedreig, maar hy en sy gesin ly honger, want hy gebruik al sy geld om drank te koop.

Na sy honderdste belofte om dit nie weer te doen nie, besluit Dominee om die kêrel een hele dag lank dop te hou. Hy word die ou dronkie se skaduwee. Dominee sien hoe hy die drankwinkel binnestap. Dominee gaan staan reg agter hom.

Die verkoopsman haal 'n bottel brandewyn van die rak af, draai dit in bruinpapier toe, en gee dit vir ons vriend. Toe hy omdraai, kyk hy in Dominee se kwaai oë vas.

Hy begin hakkel: "Dominee, ek weet nie wat is dit met die man nie. Ek vra hom 'n brood ... kyk wat gee hy my!"

553. Vriend Sam sê die eerste man wat 'n bottel brandewyn kan toedraai sodat dit soos 'n brood lyk, word 'n kitsmiljoenêr!

554. Een van die konstabels in Hillbrow vertel dat hy een nag om twee-uur, 'n koue winternag, op twee dronkies afgekom het by die Hillbrow-toring. Die een was besig om 'n vuur aan te pak aan die voet van die toring. Toe staan die ander een hom skepties en aankyk en sê: "Jy sjal hom nooit in die lug in kry nie!"

555. Die verkeerspolisie in Kempton Park het besluit om baie streng teenoor motoriste op te tree wat die wet oortree, en hulle oë was veral gevestig op die manne wat te veel van die vrug van die wynstok gebruik. Hulle vang toe 'n man in Kempton Park wat teen 'n boom vasgery het. Eers het hulle hom die toets laat ondergaan waar hy in 'n sak moes blaas. Hy sê toe hy kan nie in die plastieksak blaas nie want hy het asma. Toe sê hulle dan moet hy vir 'n bloedmonster kom. Toe sê hy nee, hy het 'n velaandoening, hulle mag nie 'n bloedmonster van hom neem nie.

Ten einde raad sê die polisieman vir hom: "Nou maar loop dan op hierdie wit streep."

Toe sê hy hy kan nie op die wit streep loop nie: "Kan jy nie sien hoe getrek is ek nie?"

556. Hulle vertel dat 'n man met twee houtbene een aand by 'n sekere hotel – dit was in die ou dae toe die plekkie nog buite was – op die geriefie se bank aan die slaap geraak het. Later toe 'n dronkie in die donker sy pad voel, raak hy aan die twee houtbene.

En terwyl hy dit optel, kla hy: "Nou wie het die kruiwa in die lewwie gelos?"

557. Die man kom goed aangeklam uit een van die kantiene wat vroeër so volop was langs die ou transportpaaie, en klim agterstevoor op sy perd.

"Maar ou maat" sê oom Pieterse, "jy sit mos verkeerd op jou perd vanaand."

"I beg your pardon, Miester Pieterse," was die antwoord, "how do you know which way I want to go?"

558. Twee vriende wou 'n man wat vreeslik kon drink, van sy kwaal bevry. Eendag toe hy weer smoordronk was, trek hulle hom doodsklere aan en sit hom in 'n doodkis. Hulle dra toe die kis na 'n grafkelder, trek hulleself ook wit aan en gaan lê in kiste langs hom. Toe die dronkaard na 'n tydjie nugter word, lig hy hom so stadig op, kyk na die kiste langs hom, en sê: "Waar is ek nou?"

"Jy is in die land van die dode," antwoord sy een vriend met 'n growwe stem.

"En is jy ook in die land van die dode?" vra die dronkaard.

"Ja," kom die antwoord.

"En hoe lank is jy al hier?" vra die dronkaard weer.

"Twee jaar," antwoord sy vriend.

"En jy?" vra hy vir die ander vriend.

"Sewe jaar," is die antwoord.

"Maar hoor, dis gelukkig," roep die dronkaard uit; "dan ken julle die plek mos goed, en kan my seker sê waar die naaste kantien is."

559. 'n Man kom die nag om drie-uur waggelend tuis en word deur sy kwaai vrou by die gangdeur binnegelaat, nadat hy verskeie male hard op die deur gehamer het.

"Jou smeerlap," sê sy, "jy het vir my belowe om matig te drink en vroeg huis toe te kom, en kyk hoe besope kom jy hier aan, en dit om drie-uur in die môre."

"Ja, sien jy, ou hartjie," antwoord die man mistroostig, "by die klub het ek vergeet of jy gesê het dat ek drie sopies kon drink en elfuur moes tuis wees, of dat ek elf sopies kon drink en drie-uur moes huis toe kom."

560. Die ou wat laat in die aand huis toe ry, sien die swart-en-geelstrepe van 'n padverlegging voor hom.

"Ai, dis al weer die skoolbus!" sug die ou en draai van die wal af in die sloot.

561. 'n Dronk man kom eendag slinger-slinger uit die hotel en die hele wêreld draai voor hom in die rondte. Hy sien aan die ander kant van die straat 'n man wat besig is om die slinger van sy motor te draai, en draf hom dadelik by met die woorde: "Magtig, kêrel, hou op; dis mos jy wat die strate so in die rondte draai."

562. Konstabel (aan 'n Bacchusaanbidder, wat ná twaalfuur in die nag op straat aan sy vrolike stemming in 'n sangstuk lug gee): "Meneer, as jy ná twaalf uur huis toe gaan, moet jy nie op straat sing nie."

Die feesvierder: "Maar ek gaan mos nog nie huis toe nie."

563. Twee vriende wat al die hele dag in die kantien was, besluit om huis toe te gaan. Besope kom hulle in die straat en omdat hulle geen ag op die tyd geslaan het nie, sê die een: "Ou maat, ek sê, kyk waar sit die son al."

Die ander kyk sy maat aan en sê: "Jy's seker lekker getik ou tjam, ek sien nie 'n son nie, dis die maan."

Toe begin die twee hewig te stry, maar gelukkig kom 'n derde persoon tussenbei.

"Ou maat," roep die een hom toe, "sê vir ons wat is daardie, die son of die maan," en hy wys na die lug.

Die derde persoon: "Ag ou vriend, ek is ook maar onbekend hierlangs."

Slinger-slinger stap hy verder.

Ons vriende stry-stry verder en bevind hulle op die markplein waar 'n polisieman hulle nader en verneem waaroor hulle so stry.

"Kyk," sê die een en wys na die lug, "wat is daardie, die son of die maan?"

Die polisieman, wat ook maar lekker is, sê: "Watter een?"

564. 'n Dronkaard stap deur 'n park en kom op die beeld van 'n leeu af. Die leeu se bek is wyd oop en uit die bek spuit daar 'n straaltjie water in 'n dam in.

Goedig klop die dronkaard die leeu op die rug en sê: "Toemaar, ou maat, môre sal dit beter gaan."

565. 'n Besope man en 'n vrou ry eendag in die trem.

Man: "Hik, maar jy is lelik."

Vrou: "Aag, toemaar, jou dronklap."

Man: "Toemaar, môre is ek nugter, dan is jy nog lelik."

566. Pat was hoog in die takke toe hy uit die kantien stap. In die straat loop hy hom vas teen 'n man in uniform. "Bestel vir my 'n huurmotor," versoek Pat die vreemdeling.

"Dink jy ek is 'n portier in 'n hotel?" snou die ander hom toe. "As jy jou oë oopmaak, sal jy sien dat ek 'n Vlootoffisier is."

"Uitstekend," antwoord Pat, "bestel vir my 'n oorlogskip."

567. 'n Jolige jongman wat net van 'n partytjie af kom, gaan staan by 'n lamppaal, haal sy koffersleuteltjie uit sy sak en begin daarmee te werskaf aan die paal.

Konstabel: "Ek vrees die mense is nie tuis nie."

Jolige jongman: "Moet wees, moet wees, lig in die boonste verdieping."

568. 'n Soldaat wat baie lekker geswael was, loop die straat af. Daar kom 'n warrelwind en ruk sy hoed van sy kop af. "Hoedjie, as jy val, sal ek j-j-jou optel, mmmaar aaas eeek vvval, wwie sal mmy optel?"

569. 'n Dronk man wat baie slinger in die straat, word deur 'n konstabel voorgekeer. Die konstabel vra hom waar hy bly, sodat hy hom kan huis toe neem. Die dronk man sê toe dat hy die konstabel sal gaan wys waar hy bly. Hy stap toe met die konstabel die eerste die beste huis binne.

Dronk man: "Sien jy hierdie huis?"

Konstabel: "Ja."

Dronk man: "Dis my huis, en sien jy hierdie kamer, dis my kamer."
Konstabel: "Ja."
Dronkman: "Sien jy daardie vrou wat daar lê en slaap, dis my vrou. En sien jy daardie man wat daar langs haar lê? Nou ja, dit is ek."

## *Droogte*

570. In die Baai woon 'n wonderlike vriend van my. Pikvis Ferreira. Hy is van Patensie se Ferreira's. Nou het ek in die geslagregister gaan naslaan en miskien ... let wel, miskien is ons familie.

Pikvis is verlam en het 'n spesiale ratstelsel vir sy motor ontwerp. Nou kan hy met sy hand rem trek ... en ry net waar hy wil wees.

Hy sê dit bly maar droog in die Oos-Kaap. Op Addo was dit so droog dat jy die dop verniet kon kry as jy net vir die dam betaal het. In Kougha is dit so droog dat die Ferreira's die aalwurm met stoetaartappels moet voer.

571. Uit Nelspruit se wêreld vertel Ernst Visser hierdie klassieke droogtestorie:

Die boer het weens droogte getrek, maar sy een donkie wou nie saam nie en het weggehardloop. So 'n maand of drie later kom kyk die boer wat van die donkie geword het en tot sy verbasing moes hy sien sy donkie is spekvet. Hy besluit toe om die donkie dop te hou en sien dat die gras agter 'n klipkoppie lowergroen is. Nog groter was sy verbasing toe hy sien dat die donkie kort-kort 'n bekvol water by die dammetjie gaan haal om die graspolletjies nat te gooi!

572. Dit was baie droog en die kerkraad besluit om 'n biddag te hou. Ds Johan Reyneke het hartroerend om die seën uit die hemel gesmeek. Maandag begin dit reën en die volgende Sondag toe almal in die kerk sit, reën dit nog.

Ds Reyneke: "Here, ons het U gevra en U het gegee, maar U het meer gegee as wat ons gevra het ..."

573. Dis so droog daar, die paddas leer met korrespondensielesse swem. Daar is paddas wat vyf jaar oud is wat nog nie kan swem nie.

574. My nefie uit die droogtegeteisterde gebied het kom kuier. Toe hy die eerste keer reën sien, het hy flou geval. Dit het drie emmer sand gekos om hom by te kry.

575. Dis so droog waar ek vandaan kom, die bome loop agter die honde aan.

576. Dis so droog, ons het nie melk vir die babatjies nie. Ons gee hulle poeiermelk, dan maak ons hulle nie droog nie – ons stof hulle sommer net af.

577. "Het jy darem 'n oes gemaak in die droogte?"

"O ja. Jy moet my aartappels sien. Party is so groot soos albasters, die ander is soos ertjies en dan is daar natuurlik die kleintjies."

578. "Ons het eers drie windpompe op ons plaas gehad, maar ons het twee windpompe afgebreek."

"Nou maar hoekom dan?"

"Ons het net genoeg wind vir een windpomp!"

579. Dis nou so droog by ons, as die boere 'n brief skryf, steek hulle die seël met 'n kopspeld vas.

580. Dit was een van daardie jare. Verspreide donderbuie en los buie elders. Twee boere van elders staan by die grensdraad en gesels. Skielik sak 'n los bui op die buurman se plaas uit en die boer duskant die draad sê: "Kruip deur die draad, Buurman, vir wat sal jy so staan en natreën?"

581. 'n Boer sê die droogte het hom so sleg gevang, hy kon nie sy koring stroop nie.

Sê sy buurman: "Myne was so kort, ek moes die koring seep smeer voordat ek dit kon sny!"

582. Sy mielies is so kort, die sprinkane moet op hulle knieë staan om dit by te kom.

583. In die Waterjaar wou ek 'n waterkoningin kies. Een man stel toe voor ek moet 'n nooi kies wat jou die meeste laat watertand. Iemand anders sê ons sal haar "Miss Water" moet noem en 'n Waterkoning kies, wat ons "Manure Water" sal

moet noem. Maar die voorstel wat almal geklop het, is van die man wat gesê het: "Kies 'n soustannie en noem haar anti-droogte."

584. Ons eie Koos van der Merwe – dit is nou Koos van der Merwe, vroeër van *Die Landstem*, tans vryskut – vertel van 'n interessante karakter, Bont Schalk, wat hy geken het. Hy skryf:

"As daar nie 'n Bont Schalk was nie, sou ons nie deur die droogte en die depressie gekom het nie. Daaroor is in die Agterveld nie die geringste twyfel nie. Wie anders sou vir ons in daardie tyd die ligkant van die Landbank en staatsvoorskotte kon voorhou en tydelik van bloutong en dikkop en vuursiek en waterpens laat vergeet het? Wie kon ons laat wegkyk van die swartverbrande aarde om 'n glimlag te plooi vir sy boodskap van die korhaan?

"Net een: Bont Schalk. Voor my sien ek nog sy biltongrige gestalte. Die kakiehemp en -broek, kruisbande, die hoed op die een horing en 'n onregeerbare kuif. Hy was Schalk – nog iets – Van Wyk gedoop, maar het Bont Schalk geword omdat hy met sy sproete soos 'n kalkoeneier gelyk het. Almal het hom so geken.

"Bont Schalk was maar 'n Agtervelder, hoewel hy lank by oom Kallie Bo-Vloer in die Rôeveld sy skerm gemaak en die Vlak-Karoo soos die palm van sy hand geken het. By oom Swart Izak van Matjesvlei het ek die eerste keer van Bont Schalk gehoor. Dis op Matjesvlei waar '33 se droogte hom ingehaal en tot diep in die Boesmanland verjaag het.

"Die droogte was die geleentheid en Bont Schalk die man wat tot vandag onafskeidbaar in die gedagtes van my wêreld se mense is. Jy kan nie van een praat sonder die ander nie; soos broep en kambro, brosdoring en kriehout. Langs die Sakrivier sou jy nie mense hoor praat van skaapverlies sonder Bont Schalk se storie van 'n ma- en 'n pa-korhaan en hul kuiken se driespraak oor die droogte nie:

"Pa: 'Maer skaap.'

"Ma: 'Vanjaar vrek hulle op.'

"Kuiken: 'Die bokke ok.'

"As iemand na sy welstand verneem, het hy met 'n glinstering in die oë geantwoord: 'Ou Neef, toe ek gebore is, het ek nie op 'n vel geval nie, maar op 'n klip.'

"Met genot het hy altyd vertel van die keer toe hy op pad Tontelboskop toe was om 'n klompie skaapvelle vir koffie en suiker te smous. Was al vir hom snaaks, vertel hy, hoe verder hy gery het, hoe hoër het die disselboom gelig. Toe hy omkyk, hang veertien jakkalse aan die velle.

"Oor jou eie ellende kon jy nie lag nie, maar vir Bont Schalk s'n wel, en dit, soos oom Jacob Flentervlak eenmaal opgemerk het, het die swaarkry draaglik gemaak.

"Geen kruis waaraan die Agterveld se mense onderwerp is, het Bont Schalk se kwajongsoog ontwyk nie.

"Hy vertel hoe onregverdig donderweer is. Hy en sy vrou was op pad na Bo-Vloer toe toe die swaarweerwolke begin opsteek het. Toe die eerste druppels val, hou hy die donkies in dat die vlagie verbytrek. Sal jy glo, het hy dodernstig vertel, dat die twee voorste donkies papnat gereën het, terwyl hy en sy vrou kurkdroog agter op die kar bly sit het. Volgens Bont Schalk het daar in hierdie ou wêreld gedurende die sondvloed maar sewentien punte reën geval.

"Bont Schalk se legende het hom vooruitgeloop. Die man het agterna gekom. Nie eens die predikant het sy stories vrygespring nie. Soos die dag toe hy vir dominee Muller vertel het hoe steil die Bloukranspas is – toe hy om die boonste draai met die kar gaan, val sy knipmes uit sy sak.

"Soos die meeste mense van sy wêreld, was Bont Schalk se taal so kleurvol soos wat sy beskrywings raak was.

"Een ou vrind se 'moestas' was vir hom die ewebeeld van 'n arm man se jaagbesem. 'n Ander se gesig het vir hom soos 'n uitgekoude rooispiespruimpie langs 'n vuurherd gelyk, terwyl nog een hom herinner het aan 'n bloukopkoggelmander wat 'n kapkar jaag. Iemand wat nie te eerlik was nie, het volgens hom vir die duiwel leisels gehou. Soos ek aan die begin gesê het, is ons die '33 droogte en die depressie, danksy Bont Schalk, lag-lag deur. Wat sou ek nie veertig jaar later gegee het vir een soos hy om die spot met die Afrikaner se welvaart te dryf nie!"

585. Tydens 'n groot droogte in die Karoo: "Mammie, hoe lyk reën?"

"Ek weet nie my kind; vra vir Ouma."

### Droom

586. 'n Ier en 'n Skot het 'n voetreis gemaak, en na 'n vermoeiende dag deur 'n onbewoonde streek kom hulle so teen die aand se kant by 'n verlate plasie aan waar daar net een maer kuiken op die werf rondloop. Hulle vang die kuiken en Pat sê: "Sandy man, hierdie kuiken is skaars genoeg vir een; kom ons gaan slaap eers 'n tydjie, en die een wat dan die beste droom gedroom het, kry die hele kuiken."

Sandy was dadelik gereed en die twee begewe hulle ter ruste en was gou albei vas aan die slaap.

Middernag maak Pat vir Sandy wakker met die woorde: "Jong, wat het jy gedroom?"

Sandy antwoord: "Ek het 'n heerlike droom gehad; ek droom ek kom in die hemel, en daar sit hul vir my die heerlikste ete voor – gebraaide kalkoene, ganse, speenvark en verskillende soorte poedings, en ek eet, man, dat die vet so by my wange afloop. Toe skrik ek wakker toe jy my roep. Maar sê my eers, wat was jou droom?"

"Nee kyk," sê Pat, "ek het nog niks gedroom nie, maar toe ek in my slaap sien hoe lekker jy daarbo in die hemel sit en smul, het ek gereken jy is tog nou trommeldik, toe het ek maar haastig die ou bog kuikentjie van kant gemaak en gepluk."

### Duik

587. Klein Gertjie: "Pappie, hoekom is dit so, as ek 'n blik skop, kom daar 'n duik in, en as ek my kop stamp, dan kom die duik uit?"

### Duisendpoot

588. "Nee," sê Duisie die Duisendpoot en kruis haar bene, "'n duisend keer nee!"

589. Wat kry jy as jy 'n duisendpoot en 'n papegaai kruis? 'n Walkie-Talkie.

### Duiwel

590. Oom FX vertel dit vir die waarheid dat hulle een aand in 'n sekere dorp – hy sê dit was Bronkhorstspruit – 'n maskerbal gehou het. Een kêrel besluit toe om hom soos die duiwel aan te trek. Hy het vir hom 'n pragtige kostuum laat maak, kompleet met horings en puntige stert en bokkloutjie en al – die ware jakob. Maar op pad na die maskerbal sien hy dat die weer baie dik en dreigend word. Nie lank daarna nie, toe begin dit blits en die donder slaan en dit reën. Hy weet nie waarheen om te gaan nie, maar sien 'n liggie brand en hy storm op die lig af. Toevallig was dit die een of ander sekte wat daar besig was om 'n diens te hou. Toe hulle die "duiwel" sien binnekom, skrik hulle hulle boeglam. Hulle dink dit is die oordeelsdag en spring by die deure en vensters uit. Een vreeslike ou vet tannie was te stadig en sy kom dieselfde oomblik as die "duiwel" by die deur aan. Sy hardloop teen hom vas en slaan op haar rug neer.

"Meneer, Meneer!" skree sy. "Moenie my verkeerd verstaan nie, ek is al dertig jaar by hierdie ou seksie, maar ek was maar nog altyd aan jou kant!"

591. 'n Baie beroemde en geliefde onderwyser aan die Volkskool Heidelberg was oom Dennis de Kock. Hy het wiskunde gegee en het dikwels die ingewikkelde probleme met storietjies geïllustreer. So vertel een van sy oudleerlinge dat hy dikwels gesê het jy moet jou wiskunde so goed ken soos die storie van ou Jonas wat deur die duiwel besoek is. Die duiwel kom by ou Jonas en hy vra vir Jonas: "Jonas, hou jy van eiers?"

Jonas sê: "Ja, my Baas."

Tien jaar later, sommer op 'n dag, verskyn die duiwel so uit die bloute weer by Jonas en hy vra: "Hoe?" en Jonas sê: "Geroer, Baas."

592. Dit laat my dink aan die klassieke verhaaltjie van ou Jonas wat 'n papegaai bekruip het. Net toe hy aan die papegaai vat, sê die papegaai: "Hiert, wat maak jy?"

Hy los alles, slaan sy hande saam en sê: "Askies, my Baas, ek dog die Baas hy es die oener!"

593. Oom Jan besoek eendag vir oom Piet Kortjie, wat berug was vir die baie leuens wat hy kon vertel. Oom Jan kon dit nie langer veel nie, en besluit om sy ou maat 'n les te leer. Hy hou hom erg stil en treurig. Later merk oom Piet dit en sê: "Ou maat, waarom lyk jy dan so treurig vandag?"

Oom Jan: "Ag, ou vriend, ek het iets vreesliks op pad hierheen ervaar."

Oom Piet: "Wat kan dit wees? Vertel my gou, dalk het ek troos vir jou."

Oom Jan: "Man, toe ek daar oor die bult kom, sien ek die duiwel wat sit en huil op 'n miershoop."

Oom Piet: "Ag nee, ou maat, dit kan nie wees nie; waarom sal hy dan huil?"

Oom Jan: "Hy sê hy huil omdat Piet Kortjie beter kan lieg as hy, en nou sy plek sal moet inneem as heerser oor die vagevuur."

594. Twee gammatte stap in die straat en praat van 'n afgestorwe vriend van hulle.

Eerste gammat: "Sien djy daardie building?" en hy wys na die krematorium. "Dis die plek waar ou Dawid verbrand is."

Tweede gammat: "Liewe hemel, maar hulle het nou die ou duiwel lekker gesidestep!"

595. Moeder aan seuntjie wat nie sy spinasie wou eet nie:

"Wag maar, vannag sal jy sien die ou duiwel sal met jou kom afreken."

Die nag begin dit vreeslik reën, donder en blits. Moeder word toe onrustig en wil by haar seuntjie gaan sit totdat die weer opgeklaar het. Tot haar verbasing kry sy hom nie in die kamer nie. Oral rond gesoek, kry sy hom later in die spens, besig om sy spinasie te eet, terwyl hy kort-kort prewel: "So 'n duiwelse lawaai, en dit oor 'n bietjie spinasie."

596. 'n Student skryf onder aan 'n eksamenvraag wat hy nie kan beantwoord nie: "Die duiwel alleen weet. Gelukkige Kersfees."

Die eksaminator krap 'n oomblik sy kop en toe skryf hy net daaronder: "Die duiwel slaag, jy druip. Plesierige Nuwejaar."

597. Klein Marie het so pas uit die Sondagskool gekom en vra aan haar maatjie: "Glo jy dat daar 'n duiwel is?"

Maatjie: "Nee wat, dis maar net soos met ou Vader Krismis – dis maar Pa."

## *Duur*

598. Jan het by sy oom op die dorp gebly, en was altyd gouer by die kos as by die werk; een môre aan die ontbyttafel sê sy oom vir hom: "Jan, jy moenie die botter so dik op jou brood smeer nie; dit kos 'n halfkroon die pond."

Jan: "Ja, Omie, maar hy is dit werd."

# E

## *Eerlik*

599. Ma: "Jan, daar was drie stukke koek in die kas, en nou is daar net een. Hoe het dit gebeur?"

Jan: "Dit was só donker in die kas dat ek nie die derde een kon sien nie."

## *Eet*

600. Ek sien onlangs hierdie resep vir spinasie: "Verdeel in vier klein hopies. Verander die vorm en grootte van die hopies. Vermeerder die vier hopies in ses hopies. Maak die hele bord gelyk met die spinasie, gebruik 'n bietjie botter, smeer die botter oor die spinasie, verdeel dit met jou vurk weer in twee dele. Krap die een deel na die kant van jou bord toe, verdeel in drie dele. Plaas jou mes reguit langs jou vurk, oor die bord, van suid na noord, vee jou mond met die damasservet af, sit behaaglik agteroor, sug en sê: 'Dit was nou lekker, hoe máák julle dit?'"

601. Die volmaakte aantal mense vir 'n dinee is twee: ek, en 'n uitstekende kokkelner.

602. Sien is glo, proe is die waarheid.

603. As jy party soorte kos by party soorte mense sonder wyn gebruik, dit is ontnugtering.

604. Dit is baie erg om melktert by 'n tuismark te koop en te sê jy het dit self gebak; maar dis baie erger om dit self te bak en die skuld op die tuismark te laai.

605. *Tamatiesous*

Moenie die bottel skud nie,
nee, om die dood nie.
Jy wil dit op jou bord hê,
nie op jou skoot nie.

606. Kos is 'n noodsaaklike bestanddeel van 'n gebalanseerde dieet.

607. Bob Hope het gesê 'n gebalanseerde dieet is 'n martini in elke hand.

608. Ek kom in die kroeg en daar staan 'n man en hy eet olywe wat soos pêrels aan 'n tou ingeryg is.

"Hoekom eet jy dit so, so aan 'n lyntjie?" vra ek.

"Miskien hou ek nie van olywe nie." Grimf. (Miskien hou hy hulle net aan 'n lyntjie ...) Eina.

609. Ken jy die storie van die *cowboy* wat die eerste keer olywe geproe het? Hy pluk toe altwee sy rollies uit en vra: "Oraait, wie het op die druiwe gepiepie?"

610. Hoe lank om 'n eier te kook?

My ma het die water laat kook, die eier ingesit en *Clementine* begin sing. As sy die laaste versie klaar het, is die eier net reg. Eendag het sy die woorde vergeet. Toe was die eier te hard. Of te sag.

611. Waar daar 'n rokie trek, moet daar roosterbrood wees ...

612. As 'n sampioen lekkerder was, was dit 'n kampioen.

613. Niemand hou van kappertjiesaad nie. As 'n dis lekker is met kappertjiesaad, sou dit lekkerder gewees het daarsonder.

614. 'n Paartjie wat saam kook, bly bymekaar. Ek ken paartjies wat nie eens kook nie, wat net warm is, wat ook bymekaar bly.

615. My vrou maak 'n goeie plan met oorskiet. Sy skiet dit oor die voëltjies. As julle nie voëltjies het nie, skiet dit oor die draad.

616. Moeder skep melkkos in.
Seuntjie: "Ma, wie se klomp is daai?"
Ma: "Joune, my seun."
Seuntjie (brom-brom): "Ag, so 'n ou bietjietjies."

617. Jannie: "Mammie, wat is daar om te eet vanaand?"
Ma: "Dieselfde as gisteraand."
Jannie: "Wat! Alweer niks!"

618. 'n Amerikaner sit aan tafel in 'n hotel en skep 'n flukse lot peperwortels wat hy aansien vir fyngemaakte aartappels, op sy bord. Hy eet 'n groot mondvol met die gevolg dat die sterk goed sy oë laat traan.
"Hoekom huil jy?" vra 'n ander Amerikaner wat net regoor hom sit.
"Ek huil oor my broer wat verlede jaar opgehang is," kom die antwoord.
Na 'n paar sekondes bied die man met die betraande oë die skottel aan die vriend regoor hom. Die gevolg was dat sy oë ook begin traan.
"En hoekom huil jy nou?" vra nommer een.
"Omdat jy nie verlede jaar saam met jou broer opgehang is nie."

619. 'n Klant bestel aarbeie in die restaurant.
"Maar sonder room, asseblief ... "
Die kelner bly lank weg en kom dan terug.
"Jammer, Meneer, ons het nie room nie. Sal u dit sonder vla neem?"

620. Koos: "Ma, laat ek tog die koek deel."
Ma: "Goed, maar dan moet jy eerlik met Willem deel."
Koos; "Hoe moet ek maak, Ma?"
Ma: "Jy moet vir Willem die grootste stuk gee."
Koos: "Ma, laat Willem maar deel."

621. Kieskeurige eter: "Twee eiers asseblief. Moet hulle nie 'n sekonde langer bak nadat die wit gaar is nie, hoor. Draai hulle eenkeer om. Nie te veel vet nie. Slegs 'n snuifie sout. Geen peper ... wel waarvoor wag jy?"
"Die hen se naam is Bettie," waag hy dit. "Is dit goed so, Meneer?"

622. Willemse: "Wat! Is die ete nog nie gereed nie? Dan gaan ek in die stad eet."
Mev Willemse: "Wag net vyf minute ..."
Willemse: "Sal dit dan gereed wees?"
Mev Willemse: "Dan gaan ek saam met jou ..."

623. 'n Besoeker aan 'n vakansieoord by die see besluit om ook die veelbesproke gereg van oesters aan te durf.
"Kelner, bring my 'n bord oesters, asseblief!" bestel hy.
Nadat die kelner hom bedien het, het ons maat 'n tydlank met die oesters gespook. Eindelik roep hy die bestuurder: "Meneer, sal u my asseblief wys hoe mens hierdie goed eet?"
"Seker!" was die antwoord. Die bestuurder neem 'n groot oester wat so half eenkant op die bord gelê het en sluk hom weg.
Ons besoeker het die man voor hom 'n rukkie lank met verbasing en bewondering betrag en toe gesê: "En hy kom nie terug nie?"
"Nee hoekom?" wou die bestuurder weet.
"Wel, ek het daardie einste oester nou al vyfmaal weggesluk en elke keer het hy weer teruggekom."

624. Ervare matroos: "En wat is dit hierdie?"
Kok: "Sop, Meneer."
Matroos: "Dan het ek dertig jaar lank op sop gevaar."

625. Twee ou bosveldboere wat die eerste keer in Johannesburg kom, besluit om in die hotel te gaan eet. Skaars het hulle gesit of die kelner is by met die spyskaart, maar nie een van die twee kan Engels lees nie. Die een besluit toe maar om met sy vinger op die kaart te druk. Die kelner bring toe sop. Hy druk weer met die vinger. Dis weer sop. "Het julle dan nie ander kos ook nie?" vra oom Jan.

"Ja," antwoord die kelner, "maar u wys elke keer met die vinger dat ek sop moet bring."

Oom Jan druk toe met sy vinger 'n hele paar nommers laer af. Die kelner bring toe vir hulle osstert. Oom Piet se oë rek, en hy sê dat hy gaan loop.

"Maar hoekom dan, Neef?" vra oom Jan.

"Nee Neef, ek dink net wat ons sou geëet het as jy 'n bietjie laer af gedruk het."

626. Klaas: "Waarom eet jy dan die piesang met skil en al?"

Piet: "Omdat ek nie nuuskierig is om te sien wat binne-in is nie."

627. Die jong dominee wou net aansit vir ontbyt, toe daar geklop word. Oom Koos en die prokureur stap binne. Op die vriendelike uitnodiging of hulle wil saameet, antwoord beide bevestigend. Die dominee was nou in die moeilikheid omdat daar net een eier op die tafel was, dus stel hy goedig voor dat een van hulle drie wat die paslikste geestelike toesprakie oor die eier hou, hom mag eet.

Die dominee klop die eier stukkend en sê: "Klop en vir jou sal oopgemaak word."

Die prokureur (terwyl hy die dop afhaal): "So doen ek dan die oue en wegwerplike kleed af."

Oom Koos (terwyl hy die eier in sy mond stop): "Gaat dan door u poorten in met lof."

628. 'n Man gaan in 'n hotel eet. Hy gooi per ongeluk die eier wat hulle vir hom gebring het van die tafel af. Hy roep toe die kelner en sê: "Meneer, daar lê my eier nou op die grond, wat moet ek nou maak?"

Kelner: "Kekkel, Meneer."

629. Knorrige gas in restaurant: "Watter soort vleis is dit dié; varkvleis of kalfsvleis?"

Kelner: "Kan u dan nie proe nie?"

Gas: "Nee."

Kelner: "Nou wat maak dit dan saak?"

630. Nuwe kosganger: "Wat gee hulle hier vir ontbyt?"

Ou kosganger: "Hoender."

Nuwe kosganger: "Hoe bedien hulle dit?"

Ou kosganger: "In die dop."

631. Die vader het 'n gas saamgebring vir aandete.

Elsie (aan tafel): "Maar dit is dan beesvleis hierdie, Pappie."

Die vader: "Ja my kind, maar jy eet tog beesvleis."

Elsie: "Maar vanmôre het Pappie dan vir Mammie gesê dat Pappie 'n skaapkop vir ete saambring."

## *Eetgewoontes*

632. "Hoekom eet jy nie aarbeie nie?"

"Ek is bang dit sal my eetlus vir pruimedante bederf ..."

633. "Hoekom eet jy nie oesters nie?"

"Ek is bang ek hou van die smaak, en dan sal ek dit aanhou eet, en ek haat oesters!"

634. Die paartjie is jonk getroud en Mammie vra: "Wel...?"

Die bruidjie sê bruidegom het haar handjie gevat, haar op haar wang gesoen, maar verder niks nie.

"Ek sal jou sê wat maak jy: gaan koop 'n dosyn oesters en voer hom oester, hulle sê dit help, veral vir wittebroodspaartjies."

Die volgende dag bel sy: "Wel ...?"

"Ek het toe gemaak soos Mammie gesê het, ek het 'n dosyn oesters gekoop, en hom tien gegee om te eet, maar net sewe het gewerk!"

635. Alfred Hitchcock was lief vir kos. Mense nooi hom vir ete, maar dit was maar 'n verskoning vir 'n dinee. Te min van alles. Toe die gasvrou die koffie bring, sê sy: "Ek hoop u sal sommer gou weer hier by ons eet ..."

"Wonderlike gedagte," sê Alfred, "kom ons begin sommer nou!"

636. My pa het vertel van die boslanser wat een aand by ons oornag het. My ma vra of hy wil aansit.

"Ek het al gevreet!" sê hy ongeskik.

"'n Mens sê nie 'gevreet' nie, 'n mens sê 'geëet'," waarop die boslanser antwoord: "Ek ken 'n klomp ouens wat sê hulle het al geëet, en dan het hulle nog glad nie gevreet nie!"

637. Wat woorde betref, het Bernard Shaw altyd die beste daarvan afgekom. Maar een aand het hy nie geweet wat om te sê nie. Hy

was 'n vegetariër en kry op sy bord die gewone konkoksie van gemengde groentes en slaaiolie. Sy buurman loer in sy bord en sê: "Sê my, Shaw, het jy dit al klaar geëet, of gaan jy nog?"

638. Een van die bekende sangers, nie Pavarotti nie, eet een aand by mense. Sy bord is tot oorlopens toe vol geskep.

"Gaan jy dit alleen eet?" vra iemand in 'n grap.

"Nee, nie alleen nie, met aartappels!"

## Egskeiding

639. Die ou oom en tante was 57 jaar getroud en toe gaan hy prokureur toe en doen aansoek om 'n egskeiding. Die prokureur het geweet dat die ou tante baie kwaai was, maar vra darem vir die ou oom: "En hoekom wil Oom nou na 57 jaar skei?" waarop die ou oom knorrig antwoord: "Genoeg is genoeg!"

640. My neef en sy vrou moes besluit: hulle moes kies tussen 'n vakansie op Hermanus of 'n egskeiding. Hulle besluit toe 'n vakansie in Hermanus kan nie langer as twee weke duur nie, en 'n egskeiding is iets wat jy altyd het.

641. Menige man skryf sy sukses toe aan sy eerste vrou, en sy tweede vrou aan sy sukses.

642. 'n Man wat twintig jaar gelukkig getroud is, het een aand byna 'n einde aan die geluk gemaak. Hy stel sy vrou voor as: "En ontmoet my eerste vrou ..." (Mens doen dit nie, al is dit waar.)

643. Die verskil tussen egskeiding en vantafel-en-bed-skeiding is dat laasgenoemde die man 'n kans gee om sy geld weg te steek.

644. "My pa was baie ongelukkig toe ek gebore is."

"Hoekom? Wou hy 'n dogtertjie gehad het?"

"Nee, hy wou 'n egskeiding gehad het."

645. My vrou het nie lank gehuil nie, want die egskeidingsregter het haar oë afgevee – met my tjekboek.

646. Belasting is wat ons betaal om die regering op hulle voete te hou; onderhoud is wat jy betaal omdat jy 'n vrou se voete onder haar uitgeslaan het.

647. Toe my ouma hoor my oupa, wat in die myn gewerk het, is lewendig begrawe onder duisende ton grond, sê sy dankbaar: "Dank die hemel hy's veilig!"

## Eiers

648. Oom FX van die Strand maak hier voor die 1970-verkiesing 'n goeie plan. Hy sê die Eierbeheerraad kla dat hulle 'n geweldige oorskot eiers het. Nou wil hy aanbeveel dat ons vir Solly Nortjé van Pongola moet aanstel as verkoopbestuurder by die Eierbeheerraad.

Hy sê hulle kan hom dan met groot mobiele markte uitstuur met vragte eiers na die dorpe waar verkiesingsvergaderings gehou word. Solly is bekend as 'n man wat goed kan spek skiet, en wat wil jy nou beter hê as spek en eiers!

649. 'n Seun vra eendag vir sy pa of 'n eier wat drie weke onder 'n hen was en nog nie uitgekom het nie, vir iets gebruik kan word.

"Ja," antwoord die pa, "vir politieke doeleindes is hy dan op sy beste."

650. Klein Dorie wat na 'n skilpad staan en kyk: "Is dit waar dat hulle eiers lê, Mammie?"

Mammie: "Ja, dit is waar."

Klein Dorie: "Nouja, wanneer kekkel hulle dan?"

651. 'n Huisvrou aan die winkelier: "Is daardie hoendereiers vars?"

Winkelier aan klerk: "Kobus, voel of daardie hoendereiers al koud genoeg is om te verkoop."

## Eiland

652. Pat en Mike se skip het gestrand en hulle het op 'n verlate eiland uitgekom.

Mike: "Kan jy bid?"

Pat: "Nee."

Mike: "Kan jy sing?"

Pat: "Ook nie."

Mike: "Wel, laat ons dan iets anders godsdienstigs doen."

Pat: "Ja, kom ons kollekteer."

## *Eksamenflaters*

653. "Wat is malaria?"

"Dit is die waansintoneel in Lucia di Lammermoor van Donizetti – die een wat Mimi Coertze so mooi sing."

654. *Disconcerted*: "The man who did nothing to make the concert a success was *disconcerted*."

655. *Simulate*: "The one boy was late for school, the other was *simulate*."

656. *Sofa*: "When he had finished his first lesson he said: *Sofa so good*."

657. *Spokesman*: "A *spokesman* is a person who taps train wheels ..."

658. *Incapable*: "Dis 'n staatsamptenaar wat tydens die parlementsitting sy eie woonstel skoonmaak ..."

659. "What is *rabies* and how do you treat it?"

"*Rabies* are Jewish priests and I treat them with respect."

660. Hulle vra jou byvoorbeeld wat is die volgende: "As 1 soen is en 2 is seks, wat is 3 en 4?" Diiiiis reg. Dit is 7!

661. Die seuntjie het Sub A gedop. Hy het *Kat* gespot en toe kry hy *Os*.

662. Vertaal in Engels: "Wat een strenge winter hebben we gehad, Klaas."

"Dat mag je wel zeggen, Piet. Dan denk ik nog *vaak* aan die barre kou *tijdens* de Frans-Duitsche oorlog. Wat moeten die *arme lui* 't toen hard hebben gehad."

"Och, de *Parijzenaars* hadden er weinig last van, want de vorst was *naar Sedan geweken*, en ze waren geheel omringd van *moffen*."

(Schrijft aantekeningen om duidelik de betekenis van de kursiefgedrukte woorden uit te brengen.)

Voorbeelde van antwoorde:

- ... then I still vaguely (vaak) think of Reuter's news (tijdens) ... of the awful tidings (tijdens) of the French-Dutch war. How much had those poor lazy fellows (arme lui) to suffer then.
- O, the parishioners are very little troubled by it, because the roofs of the houses had soaked to Sedan.
- O, the Paritians had only a few casualties.
- O, the Persians had almost eaten their last bit of food ... and they were surrounded by men strongly built.
- And they were entirely surrounded by duffers; by clowns, by mobs, by fleas, by cheeky beggars.

Die volgende toeligtende verklarings word gegee:

- Moffen – woollen goods
- As distinguished from our ordinary Cape sheep and cattle, the imported, not native, sheep and cattle are so called; as e g "ik zag er twee fraai mofbulletjies."
- moffen: The mob of Paris which stormed the Bastille and took the king prisoner.
- Mof: is the name of a clan in France.
- Moffen: The men who were left behind were too much like girls, hence they were called muffs.
- Moffen: The scarfs were made in the Soudan, and as the Soudan is a very hot place the frost could not be very cold.
- Moffen: Young ladies are sometimes spoken of as moffen, as for example "een dame een mof maken," to propose to a lady.
- Vorst: Is veel in Duitschland gegeten, for Vorst can either be a prince or a sausage.
- Vorst: is either a king or a monarch, and if you add kik- to vorst, it becomes kikvorst, a toad or a frog.

663. Vertaal:

De eenzame reiger die tusschen de breede bladen van de waterlelie op een poot stond, vergat dat hij uitgegaan was om kikkers te vangen, en tuurde in gedachten verzonken langs zijn neus.

Antwoorde:

- The lonely heroine forgot that he went out to catch marbles and conquered by his thought was drowned by the side of his nose.

- The lonely traveller who stood between the broad leaves of the waterlily on a pot forgot that he had gone out to catch chickens and deep in thought they settle along his nose.
- The same ruler which stood on a clod among the waterlilies forgot that he had gone out to catch fish and made a low sound with the little holes next to his nose, and while in sleepy thoughts put his beak under water.
- The lonely rower who stood on a pont amongst the broad leaves of the water-lilies forgot that he had come to catch creatures and sunk in deep thoughts uttered through his nose some soft melodies; while tears ran down his nose.
- The wiry traveller who put the broad leaves of a waterlily in a pot forgot that he had gone out to catch small herrings and fell into a meditation about his nose.
- The selfsame fisher who stood on a pole between the broad leaves of a sluice forgot that he had come out to catch jumpers, and rubbed his nose filled with all kinds of thoughts.
- The lonely stock forgot that he had went out to catch turtles and falling into deep thought he sinks into the mud up to his nose.
- The solitary traveller who stood on a piece of Jutland on one of his legs forgets that he was sent out to catch crabs and slumbered in his thoughts with prey right in front of his nose.
- The lonely reiger which stood on a lump of ground shot a parting sunbeam on the scene as he strolled about his snout lost in thought wherever his nose led him.

## Engelse

664. Eendag raak generaal De Wet in gesprek met 'n Engelse sendeling. Nadat die sendeling so 'n rukkie uitgewei het oor die goeie hoedanighede van die Engelse, sê hy aan die Generaal: "Weet Meneer dat Adam en Eva ook Engelse was?"

Ewe bedaard antwoord die Generaal: "Dit sal ek goed glo; daarom kon hulle ook nie in die paradys bly nie."

665. Annie het eindelik toegestem om met die verliefde Engelse kêrel te gaan dans, en het so onder die dans probeer om die kêrel oor Afrikaans in te lig.

Kêrel: "My dear, I like you because you have a natural reserve."

Annie: "Dit is nou mooi gesê, maar as jy dit in Afrikaans sê, dan klink dit soveel soeter."

Kêrel: "My dier, ek hou van jou, want jy het 'n naturellereserwe."

666. Eendag kom 'n Engelsman by 'n ou boervrou en sê: "Give me your money, or I will kill you."

Die ou vrou spring op en sê: "Kielie jy net aan my dan bars jy," en sy beduie met die besem. Die Engelsman is dadelik daar weg.

667. Engelsman aan Boer: "Good morning. Could you show me the way to Johannesburg, please?"

Boer: "Ek maak stellasies."

Engelsman: "I am in a hurry, please."

Boer: "Om perskes te droë."

Engelsman: "Go to hell."

Boer: "Lekker vir die winter."

668. 'n Engelse kêrel loop eendag per ongeluk teen 'n Afrikaanse meisie vas, en sê: "I beg your pardon."

"Jou verduiwelde rooinek, jy loop 'n mens amper onderstebo, en dan sê jy nog my bek lyk soos 'n padda," sê die meisie ewe kwaad.

## Esel

669. 'n Man en sy vrou kuier met hul seuntjie aan die strand. Toe hulle eendag op die strand sit, hou die seuntjie aan: "Pa, kan ek ook op die donkie ry soos daardie kinders?"

Toe die kind tot vervelens toe daarmee aangehou het, sê die vrou aan haar man: "Piet, laat die kind tog op jou rug ry."

670. Klaas: "Dié Paul is tog 'n esel."

Willem: "Kyk hier, Klaas, ek kan nie toelaat dat jy so praat nie; Paul is my vriend en ek is ook baie aan hom verskuldig. Die ander dag het hy nog vir my tien rand geleen."

Klaas: "Ja, dit weet ek, en dit is juis die rede waarom ek sê dat hy 'n esel is."

671. "Dit is die laaste stasie op hierdie spoor," sê 'n gids aan die lede van die bergklimparty. "Hiervandaan gaan net esels verder tot by die kruin van die berg. Sal die menere asseblief uitklim en my volg?"

## *Etiket*

672. Klein dogtertjie: "Gee my die brood aan."

Haar ma: "As ... ?"

Dogtertjie: "Gee my die brood aan."

Haar ma: "As ... ?"

Dogtertjie: "As Ma dit kan bykom."

673. Twee kêrels geniet hul middagtee saam. Daar was net twee stukkies koek op die bord, een groot en een klein. Die een kêrel bied die die bord vir sy maat aan, met die hoop dat hy beskeie genoeg sal wees om die kleinste te neem, maar tot sy skok neem die maat sonder huiwering die grootste.

"Ag nee man! Het jy nie maniere nie? As ek die eerste keuse gehad het, sou ek beslis die kleintjie geneem het."

"Nou wat kla jy, jy het hom mos gekry."

# F

## *Fabrieke*

674. Hy het by 'n groot fabriek gewerk. Elke aand stap hy met sy kruiwa tot by die hek waar 'n wag kyk of die manne nie van die fabriek se goed steel nie. Maar hulle kon hom nooit vang nie. Toe hy die dag bedank, sê die wag vir hom: "Ek weet jy het elke dag iets gesteel, maar ek kon nooit agterkom wat dit was nie. Jy gaan nou weg, nou kan jy maar vir my sê!"

Sy antwoord: "Kruiwaens."

## *Familie*

675. Volksraadlid, oom Joey Verster, loop eendag iemand in die straat raak wat 'n bietjie te diep in die bottel gekyk het. Die man wou baie graag in oom Joey se goeie boekies kom en sê: "Joey, weet jy ons is familie?"

Oom Joey kyk die man vies aan en sê: "Ja, ek weet. Jy is my *tante!*"

676. Klein Jantjie, wat ook iets van Darwinisme gehoor het, stap na sy ma toe en sê: "Ma, is dit waar dat ek van 'n aap afstam?"

"Ek weet waarlik nie, my kind," sê sy ma, "ek ken maar min van jou pa se familie."

## *Fiets*

677. 'n Ier kom uitasem langs sy fiets by die werk aangedraf.

Mike: "Waarom ry jy nie?"

Pat: "Moenie met my praat nie, ek is haastig, ek het nog nie eens kans gehad om op my fiets te klim nie."

## *Filosofie*

678. Professor in die filosofie: "Kan die gevolg ooit voor die oorsaak gaan?"

Student: "Ja, Professor."

Professor: "Hoe so? Gee my 'n voorbeeld."

Student: "'n Kruiwa gestoot deur 'n man."

679. Ek het 'n nuwe filosofie: ek gaan net een dag op 'n slag sleg voel.

680. 'n Skot en 'n Ier het 'n filosofiese gesprek gevoer oor die meriete van die son en die maan.

Skot: "Die son gee 'n baie helderder lig as die maan."

Ier: "Maar die maan is darem baie verstandiger."

Skot: "Hoe gaan jy daardie stelling demonstreer?"

Ier: "Maklik! Kyk, die maan skyn in die nag as dit donker is, maar die son skyn mos oordag wanneer dit buitendien so helder lig is dat almal alles duidelik voor hulle kan sien."

681. Toe ek jonk was, het ek altyd gedink die gras aan die ander kant van die draad is groener. Noudat ek te oud is, weet ek dit is.

682. Die gras is groener aan die duskant – as jy aan die ander kant is.

683. 'n Professor is eenkeer gevra om 'n filosoof te omskryf. "Wel," het hy geantwoord, "ek dink u kan sê 'n filosoof is iemand wat in plaas van te huil oor uitgestorte melk homself troos met die gedagte dat dit in elk geval meer as vier-vyfdes water was."

684. Optimistiese filosoof: "Alles wat 'n mens aan die wêreld gee, kry jy weer met rente terug."

Pessimistiese filosoof: "Dit besef ek. Twee jaar gelede het ek my dogter aan 'n man gegee en nou is sy én haar man én haar tweeling by my terug."

### *Flou*

685. Oubaas: "Ou Fien, kry gou vir my 'n bietjie brandewyn, die ounooi het flou geword."

Ou Fien (gedienstig en bedeesd): "En wat moet ek vir die ounooi bring?"

### *Fluit*

686. Op 'n warm dag sit 'n Ierse messelaar langs 'n hoë muur en uitrus. 'n Seuntjie kom die straat af en blaas 'n vrolike deuntjie op 'n penniefluitjie.

"Hier, jou klein niksnuts," sê die Ier, "hou op met jou trompetblasery; weet jy nie wat met die mure van Jerigo gebeur het nie?"

### *Foto*

687. 'n Vrou gaan eendag na 'n fotograaf en vra hoeveel dit sal kos om haar kinders te laat afneem.

Hy sê: "R20 per dosyn."

Sy antwoord: "Dan sal ek maar weer anderdag kom, want op die oomblik het ek nog net elf."

688. 'n Stedeling wat op 'n plaas gekuier het, laat hom eendag op 'n donkie afneem. Hoog in sy skik wys hy die portret aan 'n onnutsige vriend en vra hom wat hy daarvan dink. Ewe onskuldig antwoord die vriend: "O, heeltemal goed, maar wie sit nou op jou rug?"

689. Fotograaf: "Nee, Meneer, u lyk veels te ernstig. As u 'n goeie portret wil maak, moet u aan iets aangenaams dink. Dink aan u vrou."

Man: "Maar ek is pas geskei."

Fotograaf: "O so? Wel, dink dan aan die egskeiding."

690. Afnemer: "Wil u 'n groot foto hê of 'n kleintjie?"

Verliefde jongman: "'n Kleintjie."

Afnemer: "Sal u dan asseblief nie so breed glimlag nie?"

691. Die kunsafnemer: "Glimlag asseblief, jy lyk so treurig."

Klant: "Maar ek gaan die foto as advertensie vir my besigheid gebruik."

Afnemer: "Wel, dink u nie dit sal beter wees as u glimlag nie?"

Klant: "Wie wil 'n glimlaggende lykbesorger hê?"

692. Vrou vererg: "Ek weier om die portret van my man te aanvaar. Hy lyk nes 'n bobbejaan."

Afnemer: "U het hom gekies, nie ek nie."

### *Fout*

693. Een van die kêrels by die SAUK het 'n groot fout gemaak en die grootbaas laat roep hom – as jy 'n fout maak, roep die baas jou; as jy 'n groot fout maak, roep die grootbaas jou!

"Hoekom het jy dit gedoen? Was jy dronk?"

"Natuurlik was ek dronk, Meneer. Ek sal mos nie so iets doen as ek nugter is nie!"

### *Franse*

694. My buurman was in Frankryk. Hy sê die kindertjies in Frankryk is vreeslik slim. Hulle is skaars drie jaar oud dan praat hulle Frans vlot.

695. "Hoekom leer die Bothas so knaend Frans?"

"Hulle het 'n baba aangeneem. Sy ouers was Frans. Die Botha's wil hom verstaan as hy groot word."

# G

## Gebed

696. Dit het intussen met baie mense gebeur, maar oud-minister Dirkie Uys het my vertel dat hy by geleentheid 'n tafelgebed moes doen. Hy prewel toe saggies: "Zegen, Vader ..."

Toe hy klaar gebid het, sê 'n ander minister wat aan tafel is vir hom: "Ek het nie 'n woord gehoor wat jy sê nie."

Waarop hy antwoord: "Ek het nie met jou gepraat nie!"

## Gebore

697. Onderwyseres (aan kind wat vir die eerste keer skool toe kom): "Hoe oud is jy, Piet?"

Piet: "Agt jaar, Juffrou."

Onderwyseres: "Wanneer is jy gebore?"

Piet: "Ek is nie gebore nie, Juffrou, ek is aangeneem."

698. Ou man: "My seun, en waar is jy gebore?"

Seuntjie: "In die Kaap, Meneer."

Ou man: "So? Watter deel?"

Seuntjie: "My hele lyf, Meneer, behalwe my tande, dié is op Stellenbosch gebore."

699. Klein Jannie staan belangstellend en kyk hoe die verpleegster sy klein boetie weeg. Eindelik kon hy sy nuuskierigheid nie langer beteuel nie.

"Hoeveel kos hy per kilogram, Tannie?" vra hy.

700. Twee gammats kom eendag op 'n mensgeraamte af. Die een sê toe vir die ander een: "Hy is sieka' ma' op 'n *meatless day* gebore."

## Gebou

701. 'n Afrikaner aan 'n Amerikaner wat deur Suid-Afrika toer en toevallig by 'n groot gebou verbystap. "Het julle ook sulke geboue in Amerika?"

Amerikaner: "O ja, duisende."

Afrikaner: "Dit is 'n gestig vir kranksinniges."

## Gedigte

702. Nols: "Soos jy weet, het ek my betrekking laat vaar en gedigte begin skryf."

Neels: "En het jy al iets verkoop?"

Nols: "Ja, my armhorlosie, my aandpak en my draadloos."

## Geduld

703. Twee mans, elkeen in sy eie voertuig, ontmoet mekaar in 'n nou straat, sodat die karre nie by mekaar kon verbykom nie. Geen een van die twee wou terugdraai nie. Die een neem toe ewe bedaard sy koerant en begin op sy gemak te lees. Die ander wou hom egter nie laat wen nie, en sê toe net so bedaard: "As jy klaar is met daardie koerant, gee hom dan bietjie hier."

## Geheim

704. Verkoopsman: "Daardie klerk moet onmiddellik afgedank word. Hy het so pas vir een van ons klante gesê dat ek 'n dom dromer is."

Eienaar: "Ek stem saam. Wie gee hom die reg om ons firma se geheime aan die publiek bekend te maak?"

## Gehelp

705. 'n Pa kom een middag laat by die huis en vra vir sy kinders: "En wat het julle alles vandag gedoen?"

"O, ek het die skottelgoed gewas," antwoord sesjarige Annie.

"Ek het afgedroog," sê vyfjarige Lettie.

"En jy, my groot seun, wat het jy gedoen?"

"Ek het die stukke opgetel."

### Geheueverlies

706. "Dokter, ek ly aan 'n soort geheueverlies, ek kan net niks onthou nie."

"Hoe lank ly u al daaraan?"

"Waaraan, Dokter?"

707. Dokter, ek ly aan geheueverlies."

"Dan sal jy vooruit moet betaal."

### Gehoor van ...

708. Gehoor van die ryk seuntjie wat sy kleuterrympie gelees het: "The Butcher, The Baker, The Cadillac Maker ..."

709. Gehoor van die swakkeling wat 'n werk as 'n koolmynwerker gekry het? 'n Blomkoolmynwerker!

710. Gehoor van die doedie wat 'n pelsjas gekry het? Sy het dit drie weke lank aan haar vriende beskryf en aan haar ouers verklaar ...

711. Gehoor van die blondine wat vertel het dat sy 'n pels by haar baas present gekry het?

Toe vra hulle: "Haai, en wat moes jy doen?"

"Ek moes net die moue korter maak," sê ons meisie.

### Gehoorsaam

712. Die storie word vertel van 'n baie streng ma wat haar kinders geleer het om dadelik te doen wat aan hulle gesê word. Op 'n middag kom daar 'n vreeslike weer op. Sy sê toe vir Thomas om die valdeur wat op die platdak uitkom, dadelik toe te maak.

"Maar Ma," begin hy.

"Thomas, ek het jou gesê om dit toe te maak."

"Ja, Ma, maar ..."

"Thomas, loop maak dit toe."

"Goed, Ma, as Ma so sê, maar ..."

"Thomas!"

Twee uur later kom die familie bymekaar om te eet, maar Tante is afwesig. Toe die ma vra waar sy is, antwoord Thomas: "Ma, Tante is nog op die dak."

### Gekke familieregister

713. Manlik vir eik: Ackerman.

714. Onvriendelike moeder: Bothma.

715. Engelse ridder val plat: Coetzer.

716. Die Hollander kry koud: De Vries.

717. Koning Ahasvéros se slavin se woning: Esterhuysen.

### Gekke grafskrifte

718. Hier lê sag  
ons nig Meraai:  
links gewys  
en regs gedraai.

719. Hier lê Pietie van der Spuy:  
Sy rem het gevat, sy voet het gegly.

720. Hier rus Japie Van der Mees:  
Die stopsein was in Engels gewees.

721. Hier lê Jasper Piet Fourie:  
Die kar was vinnig, maar Piet was nie.

722. Die laaste rusplek van oom Koos:  
Sy vrou sê nog die plek lê oos.

723. Stewig nou lê ons tant Mynie:  
Sy kon nie die trurat kry nie.

724. Langs haar lê oom Jannie Theron:  
daai kar se lig was nie die son.

725. Hier rus sag neef Piet se pa:  
Die Strydom-tonnel was 'n wa.

726. Rus maar sag, liewe oom Ockert;  
die ander kar moes mos gestop het.

### Gekke pleknaamwoordeboek

727. Oud-president C R Swart vertel: "Toe Langenhoven nog tussen ons was, het hy 'n keer limerieke gemaak oor allerhande dorpe, maar by Merweville vasgesteek."

"*Daar was 'n ou vrou van De Aar,* was maklik, maar Merweville wou nie rym nie. Toe daag hy ons uit om 'n limeriek te maak oor dié dorp. Ek was eintlik die digter van ons tweespan, maar dit was Paul Sauer wat Langenhoven se hart lekker laat kry het met:

Daar was 'n oubaas van Merweville.
Hy sê vir my: neef as jy Kerweville,
neem daar uit my sak
'n rol Oudtshoorntwak,
maar pasop as jy nie Sterweville."

728. Soet brood en 'n dier wat piesangs eet: Koekenaap.

729. 'n Engelse kasteel wat nie oud is nie: Newcastle.

730. Het haar opgemerk: Gezina.

731. Die tuinimplement loop nooit nie: Graaff-Reinet.

732. Ma is dood: Parow.

733. Slaap by die Hollandse Oseaan: Zeerust.

734. Eerste Minister sak diep af: Premiermyn.

735. Koos se begeerte: Merweville.

736. 'n Blanke depositonemende instelling: Witbank.

737. Tussen twee kastele: Middelburg.

738. Erger en erger: Worcester.

739. Hekelblik: Breyten.

740. Die Minister van Buitelandse Sake stem in: Bothaville.

741. Opstaanrivier: Wakkerstroom.

742. Britse koningin se man en versekeringsbewys: Philippolis.

743. Britse koningin is gewillig: Elizabethville.

744. Ek vra een oggend waar kom Beitbrug se naam vandaan; na wie is Beitbrug vernoem?

Sê Mike van den Berg: "Na Jock of the Bushveld!"

745. Net so voor die verkiesing van 1970 het ek een oggend gepraat van die goeie ou dae en toe het ons met 'n paar woordspelings op dorpe nogal pret gehad. Een kêrel het byvoorbeeld gepraat van die goeie ou dae toe Heksrivier nog Mooimeisiesfontein was, toe Tweeling nog Vryburg was, toe Maasdorp nog Darling was, en toe dink ons aan die goeie ou politieke dae toe Hertzogville nog Vorstershoop was, of Ermelo nog Alberton.

## Geld

746. Wanneer jy nie geld het nie, is jou probleem kos. Wanneer jy geld het, is jou probleem seks. Wanneer jy albei het, is jou probleem jou gesondheid. Nes jy alles opgelos het, gaan jy dood.

747. 'n Mens kan jouself darem baie moeite bespaar. In plaas van om geld te leen, kan mens byvoorbeeld net daarvoor werk.

748. Dis maklik om geld te maak. Dis net moeilik om 'n lewe te maak.

749. Hulle sê jy kan nie jou geld saamneem nie. Ek kan nie eers bekostig om te gaan nie.

750. Die enigste ding wat 'n mens deesdae met geld kan doen, is om dit te skuld.

751. "Leen my vyftig sent vir busgeld?"
"Jammer, ek het net 'n vyfrandnoot."
"Mooi skoot, dan neem ek 'n taxi!"

752. "Wanneer kry ek daardie tien rand wat jy my skuld?"

"Haai, wag 'n bietjie, ek skuld jou net vyf rand!"

"Ek weet, maar jy wou dit nog nooit erken nie!"

753. Hy was baie suinig en het die aapstuipe gekry toe hy hoor dit kos 'n rand om Middelburg toe te bel. Skielik kry hy 'n plan. "Hoor hier, sentrale, hoeveel sal dit kos om net te luister? Jy sien, ek wil my vrou bel ..."

754. Max Bygraves was in die sestigerjare hier. Hy het sy konsert so begin: "Ek het 'n huis aan die Riviera, 'n Jaguar en 'n Mercedes Benz ... en dink jy ek is gelukkig? Natuurlik is ek gelukkig!"

755. 'n Rekenmeester is 'n boekhouer wat ten duurste gehuur word om te bewys dat jy nie die geld gemaak het wat jy gemaak het nie.

756. Die wêreld bestaan uit mense wat dinge doen – en die ander wat die krediet daarvoor kry.

757. "Die veiligste manier om jou geld te verdubbel, is om dit te vou en in jou sak te sit ..."

758. "As 'n mens geld nodig het, het hy geld nodig en nie 'n hoofpynpoeier nie ..."

759. "Die jong mense van vandag dink dat geld alles is – en as hulle oud is, wéét hulle dit ..."

760. "Vandag koop mense met geld wat hulle nog nie verdien het nie dinge wat hulle nie nodig het nie om vriende te beïndruk wat hulle nie het nie."

761. Ma: "Dè, Jannie, hier is vir jou 'n rand, maar dan moet jy nie weer vir jou klein broertjie 'swernoot' sê nie."

Jannie (staan 'n rukkie en dink): "Maar ma, ek ken nog 'n ander woord wat enige tyd vyf rand werd is."

762. Ier: "By ons in Ierland is dinge darem goedkoop; daar kan 'n mens 'n groot brood koop vir twee sent, en 'n kilogram vleis vir tien sent."

Amerikaner: ""Hoekom het jy dan jou land verlaat, as dinge daar so danig goedkoop is?"

Ier: "Ja, sien jy, die ding is so: die goed is goedkoop, maar waar kry jy die sente?"

763. Ma: "Jannie, waarom voer jy vir Sussie met suurdeeg?"

Jannie: "Sy het my splinternuwe randstuk ingesluk, nou wil ek hê die deeg moet hom uitrys."

764. Jan: "Het jy genoeg vertroue in my om my tien rand te leen?"

Klaas: "Ja, sekerlik, ek het baie vertroue in jou, maar ongelukkig het ek nie die tien rand om vir jou te leen nie."

765. Die ma van 'n klein seuntjie wat 'n rand ingesluk het, sê: "Gaan haal dadelik die dokter."

"Nee, Ma, nie die dokter nie, die prokureur, want Pa het gister nog gesê daar is niemand wat so maklik geld uit 'n mens kan haal as 'n prokureur nie."

766. "Jou lewe of jou geld," gryns die rower.

"In hemelsnaam, neem my lewe," is die antwoord, "ek spaar my geld vir my oudag."

767. 'n Onverskillige motoris ry eendag 'n man in die straat om en trap sy been af. Na sy herstel laat die beseerde man die motoris aanskryf vir R15 000 skadevergoeding.

Die bestuurder kom hom sien, en sê: "Man, maar jy vra mos glad te veel vir jou been; dink jy miskien ek is 'n miljoenêr?"

"Ek weet nie, maar dink jy miskien ek is 'n duisendpoot?" is die antwoord.

768. Tant Annie: "My man het 'n vreeslike lawaai opgeskop oor die rekening van my rok, maar ek het hom gou stil gemaak."

Tant Lenie: "Hoe so?"

Tant Annie: "O, ek het hom die rekening vir my hoed gegee, toe is hy heeltemal stom."

769. Inbreker: "U hoef nie bang te wees nie, ek wil net u geld hê."

Ryk nooi: "O, jy is maar net soos al die ander jongmans."

770. Lenie: "En wanneer het jy jou man die eerste keer leer ken?"

Engela: "Toe ek hom die eerste keer geld gevra het."

771. Piet: "Marie, ek wil graag weet of jy nie my vrou wil word nie."

Marie: "En wat is jou salaris?"

Piet: "Tien rand per week."

Marie: "Aag, dis skaars genoeg om vir my sakdoeke te koop."

Piet: "Nouja, dan moet ek maar wag tot jou verkoue oor is."

772. Jan: "En toe, Piet, waar het jy die geld gekry om na die voetbalwedstryd te gaan kyk?"

Piet: "Ek het agterstevoor by die hek ingeloop en toe dink die hekwagter ek gaan uit."

## Geldmagnaat se afsterwe

773. Verstaan die miljoenêr sy vak nie!
Vir hom was besigheid g'n twak nie!
Hy't deur die jare goed gedoen;
Hy's dood met duisend plus miljoen,
maar in sy doodskleed is g'n sak nie.

## Geloof

774. Twee studente sit eendag in 'n trein teenoor 'n Joodse dame. Dit was 'n warm dag, en sy het naderhand erg lomerig gevoel. Skielik gee sy 'n groot gaap. Piet stamp sy maat in die ribbes en sê in 'n harde fluisterstem: "Jan, jong, pasop, netnou sluk sy jou in."

Sy skud haar kop en sê droogweg: "Toemaar, julle hoef nie bang te wees nie, ek eet nie varkvleis nie."

775. 'n Seuntjie was een Sondag in die kerk en hoor die predikant sê: "Al is 'n mens se geloof so klein soos 'n mosterdsaad, kan jy deur die diepste water gaan."

'n Dag of wat later speel die seuntjie by die rivier wat naby sy huis verbygaan. Toe kom die predikant wat onbekend was met die buurt, te perd by die rivier en vra vir die seuntjie: "Kan jy my sê waar ek deur die rivier kan gaan?"

Sonder versuim wys die seuntjie na die diepste plek en antwoord: "Hier, Dominee."

Die predikant spoor sy perd aan, en dié vat ook sommer vinnig die water, en daar gaan perd en predikant onder. Die predikant kom darem veilig aan wal en sê toe: "En hoe kan jy my dan sê dat ek by so 'n diep plek kan deurgaan?"

Die seuntjie antwoord terwyl hy na sy ma se eendjies wys wat daar rondswem: "Is Dominee se geloof dan kleiner as dié van my ma se eendjies? Kyk hoe lekker swem hulle oor."

## Geluk

776. Geluk is om in Anneline Kriel vas te loop ... baie stadig.

777. Nee, ek is nie gelukkig nie, maar ek is nie ongelukkig daaroor nie.

778. As armoede en rykdom nie gewerk het nie, wat moet ek dan nog probeer om gelukkig te wees?

779. As jy gelukkig wil wees, moet jy baie besig wees met ... onbelangrike dinge.

780. As ons net sal ophou om te probeer om gelukkig te wees, kan ons nogal 'n lekker tydjie hê ...

781. Een van ons groot sakemanne: "Toe ek jonk was, het ek gedink rykdom en mag sal my gelukkig maak – ek was reg."

## Gemis

782. Twee matrose sit eendag vir mekaar hul ondervindings en vertel. Die een sê: "'n Vriend van my het in die veldslag sy valstande verloor, maar hy het hulle nie gemis voor hy daaraan wou krap nie."

"O," sê die ander, "'n Vriend van my se kop was afgeskiet, en hy het dit nie gemis voor hy sy hare wou kam nie."

## Gentleman

783. 'n Gentleman is iemand wat die deur vir sy vrou oophou as sy die maand se drank indra ...

784. 'n Gentleman is 'n man wat sy stompie met sy skoen doodtrap sodat die tapyt nie moet brand nie ...

785. Die gentleman wen 'n weddenskap dat hy sestien biere na mekaar kan uitdrink. Hy wen. Hy staan op, slinger by die deur uit, staan op die sypaadjie en begin vroetel. 'n Polisieman kom by hom en sê: "Haai, jy kan dit nie hier doen nie!"

"Ek gaan dit nie hier doen nie," sê die ou, "ek gaan net hier staan, maar ek gaan dit doeeeer doen!"

## *Geraas*

786. Dr Jannie Malan vertel dat hy op Brits, tydens die Republiekfees, besluit het om 'n groot tablo op die rugbyveld aan te bied. Hy en sy vrou het baie moeite gedoen. Hulle het die Voortrekkers gekry wat met brandende fakkels sou verskyn – 'n voorstelling van die beeld van oom Paul. Staatspresident Swart was self daar – 'n lang kêrel in die amptelike staatspresidentsgewaad aangetrek met die groot serp oor die bors. Hulle het die Voortrekkermonument nagemaak uit gaatjies wat in 'n karton geboor is, met 'n lig agter, en onder andere het hulle die Voortrekkers voorgestel wat die aandgesang sing en dan op die agtergrond word die Zoeloes gehoor – die aanstormende Zoeloes wat dan al harder en harder word. Die gesang word sagter, maar uiteindelik oorwin die gesang die Zoeloes en die Zoeloes se gesing sterf weg – die gesang styg op en oorwin. Alles moes op band vooraf opgeneem word en hy het 'n bietjie moeilikheid ondervind om die regte Zoeloe-sang te kry, maar hy het gehoor van Jamie Uys se rolprent, *Doodkry is min*, waarin Zoeloe-sang gebruik is. Hy leen toe die rolprent en toe begin die groot produksie.

Die geraas van die projektor het hulle baie gehinder, daarom moes hulle die projektor in die kombuis hê, met die luidspreker in die sitkamer, dan die bandmasjien opgestel by die luidspreker ... by elke deur moes 'n kind waghou en die kombuisbediende by die agterdeur sodat daar nie onverwags iemand opdaag en die opname bederf nie. Een van die kinders moes ook die telefoon dophou, wat nie onverwags moes lui nie. Die hele opname is gereed en die bevel kom: "Skakel aan!"

Die kamera begin draai, die Zoeloes sing, maar hulle het een ding vergeet. Tussen die woeste geskreeu en gesing van die Zoeloes deur, kom die fyn getwiep-twiep, twiep-twiep van hulle kanarie in die kombuis. Daar was nie genoeg kinders om die kanarie se bek ook toe te druk nie!

787. Vannermerwe kry werk as 'n bosbouer. Die voorman gee toe vir hom 'n bandsaag en sê hy moet begin bome afsaag. Teen die aand is Vannermerwe terug, baie moeg maar tevrede: Hy het ses bome afgesaag.

Die voorman dink dis maar min bome, maar hy sê niks. En die volgende dag het Vannermerwe net vyf bome af. En die dag daarna net vier. En toe drie. En toe twee.

Toe stap die voorman saam om te gaan kyk waar die fout lê. Die voorman gooi nog petrol in die saag, trek die aansitter se toutjie – en daar begin die ding se masjientjie brul.

Vannermerwe steier verskrik weg, beduie na die saag en vra: "Waarom raas die ding dan nou so? Toe ek gesaag het, was hy doodstil."

788. Een oggend word mev Acheson wakker en sy baklei sommer dadelik met haar man. Sy sê vir hom by het so kwaai gesnork dat sy die hele nag wakker gelê het.

Sy antwoord was: "Maar, skattie, jy moes my wakker gemaak het. Jy weet mos ek kan nie in 'n lawaai slaap nie."

## *Gesegdes*

789. 'n Volwassene – Iemand wat aan albei kante ophou groei het en toe in die middel begin groei het.

790. Advertensie – Iets wat jou laat dink jy verlang na iets waarvan jy nog nooit gehoor het nie.

791. Inflasie – Om iets te koop met geld wat jy nie het nie vir iemand wat dit nie wil hê nie.

792. Advies – Iets wat saliger is om te gee as om te ontvang.

793. Amerikaners – Mense wat dink hulle is net so goed as ander mense en dan die ander wat dink hulle is beter.

794. Gemiddelde man – Iemand wat dink hy is nie.

795. Bank – 'n Inrigting waar jy geld kan leen as jy kan bewys jy het dit nie nodig nie.

796. Gewete – 'n Stemmetjie wat jou waarsku om nie iets te doen nie nadat jy dit al gedoen het.

797. Politikus – Iemand wat te bang is om te veg en te vet om te hardloop.

798. Skuldeiser – Iemand wat 'n beter geheue het as 'n skuldenaar.

799. Worshond – 'n Halwe hond hoog, en een en 'n halwe hond lank.

800. Diamant – 'n Deposito op 'n egskeiding.

801. Diplomaat – 'n Man wat sy vrou oortuig dat sy vet lyk in 'n pelsjas.

802. Dronkie – Iemand wat gesofistikeerd voel en dit nie kan uitspreek nie.

803. Môre – Die vandag waaroor ons gister bekommerd was.

804. Ervaring – Die naam wat ouens vir hulle foute gee.

805. Rugby – 'n Spel waar die een kant van die paviljoen vyftien man wil sien vrek en die anderkant van die paviljoen wil die ander vyftien man sien vrek.

806. Rugbykenner – Iemand wat weet van watter provinsie elke lid van sy provinsiale span af kom.

807. Veertig – Die ouderdom wanneer 'n vrou ophou om haarself op haar rug te klop en met die ken begin.

808. 'n Vriend – Iemand wat dieselfde vyande as jy het.

809. Genie – Iemand wat omtrent enigiets kan doen behalwe 'n lewe maak.

810. Eerlike politikus – Iemand wat omgekoop is en dan omgekoop bly.

811. Lewe – Eerste helfte bederf deur ons ouers en tweede helfte deur ons kinders.

812. Gemiddelde man – Iemand wat volgende week gaan ophou rook.

813. Opportunis – Iemand wat die wolf by die deur ontmoet en die volgende dag in 'n pelsjas verskyn.

814. Orator – 'n Man wat jou lewe vir sy land sal opoffer.

815. Vrede – 'n Tydperk van skelmte tussen twee oorloë.

816. Pessimis – Iemand wat tussen twee euwels albei kies.

817. Filantroop – Iemand wat in die openbaar 'n gedeelte van die rykdom aan mense teruggee wat hy in die geheim van hulle steel.

818. Kunsuitstaller – Iemand wat die skilderye ophang omdat hy nie die skilder in die hande kon kry nie.

819. Promotor – Iemand wat die oseaan sal verskaf as jy die skepe sal gee.

820. Stiptheid – Die vermoë om uit te werk hoe laat die ander ou gaan wees.

## *Geselskap*

821. 'n Skinderbek praat van ander; 'n vervelige ou praat oor homself, maar 'n goeie geselser praat oor jou. (Moenie oor jouself praat nie, laat iemand anders oor jouself praat ...)

822. Die probleem om 'n goeie storie te vertel, is dat dit altyd die ander ou aan 'n goor storie laat dink.

823. Niemand luister in 'n vergadering wat die ander mense sê nie; hy sit en wonder wat hy gaan sê wanneer sy beurt kom.

824. Niemand sal na jou luister as hy nie weet hy is volgende aan die beurt nie.

825. Die teenoorgestelde van praat is nie luister nie.
Die teenoorgestelde van praat is wag.

826. Buffet, partytjie
of waar iemand trou:
Waarom dink ek altyd
ek moet dinge aan die gang kan hou?

827. 'n Goeie geselser het lang oomblikke van stilte wat sy geselskap soveel briljanter maak.

## Geskenk

828. "O, baie dankie vir die geskenk!"

"Ag, wat, dit is niks om voor dankie te sê nie."

"Ek het ook so gedink, maar my ma sê ek moet dankie sê."

829. "Mammie, wat moet 'n mens 'n man gee wat alles het?"

"Aanmoediging, my kind, aanmoediging ..."

## Geskiedenis

830. Die een meisie skakel "Soek 'n maat" en sê sy wil 'n maatjie hê wat ses voet ses lank is, skrik vir niks en wat haar aan haar oor sal byt.

Toe stuur hulle haar 'n krokodil.

831. Dit is die jaar 1999. Dit is 31 Desember. Die Vannermerwe-gesin klim in hulle agterplaasstraler en Kosie vra: "Waar gaan ons vir oulaas op die oujaar heen?"

Sy pa sê: "Ons gaan Knysna toe om na die boom te gaan kyk. En dan gaan ons Dalene Matthee se boek koop: *Kring om 'n boom*!"

832. Is geskiedenis alles wat verby is, of beteken dit letterlik: "Geskied en is?" Dit wat gebeur het en wat nog besig is om te gebeur?

833. Geskiedenis is die samevoeging van die dinge wat vermy kon gewees het.

834. As ons maar net geweet het – was daar geen geskiedenis nie!

835. Geskiedenis is die datums wat ons in die eksamen vergeet het van dié dinge wat almal graag wil vergeet.

836. Geskiedenis was altyd baie lekker – net voor grootpouse.

837. Geskiedenis herhaal homself, geskiedkundiges herhaal mekaar.

838. Geskiedenis is die ware dele van die verlede wat nie deur geskiedskrywers geboekstaaf is nie.

839. In die Boereoorlog van 1899–1902 was 'n seuntjie besig om in Adderleystraat in die Kaap koerante te verkoop. Die mense koop maar min, en later roep die koerantseun uit: "De Wet gevang! De Wet gevang!"

Dadelik storm 'n hele klomp mense hom, en in 'n kits was al die koerante verkoop en wou almal die blye nuus verslind, maar kyk na 'n rukkie teleurgesteld op.

"Ons vind niks van De Wet in hierdie koerante nie," sê een van hulle.

"Wat," sê die koerantseun, "dan het die skelm De Wet alweer ontsnap."

840. Seun: "Vader, het u ook soms gedruip toe u skoolgegaan het?"

Vader: "Ja, my seun."

Seun: "Wel, Vader, die geskiedenis herhaal homself."

## Geskiet

841. Met die onluste in 1922 op die Rand was daar 'n klompie jongmans belas om vyandelike huise te ondersoek. Daar was 'n sekere Piet wat baie manhaftig was. Hy stap sommer 'n sekere huis binne al het sy maats gesê het hy moet dit nie doen nie, want daar woon vreedsame mense. Toe hy binnestap, het die mense hom net aangekyk en sy gang laat gaan. Hy loop met oorgehaalde geweer en ruk daar 'n kamerdeur oop. Reg voor hom staan 'n groot spieëlkas. Daar sien die arme Piet toe 'n gewapende man in die kamer. Hy skree: "Hends-op!" en presenteer sy geweer, en die man in die kamer maak net so. Hy lê aan en skiet die spieël dat die stukke so spat, en een stuk tref hom voor sy kop.

Verskrik sê hy net: "Dis 'n doodskoot," en val agteroor. Met die val stoot hy 'n blompot op 'n tafel agter hom om, en toe hy so op die vloer lê loop die water uit die blompot oor sy gesig.

Sy maats kom toe ingehardloop en vra: "Wat is dit, Piet?"

Hy sê: "Hulle het my doodgeskiet; kan julle nie sien hoe smoor ek in my bloed nie?"

## *Geslagsvoorligting*

842. Ek dink ek moet die skool nou keer:
My seun het nou genoeg geleer.
Hy vra, waar ons ook sit of staan:
"Pappa, waar kom ek vandaan?"

Ek hm en ha, ek's buite raad.
Hy is te jonk om daaroor te praat.
Sal ek hom dan 'n tiende keer
Van blomme en van bye leer?

Hy kyk my nog grootogig aan:
"Pappa, waar kom ek vandaan?"
Ek dink en dink, ek het 'n plan:
Nou praat ek met hom, man tot man.

Wetenskaplik nou die praatjie:
Van die nessie en die saadjie
In sy Mamma, o, so warm
Toegevou in liefdesarm.

Verwonderd kyk hy my nog aan:
"Pappa, waar kom ek vandaan?
Ek vra maar net vir Pappa uit,
Want Jannie kom van Bronkhorst-
spruit!"

843. Die ma sê vir die pa: "Jy moet met Jannie praat."

"Wat praat?"

"Jy weet: van die bye en die voëltjies ..."

Pa gaan sê vir Jannie: "Weet jy waar kom babatjies vandaan?"

"Ja, Pa."

"Nou ja, met die bye en die voëls is dit dieselfde."

844. Op die menige vrae van klein Jannie waar al die diertjies vandaan kom, antwoord sy vader dat dit saadjies is wat geplant word en dan so deur die hemelse tuinier versorg word.

Hoog in sy skik gaan plant Jannie 'n pampoenpit, waaroor hy 'n blikkie omkeer. 'n Paar dae later lig hy die blikkie versigtig op, maar deins verskrik terug, toe daar 'n lelike skurwe padda hom aangluur.

Teleurgesteld sê hy: "Jesaaaaija, was ek darem nou nie jou pa nie, het ek jou so wraggies doodgemaak."

## *Gesondheid*

845. Ek staan elke oggend om vyfuur op en dan stap ek vinnig tot by my vitaminebottel.

846. Hulle sê hy weeg 80 kilogram ten volle geklee en 90 kilogram sonder klere. Die hoendervel weeg 10 kilogram.

847. "Hoe lank het ek, Dokter?"

"Wel, ek sal nie die nuwe vervolgverhale begin luister as ek jy was nie ..."

848. Een van die klein plesiertjies in die lewe is om 'n klein bietjie siek te wees.

849. Ook maar goed ons manne is nie onsterflik nie – dink net hoe groot die vleisrekening sou gewees het.

850. Jy mag nie egbreek nie – behalwe as jy rêrig wil.

Maar jy mag ook nie rooiwyn saam met vis gebruik nie – behalwe as jy rêrig wil.

## *Gestig*

851. Die inwoners van 'n gestig sit een middag lekker en tee drink, toe die heining oopbars en 'n poedelkaal meisie met drie manne kort op haar hakke verbyhardloop. Hulle het net herstel toe een man met twee emmers sand, agterna aangesukkel kom.

"En daardie een?" vra 'n besoeker.

"O, dit is sy hindernis, hy het haar laaste keer gevang!"

## *Getel*

852. Moses: "Ikey, loop uit en tel nog 'n slag die ganse."

Ikey: "All right, Vater."

Ikey gaan uit en kom terug.

Moses: "Ikey, het jy die ganse nog 'n slag getel?"

Ikey: "Ja, Vater."

Moses: "En hoeveel is hulle?"

Ikey: "Een, Vater."

Moses: "Ja, dis kwaait raait."

### Getuigskrif

853. Klerk: "Die firma Jansen vra 'n getuigskrif van die kêrel wat eers hier gewerk het, Meneer."

Hoof van die Handelshuis: "Sê vir hulle hy is 'n skelm, 'n leuenaar – en alles wat hy weet, het hy by ons geleer."

### Gevaar

854. "Maar hoekom het jy daardie gevaarlike geweer gekoop? Ek dag dan jy sê jy het sulke eerlike bure wat nooit jou hoenders sal steel nie?"

"Ja, maar ek wil hulle so eerlik hou!"

855. Die grootste gevaar vir egskeiding is die huwelik.

856. Nee, ek slaan nie my kinders nie; hulle is te gevaarlik. Ek slaan net uit selfverdediging.

857. In Ierland was op 'n sekere plek 'n spruit wat ná sterk reent baie vol geword het en al menige slagoffer geëis het. Om vreemdelinge te waarsku, het die bewoners in die omtrek 'n ysterpaal langs die spruit geplant met 'n kennisgewingbord daaraan geheg: "WAARSKUWING: Sodra hierdie kennisgewingbord onder water is, is die stroom gevaarlik."

### Gevoel

858. Vrou: "Jy is heeltemal sonder hart. Ek glo nie jy sal eers 'n traan stort as ek in my graf afsak nie."

Man: "Sak af en vind uit."

### Gewas

859. Mammie: "Het jy gewas, Jannie?"

Jannie: "Gister al, Mammie."

### Gewen

860. Twee broertjies wat saam skoolgegaan het, het allerhande kwajongstreke aangevang. Eendag kom net een skool toe.

Onderwyseres: "Waar is jou broer?"

Seuntjie: "Wel, Juffrou, gisteraand het ons gespeel en gekyk wie die verste by die venster kon uitleun, en hy het gewen."

861. Toe 'n tienjarige dogter een aand tuiskom, het haar vader haar plegtig meegedeel dat die ooievaar haar 'n boetie gebring het. Later die aand vra sy 'n posseël om aan haar oudste broer te skryf. Toe die nuuskierige vader oor haar skouer loer om te sien hoe sy die nuus meedeel, kry hy 'n skok. Die brief het so begin:

"Beste Ouboet, dit het eindelik gebeur. Jy't die weddenskap gewen; dis 'n seun!"

### Gewete

862. Gewete maak getroude mans van ons almal ...

863. Gewete kry krediet wanneer bangheid te blameer is ...

864. Gewete is daardie klein stemmetjie wat jou nog kleiner laat voel.

### Gewig

865. 'n Dame klim op 'n stukkende skaal. Die skaal registreer toe 30 kg. Haar ou man staan by en sien wat die gewig is. Hy kyk haar aan en sê: "Ek het altyd geweet jy is hol van binne."

### Gewoonte

866. Oom Gert het die gewoonte gehad om elke aand 'n glas water voor sy bed neer te sit om in die nag te drink, en sy ou vrou was baie lief om saans laat in die bed te lê en hekel. Een aand het tant Hessie laat die kers doodgeblaas, en per ongeluk die rolletjie hekelgare in die glas water gesit. In die nag kry oom Gert dors, en in sy haas sluk hy onwetend die gare in. Tant Hessie hoor hom steun en kreun en hoes, en vra: "Wat makeer nou?"

"Ek weet nie, ou vrou," was die antwoord, "maar dit smaak my ek rafel uit."

### Gholf

867. 'n Sirkusman het sy gorilla geleer om gholf te speel. Uiteindelik is hy tevrede met die gorilla se spel en neem hom gholfbaan toe vir die groot oomblik. Die gorilla slaan af. Die bal trek 350 meter. Hulle stap voort.

Die bal lê vyf sentimeter van die gat af. Almal wag in spanning. Die gorilla neem die setyster. Hy buk en slaan. Die bal trek mooi – 350 meter!

868. Die storie van die jaar, enige jaar:

Hy het leer gholf speel, en so 'n paar klasse gaan loop by Gary Player se skoonpa. Hy speel op die derde bof en slaan die bal in die ruveld. Tussen die bossies. Die bal lê nie te sleg nie. Hy skop vas, konsentreer: linkerarm reguit, greep reg, pinkie óm, kop af.

"Haai, pssst!" hoor hy 'n man benoud uit die bossies roep.

Konsentrasie daarmee heen. Hy vloek, kyk na die man: "Wat de hel ...?"

"Het jy nie vir my 'n stukkie toiletpapier nie?"

"Kan jy nie sien ek probeer konsentreer nie?" Terug na sy gholf: linkerarm reguit, greep reg, pinkie óm, kop af ...

"Haai, pssst! Het jy nie dalk vir my 'n stukkie koerantpapier nie?"

"Aggenee, man, kyk wat maak jy nou!" Kwaad. "Ek het nie papier nie!"

Terug na sy gholf: linkerarm reguit, greep reg, pinkie óm, kop af ...

"Haai, pssst!" Baie benoud. "Het jy nie dalk twee vyfrandnote vir 'n tienrand nie?"

869. By die RAU-gholfbaan moet 'n mens oor die pad loop om die spel te gaan voortsit. 'n Student besluit om die bal sommer bo-oor die pad te speel.

Op daardie oomblik kom daar 'n bus in die hoofweg af. Die balletjie tref die bestuurder teen die slaap. Hy verloor beheer oor die bus, swaai dwars oor die pad, stamp vier karre uit die baan, tref 'n plataanboom langs die straat, buig 'n lamppaal, ry 'n tuinmuur om en stamp 'n nuwe DDM (duur Duitse motor) in sy eie motorhuis.

Die verkeersman bekyk die spulletjie. "Wie se werk is die dié?" vra hy. Die student kyk af na sy gholfstok.

"Dit was ek, meneer ..."

"En wat gaan jy daaromtrent doen?" vra die konstabel.

Die student kyk af na sy gholfstok. "Ek sal my greep moet verander, ek dink as ek my linkerhand 'n bietjie laat sak ..."

870. Basie vertel toe dat hy een aand 'n bietjie laat by die huis gekom het. Om die waarheid te sê, hy het eers twee-uur by die huis gekom en toe sy vrou vir hom vra waar hy was, toe sê hy dat hy gholf gespeel het.

"Tot twee-uur die oggend?"

"Ja, jy sien, ons het by 'n nagklub gespeel ..."

## Ginekoloog

871. Gehoor van die ginekoloog wat bankrot gespeel het? Hy het uitgevind "*kraam* doesn't pay"!

## Glipsie

872. Koos Vannermerwe sit by die burgemeester en sy vrou aan tafel en Koos skeur (figuurlik gesproke) 'n laken.

"Hoe durf jy – voor my vrou!" berispe die burgemeester hom.

"Ek is jammer," sê Koos, "ek het nie geweet dis haar beurt nie ..."

873. Koningin Victoria kry 'n hoge besoeker en hulle gaan ry in die koninklike koets. Skielik is een van die perde ongeskik.

"Ek is jammer," sê die koningin, en bloos Victoriaans.

"Alles in orde," sê die besoeker, "maar ek kon sweer dit was een van die perde."

874. Vriend Awie Labuschagne ry in die hysbak. Sy kollega snuif die lug:

"Het jy ge****?"

"Natuurlik," sê Awie doodluiters, "dink jy ek ruik altyd so?"

## Godsdiens

875. Die ateïs:

"Ek glo nie in Hom nie,
ek moet bely,
maar ek bid elke aand:
'Glo tog in mý!'"

## Goeie daad

876. Die motorverkoper het nie 'n baie gelukkige dag gehad nie. Daar was 'n paar klante, maar niemand wou regtig 'n motor koop nie. Baie moedeloos is hy terug huis toe. Langs die pad staan 'n man en lyk net

so moedeloos. 'n Mens kan mos sommer sien wanneer iemand verleë is en die verkoopsman hou stil.

"Middag, Meneer ..."

"Middag, vriend."

"Wat is die probleem?"

"Pap wiel ..."

"O ..."

"En ek het nie 'n domkrag nie."

Die verkoopsman sug, stap na sy motor toe, maak die kattebak oop, haal die domkrag uit, oorhandig dit aan die motoris.

Die arme man staan nog meer verleë rond.

"Wat is dit nou?"

"Hoe werk die ding?"

Die verkoopsman sug nog harder, trek sy baadjie uit, steek die domkrag onder die motor in, lig die ding op en sit die noodwiel aan.

Terwyl hy besig is met sy goeie daad vir die dag, besluit hy om dit end-uit te voer en sê aan die motoris dat hy nou weet hoe om die domkrag te gebruik en dat hy dit maar kan leen, miskien kry hy weer 'n pap wiel.

'n Maand later val dit hom by dat die man nog sy domkrag het en hy besluit, nooit weer bewys hy iemand anders 'n guns nie. 'n Paar dae later laat roep sy bestuurder hom. Hy stap die kantoor binne. Die bestuurder glimlag breed en gee sy domkrag vir hom.

"Wie het dit gehad?" vra hy.

"Mnr Fuchs van C J Fuchs Beperk."

"Die yskasman?

"Yskaste ... stowe ... en alles vir die kombuis. En ek wil jou gelukwens. Hy het nou net 36 motors vir sy onderneming bestel!"

(Hoeveel kommissie kry 'n man op 36 motors?)

877. Tydens die kriekettoer van die Australiërs in 1970 was daar 'n miljoenêr wat kommentator was. Mnr McGillivray wou geen vergoeding vir sy dienste ontvang nie. Hy het dit vir die lekkerte gedoen. Op die eerste dag van die eerste toetswedstryd teen Suid-Afrika op Nuweland, verloor hy al sy sakgeld. Dit was 'n dik rol note.

'n Jong onderwyser wat die dag kom krieket kyk het, tel dit op en gee dit vir die sekretaris. Met ete vertel McGillivray van sy ongeluk, een van die spelers hoor dit en vertel dit weer vir die sekretaris en dié kom toe met die blye tyding dat iemand die geld opgetel en vir hom gebring het.

Die kommentator kon dit nie glo nie. Mense is nie so eerlik nie!

"Wie het dit opgetel?"

"'n Jong onderwyser. Ek het sy naam en adres, want ek het gesê hy kan dit kry as niemand dit kom eis nie."

McGillivray het met die onderwyser in aanraking gekom en hom helfte van die geld aangebied.

"Nee, ek wil dit nie hê nie," het hy geweier, "dis jou geld wat ek opgetel het." Hoe meer die man daarop aangedring het, hoe meer het die onderwyser geweier.

Hy laat dit toe maar daar, maar hy gaan koop toe 'n kolf en vra al die Aussies en al die Springbokke om hulle name daarop te teken en gee dit vir die onderwyser.

En dit was vir die onnie meer werd as die geld!

878. Pat: "Wat is die grootste plesier wat jy ken?"

Jan: "Om 'n goeie daad in die stilligheid te doen en dit dan per ongeluk te laat uitvind."

## *Goggas*

879. 'n Ier en 'n Skot lê een nag in die Suid-Afrikaanse veld en slaap. Die muskiete het hulle vreeslik gesteek, sodat hulle uiteindelik hul koppe onder die kombers moes intrek. Toe die Ier na 'n rukkie uitloer, sien hy 'n paar vuurvliegies en sê vir sy maat: "Ons kan dit maar opgee, Mac, want hulle soek ons al met lampies."

## *Goor-Majoor*

880. Marie Breytenbach van Stofberg vertel: "Gedurende die vakansie ry ons Middelburg toe. Dit is nou ek, Kleinsus, en my oudste, Jako. Ek en Kleinsus hou nogal van goeie musiek, al kan ons nie alles wat ons hoor, self weergee nie. In elk geval, ons luister aandagtig na die aankondigings vir Middagkonsert. Hier so tussen al die Bachs hoor ons ook nog G-mineur, waarop Jako sê: 'Ma, sit af daai ding.' Ons paai toe maar en sê as hy gereeld na hierdie musiek luister, dit een van die dae net so mooi sal wees soos Outa in die Langpad wanneer

Japie Laubscher dit op die konsertina speel (dit is nou sy held). 'Nee, Ma,' sê hy, 'dis alles ôraait, maar as hulle eers vir goormajoor gaan speel, dis daai deel wat nie vir my so mooi is nie.'"

881. My een oom Jannie-oom-Jannie was so 'n platjie. Klim hy in 'n hysbak saam met jou, en daar is baie mense wat na die dak of die nommers staar, sal hy kliphard vra: "En het jou Ouma nog die bordeel in die Kaap?" En dan uitklim en jou daar laat.

882. Eenkeer nooi 'n taamlike hoë staatsamptenaar, 'n Minister of so, ons uit, en Jannie-oom-Jannie weet sy vrou is 'n vreeslike snob, en luister nooit wat jy sê nie. Sy groet hom by die deur, maar loer oor sy skouer of sy nie iemand sien wat belangriker is nie.

"En hoe gaan dit nog?" vra sy in haar hoë, skynheilige stemmetjie.

"Nee, behalwe dat ek mos vigs by jou man gekry het, en dat ek moet betaal vir jou dogter se aborsie, en dat jou man 'n skelm verhouding met die klavieronderwyseres het, is ek ôraait ..."

"Ag, ek is bly om dit te hoor, jy moet die aandjie geniet hoor ... eet jy garnale?"

"Nee, dis mos 'n afrodisiak, ek raak heeltemal seksmal, ek sal selfs by jou slaap as ek garnale eet ..."

"... Dis fantasies, ons moet weer gesels, ek vind jou so onderhoudend!"

883. Piet Bartmann het 'n kroeg in Roodepoort se wêreld gehad. Dit was 'n gawe kroeg, met houtvloere, en breë groewe tussen die vloerplanke. Daardie dae het 'n dop whisky 25 sent ('n halfkroon) gekos. Toe Jannie-oom-Jannie wil betaal, toe rol daar een halfkroon van die toonbank af, en rol in die gleuf tussen die vloerplanke in. Ek sê daar is nie tyd om dit uit te haal nie, ons was op pad na 'n ander funksie toe, en Jannie-oom-Jannie roep die kelner en sê: "Ou grootman, ek het twee halfkrone hier laat inval, as jy my nou een gee, kan jy later op jou tyd die ander een uithaal en dit vir jou vat!"

Ek jok rêrig nie. Vra my broer Jack, hy lieg net soos ek.

884. Dis Piet wat, baie lank voor hy die hotel gekoop het, ander hotelle van peste gereinig het. Maar hy doen sy huiswerk. 'n Baie skoon hotel word 'n week voor die tyd besoek. In Piet se tassie het hy 'n boksie met kakkerlakke, mannetjies en wyfies, wat net reg is vir broei. Ons bestel 'n bier, en dan maak hy die tassie oop, sê "Sjoe!" en fluister: "Do your worst!"

'n Week later is die hele hotel verpes en verkoop hy kakkerlakgif soos kokkerotgif.

Die kakkerlakstorie het eintlik begin toe hy my vir ete genooi het.

"Maar jy het nie geld nie, Piet, dit gaan swaar ..."

"Los dit vir Pietie ... Pietie het 'n kredietkaart!"

Ons bestel elkeen 'n allegaartjie. Nee, dit was baie groter as 'n 'mixed grill'. Daar was rooi worsies en boerewors en ontbytspek en bacon en twee eiers en tjips en aartappelskyfies, alles vir 3/6 (35 sent!). O ja, broodrolletjies en koffie en so ook.

Pietie sê ek moes alles eet, maar net een eier los ...

Hy eet al sy kos smaaklik op, en toe haal hy sy 'kredietkaart' uit. Binne-in die koevertjie haal hy 'n groot, vet kakkerlak uit, en ek gril toe hy dit onder my eier laat inseil.

En nou begin die toneelspel. Hy kyk rond, gooi sy ogies skelmpies in die rigting van die kelner, en wink hom nader met die mes.

"Call the manager ..."

Later kom die bestuurder daar aan.

"Call the owner ..."

En toe die kelner, die bestuurder en die eienaar in 'n ry staan, sê Pietie 'sjuut' en hulle sjuut. Daarna, soos 'n dirigent, tel hy die mes op, en ... lig die eier ... en daar lê ta ...

Almal soebat ... en sjuut ... en belowe ons hoef nie te betaal nie ... en ons is welkom om weer daar te kom eet ...

"What, in this filthy place?"

Toe marsjeer ons uit.

"Pietie, een ou vragie?"

"Mmm, jy wil weet waarom ek die kakkerlak onder jou eier gesit het ... mmm? Jy sien, toe het ek mos twee eiers, en jy net een ...", en hy lag soos 'n voorspeler wat geskôr, gedrop en geplace het.

Ja, natuurlik is dit waar, want die volgende week, gemasker met hangsnor en donkerbril, verkoop Pietie R1 200 se kakkerlakgif aan daardie restaurant.

"I love it when a plan comes together ..." sê Pietie, lank voor Hanibal.

## *Grafsteen*

885. 'n Kwaai vrou het 'n grafsteen laat maak vir haar oorlede man se graf, met die woorde daarop: RUS IN VREDE.

Toe sy eendag sy klere uitpak, kry sy 'n brief wat hy van 'n ander vrou ontvang het in een van sy sakke. Sy is toe dadelik weg na die grafsteenmakers.

Vrou: "Meneer, ek wil glad nie meer daardie woorde op die grafsteen hê nie."

Grafsteenmaker: "Maar Mevrou, dit is klaar ingegraveer, en ons kan dit nie nou verander nie, tensy u nog iets wil byvoeg."

Vrou: "Wel, sit daarby: TOT EK KOM."

## *Grammofoon*

886. Nog 'n staaltjie van oom Freek Pieterse wat nog een of ander tyd verfilm móét word, is die volgende. Voordat oom Freek en tant Kato getroud is, het hy vir haar op die plaas met sy perd gaan kuier. In daardie dae het 'n mens nog die baie interessante grammofone gekry. Die *His Masters Voice* met die groot trompetluidspreker.

Oom Freek kry toe die briljante idee om 'n plaat van Caruso op die grammofoon te sit, dit onder sy arm vas te knyp, op die perd te klim en dan met die wêreldberoemde tenoor se stem die plaaswerf in te galop.

Maar op pad plaas toe, toe wonder hy hoe ver 'n mens so 'n plaat in die buitelug sou hoor, want dit was sy plan om dit op 'n hoë noot in te lui. Wat oom Freek toe doen, is om die grammofoon op te wen, dit op die grond neer te sit en met sy perd eers windop te ry en te luister hoe ver hy die klank kan hoor, en toe weer wind-af te luister totdat hy die afstand bepaal het.

Gewapen met dié kennis, wen hy die grammofoon op, knyp dit onder sy arm vas, klim op die perd en toe hy die regte afstand van die plaas af kom, skakel hy die grammofoon aan, maar hy het nie rekening gehou met die galop en die spring van die perd nie, en hy vertel dat hy toe die plaaswerf binnery met Caruso wat op 'n hoë noot hik-hik.

## *Grappies*

887. Natuurlik het jy al van hierdie grappies gehoor, maar duisende ander mense het nie. Party van hulle het ék nog nie eens gehoor nie, want niemand het dit nog ooit vir my vertel nie.

Verstaan jy dit? Jy het nog net 'n grap gehoor as iemand dit vir jou vertel het, as jy dit self uitdink, het jy dit mos nog nie voorheen gehoor nie.

Dit wil nou nie sê dat ek almal self uitgedink het nie; party van hulle is so flou dat selfs ék dit nie kon uitgedink het nie. Maar ek moet hulle neerskryf vir die rekord.

Die snaaksighede gaan verlore. Kan jy byvoorbeeld onthou dat hulle oom Paul se standbeeld van die stasie af na Kerkplein in Pretoria verskuif het?

Waarom?

Omdat hulle Hannes Brewis se standbeeld by die stasie wou oprig.

Later was dit Frik du Preez.

Nog later, Naas Botha s'n.

Eendag toe kom dr D F Malan by oom Paul verby en Doktor hoor:

"Danie ...? Pssst ... Danie?"

En Doktor vra: "Wie pssst so?"

Oom Paul: "Ek is moeg, bring vir my 'n perd!"

Dr D F Malan gaan vertel vir generaal Jan Smuts wat hy gehoor het en Smuts sê sy aartsvyand lieg, hy wil dit self hoor: "Danie," sê oom Paul, "ek het gesê 'n perd, nie 'n donkie nie!"

888. Nou pas my mense hierdie storie so aan dat dit hulle pas.

Vervang Jan Smuts met Hendrik Verwoerd, Danie Craven, P W Botha, Andries Treurnicht, Eugène Terre'Blanche, Nelson Mandela, F W de Klerk of Jannie Breedt.

Elke geslag het genoeg aan sy eie humor.

Maar weet jy byvoorbeeld dat daar 'n baie goeie rede is waarom oom Paul Kruger nog altyd staan waar hy staan? As hy nie destyds sy duim afgeskiet het nie, kon hy geryloop het. Of, soos ons gesê het, geduimry het. Sien, dis die eerste keer wat ek hierdie storie hoor.

Lekker lees, en as jy die grappie al gehoor het, hoef jy nie weer te lag nie.

889. Gehoor van die president van die Reserwebank wat 'n hart van goud gehad

het? Een oggend vra sy vrou vir hom om haar swart skoentjies saam te vat kantoor toe, want hulle het daardie aand 'n ete by die Minister van Finansies, en sy sal Reserwebank toe kom en dan die swart skoene, wat haar druk, eers daar aantrek.

Die president van die Reserwebank was baie ingedagte en toe hy in die hysbak klim, met die paar skoentjies in sy hand, sê een van die kollegas: "Dis reg ou swaer, sy wil mos rondloop!"

890. Dieselfde president was gek na krieket. Nag vir nag droom hy dat hy gekies word vir die Springbokspan en dat hy derde moet kolf. Eers droom hy van die openingskolwer en sy maat, en net voor sy beurt kom, dan skrik hy wakker. Dit is so erg dat hy 'n psigiater gaan spreek.

Die dokter sê: "Daar is een raad wat eeue lank al geld: waarom maak jy nie jou oë toe en verbeel jou jy het 'n mooi meisie in jou arms nie?"

Die president val hom ontsteld in die rede: "Wat??? En dan so my kolfbeurt verloor???"

891. Grappies is my erns.

892. Wat is groen, het dorings en gaan op en af?

'n Turksvy in 'n hysbak.

893. Wat is swart, sit in 'n boom en is baie gevaarlik?

'n Kraai met 'n masjiengeweer.

894. Wat is geel en beweeg teen 100 km/h?

'n Ryp papaja met 'n buiteboord-enjin.

895. Wat is groen, het ses pote en as hy op jou val, is jy dood?

'n Snoekertafel.

896. Jan: "Het jy die grap gehoor van die leë vaatjie, Piet?"

Piet: "Nee."

Jan: "Dit was leeg."

## *Grappe wat nie oorvertel moet word nie*

897. Daar is baie stories wat almal al gehoor het. Soos vriend Sam sê: "Toe ek daardie grap die eerste keer gehoor het, het ek so gelag, my ma moes my kom toemaak, so het ek my oopgeskop." Van toe af noem ons dit "oopskoppe".

898. Hierdie grappie word altyd vir dokters of aptekers vertel en moet ten alle koste vermy word:

Die apteker moes die dag dringend uit en vra sommer vir sy buurman om in die apteek waar te neem. Toe hy terugkom, vra hy die buurman hoe dit gegaan het en hoeveel klante daar was.

"Net een," sê die buurman. "Hy het vreeslik gehoes en toe het ek hom kasterolie gegee."

"Kasterolie!" roep die apteker verbaas uit. "Maar kasterolie help nie vir hoes nie."

"O ja, dit help! Hy hou daar buite aan die paal vas – hy *durf* nie hoes nie!"

899. 'n Boer het baie las van bobbejane gehad. Toe kom daar 'n man op die plaas kuier en hy sê hy sal van die bobbejane ontslae raak. Hy gaan toe na die leier van die trop toe, fluister in sy oor, en die bobbejaan gaan lekker aan die lag; toe fluister hy weer iets en die bobbejaan gaan bitterlik aan die huil. 'n Derde keer fluister hy iets in sy oor en toe hol al die bobbejane weg. Die boer wou toe weet wat die man vir die bobbejaan gefluister het.

"Wel, die eerste keer het ek vir hom gesê dat ek 'n omroeper is. Toe het hy baie lekker gelag. Die tweede keer het ek vir hom gesê wat my salaris is. Toe het hy begin huil. Die derde keer het ek gesê dat ek daar is om nuwe omroepers te werf. Toe het hulle almal weggehol!"

900. Die dokter bel die loodgieter twee-uur in die oggend en sê sy spoelbak is verstop.

Loodgieter: "Maar dis twee-uur in die nag!"

Dokter: "Ek weet, maar jy het my ook al twee-uur in die nag uitgeroep."

Loodgieter: "Ek is nou daar, Dokter."

By die dokter se huis aangekom, kyk hy die spoelbak so, haal twee pille uit sy sak uit, gooi dit in die bak en sê: "As dit nie môre beter gaan nie, bel my weer."

901. 'n Ander dronkie moes deur 'n beeskraal loop om by die huis te kom. (Ja, dis daai een!) Hy kom toe laat by die huis aan

en sy vrou wil weet waar hy die hele tyd was.

"Ek het geval toe ek oor die kraalmuur spring en my pet het afgeval. Eers die twintigste een wat ek opgepas het, was my pet!"

902. Op 'n partytjie. Hy loop met 'n bottel rond en sê: "Waar kan ek vul? Waar kan ek vul?"

Die antwoord: "Net nie hier nie, hulle sal jou vulletjie doodtrap!"

903. Een dronkie ontmoet 'n ander dronkie in die straat: "Het ek jou nie in Parys gesien nie?"

"Nee, ek was nog nooit in Parys nie!"

"Dan was dit seker twee ander ouens."

904. Daar was eendag 'n Boer, 'n Jood en 'n Engelsman ... vandag is daar miljoene.

905. Maar dis nie die een wat ek wou oorvertel nie. Daar is sommer 'n hele rits "oopskoppe" in dié kategorie:

906. 'n Boer, 'n Jood en 'n Engelsman sit op 'n pawiljoen en rugby kyk ...

'n Boer, 'n Jood en 'n Engelsman stry oor wie se geboue die hoogste is ...

'n Boer, 'n Jood en 'n Engelsman stry oor wie se treine die vinnigste ry ...

Ek dink u moet maar alle Boer-, Jood-, en Engelsman-grappies vermy.

907. Die grappie van die man wat 'n gekookte eier in die restaurant bestel het en toe gevind het dat die eier bebroeid is. Sy vrou sê toe hy moet gou die eier eet, anders sal hulle hom vir die hele hoender laat betaal.

908. Jan is 'n getuie in 'n saak waarin Koos aangekla word van hoenderdiefstal.

Advokaat: "Jan, sou jy sê Koos is 'n hoenderdief?"

Jan: "Meneer, ek sal liewers sê: as ek 'n hoender was en Koos is naby my, sal ek baie hoog slaap."

909. Die gasheer het gesê die gaste moet vir hulle nog kos inskep. Toe hulle weier, sê die omie: "Julle moet maar eet. Of julle baie eet of min eet, die prys bly dieselfde!"

910. Of wie se pa het nie hierdie grappie gemaak nie? As Moeder tee inbring, dan sê hy: "Ek is so bly julle het kom kuier, nou kry ons darem ook koek!"

911. Of Moeder wat die kos klaar ingeskep het en dan sê: "As julle nie nou kom eet nie, kry julle koue kos en 'n warm vrou!"

912. Moet nooit stories vertel wat ander mense seermaak nie. Moet nooit met mense se tekortkominge spot nie. Soos grappies oor mense wat in die groendakkies is. Byvoorbeeld die een van die besoeker wat gevra het: "Is daardie horlosie reg?"

"Nee," sê die ou, "as hy reg was, was hy nie hier nie hier nie!"

Of die klomp ouens wat so heerlik by die swembad baljaar het. Hulle klim op die duikplank en dan duik hulle in die bad.

"Hulle swem lekker," sê die besoeker.

"Ja," sê die dokter, "maar dit sal volgende week éérs lekker wees, dan kry die swembad water in!"

913. Daar is ook die oopskop van die ou wat gedink het hy is 'n teepot – elke keer as hy by 'n deur uitgaan, dan draai hy dwars want hy is bang hy stamp sy tuit af.

914. Die een druk sy oor teen die muur en sê vir sy maat hy moet ook kom luister.

"Maar ek hoor dan niks nie."

"Ja, man, en dit hou al twee dae so aan."

915. Hy kry 'n man in die stad en hy vra vir hom: "K-k-k-k-kan jy v-v-v-vir my sê w-w-w-waar is K-k-k-kruisstraat?" Die ander ou sê niks nie. Kwaad loop hy toe weg.

'n Derde ou vra vir die een wat niks gesê het nie, waarom hy nie die man geantwoord het nie.

Hy sê: "W-w-w-wil jy hê hy moet my k-k-k-klap?"

916. Vermy ook die grappies van mense wat hulle oë laat toets het. Die ou wou nie by die leër aansluit nie en het besluit hy gaan maak asof sy oë baie swak is. Hy kon niks lees nie en die dokter het besluit hy is heeltemal blind. Toe die dokter die aand in die bioskoop sit, wie sit langs hom? Sy pasiënt! Maar die pasiënt behou sy teenwoordigheid van gees, vat-vat so aan die

dokter en sê: "Ekskuus, Mevrou, is hierdie die bus na Hatfield?"

917. My ma sê die dokter sê haar oë makeer niks nie, dis net haar arms wat te kort geword het.

918. Die oogarts sê: "Lees vir my die letters op daardie kaart."

Pasiënt: "Watter kaart?"

(Ek wens die regering wil dié grap verban.)

919. Die een van die meisie wat aan die man gevra het of sy hom moet wys waar haar blindederm uitgehaal is.

"Ja," sê hy gretig.

Toe sê sy: "Sien jy daardie wit gebou? Daar!"

920. Die oujongkêrel wat gesê het: "Die vrou wat met my trou, is mal, en 'n mal vrou wil ek nie hê nie."

921. 'n Ander man wat laat by die huis gekom het, word deur sy vrou voorgekeer.

"Wat sê die horlosie?" vra sy gebelgd.

"Die voëltjies sê twiet-twiet ... die bye sê zoem-zoem en die horlosie sê tik-tik!"

922. Maar die grootste oopskop van hulle almal is die man wat by die begraafplaas verbygeloop het en toe in 'n graf geval het. Dit het baie koud geword en hy het aangehou kerm dat hy koud kry met die hoop dat iemand hom sal hoor. In die vroeë oggendure kom 'n ander man op pad huis toe daar verby en sê: "G'n wonder jy kry koud nie, jy het jou dan oopgeskop!"

923. Soortgelyk is die laat-huis-toe-ganer wat sy vrou baie verwaarloos het. Sy vriende besluit toe om hom 'n poets te bak. Hulle trek toe lakens aan en wag vir hom by die begraafplaas. Toe hy die spul spoke sien, gryp hy sy pistool, skiet 'n paar skote in hulle rigting en skree: "Gate toe! Gate toe!"

924. 'n Konstabel kry 'n dooie perd in Commissionerstraat. Hy moes toe 'n verslag daaroor skryf. Hy sleep toe die perd na Foxstraat toe. Hy kon nie Commissionerstraat spel nie.

925. Moet tog nooit hierdie storie vir 'n predikant vertel nie. Hy het dit al te veel kere gehoor.

Die ouderling het 'n vinnige humeur gehad en soms het hy lelik gepraat. Die dominee sê toe die broer moet 'n klippie in sy mond sit, dan sal hy daaraan dink dat hy nie moet lelik praat nie. Op huisbesoek moes hulle baie trappies opklim na 'n huis wat heel bo teen die rant staan. Hulle klop, maar niemand maak die deur oop nie. Hulle sukkel weer die trappe af. Net toe hulle onder kom, maak die vrou die venster oop en vra wat hulle wil hê. Hulle stap weer tot bo en toe hulle bo kom, vind hulle uit dat die vrou nie van hulle kerk is nie. Toe hulle afsukkel, sê die dominee: "Broer, spoeg maar daardie klippie uit!"

Dié storie word met baie variasies vertel, maar dis al so baie vertel dat dit nie eens meer snaaks is nie.

926. Hoeveel kante het 'n kerk? Drie kante: Binnekant, buitekant en predikant.

927. En asseblief nooit hierdie een van die dominee wat net melk gedrink het nie. Toe gooi hulle kort-kort iets by die melk. Toe die dominee die glas neersit, sê hy: "So 'n koei!"

928. Kennisgewing in Skotse kerk: "Ons weet dat daar van die gemeentelede is wat knope in die kollektebord gooi, maar moet dit asseblief nie van die kerkkussings afbreek nie."

929. Die dominee sê hy gee nie om dat die mense op hul horlosies kyk nie, maar hy hou nie daarvan dat hulle dit moet skud en teen hulle ore hou om te hoor of dit nog loop nie.

930. Onderwyser: "Die koningin het hom toe met 'n swaard op sy skouer getik en toe is hy 'n ridder."

Jannie: "Dingaan het my oupagrootjie op sy nek getik en nou is hy 'n engel."

931. Seun: "Pa, die onderwyser sê dat ons voorouers almal ape was."

Pa: "Wel, jou voorouers mag ape gewees het, maar myne nie."

932. Ek wens ek kan die ou ontmoet wat hierdie een uitgedink het: 'n Inspekteur kom by 'n skool aan en in die Afrikaanse klas vra hy 'n leerling om vir hom 'n sin te maak met "gesegde" en "bysin". Die leerling staan op en sê: "Ek was my gesegde in 'n bysin."

933. Die juffrou was baie geset en die kinders moes enigiets teken. Jannie besluit om sy juffrou te teken. Hy het net begin toe hy sê: "Juffrou, ek kry nie vir Juffrou op een papier uit nie!"

934. Pa: "Hoekom moes jy na skool bly?"
Seun: "Ek het vergeet waar die Andes is."
Pa: "Jy moet onthou waar jy jou goed bêre."

935. Onderwyser: "Watter rivier is die een wat ons behandel het? Dit is 'n rivier wat deur Wes-Transvaal loop. Kyk net na my en julle sal weet." (Dit was die Mooirivier.)
Jannie: "Die Apiesrivier!"

936. Die storie van die outjie wat 'n opstel moes skryf oor 'n rugbywedstryd. Toe skryf hy: "Groot donderstorm, rugbywedstryd uitgestel."

937. Of die een van die ou wat 'n opstel oor Cecil Rhodes moes skryf. Toe skryf hy: "Ek weet nie eintlik veel van Cecil Rhodes af nie, daarom skryf ek maar oor Paul Kruger."

938. Alle meisies wag vir die regte man, maar intussen trou hulle maar.

939. Hy het op Eersteling gewerk en toe het sy vrou 'n baba. Hy word verplaas na Tweefontein, toe het sy vrou 'n tweeling. Daarna is hulle na Drieriviere waar sy vrou 'n drieling ryker word. Toe hy weer verplaas word, Veertienstrome toe, toe bedank hy die betrekking.

940. Stasiemeester word getoets: "As daar 'n trein van oos na wes aankom teen tagtig kilometer per uur en 'n ander trein op dieselfde spoor van wes na oos teen honderd kilometer per uur, wat sal jy doen?"
Stasiemeester: "Ek sal my vrou gaan roep."
Inspekteur: "Jou vrou gaan roep?"
Stasiemeester: "Ja, sy het nog nooit 'n treinongeluk gesien nie."

941. Die twee het die eerste keer saam gholf gespeel. By die eerste watergat slaan een van hulle sy bal in die water. Hy vra of hy nog een kan speel.
"Sekerlik," sê sy maat.
Maar hy het nie nog balle nie en vra elke keer vir sy maat een. Dit hou so aan. Een na die ander bal slaan hy in die water in.
"Miskien is daar fout met my stok," sê hy woedend, "kan ek jou stok leen?"
"Sekerlik," antwoord sy maat.
Dit is weer so. Hy gryp die stok en smyt dit in die water.
"Haai, wat maak jy?" vra sy maat. "Eers slaan jy al my balle weg en nou gooi jy my stok in die water!"
Woedend kyk hy hom aan: "Kyk hier, ou maat, as jy nie hierdie spel kan bekostig nie, moet jy dit nie speel nie!"

## Griep

942. Sy sit daar eenkant en is baie stil. Ek vra hoekom so stil? Sy sê dit is hierdie nuwe griep. Ek vra watter nuwe een? Sy sê dis hierdie Dallas-griep; hy los jou nie voor hy jou bed toe gevat het nie.

## Groentesmouse

943. Dis vir my altyd so oulik as Vroutjie-Douwtjie vir die groentesmous vra: "Is die groente vars?" Ek wag nog vir die smous wat gaan sê dit is nie.

944. Nou die dag koop sy aartappels. Toe sy by die huis kom, sien sy dat die grotes bo ingepak is, maar dat al die kleintjies onder in lê.
"En hoekom is al die klein aartappeltjies onder in die mandjie?" vra sy kwaad.
"Nee, sien, Mevrou," sê hy, "die saak staan so: Die aartappels groei deesdae so vinnig, teen die tyd wat ek die mandjie vol uitgehaal het, is die laastes twee keer so groot soos die eerstes."

## *Die Grootboek (en wyn)*

945. Sê Noag vir sy vroutjie
(was sy nie skoon en rein nie?):
"Ek gee nie om wat van die water
word nie,
gooi dit net nie in die wyn nie!"

## *Groot mond*

946. Oom Piet Gouws het so 'n groot mond gehad dat hy in sy eie oor kon fluister. Eendag gaan hy na die tandarts om 'n kiestand te laat trek. Toe hy sy mond oopspalk, sê die dokter ewe kalmpies: "Nee, Meneer, u hoef u mond nie so groot oop te maak nie; ek is nie van plan om buitekant te staan as ek die tand trek nie."

Oom Piet het op 'n goeie dag spoorloos verdwyn. Die polisie het die saak weke lank in hande gehad, en uiteindelik was die uitspraak van die hof, op advies van die knapste speurder, dat die ou waarskynlik gegaap het en homself ingesluk het.

## *Guy Fawkes*

947. In die goeie ou dae het onse mense nog elke *Guy Fawkes*, Kersfees en Oujaarsdag klappers geskiet en vuurpyle met heel beskrywende name afgevuur. Een baie vermaaklike vuurpyl het in veelkleurige balletjies uitgebars, in die rondte geswaai en 'n ambulansgeskreeu afgegee. Dié een was as *Screaming Mimi* bekend.

Daar in Randfontein se wêreld het hulle 'n ou voorstad afgebreek en nuwe huise gebou, maar oorkant die straat was daar nog van die ou kasarms.

Oom Smittie was die aand besig om kos te maak. Dit was warm en hy het die kombuisdeur oopgelos. Oorkant die straat het pa vir die kinders vuurpyle geskiet, maar die beste vir laaste gelos, naamlik die *Screaming Mimi*.

Toe die brandewynbottel leeg is, het hy dié vuurpyl daarin geplaas, die kinders aangesê om pad te gee en dit aan die brand gesteek. Maar Mimi het omgeval!

Die pyl skiet oor die straat en by oom Smittie se kombuisdeur in. Jy hoor net skreeu en fluit en rooi en geel en groen ronde balletjies spat by die venster uit. Dit skreeu soos die oordeelsdag.

Ná 'n paar sekondes is dit doodstil. Almal wag. Uiteindelik kom oom Smittie uit: sy hare is geskroei, sy gesig is pers en geel en rooi en groen, sy neus is pikswart. Sy klere is geskeur en gebrand en geskroei.

Die kinders wag oopmond.

Oom Smittie trek sy skouers op. "Ek het seker die praaimus te styf gepomp."

# H

### *Haarkappers*

948. Daar was donker kringe onder sy oë van die moegheid toe hy in die haarkapperstoel neersak.

"Haarsny, asseblief ..." sug hy.

"Dan sit u te laag, sit 'n bietjie regop ..."

"Skeer dan my baard," antwoord hy moeg.

"Meneer, hoe moet ek u hare skeer?"

"In stilte."

949. "U hare word baie grys, Meneer ..."

"Ek is nie verbaas nie, maak gou."

950. Praatgraag-haarkapper besig om man te skeer: "Sal u omgee om u mond toe te maak, Meneer?"

Man: "Nee, glad nie, en jy?"

951. "Hoe moet ek u hare sny, Meneer?"

"Af."

952. "U hare val vinnig uit, Meneer, doen u iets daaraan?"

"Ja, ek kry 'n egskeiding."

953. Haarkapper: "En wat wil u met die glas water maak, Meneer? Hare in u mond?"

Klant: "Nee, ek wil kyk of my keel nie lek nie."

954. "Ek het net gesit toe hy my vra of ek nie iets vir my skilfers wil gebruik nie. Ek sê toe maar ja. Hy gooi toe sulke groen goed op my hare. Toe sulke geel goed. Toe haal hy 'n rooi vloeistof uit en hy vryf dit in my hare in, en toe sulke pers goed."

"En is jou skilfers nou weg?"

"O, ja, my skilfers is weg, maar nou kweek ek konfetti."

955. "Wil u iets op u gesig hê nadat ek klaar geskeer het?"

"Ja, my neus."

### *Hang*

956. 'n Man wat gehang moet word, spring die dood vry deurdat die tou breek. Hy beland op sy sitvlak in die stof, voel aan die agtersak van sy broek, en kla steen en been: "Met al julle geneuk is my pypsteel nou gebreek."

### *Hardloop*

957. 'n Gammat wat na WO II van die Noorde af terugkom, word ondervra deur 'n gammat wat tuisgebly het: "Ek sê, Gammat, hoe kan djy dan weghardloop met daardie army boots as die Germans jou jaag?"

"Maar weet jy dan nie, daardie skoot word hulle sommer so lig soos tekkies aan jou voete," was die antwoord.

958. "En ek het asseblief nie agter jou aangehardloop toe jy my die hof kom maak het nie."

"En ek het dit ook nie gesê nie, want die muisval hardloop nie agter die muis aan nie."

### *Hare*

959. Vrou: "Hier is 'n botteltjie haarolie vir jou, Manlief."

Man: "Dis baie lief van jou."

Vrou: "Ja, gee dit asseblief vir jou tikster. Haar hare val alte veel uit op jou baadjie."

960. Twee professore, die een met 'n kaal kop en die ander met 'n weelderige bos hare, was in 'n hewige woordewisseling.

Eerste professor: "En baie hare buite, nie juis baie verstand binne nie."

Tweede professor: "Ja, en 'n leë skuur het nie 'n dak nodig nie."

961. Klant: "Het u iets vir grys hare?"
Apteker: "Niks, Mevrou, behalwe die grootste respek."

### Hasie

962. Die klein knapie kom by die biblioteek en sê: "Tannie, ek wil 'n boek hê oor hasieboerdery, want ek wil met hasies boer!" Die vriendelike tannie gee hom 'n boek en 'n uur later is hy terug en plak die boek op die toonbank neer. "Nee, dié boek sal nie werk nie, dit is vir mense wat twee hasies het!"

963. 'n Man wat haaspasteitjies verkoop het, het die agterdog van die polisie gaande gemaak deurdat sy voorraad hase skynbaar onuitputlik was. Op 'n vraag waar hy al die haasvleis vandaan kry, antwoord hy: "Om die waarheid te sê meng ek dit met 'n bietjie perdevleis."
Konstabel: "Ja maar hoe?"
Verkoper: "O, so vyftig-vyftig."
Konstabel: "Hoe bedoel jy?"
Verkoper: "Een haas en een perd."

### Heilig

964. Sokrates het gesê: "Die enigste heilige ding op aarde is jou humorsin."
Snaaks, want Sokrates het dit nooit gesê nie.
As ek dan in hierdie boek met heilige dinge spot, spot ek net met die een of ander skynheilige se gebrek aan humorsin, nie met die "heilige" dinge nie.

965. Hoe ernstiger 'n saak, hoe snaakser die snaaksie.

### Heilige koeie

966. As ons nie met "heilige" koeie mag spot nie, waarom is daar dan so baie grappe oor die Blou Bulle? Oor die huwelik? Oor die kerk? Oor politici? Of oor seks?

### Heining

967. In die Vader Cats-buurt waar ons ambassadeur in Den Haag, dr Van Broekhuizen, gewoon het, was daar pragtige huise met baie mooi tuine. Nou was daar 'n serwituut op die grond dat geen eienaar van 'n tuin sy heinings so hoog mag bou dat die verbygangers nie ook van die prag van die tuine kon geniet nie.
Eendag kom dr Van Broekhuizen by mnr Wennie du Plessis en sê: "Ons moet hierdie heining toemaak."
Toe Wennie vra waarom, sê dr Van Broekhuizen dat hy sonbaddens neem en dat al wat leef en beef verbyloop en vir hom kyk as hy wil sonbad. Mnr Du Plessis verduidelik toe dat daar 'n serwituut op die grond is en dat daar geen heining bo 'n sekere hoogte opgerig mag word nie. Hieroor was dr Van Broekhuizen baie ontsteld.
"En wie het die wet gemaak?" vra hy.
"Die burgemeester van Den Haag," is die antwoord.
"Dan moet ek met die burgemeester van Den Haag gaan gesels," sê dr Van Broekhuizen. "Gaan jy nou, Wennie, gaan jy nou biblioteek toe en kry vir my 'n boek of wat oor die onderwerp."
So gemaak en 'n halfuur later het dr Van Broekhuizen sy streepbroek en operamanel aan en sy keil op en onder elke arm 'n boek vasgeknyp.
Later, toe hy terugkom, was Wennie baie nuuskierig om te hoor wat gebeur het.
"Die geleerde burgemeester is nie so 'n slim man as wat ek gedink het nie," sê dr Van Broekhuizen. "Ek het hom baie gou oortuig dat hierdie grond nie aan Den Haag behoort nie, maar dat dit 'n stukkie van Suid-Afrika is."
Mnr Du Plessis weet nie hoekom nie, maar die muur is nooit gebou nie!

### Help

968. Bedelaar: "Sal u asseblief vir my weghelp?"
Mev Janse: "Ek sal dit nie doen nie, maar ek sal gou my wolfhond losmaak."

### Hemel

969. 'n Boesman en Boesmanvrou wat al baie oud was en nie meer baie lus vir die lewe gehad het nie, sit een koue wintersaand by die vuur.
"Ag," sê die ou vrou, "ek wens ek was vanaand in die hemel."
Die ou Boesman kyk haar verwonderd

aan en antwoord: "Nee, my liewe ou vrou, ek wens duisendmaal meer dat ek liewer vanaand in 'n vaatjie brandewyn sit, net my neus moet so effens uitsteek."

Die ou Boesmanvrou, wat toe baie teleurgesteld was met haar wens, sê: "Ag, ou man, jy soek ook altyd vir jou die beste uit."

970. Predikant: "Watter seuntjies gaan hemel toe?"

Jongste in die klas: "Dooie seuntjies, Meneer."

971. Dawie, met veel belangstelling: "Mammie, waar kom Sussie vandaan?"

Moeder: "Uit die hemel, Dawie."

Dawie: "Dis geen wonder dat hulle haar daar uitgeskop het nie."

### *Het jy gehoor ...*

972. ... van die hippie wat in die koolmyn gewerk het? Die blomkoolmyn.

973. ... van die man wat groot geld gemaak het en nou in die tronk is? Hy het die note 'n sentimeter te groot gemaak.

974. ... van die meisie wat elke aand haar hare 'n honderd keer geborsel het? Sy het nie eintlik mooi hare nie, maar jy moet die spiere op haar arms sien.

975. ... van die man wat elke dag in 'n ander restaurant geëet het? Dis reg, hy het nie fooitjies gegee nie.

976. ... wat is 'n moderne radiostel? 'n Luidspreker voor, klankbuise in die middel en 'n paaiement agter.

977. ... van die ryk man? Hy het 'n Rolls-Royce gehad met twee badkamers.

978. ... van die spaarsame, praktiese huisvrou? Sy het 'n harde matras op die spaarkamer se bed gesit.

979. ... van die man wat gesê het hy is nie eintlik ryk nie, maar hy gaan darem inry toe in 'n huurmotor?

### *Hipnose*

980. Een aand hou ons in Klerksdorp konsert saam met Piet Pompies. Ná die konsert gaan hou ons nabetragting by Johan du Plooy-hulle se huis. Piet Pompies vertel dat hy geleer het om 'n hele groep mense gelyk te hipnotiseer. Ons is almal gretig dat hy dit met ons moet doen, maar een man, ou Sam van der Westhuizen, is baie skepties.

Tog gee ons Piet Pompies 'n kans. Hy praat en praat, en ek weet ek het naderhand aan die slaap geraak, want ons was almal baie moeg, en ons speel saam, maar Sam gooi die een stok na die ander in die wiel se speke.

Sam sê as Piet Pompies ooit in Linden kom, moet hy vir hom kom kuier. Hy sal die huis maklik kry – ander mense in die straat het pampoene op die dak, hy het twee verbande op.

Piet Pompies probeer ons hipnotiseer.

Sam vertel van sy vrou, Kosie, wat elke aand 1026 skakel om uit te vind hoe laat dit is sodat sy die wekker vir die volgende oggend kan stel. "Wanneer u die sein hoor, is dit tien negentien en tien sekondes ... piep."

Een aand werk Sam laat en teen tienuur se kant skakel hy sy vrou, Kosie. Toe sy optel, sê hy: Wanneer u die sein hoor, is dit presies tien vyftien."

Toe Sam laat die aand by die huis kom, sit sy vrou, Kosie, regop: "Sam, daar het 'n wonderwerk gebeur. Onthou jy die man wat ek elke aand bel om uit te vind hoe laat dit is? Nou, hý. Hy het my vanaand eerste geskakel!"

Ons lag so dat Piet Pompies maar ophou. Hy kyk na Sam en sê: "Jy. As jy weer jou klere droogskoonmakers toe vat, moenie hulle eers uittrek nie."

### *Histories*

981. Stefaans: "Wat maak jou vrou as jy so laat in die aand tuis kom?"

Magiel: "Sy word heeltemal histories."

Stefaans: "Jy meen, histeries?"

Magiel: "Nee, histories, histories. Al wat ou koei is, haal sy weer uit die sloot uit."

## Hoe sê ek hom nou!

982. Toe die petrolprys vehoog is, nee, nou die laaste keer! Toe sê iemand hy weet hoe om belasting te hef en almal gelukkig te maak.

"Hoe?"

"Belas elke politieke toespraak wat in hierdie land gemaak word!"

983. Die eerste vrou wat in die politiek gegaan het, het amper van haar man geskei. Sy sluit by 'n ander party as hy aan, en voorspel: "Ons gaan skoonskip van die land maak!"

En toe maak haar man die fout: "Skoonskip? Hoekom begin jy nie sommer met die kombuis nie?"

984. Spreker: "Ek wil die land hervorm ... ek wil ook elke huis hervorm ... ek wil onderwys hervorm ... ek soek ..." en toe kom die onweerstaanbare antwoord: "Chloroform!"

985. "Wat dink jy van ons twee kandidate?"

"Wel, ek is bly net één kan verkies word!"

986. Gehoor van die politikus wat sy geheue laat ontwikkel het? Hy het geleer, na drie jaar, om in 'n onderhoud te onthou watter antwoorde om te vergeet.

987. "Het jy gehoor ek het die verkiesing gewen?"

"Eerlikwaar?"

"Was dit nou nodig om dít te vra?"

988. Net voordat die politikus op die verhoog gaan, vra die joernalis hom wat hy van die nuwe Streekrade dink.

Sy antwoord was: "Wat dink ek daarvan? Man, ek moet nou gaan praat, ek het nie nou tyd om te dink nie!"

## Hoed

989. Seun (aan ou boer wat sy hoed diep oor sy ore dra): "Oom, as daardie hoed nog nie betaal is nie, dan is Oom tot oor Oom se ore in die skuld."

990. Kebbie (aan 'n ventjie wat 'n groot hoed op het): "Kom maar uit, Meneertjie; dit help nie om weg te kruip nie; ek sien jou voete uitsteek."

991. Piet: "Waar het jy die nuwe hoed gekry, Jan?"

Jan: "Dis 'n verrassing van my vrou."

Piet: "'n Verrassing?"

Jan: "Ja, ek het gister vroeg huis toe gegaan, toe kry ek dit op die tafel."

992. Jan: "Maar Piet, jy het 'n mooi hoed! Hoeveel het jy daarvoor betaal?"

Piet: "Ek weet waarlik nie, want daar was niemand in die winkel toe ek die hoed gekoop het nie."

## Hoenders

993. 'n Vrou in Bronkhorstspruit se wêreld het 'n hoenderboerdery begin. Sy skryf toe aan die Departement van Landbou en vra raad: "Die afgelope maand, elke oggend as ek in die hoenderhok kom, lê daar drie of vier henne plat op die rug met hulle bene stokstyf in die lug. Wat is fout?"

Die beamptes het inderhaas bymekaargekom, die saak bespreek, en uiteindelik tot dieselfde gevolgtrekking gekom. Toe stuur hulle 'n telegram aan die vrou: "Mevrou," skryf hulle, "jou hoenders is dood."

994. Die mooiste hoenderhaanstorie is dié een van die boer wat besluit om 'n jong haan by te koop, want die werk word nou te erg vir die ou koekoekhaan.

Toe die jong haan op die plaas opdaag, gaan groet die ou haan hom en sê: "Ons moet maar vriende bly. Hier is baie henne, maar tog moet ons besluit wie die eerste keuse het. Ek sê jou wat, ons hardloop resies. Ons sal drie keer om die huis hardloop, en die een wat wen, het die eerste keuse van henne."

So gesê, so gedaan. "Maar," sê die ou haan, "jy gee my natuurlik twintig tree voor." Die jong haan willig in, want hy weet tóg hy sal wen.

Hulle spring weg en daar trek die ou haan om die huis met die jong haan agterna.

Toe hulle by die stoep verby kom, roep die oom vir Jonas en sê hy moet die jong haan se kop afkap. "Dis die derde moffiehaan wat hier op die plaas aankom!"

995. Onthou jy die storie van die ou wat in die pad ry en hier voor hom kom hardloop daar 'n dier. Eers kan hy nie mooi sien wat vir 'n dier dit is nie, maar toe sien hy dis 'n hoender. Maar die hoender het vier bene.

Hy besluit om die hoender te vang, want dit is darem regtig 'n besienswaardigheid. Hy jaag die hoender en die hoender met die vier bene kies die plaaspad. Ons vriend is agterna. Die hoender hol by 'n plaashuis verby, die veld in.

Die man hou by die huis stil. Die boer sit op die stoep en by vra: "Oom, ek het nou net 'n baie snaakse ding gesien, 'n hoender met vier bene. Weet Oom daarvan?"

"O, ja," sê die boer, "ek het die hoender geteel. Jy sien, ek het vier kinders en elkeen wil altyd die boudjie hê, en 'n gewone hoender het net twee boudjies, soos jy heel waarskynlik weet. Nou het ek 'n hoender geteel met vier boudjies."

"My wêreld, Oom, maar dis wonderlik, en hoe smaak die hoender?"

"Nee, ek weet nie," sê die oom, "ek kan die blessitse ding nie gevang kry nie!"

996. Dis Koos wat oor die hoender gery het. Hy vat die hoender na die naaste plaashuis toe, en daar kry hy vir Mike.

"Boer jy met hoenders?" vra Koos.

"Ja," sê Mike.

"Ek het hier 'n hoender, ek wil hê jy moet kyk of dit jou hoender is."

Mike gaan sit plat langs die hoender en bestudeer hom. Naderhand skud hy sy kop: "Nee, dis nie my hoender nie. Ek het nie sulke plat hoenders nie."

997. Wanneer Knysna rugby speel, was oom Jorsie Kitching altyd langs die kantlyn. Sy aanmerkings was genoeg om enige besoeker te ontsenu – en hy was so lief vir sy happie. Tant Julia, sy vrou, was baie streng en Calvinisties. Barnie sê oom Jorsie het hom baie vertel hoe hy tussen die hoenders moes slaap. As hy hom vra of dit nie ongemaklik is nie, sê hy, nee wat, hy trek net sy skoene uit, krul sy tone om die sparretjie en slaap heerlik – kraai ook nog as dit nodig is.

998. Vrou: "Ek het vandag 'n hen present gekry; nou sal ek haar laat broei so gou as sy 'n klomp eiers gelê het."

Man: "Ja, en as jy 'n groot klomp hoenders het, dan sal ons hul verkoop en 'n perd kry vir die geld."

Vrou: "Ja, en as die perd 'n vulletjie het ..."

Seuntjie: "Ag, Mammie, dan is die vulletjie myne; kan ek dan maar op hom ry, Pappie?"

Man: "Wat sê jy daar, jou stouterd? Wil jy nou al die perd deurbring? Sal jy dadelik afklim van die perd af!"

## *Hof*

999. 'n Man is aangekla dat hy 'n ander een se hoenders gesteel het. Die landdros vra toe dat hy die hoenders, sy eie hoenders, moet identifiseer. Hy sê toe die hoenders is wit met geel voete en rooi kamme. Die landdros vererg hom en sê dat hy op sy plot ook hoenders het wat wit vere het en geel pote en rooi kamme.

Sê die man: "Daar is nog van my hoenders weg, Edelagbare!"

1000. Landdros (wat kaalkop is): "As die helfte van die getuienis teen jou waar is, dan moet jou gewete net so swart wees soos jou hare."

Beskuldigde: "As 'n mens se hare die toestand van sy gewete moet aanwys, dan het Meneer seker glad g'n gewete nie."

1001. Landdros: "Beskrywe die man wat die vrou aangeval het."

Getuie: "Wel, Meneer, hy was so 'n klein niksbeduidende ventjie, omtrent so groot as Meneer."

1002. Landdros: "Skuldig of onskuldig?"

Ier: "Hoe sal ek kan sê, Meneer, voor ek die getuienis gehoor het."

1003. Drie beskuldigdes, A, B en C, kom voor 'n skeel landdros.

Landdros (aan A): "Wat is jou naam?"

B: "Klaas Papegaai, Meneer."

Landdros (aan B): "Ek het nie met jou gepraat nie."

C: "Maar ek het mos nie geantwoord nie, Meneer."

1004. "Jy het jou skoonma met die klavier gegooi? Wat het jy te sê?"

"Ek het dit in 'n oomblik van swakheid gedoen."

1005. "Is jy die aangeklaagde?" vra die advokaat.

"Nee, meneer, nie ekke nie, ek is die ou wat die hoenders gesteel het."

1006. "Sweer jy om die waarheid te praat, die volle waarheid en niks anders as die waarheid nie?"

"Ja, Edelagbare."

"Nou wat het jy vir jouself te sê?"

"Nee, met al daai voorwaardes het ek niks te sê nie, U Edele."

1007. Barnie is aan die woord:

"Ek was al mooi groot toe ons een Sondag ses myl met ons fietse gery het – na Oudrif om te gaan swem. Later, heel toevallig, het ons ook gaan donkies ry. Ander manne moes voorheen dieselfde gedoen het, want die ding is so: Toe ons weer sien, is die baas van die plaas op ons. Ons vlug, maar toe hy ons fietse vat, kom ons een vir een uit die bos uit. Ek is die mondstuk. Ek vra om verskoning, maar hy sê hy huur die grond en dit is die baas van die grond wat wil hê dat ons vervolg moet word. Ewe manhaftig ry ons na die baas toe. Ek stel my saak, maar hy lag net. Die eienaar van die donkies belowe toe dat die saak verby is, maar wat was ons verbasing groot toe ons Maandag uit die skool kom en die polisie vir ons wag!

"Party mense is darem lief vir 'n hof. By die aanklagkantoor aangekom, is ons ouers alreeds daar. My pa lyk boos, want die saak sou onmiddellik in die jeughof dien. Die ouers span saam en mnr Tidsell word gevra om die saak te verdedig. Ek sê vir my pa ek sal my eie saak verdedig. My pa gee toe. Die ander manne verloor hulle saak. Hulle pleit skuldig en word elkeen 'n halfkroon beboet en hulle moes ook elkeen nog die prokureur betaal. Ek pleit onskuldig, tot almal se verbasing. Mnr Terblanche, die klaer, lewer getuienis en ek kry kans om hom te ondervra. Die landdros was mnr Tilney. Hy kon maar swak Afrikaans praat en omdat ek in 'n Engelse skool was, kon ek dit redelik goed praat – Terblanche nie.

"Ewe manhaftig vra ek die klaer hoeveel donkies daar was. Hy antwoord twintig. Ek vra hom hoeveel van ons gery het. Hy kon nie sê nie. Ek vra hom hoe ver hy van ons af was toe ons afgespring en gehardloop het. Hy sê omtrent 100 tree. Ek vra hom hoe ons aangetrek was. Hy sê party in baaibroeke en party kaal. Ek vra hom of hy my op daardie afstand geken het. Hy kon nie. Nadat ek die landdros van sy beloftes vertel het, is ek onskuldig bevind en hy het 'n hewige skrobbering van mnr Tilney ontvang. Maar daardie aand het my pa my 'n pak gegee omdat ek op Sondag donkie gery het, en daarna 'n goue tiensjielingstuk. Hy was nie min trots op my oor my optrede nie."

1008. Oom Krisjan Stander was 'n kleurvolle karakter in Knysna se wêreld. Hy kon interessante stories oor die boswerkers vertel. Soms moes hy weke lank in die bos bly en dan het hy baie wild daar uitgesien met sy lang baard, lang hare, ensomeer.

Na so 'n lang ruk in die bos, vang hulle hom vir houtsteel. Dit was 'n vry algemene oortreding in daardie tyd. Hy word gedagvaar om op 'n sekere dag in die hof te verskyn. Sy prokureur was ene Strydom.

Vroeg die oggend toe hy in die hof moes verskyn, het Strydom hom laat kom. Hy het hom gebad, geskeer, sy hare laat kap en hom gereed gehou.

Toe die hofsitting begin, het Strydom die bosbouers gevra of hulle die man sal ken wat hulle hout gesteel het.

"Ons sal hom ken," was die antwoord.

Op 'n teken het oom Krisjan binnegekom: hy was uitgevat in 'n nuwe pak klere, sy hare was gekam, kortgeknip en sy tande en sy oë het geblink!

"Is dit die man?" vra die prokureur.

"Nee, dis nie hy nie," sê die bosbouers tegelyk.

Oom Krisjan was 'n vry man.

1009. "Het jy geld?"

"Nee, meneer, al wat ek het, is 'n 1960 Valiant."

"Miskien kan jy daarop geld leen. Waarvan word jy aangekla?"

"Vir die steel van 'n 1960 Valiant."

1010. 'n Brutale prokureur was besig om die getuie te probeer vasvra. "Hoe ver was jy van die plek af toe dit gebeur het?"

"Net tien tree, twee voet en drie duim, Meneer," antwoord die getuie.

"En nou, kêrel, hoe kom dit dat jy die distansie so sekuur weet?" vra die prokureur spottend.

"Meneer," sê die getuie, "omdat ek verwag het dat die een of ander mak bobbejaan my dit sou vra, daarom het ek dit afgemeet."

1011. Landdros: "Wat het jou hier gebring?"
Beskuldigde: "Twee konstabels, Meneer."
Landdros: "Weer dronk?'
Beskuldigde: "Ja, albei, Meneer."
Landdros: "Ek gee jou 'n week of tien rand."
Beskuldigde: "Dankie Meneer, ek sal maar die tien rand vat."

1012. Landdros: "Naam?"
Ier: "Pat McSweeney, Meneer."
Landdros: "Nasionaliteit?"
Ier: "Iers, Meneer."
Landdros: "Beroep?"
Ier: "Italiaanse orreldraaier, Meneer."

1013. 'n Jong advokaat wat in sy eerste saak vir 'n lang tyd aanmekaar gepleit het, begin op laas merk dat die regter beginne gaap en tekens gee dat die hele saak hom al uit die keel hang.
Die jong advokaat sê: "Edelagbare, ek hoop nie dat ek te veel inbreuk maak op u tyd nie."
"Jong man," antwoord die regter, "jy het al lank opgehou om inbreuk te maak op my tyd; jy is nou besig inbreuk te maak op die ewigheid."

1014. Prokureur (aan getuie): "Moet ons nie vertel wat jy dink nie; sê vir ons wat jy weet."
Getuie: "Aangesien ek nie 'n prokureur is nie, kan ek nie praat sonder om te dink nie!"

1015. Regter: "Die eerste een wat nou weer hoera skree, sal ek laat uitsmyt."
Beskuldigde: "Hiep-hiep, hoera!"

1016. Regter (aan beskuldigde): "Jy word skuldig bevind aan die vreeslike misdaad, en die vonnis van hierdie hof is dat jy lewenslank in die gevangenis gehou sal word."
Beskuldigde: "Maar, Meneer ...?"
Regter: "Bly stil, anders gee ek jou nog ses maande ekstra."

1017. Landdros aan Willemse: "Jy sê die beskuldigde het jou 'n buffel genoem. Wanneer was dit?"
Willemse: "Vyf jaar gelede, Edelagbare."
Landdros: "Wat! Vyf jaar gelede en jy maak nou eers 'n saak?"
Willemse: "Ja, Edelagbare, maar ek het vandag eers 'n buffel gesien."

1018. Regter aan beskuldigde: "Het jy nog iets te sê?"
Beskuldigde: "Ja Edelagbare, ek wens ek was in 'n plek waar geen verkeerskonstabels is nie."
Regter: "Goed, tien dae tronkstraf."

1019. Landdros: "Waarom het jy driekeer by dieselfde winkel ingebreek?"
Inbreker: "Ek moes tweekeer vir my vrou die rokke gaan omruil."

1020. Landdros: "Maar ou Maaikel, daar is vyf mense wat sê dat hulle gesien het dat jy die hoender steel."
Maaikel: "Almaskie djou honour, maar daar is vyfduisend wat nie gesien het nie."

1021. Landdros: "Het jy die diefstal alleen gepleeg?"
Beskuldigde: "Ja, deesdae kan 'n mens niemand meer vertrou nie."

1022. Landdros: "Jy sê jou skoonmoeder het jou met die stoel gegooi?"
SA Grapkoning: "Ja, Meneer."
Landdros: "En jou vrou het jou met die tafel gegooi?"
SA Grapkoning: "Ja, Meneer."
Landdros: "En toe het jy die polisie laat haal."
SA Grapkoning; "Nee, Meneer, dit was toe my dogter na die stoof gryp."

1023. Een prokureur aan die ander tydens 'n hewige woordewisseling in die hof: "Het ek jou nie gisteraand by 'n derderangse kroeg sien uitgaan nie?"
"Nee, jy het my sien inkom," was die antwoord.

1024. 'n Beskuldigde aan sy advokaat: "Hoe lank dink u gaan die ding nog duur?"
Advokaat: "Vir my, een dag; vir jou, een jaar."

1025. Landdros: "Nog 'n ding; jy moet slegte geselskap in die vervolg vermy."
Adoons: "Ja, Edelagbare sal my nooit weer sien nie."

1026. Landdros: "Jy kan dié keer loop, maar jy slaan jou vrou nie weer nie."
Jonas: "Dankie tog, Edelagbare, dieselfde vir Edelagbare."

1027. Toiings moes voor die hof verskyn. Hy het 'n hele klomp knopkieries by hom.
Landdros: "Wat maak jy met al die kieries hier, Toiings?"
Toiings: "Hulle het gesê ek moet myself kom verdedig."

1028. Landdros: "En onthou u staan onder eed – hoe oud is u?"
Oujongnooi: "Vier en dertig jaar en 'n aantal maande."
Landdros: "Hoeveel maande?"
Oujongnooi (met neergeslane oë): "120."

1029. Landdros: "Die eiser beweer dat jy van hom 'n tuig geleen het en dit gebreek het."
Verweerder: "Dis onwaar, ten eerste het hy my geen tuig geleen nie, ten tweede was dit stukkend, en ten derde is ek seker dat dit heel was toe ek dit aan hom teruggegee het."

1030. Landdros aan konstabel: "Maar as hierdie man in die middel van die straat op sy hande en voete was, dan is dit nog geen bewys dat hy onder die invloed van drank was nie."
Konstabel: "Ja, Meneer, maar hy het die wit streep probeer oprol."

1031. Regter: "Jy het jou skuldig gemaak aan moedswillige verlating van jou vrou."
Eggenoot: "Edelagbare, as u my vrou so goed soos ek ken, sou u dit beskryf het as verstandige ontvlugting."

1032. Landdros: "Toe, Mevrou, vertel aan die hof hoekom jy jou man met 'n stok oor sy kop geslaan het."
Ou vrou: "Edelagbare, hy het dronk by die huis gekom, die venster gebreek en die deur in my gesig toegeslaan."
Landdros aan man: "Ek is verbaas oor jou gedrag, jou vrou moes jou kop inmekaar geslaan het. Hoekom suip jy so?"
Ou vrou: "Ekskuus, Edelagbare, maar dis nie daaroor wat ek hom geslaan het nie, ek het hom geslaan omdat hy nie vir my 'n *half jack* saamgebring het nie."

1033. Twee advokate raak in 'n hewige woordestryd. Een van hulle: "Jy is die grootste esel wat ek nog ooit gesien het."
Regter: "Orde, orde, ek is nog hier."

## Hollander

1034. 'n Hollander, Jan van den Meer
Het gaan jag met 'n stukkend geweer.
Hy vind dit eers uit
toe hy 'n vuilbaard wou stuit
Nou is Jan ongelukkig nie meer!

## Honde

1035. Twee ou vriende het gaan jag. Die een het 'n nuwe jaghond gehad waarvoor hy honderd rand betaal het. Hulle kom by 'n rivier en die baas van die duur hond skiet 'n wilde-eend. Die hond sien hoe die eend in die water val. Hy lig sy pote ewe netjies op en hardloop bo-op die water tot by die eend, gryp dit in sy bek vas en bring dit na sy baas toe.
"Sien jy wat ek bedoel?" vra die trotse eienaar.
"Ek sien," sê sy maat, "jy betaal honderd rand vir daardie brak en hy kan nie eers swem nie!"

1036. Sy wou weet of dit 'n opregte bloedhond is. Die verkoopsman skud sy kop en sê: "Wagter, bloei vir die ounooi!"

1037. "My pragtige wolfhond is weg, ek is so hartseer."
"Maar hoekom plaas jy nie 'n advertensie in die koerant nie?"
"Ag, die arme ding kan tog nie lees nie!"

1038. Hy's 'n goeie waghond; hy wag heeldag vir sy kos.

1039. Ek skryf hom elke jaar in vir die hondeskou. Hy wen nooit 'n prys nie, maar hy ontmoet baie vooraanstaande honde.

1040. Dit laat my dink aan die ou wat die hond gehad het wat so goed kon baklei. Daar was nie 'n hond in die kontrei wat teen dié hond kon staan nie. Dis net twee happe en ... dood.

"Watter soort hond is dit dié?" vra die boere. "Ek het nog nooit so 'n plat hond gesien nie."

"Ek weet nie wat noem hulle hom nie, maar voor ek sy stert afgekap het, was hy 'n krokodil."

1041. Brig Andries Brink vertel van 'n uitkenningsparade wat met honde gehou is. 'n Skelm is gevang en hy is in 'n ry by ander gevangenes gevoeg. Op die bevel van die hondemeester het die hond hom uitgeruik en met sy voorpote teen sy bors gaan staan. Die gebruik is dat hulle dan weer die parade skommel sodat die beskuldigde op 'n ander plek staan, maar hierdie een het geweier. Hy sê: "Nee, dan vertel die hond vir julle ook van die ander goed wat ek gedoen het!"

1042. Hulle sê as jou buurman se honde jou in die nag wakker blaf, gaan praat met jou buurman. As hy berou het, vergewe hom, as hy nie berou het nie, vergewe die honde.

1043. My hond het verlede week die eerste prys op die skou gewen. Nee, dit was nie die eerste prys op die hondeskou nie, dit was op die katteskou!

1044. My hond is so slim, ek vra hom wat is drie min drie en dan sê hy niks.

1045. Dr Danie Craven het vertel dat die hoogste bome die meeste wind kry maar dat dit die honde by die stam is wat pla.

1046. My worshond se naam is *Verkoue*, want almal kry verkoue omdat die hond so lank neem om by die deur in te kom.

1047. Wat kry jy as jy 'n wolfhond en 'n windhond kruis?

'n Wolfhond GT.

1048. Wat is die beskrywendste naam vir 'n worshond?

Langlaagte.

1049. 'n Poedel, die een met die slap ore, loop eendag uit die beskerming van sy ounooi se huis weg. Op die rugbyveld ontmoet hy twee wolfhonde.

"Dag, Omies," sê die poedel en wip sy slap ore.

"Dag, Poedel," groet hulle terug. Die een wolfhond knik vir die ander. "Sê my, boetie, het jy al gevry?"

"Gevry, Oom? Wat is dit?"

Hy knik weer vir sy maat. "Kom, ons gaan jou wys." Hulle draf toe daar weg in die rigting van die mooiste jong windhondmeisie in die hele dorp. Toe die meisie hulle sien, maak sy spore al om die veld.

"Kom!" skree Omie Wolfhond en begin hardloop. Die twee wolfhonde hol saam en Poedel is agterna. Hy hardloop dat sy slap ore so flap-flap. Een keer gaan hulle om die veld, en twee keer. Die windhondmeisie hardloop los voor ... dan kom die jong wolfhond, dan Omie Wolf en dan kom Poedel.

Drie keer om. Vier keer. Die vyfde keer toe trap Poedel die lepel weg en toe hy verby Omie kom, hyg hy: "Omie, ek vry nog net hierdie rondte, dan val ek uit, hoor!"

1050. Koos Pieters wou baie graag sy hond verkoop, – 'n lelike gedierte met krom bene en 'n bakkies wreed genoeg om 'n motorkar te laat stilstaan. 'n Ou dame wou die hond koop, maar hulle twee het verskillende idees gehad van die waarde van 'n hond, en dit lyk of hul g'n besigheid met mekaar kon doen nie.

Skielik vra die ou dame: "Byt hy?"

"Net sy kos, Tante," antwoord Koos.

"O, maar ek wou hom hê om diewe te byt," sê die dame.

"Diewe ís sy kos," was die antwoord.

Die koop het deurgegaan.

1051. Oom Piet het 'n baie kwaai hond gehad wat hy voor sy deur vasgemaak het. Eendag kom oom Jan vir hom kuier en die hond begin sommer te blaf. Oom Jan wil toe omdraai maar oom Piet roep hom terug en sê: "Ou Neef, jy ken mos die spreekwoord – blaffende honde byt nie."

"Ja," sê oom Jan, "ek ken die spreekwoord en jy ken die spreekwoord, maar die vraag is – ken die hond die spreekwoord?"

1052. 'n Man word op straat deur 'n groot hond aangeblaf en skrik daar hewig van.

"U hoef nie bang te wees nie," sê die eienaar, "die hond is doodgoed."

"Ek wens dat hy liewer goed dood was," antwoord die ander.

1053. 'n Oubaas het sy seun na die buiteland gestuur om sy studies voort te sit. Die getroue ou plaashond, Wagter, het agtergebly. In die buiteland het die seun meer geld nodig gekry as wat sy toelaag was en hy moes 'n plan maak om geld in die hande te kry. Hy het geweet om vir sy pa geld te vra, sou tydverkwisting wees, en moes toe 'n plan bedink. Hy het geweet dat die oubaas enigiets sal doen as Wagter op die spel kom. Hy skryf toe aan sy pa dat hulle in die buiteland uitgevind het hoe om honde te leer praat. Dit sou egter 'n mooi sommetjie kos om vir Wagter te leer praat.

So gesê so gedaan, en Wagter is ook na die buiteland om te gaan leer praat. Die seun het toe ook vir Wagter goed gebruik om geld in die hande te kry.

Die dag het aangebreek dat die seun Wagter sou terugbring na Suid-Afrika en die Oubaas was in sy noppies om sy getroue Wagter te hoor praat. Die seun stap aan wal maar daar is geen Wagter nie en sy pa wil net weet waar Wagter dan is. Die oubaas is ongeduldig en die seun paai so wat hy kan en sê dat hy sal verduidelik.

Hy sê toe: "Pa, Wagter kon alles praat en eendag aan boord skip het Wagter my begin vertel van Pa se fratse met die buurvrouens. Ek het toe gedink die beste wat ek kan doen is, gooi hom oorboord om skandale te voorkom. En het dit toe maar gedoen."

Die oubaas was baie dankbaar en sê: "My kind, dit is die beste stukkie werk wat jy nog ooit gedoen het."

1054. Die nuwe tikster: "Die bestuurder behandel my soos 'n hond."

Die oue (vererg): "Ja, 'n skoothondjie."

1055. 'n Soldaat wat op wag staan, word aangeval deur 'n hond. Vir selfbeskerming steek hy die hond met sy bajonet dood. Die eienaar van die hond gaan maak toe 'n saak.

Magistraat: "Waarom het jy nie die hond met die agterkant van jou geweer geslaan nie?"

Soldaat: "Waarom het hy my nie met sy stert aangeval nie?"

1056. Koos: "Waarom steek jy jou hand in die hond se bek?"

Klaas: "Ek steek nie my hand in nie, ek probeer dit uitkry."

## Hoog

1057. 'n Ier wat as timmerman gewerk het in die verskriklike hoë geboue in New York, kom in Ierland terug met die volgende storie: "Kyk hier, vriende, laat ek julle net effentjies 'n idee gee van die hoogte van die geboue in New York. Eendag was ek besig om op die boonste verdieping van 'n gebou te werk, toe my hamer per ongeluk uit my hand val. Toe ek die volgende môre in die straat verbystap, val die hamer op my kop."

## Hoor

1058. Ma: "Maar hoekom kry ek jou elke keer in die spens?'

Hansie: "Omdat ek Ma nie kan hoor aankom nie."

## Hospitale

1059. Die omie was baie siek en het gevoel sy einde kom nader. Sy seun gaan kuier vir hom in die hospitaal en vra of hy nie volgende keer iets kan saambring nie. Pa sê ja, hy sal graag van daardie heerlike tert wil hê wat Ma so lekker maak. Die seun sê Ma het juis weer van daardie tert gebak, maar toe hy dit vir Ma vra, sê sy nee, sy bêre dit vir die begrafnis.

1060. Al gewonder waarom die dokters maskers dra wanneer hulle opereer? Dit is sodat niemand hulle kan herken ingeval die operasie nie 'n sukses is nie.

1061. Ek sê nie daardie verpleegstertjie was baie ydel nie, maar nadat sy my pols geneem het, het sy twintig slae afgetrek vir haar lyfie.

1062. Hulle het my gereeld wakker gemaak om my my slaappil te gee.

1063. Hulle het my 'n plaaslike verdowingsmiddel gegee. Ek kon nie die ingevoerdes bekostig nie.

1064. My ou groot vriend, Sakkie van der Walt, se vroutjie was baie siek. Die dokters het gediagnoseer en geprognoseer (as daar so 'n woord is!) en besluit dat sy tuberkulose het. Dit is 'n verskriklike siekte vir enigiemand om te hê en die pragtige, blonde Amalia moes teringhospitaal toe.

Baie moedeloos en terneergedruk moes hulle by die ingangsportaal Amalia se volle name, nooiensvan, persoonsnommer, adres, geboorteplek, ensovoorts, verskaf.

"Hoe spel 'n mens Amalia?"

Sakkie spel.

"Hoe spel 'n mens Geertsema?"

Sakkie spel.

Toe sê die dametjie: "Ek moet maar baie seker maak van al hierdie goed, want as ons die doodsertifikaat moet uitmaak, mag daar nie 'n fout insluip nie ..."

Nou kan hulle daaroor lag, want dit was 'n verkeerde diagnose. Amalia is springlewendig en het nooit tering gehad nie!

1065. Snaaks hoe die dinge gebeur. Toe ek hospitaal toe is en hulle hoor dat ek ene Fanus is, besluit die personeel om my 'n bietjie te bederf en plaas my in die intensiewe sorgafdeling. Dit is waar die ernstige hartlyers heen gaan! Toe *Die Vaderland* navraag doen na my welstand, deel 'n nuwe verpleegster hulle mee dat ek in die intensiewe sorgafdeling is. Hulle kom dadelik tot die gevolgtrekking dat ek 'n hartaanval gehad het en plaas 'n berig op die voorblad: "FANUS ERNSTIG SIEK!"

Dit is 'n snaakse gevoel om van jou eie sterfbed te lees – en dit nadat jy voel asof jy die wêreld kan omhels omdat jy nou weer gesond is.

1066. Koos en Piet lê in die hospitaal. Koos sê vir die verpleegster:

"Nursie, ek wil ***!"

Sy sê: "Meneer, jy moenie so lelik praat nie. Sê sommer jy wil nommer twee ..."

Ná 'n rukkie sê Piet vir Koos: "My maag is vreeslik seer. Wat moet ek nou doen?"

Koos sê: "Pietie, los dit vir my, ek ken die storie."

Hy ken ook die verpleegster. Hy roep haar nader en sê: "Nursie, ou Pietie hier wil gaan ***, maar hy het nog nie 'n nommer nie!"

1067. Dr Lagitis was huisdokter in Pretoria se destydse Algemene Hospitaal.

Hy vertel: "Indien 'n operasie in die nag moes uitgevoer word, moes die suster in beheer geskakel en verlof gevra word. Sy was toe ook begryplikerwyse as nagsuster bekend. Ek skakel haar toe hier in die laatnag en begin: 'Nag, Suster ...' Ek dink sy het haar vir my vervies."

1068. "My man, Koos, gaan lank in die hospitaal bly."

"Het jy die dokter gesien?"

"Nee, ek het die verpleegsters gesien!"

1069. "Kan ek asseblief vir luitenant Baker sien?" vra 'n baie mooi meisie by die hospitaal.

"Ons laat nie almal toe om pasiënte te sien nie; dit moet familie wees," sê die matrone.

"Wel," sê die meisie, "ek is sy suster."

"O, regtig?" sê die matrone. "Ek is baie bly om jou te ontmoet, want ek is die luitenant se ma."

1070. Vreemdeling: "Ou seun, kan jy my sê hoe ek die gouste by die hospitaal kan kom?"

Seun: "Ja Oom, val net voor die bus wat daar aankom."

1071. Kasper, wat deur 'n kar omgery is, lê drie dae lank in die hospitaal, toe sê een van sy maats: "Lyk my ou Kas kom by, hy blaas al die skuim van sy medisyne af!"

1072. 'n Man met 'n blou oog kom by die afdeling van buitepasiënte van 'n groot hospitaal binne. Die klerk begin die gewone vorms invul.

"Getroud?" vra hy.

"Nee," is die verontwaardigde antwoord, "motorongeluk."

## *Hotelle*

1073. Ek gaan kuier vir Koos Meyer wat 'n sekere hotel bedryf het. Hy wys my toe die verskillende interessanthede in die hotel. Hy sê toe hy daar gekom het, moes hulle weer die eetkamer se dak verf. Ek vra hoekom.

Hy sê: "Daar was sulke klein, bruin goedjies in die plafon. Toe hulle die verf afkrap, toe sien hulle dit is kakkerlakke wat vasgeverf is – net hulle pootjies het uitgesteek."

Ons is toe kombuis toe en hy wys my die grootste stoof wat ek nog in my lewe gesien het. 'n Kolossale, swart, kokende affêre van vier voet hoog by twaalf voet lank.

Koos: "Jy weet, boytjie, ek gebruik nie 'n kok vir hierdie stoof nie. Ek het 'n treindrywer. Een oggend toe ek hier kom, toe het hy die ding so gestook ... hy het vier voet geskuif ... ek moes die skoorstene verander!"

1074. Vroeër dae in die Kaap, toe treinry nog baie meer in die mode was as nou, het die beamptes van die verskillende hotelle pragtig geklee in spoggerige uniforms, voornemende inwoners van hotelle op die stasie gaan ontmoet. Nou stap hy daar rond met sy rooi uniform – met sy pragtige brokaatomboorsels, sy medaljes, sy pet en sy wit handskoene. Hy stap hande agter die rug, neus in die lug en roep sy klante: "Palmerston-hotel, Palmerston-hotel!"

Agter hom, verslons, velbroek aan, laphoedjie in sy oë getrek en hande in die broeksak, stap 'n ander kêrel en na elke "Palmerston-hotel, Palmerston-hotel" kom dit in 'n fyn stemmetjie: "Booysen se *Boardinghuis*, Booysen se *Boardinghuis*!"

1075. Twee reisigers kom by 'n taamlike treurige hotel aan.

"En hoeveel vra julle vir hierdie varkhok?"

Vinnig antwoord die eienaar: "Vir een vark, twee rand; vir twee varke, vier rand."

1076. En toe hulle vertrek, sê die een: "Of ons dit geniet het? Natuurlik! Ek hou net nie daarvan om so gou weg te gaan nadat ons die hotel gekoop het nie!"

1077. Twee mense ontmoet mekaar in 'n hotel.

"Ek is seker ek het jou al iewers gesien."

"Dis moontlik," sê die ander ou, "ek was al dikwels daar."

1078. Dis 'n baie goeie hotel. Jy kry al die warm water wat jy wil hê. Gaan net eetkamer toe en bestel sop.

1079. Dis die soort hotel wat roereiers so roer dat jy nie weet hoeveel jy kry nie.

1080. Hulle doen sulke goeie sake, hulle hou 'n spesiale klerk aan wat net die gaste beledig.

1081. Ek kla by die hotelbestuurder. Ek sê daar is twee rotte wat in my kamer baklei. Hy vra: "Wat het jy verwag vir twee rand? 'n Bulgeveg?"

1082. Dis 'n vyfsterhotel. Dit moet wees: daar het warm water uit die warmwaterkraan gekom en koue water uit die kouewaterkraan.

1083. Daardie hotel het ook 'n bruidskamer gehad. Dis die een met die slot aan die deur.

1084. Daar is net een moeilikheid met die dik hotelhanddoeke. Jy kan nie jou tas mooi toekry nie.

1085. 'n Vreemdeling klim net van die trein af en vra vir 'n ou inwoner: "Kan Oom my beduie na die beste hotel in die dorp?"

Ou inwoner: "Ek kan, maar ek sal nie ..."

Vreemdeling: "Maar hoekom nie?"

Ou inwoner: "Want nadat jy dit gesien het, sal jy dink ek is 'n leuenaar!"

1086. "Jy sal nie 'n enkele weeluis in my hotel kry nie," het die bestuurder gesê. Hy was reg, daar was nie een enkele een nie, hulle was almal getroud met groot gesinne. Daarom dat hulle op my dubbelbed geslaap het.

1087. "Waar het julle toe tuis gegaan, was dit 'n lekker plek? Hoe was julle verblyf?"

"Baie lekker, eintlik wonderlik: dit was 'n dubbelbed met 'n bad net jammer dit was in aparte geboue."

1088. "Ek het in 'n baie goeie hotel tuis gegaan. Ek het drie sterre getel. Dit was al wat ek kon sien, so hoog was die gebou. Ek het vooruit betaal, toe sit hulle die venster terug. Toe ek die deur oopmaak, toe klim die deurknop saam met my in die bed. Dit was so klein, ek moes opstaan, in die gang gaan omdraai, en weer gaan lê. Ek het hoofpyn gekry, toe het die man langsaan aspirien gedrink. Ek kon nie 'n kat in die kamer rondswaai nie; ek kon nie 'n kat kry nie: nie eens 'n kwaadkat nie."

1089. Die plek was so klein, die muise het boggels gehad en die kakkerlakke het regop geloop, soos dinosourusse. Net kleiner.

1090. Hotelbestuurder: "Hoe laat sal ons u môre wakker maak?"

Deftige heer: "Ek sal die klokkie druk sodra ek wil wakker word."

## *Hout of hardehout?*

1091. Kitty Albertyn, ook bekend as tant Hybie van die Du Plooys van Soetmelksvlei, is die dogter van die bekende en beminde ds P K Albertyn. Toe Kitty vra om te trou, was dit vir haar baie moeilik om vir haar stoere kerkvader te sê dat haar aanstaande man 'n drankwinkel het.

Sy sê toe: "Hy is in die houthandel ..." en sy voeg in haar gedagte by: "In die hardehouthandel ..."

Sy is getroud met mnr Petousis, 'n Afrikaner van Griekse afkoms. Sy vader, George Petousis, was 'n baie bekende in Johannesburg. Hy het begin deur ys te verkoop en het later die Criterion-hotel en verskeie drankwinkels besit.

Kitty vertel dat die eerste ontmoeting tussen haar vader en haar bruidegom se vader 'n klassieke gebeurtenis was. Toe haar vader hoor dat sy toekomstige swaer 'n Griek is, het die dominee besluit daar is drie dinge waaroor hy met die man kan gesels:

(a) Die Ciprus-kwessie – dit was in die dae van Makarios.
(b) Die Griekse kultuur en legendes.
(c) Die Bybel wat uit Grieks vertaal is.

Hulle het toe die aand ontmoet en nadat hul aan mekaar voorgestel is, sê die dominee: "George, en dink jy Makarios gaan dit maak?"

"In my besigheid praat ek nooit politiek nie," was George se antwoord.

Weer probeer: "George, die verhaal van die houtperd van Troje, dink jy dit was werklik waar?"

"Die ... e ... huh? Verskoon my, maar ek het nie eintlik skool gehad nie ..."

Laaste kans: "George, daar is 'n woordjie in die Bybel wat ek jou wil vra ... die vertaling uit Grieks, jy weet ..."

Maar George was slim. Hy het toe begin gesels – oor al die dinge wat hy ken. En hy en die dominee het groot maats geword!

## *Huil*

1092. Klein Jannie sit bitterlik en huil op die stoep van die plaashuis. Oom Hans wat die geskree hoor, kom op 'n draffie aan om te sien wat verkeerd is.

"Wat makeer, Jannie?"

"Pa het daar anderkant op die werf gegly en in die modder geval," was die antwoord.

"Dis baie goed van jou, Jannie, om so medelydend te wees," sê oom Hans troostend, "maar hou nou maar op met huil; jou pa is seker nie erg beseer nie."

"Ja," sê Jannie in 'n tweede uitbarsting van trane, "maar sussie het hom sien val, en ek het nie."

1093. "Pla die tweeling jou nie baie gedurende die nag nie?"

"Nee, die een skreeu so dat ek die ander een gladnie eens hoor nie."

1094. Seuntjie, wat vreeslik huil, aan konstabel:

"Ag Omie, het Omie tog nie 'n vrou gesien sonder 'n seuntjie wat soos ek lyk nie?"

## *Humeur*

1095. Man: "Waar kry die kind die slegte humeur?"

Vrou: "Natuurlik nie van my nie."

Man: "Nee, dis waar, vrou, jy het nog niks van joune verloor nie."

## *Humor*

1096. Toe ek op Helpmekaar was, het ek 'n lieflike Afrikaanse onderwyser gehad. (Onderwyser in Afrikaans!) Broer van die bekende Stephen Eyssen, het hulle dikwels gestry dat die van nie *Eyssen* is nie, maar *Van Eyssen*.

Ewenwel, hy was 'n goeie onderwyser.

Ek skryf toe 'n briefie aan hom in my beste Afrikaans en vra of hy nie 'n bydrae wil lewer vir my nuwe boek met die voorlopige titel, *Humor van ons mense*, nie.

Maatjie van Eyssen antwoord: "Toe ek tuis kom, lê jou brief hier: Humor van ons mense. Gisteraand was ons (ek en my vrou) by 'n afskeidsgeselligheid van een van ons ou inwoners van die Laeveld wat nou na Pretoria trek. En dit het my getref dat daar maar bra min humor in die egte sin van die woord te bespeur was. Wel baie gevatte sêgoed geïnspireer deur Oudemeester, Richelieu en KWV, maar min uit die mense self.

"Jy sal miskien nog onthou dat ons in ons skooldae onderskei het tussen humor, skerts, koddigheid, snaaksheid, komieklikheid, grappigheid, geestigheid, luimigheid, klugtigheid, ensomeer ...

"Maar die humor was bo aan die lysie, en tereg ook, want: (1) Dit is geestigheid plus liefde. (2) Dit gaan soms gepaard met trane. (3) Dis iets joviaals, maar tog verwant aan meegevoel. (4) Daar is 'n tikkie swaarmoedigheid in die geestigheid. (En hier behoort jy heelwat voorbeelde te kan opdiep uit ons ouers en voorouers se swaarkry. Daar moes seker soms wonderlike, blink staaltjies uit daardie swaarkrybestaan te voorskyn gekom het. Tog jammer dat daar nie toe al opnamemasjiene bestaan het nie!) (5) Jerroed het gesê: 'Dis die harmonie van die hart.' (6) Jy het dit of jy het dit nie ... dis 'n gawe van die gode, aangebore dus. (7) Oubaas Carlyle het dit so gestel: 'Die humor bars nooit in 'n luidrugtige skaterlag uit nie, maar hy lag saggies met 'n lag wat, kan maar sê, seerkry.' (8) Daarom dan ook dat ons sê: 'Humor is 'n lag met 'n traan daarby. (9) En dan sê prof Fransie Malherbe: 'Humor is die gevoel van die lagwekkende op grondslag van simpatie in 'n bepaalde lewenshouding.'

"As jy wil, Fanus, kan ek prof Malherbe se proefskrif stuur. Dit gaan oor humor. Dit wil sê as jy dit nie self in die biblioteek kan kry nie. Die een van my kan jy maar vir jouself hou. Hy's te hoog vir my. My soort humor raak maar hier onderlangs, laag op die grond soos die Karoo se stinkkruid.

"En my trane wil nie kom as ek moet huil by 'n begrafnis nie, wat nog van huil as jy lag."

## *'n Lag met 'n traan*

1097. Hoe sou ons die weelde van lig ooit verstaan
as ons nie op ons pad soms deur donker moet gaan?
Hoe sou ons die somer ooit werklik waardeer
as die winter ons nie van die teendeel leer?
Hoe sou ons van humor en blydskap ooit weet
as ons die swaarkry en sorge en kommer vergeet?
Hoe sou ons verlang na wat goed is en reg
sonder kennis van dit wat verkeerd is en sleg?
Hoe sou ons kan trots wees op dit wat ons is
was dit nie vir die kennis wat ander moet mis?
Hoe sou ons die soetheid ooit smaak van die lag
sonder kennis van trane wat soms op ons wag?
Hoe sou ons die mooi in die Skepping waardeer
sonder skrywers en skilders wat ons anders wil leer?
Hoe sou ons verstandige mense kon ag
was dit nie dat die VVO ons so baie laat lag?

1098. Tant San van Christiana het altyd vir my gesê: "Fanus, vertel ons grappe wat ons ken, dan weet ons waar om te lag."

1099. As mense my vra wat my mooiste voorbeeld van humor is, vertel ek die volgende een:

My pa het in Melville gewoon. Hy was al sewentig en nie te gesond nie. Smiddae as ek van die SAUK af huis toe ry, het ek dikwels by hom en my ma gaan koffie drink.

Een middag sit hy by die kombuistafel. Voor hom op die tafel is ses pilletjies van alle vorms en kleure: 'n lang rooie, 'n ronde geletjie, 'n wit kapsule, 'n klein roesrooi bloeddrukpil, 'n geel en groen kapsule en 'n groot bruine.

"Hoe gaan dit, Pa?"

Sy vet pofferhandjies, wat hy gereeld met petroleumjellie gesmeer het, speel met die pilletjies. Hy het 'n pak klere aan (ek het hom slegs een keer in my lewe sonder 'n das gesien; en dit was op 'n piekniek!). Daar is 'n vonk in sy fletsblou oë toe hy na my kyk. Hy vat-vat aan die pilletjies, rangskik hulle in volgorde.

"Hierdie pilletjies," sê hy. "Die rooie is voor ek gaan slaap, die gele wanneer ek wakker word, die wit kapsule voor ontbyt, die roesrooi ene wanneer ek dronk in die kop word, die kapsule voor aandete, en elke dag 'n bruine."

My pa kyk op asof hy hulp nodig het, maar my pa het nooit iemand se hulp gevra nie, behalwe Een. Maar dan slaan die humor deur en hy sê: "Ek sal jou een ding sê: as dit nie vir my siekte was nie, was ek lankal dood."

1100. Humor, sê dr Lagitis van Pretoria, is die kuns om vir jouself te lag voordat ander die kans kry, want dan is dit nie meer snaaks nie.

Hy sê volgens die Internasionale Buro van Rekords is daar sover net drie gevalle opgeteken van snare wat hulle doodgelag het. Die een geval was dié van 'n Eskimo wat by sy yshuisie uitgeloer het om te sien hoe Gerhard Viviers 'n beseerde betoger versigtig van die yshokkieveld af help. Die tweede was 'n oom iewers in Rusland, wat vir die eerste keer daarin geslaag het om Radio RSA se vroeë oggendprogram op te vang, en die jongste geval is 'n knaap wat by die derde toets gesit en dink het hoe Bill Lawry vertel het dat Ian Chappell die beste kolwer ter wêreld is.

1101. Voordat my pa my pa was, besluit hy om vrou te vat. Hulle (al die jong mense) is een Nuwejaar by Malopo se Oog. Die dametjies is deftig geklee in sisrokke, elkeen het 'n sambreeltjie teen die son ... en om te koketteer.

My pa sê hy sou nie met 'n vrou sonder 'n humorsin getrou het nie. Hy is privaat verloof aan twee dingetjies. Hy loop saam met die eerste een langs die water en die duiwel sê vir hom: "Stamp haar in!"

Hy stamp haar in die rivier! Sy skree om hulp. Iemand gaan haal haar uit. Sy is so kwaad vir my pa dat sy nooit weer met hom gepraat het nie.

Die ander nooientjie is Sannie van den Berg. Toe hy haar instamp, gil sy en begin toe lag! Hy spring self in en gaan haal haar uit.

Uit daardie kombinasie is ek gebore.

1102. Humor is soos 'n jakkalsjag: die honde jaag die jakkals, die perde volg die honde, die honde eet nie die jakkals nie, en die perde eet nie die honde nie. Die onnoembare gekheid agter die oneetbare ... gekheid.

1103. Die skrif teen die muur: wanneer 'n volk sy beste humor in die openbare toiletgeboue ten toon stel.

1104. Jy mag 'n grappie meer as een keer vertel. Sê nou net die dirigent weier om Beethoven se Vyfde weer te speel met die verskoning dat sy gehoor dit miskien al kon gehoor het?

1105. Jy kry twee soorte mense: die een skryf in 'n dagboek wat hy graag sou wou gedoen het, die ander een het nie tyd om te skryf nie, hy is besig om dit te doen.

1106. En dan kry jy ander soorte mense: die een soort word ryk, die ander hou vergadering.

1107. Ek is nou op die ouderdom waar ek moet bewys dat ek net so goed is as wat ek nooit was nie.

1108. Tieners geniet dit: dit gebeur nooit weer nie, dit is die laaste keer in jou lewe wat jy bly sal wees om te hoor dat die foonoproep vir jou is.

1109. Die langste woord in enige taal is: "En nou 'n woordjie van die borg ..."

1110. Ek hou daarvan om iemand goeie raad te gee. Dis al wat jy daarmee kan doen, jy kan dit tog nie gebruik nie.

1111. Clara du Toit: "Ek is in 1974 gebore, die kamer langs Mammie s'n was 1975."

1112. 'n Alkoholis is iemand van wie jy nie hou nie wat net soveel soos jy drink.

1113. Wat het die waslap vir die tandeborsel gesê?

"Ag, hou tog op om te stry oor dinge waarvan jy niks weet nie – ek was tog op baie meer plekke as jy!"

of

"Was jy binne, dan was ek buite ..."

of

"Doen jou werk, moenie daar staan en tande tel nie ..."

of

"As jy hare op jou tande het, sal ek jou sê waar ek oral was."

1114. "Jou pa is 'n skoenmaker, hoekom loop jy dan met sulke stukkende skoene?"

"Jy moet liewers stilbly. Jou pa is 'n tandarts, en jou baba-boetie het nie 'n tand in sy mond nie."

1115. Woedende huiseienaar (uit sy slaap gewek): "Wat bedoel jy daarmee om so aan 'n mens se huis te kom bombardeer, en dit nogal om tweeuur in die nag?"

Beleefde vreemdeling: "Dit spyt my as ek u gehinder het, maar ek soek eintlik die mense langsaan; hulle het nie 'n klokkie of 'n klopper aan hul deur nie."

1116. Andries: "Willem, hoekom sit jy altyd so met jouself en praat?"

Willem: "Wel, in die eerste plek hou ek daarvan om met 'n verstandige man te praat, en in die tweede plek hou ek daarvan om na 'n verstandige man se geselskap te luister."

1117. 'n Boer en sy vriend ry in die dorp met 'n motor. Daar kom 'n dame verby wat haar gesig betakel het met rooisel.

Die ou boer stamp aan sy maat en sê: "Haai vriend, jy moet stop."

Vriend: "Maar hoekom?"

Boer: "Kan jy nie sien die verkeerslig is teen ons nie."

1118. Boervrou: "'n Man het uit 'n vliegtuig en deur die skoorsteen in die huis geval."

Boer: "Dek maar nog 'n plek. Snaaks hoe ander mense van 'n mens se gasvryheid misbruik maak."

1119. Ou dame aan man wat in die pad lê: "Dis weens dronkenskap dat jy hier lê."

Man: "Nee, Mevrou, dis weens 'n piesangskil."

1120. Hoe ontstaan grappies? Hoe werk dit dat iemand sommer skielik op 'n oggend dieselfde storie in Johannesburg en Kaapstad hoor? Nee, nie altyd deur televisie nie! Ons mense is baie vinnig om humor te slaan uit sake van die dag. Miskien is dit ons manier van oorleef. Ek weet nie of ander nasies dit ook doen nie, maar die Afrikaner is baie vinnig en suksesvol daarmee.

As voorbeeld: die TV-minireeks Daisy word op TV vertoon. Dit is nou die verhaal van Daisy de Melcker, wat vyf seuns en twee mans met arseen, 'n mineraal, vergiftig het. Reeds die oggend na die eerste uitsending sê iemand Laurika Rauch se liedjie oor Mannetjies Roux, waar sy sing "En seën my ma en seën my pa" kan nou verander word na: "Arseen my man, arseen my pa ..."

"Nee," sê 'n ander ou, "hulle het gisteraand gesing: 'Daisy ... Daisy ... give me your answer true ...' wat nou verander word na: 'Daisy, Daisy, give me your arsenic too!'" Maar dit was nie al nie. In die reeks raak dit bekend dat Daisy de Melcker heerlike melktertjies gebak het. Toe sê iemand 'n sekere vrouetydskrif bied nou die resep gratis aan, met 'n naskriffie; "Arseen en sout na smaak!"

Siet u?

1121. Elke dag gebeur daar iets in die nuus wat snaaksighede ontlok. Almal onthou nog die graffiti op Stellenbosch: "Wat gaan van ons word?" en dan "Moenie Worrall nie – liewe Heunis sal sorg ..." en toe skryf iemand onderaan: "O Vlok!"

1122. Later beland die Minister van Gesondheid in die Hospitaal en die Minister van Korrektiewe Dienste word Minister van Bevolkingsontwikkeling ook.

1123. Peter Mokaba was in die nuus. Hy het glo gesê: "Kill the farmer, kill the Boer!" Later sê hy: "Korreksie! Ek het dit nooit gesê nie. Ek het gesê ... wag ek gaan net gou by die CNA hoor wat ek gesê het."

Sê iemand anders: "Hy bedoel seker die ANC ... die CNA het net boeke!"

Merk 'n ander man op: "Dit is tyd dat hy boeke vat!"

1124. Nadat daar besluit is om Walvisbaai by Namibië in te lyf, vra iemand: "Walvisbaai – en wie is die Jona?" Kom die skerpsinnige antwoord:

"Sam-n-Jona!" Natuurlik.

1125. Oom Robert van Tonder stel voor dat die Boerevolk moet terug na die katelkooi, want ons moet meer blanke Boerekindertjies hê.

Verwys een ou na Robert van Tonder: "Praat jy van die teelbul ... ek bedoel die taalbul?" want hy het die mooiste Afrikaans gepraat en bevorder.

Hulle het ook beweer dat oom Robert 'n boskroeg gehad het. As jy 'n drankie wou bestel, het jy net gevra vir 'n kleintjie. Dit skop eers na vier maande.

1126. Maar vir die meeste van dié aktuele humor is dit nodig om 'n verwysingsraam te hê. As jy nie weet wie Daisy de Melcker of Sam Nujoma, of Robert van Tonder is nie, sal jy nie baie hard lag nie.

1127. Robert van Tonder het ook 'n boek geskryf, wat hy noem *Politieke grappies*. Hy het baie verhaaltjies oor Tielman Roos. Iemand sê vir hom (hy was bekend as Die Leeu van die Noorde). "Jy weet, mnr Roos, ek het nog nooit 'n leeu met so 'n groot boepens gesien nie!" En Tielman Roos sê: "En ek het nog nooit 'n donkie met sulke klein oortjies gesien nie!"

Nou, sestig jaar later, word ons een oggend wakker met 'n program op die TV waar daar vertel word van 'n sekere dr Roos wat daarin geslaag het om die geslag van 'n man te verleng. Toe vra ons: "Dr Tielman Roos???" Ervaringsveld: as jy geweet het van Tielman Roos, het jy die grappie meer geniet, maar as jy nie geweet het nie, vat dit jou nie té lank om dit te snap nie!

1128. Tydens die Springbokke se Rugbytoer na Australië in 1993 is daar 'n groot groep ondersteuners saam. Later word beweer dat die ouens te veel gedrink het en die volkslied vals gesing het. Mnr Patel, voorsitter van die Suid-Afrikaanse Rugbyvoetbalunie, sê toe die ondersteuners sal in die vervolg ook gekeur moet word.

Vra ons: "Hoe gaan hy hulle keur? Gee jy 'n man 15 biere voor die vertrek, een vir elke Springbok, en sê hy moet dit een na die ander drink? En as hy daarna nie omkap nie, nog Die Stem vals kan sing, en nie in die groot paviljoen piepie nie – mag hy dan saamgaan Australië toe?"

1129. Zandberg Jansen, die rugbykenner, het dikwels met die keurders gespot, en hulle die Sewe Dwergies genoem, en daarna, Sneeuwitjie en die ses B..." Dit was 'n vloekwoord. Ek het ook gedink dit was Broeders!

Later sê een keurder aan 'n ander: "Het jy geweet Zandberg is doof?" Vra die ander keurder: "Is hy doof ook, ek dag hy is net blind!"

1130. Dit was bekend dat Zandberg lipgelees het. By een geleentheid het hy iets sleg van 'n sekere speler gesê. Toe dié speler mnr Jansen weer sien, hou hy sy hand voor sy mond en sê: "Oom Zandberg, voertsek!"

1131. Nadat hulle daardie dinosourus in Antarktika ontdek het, wonder die manne wat sy naam is. Een ou sê hy is so groot, indien nie groter nie, as die Springbok Vleis Visagie. Toe stel iemand voor ons noem hom Vries Visagie!

1132. Die tweede toets teen Australië op 14 Augustus 1993: Op Woensdag 11 Augustus kom die Springbokke se vrouentjies in Brisbane aan.

Wat gebeur?

Die Springbokke verloor die tweede toets – hulle is met 'n slap riem gevang.

Siet u?

1133. In daardie selfde toets word James Small van die veld gejaag en Jason Little druk twee wendrieë vir Australië. Daardie oggend sing Uil van Nuustak daardie mooi liedjie: "How *small* we are, how *little* we know ..."

Net daarna op TV1 is daar 'n besprekingsprogram deur die reeds genoemde dr Tielman Roos oor sy geslaagde operasie om die geslag van die man te verleng: "How small we are, how little we know ..."

1134. Rugbyklub van Stellenbosch, Die Pieke, gaan toer en skryf op hulle toerbus: "Daar's 'n huppel in my knuppel" en "Een roer een toer" en nog 'n paar stoute goete. Die Tukkies, wat van hulle manstudente as biele praat, reageer met: "Daar's biele op ons wiele!"

1135. Die spottery met Anneline Kriel kry nooit end nie. Nadat 'n groot meubelwa haar trek kom laai het, praat onse vriend, Frans van Rensburg, van Anneline-Kriel-Kerzner-Tucker-Stuttaford!

1136. Onthou jy nog daardie eerste briljante skepping van Leon Schuster oor Sol Kerzner? Hy sê net nadat Sol in die nuus gekom het: "Sol het nou ook sy eie lugdiens, hy noem dit Aerosol!"

1137. Van Leon gepraat, hy vertel darem graag van ons besoek aan New York in 1984.

Leon is aan die woord: "Saans het ons met spitsore na gladdebekkomediante geluister, waar Stefanus Petrus Rautenbach darem een aand 'n liederlike krater van een van New York se vermaardste humoriste gemaak het. Sien, Faan lag toe nie vir een van sy grappe nie, en dié roltong vra sarkasties: 'Where are you from, sucker?'

"Fanus sê toe hy kom van Suid-Afrika af. Doodstil in die saal.

'What's your name?' wou hy weet en Fanus sê: 'Fanus.'

'How do you spell it?' wou hy weet.

"Fanus was teen dié tyd al vies vir die kêrel se aanhoudendheid en maak sy wêrelddebuut as humoris, met hierdie juweel: 'You spell my name the same as yours, A.N.U.S., but mine is with an F!'

"Die gehoor het hulle geskeur, die komediant het gekleur ..."

1138. Dit was Zola Budd se eerste Olimpiese Spele, onthou jy? Sy het nie met skoene gehol nie, maar die meeste van die atlete het skoene van Brooks geadverteer. Toe maak ons dié een:

Die kollig word gefokus
op ons eie Zola Budd
by die LA Olimpiade
waar wêreldrekords spudd.
Klein Zola hardloop kaalvoet,
sy vang hul skoon oorhoeks:
die skoene waarin sy nie gaan hol nie?
Sy hardloop sonder "Brooks"!

1139. Dan was daar die bestorming van die beraadsaal waartydens 'n pantsermotor deur die vensters bars. Mnr Eugène Terre' Blanche stap heel voor en almal skrik hulle melk weg. Toe sê 'n stem, gerusstellend: "Moenie worry nie, die Leier wil net pis."

Sê die ouens: "Mense wat in glashuise werk, moenie draaie loop nie!"

1140. Ek lees 'n plakkaat op 'n motorvenster: "Hierdie kar word bewaak deur 'n pit bull met Vigs – This car is protected by a pit bull terrier with Aids!"

Seker Hearing aids! Nee, Hearing aids is 'n Dowemann Pincher!

Iemand het 'n pit bull met 'n Chihuahua gekruis, en toe kry hulle 'n chipit. Wat kry jy as jy 'n foxterrier met 'n pit bull kruis, of toe ok maar ...

1141. Dr Louis Luyt kondig aan dat hulle Ellisparkstadium 'n dak gaan opsit.

"Het jy gehoor: Ellispark ... hulle gaan Ellispark toemaak!"

1142. Die Johannesburgse Stadsraad wou nie prostitusie wettig nie.

Sê Frans van Rensburg: "Geen Groenlig vir Rooilig?"

Sê iemand anders: "Nou gaan hulle staak!"

1143. Die wêreld is vol gewillige mense, party gewillig om te werk, die ander gewillig om hulle te laat werk.

1144. Jy moet in 'n vrou se arms val sonder om in haar hande te val ...

1145. Die verskriklikste ding op soek na die waarheid is dat jy dit dalk kan vind ...

1146. Die pad van beskawing lê bestrooi met leë bierblikke ...

1147. Tweede huwelik: die triomf van hoop oor ervaring.

1148. Daar is nie lelike meisies nie, daar is net meisies wat nie weet hoe om mooi te lyk nie. Partykeer kos dit net meer.

1149. Dit is waardeloos vir 'n meisie om jonk te wees as sy nie mooi is nie, en mooi as sy nie jonk is nie.

1150. Jy onthou eers 'n man se eerste fout as hy 'n tweede maak.

1151. Niemand is verbaas oor 'n suksesvolle man se sukses nie, jy moet eers 'n mislukking wees voordat iemand 'n bohaai oor jou sukses maak.

1152. Dit is nie wat jy met jou talente gedoen het wat tel nie; dit is wat jy *nie* daarmee gedoen het nie.

1153. Die ouens sê jy moenie met jou vriende se vrouens lol nie, hoe de duiwel gaan jy met jou vyande s'n lol?

1154. Hulle sê 'n dronk vrou is 'n engel in die bed. Wie wil nou 'n engel in die bed hê? Sê liewer: 'n Dronk engel is 'n vrou in die bed.

1155. In die hemel is 'n engel nie 'n uitsondering nie.

1156. Dit is nie snaaks as 'n hen kekkel wat 'n eier gelê het nie, maar roep my wanneer die eier begin kekkel omdat dit gelê is.

1157. Dit is baie erg as mense van jou skinder; baie erger as hulle nie van jou skinder nie.

1158. Tant Koba was 'n taamlike kwaai vrou, en oom Koos, haar man, was lankal moeg vir haar alewige: "Sien jy nou, ek het dit mos gesê."

Eendag het hy 'n plan gemaak om haar dit vir goed af te leer. Vroeg die volgende oggend kom oom Koos ingehardloop by die agterdeur, waar sy vrou in die kombuis besig is.

"Koba, Koba," skree hy, "die bont koei het die melkemmer ingesluk!"

En Koba, sonder om te dink, skree dadelik: "Sien jy nou, ek het dit mos gesê!"

1159. Van Jaarsveld vertel dat Anton Jansen so kielierig onder sy voete is, dat as hy gaan swem hy altyd vloeipapier saamneem; in plaas van sy voete af te droog, loop hy net daaroor, anders sou hy stuipe kry. Sy maat, Gert de Jager, wat ook weet waar Jakob die boontjies begrawe het, vertel toe: "Kyk, dis nog niks. Ek het 'n tante gehad, sy is nou lankal dood; sy was so skrikkerig dat sy altyd, wanneer die wind beginne waai, uitgaan en die hoeke van die huis ghries smeer sodat die wind nie so om die huis moet loei nie."

1160. "Jiems," sê die suinige rentenier aan sy ou tuinman, "daar is iets wat ek aan jou wou gesê het, maar ek kan my nie herinner wat dit is nie."

"Miskien," antwoord Jiems, "wou Meneer my vra hoe ek dit regkry om siel en liggaam aanmekaar te hou met die salaris wat ek vir drie weke nog nie ontvang het nie."

1161. 'n Ier sien 'n volgelaaide stoomboot diep in die water en maak die opmerking: "As die rivier net 'n bietjie voller was, sou die skip seker sink."

"Ja," sê sy maat wat in Vlaandere geveg het, "sien jy hierdie gat deur die bol van my hoed? As dit 'n laebolhoed was, sou die koeël deur my kop gewees het."

1162. Ek gaan jou die grappie vertel, jy het dit nog nooit voorheen gehoor nie, want ek het dit nog nie eens gehoor nie, jy sien, ek het dit nou net uitgedink.

My buurman het 'n man op 'n fiets raakgery. Hy sê hy het nooit die man of die fiets gesien nie, want sy motorvenster is vol veiligheidsplakkate geplak.

1163. Ek mag jou die volgende grappie vertel, want al het jy dit al gehoor, duisende mense het nog nie: my vrou het 'n ongeluk in die kombuis gehad, toe kry ek dit vir aandete.

1164. 'n Humoris het baie swaar: 'n sanger mag dieselfde liedjie oor en oor sing. Dink bietjie hoeveel keer Bles Bridges al *Ruiter van die windjie* gesing het, en Cora Marie *Gee haar 'n roos*, en niemand kla daaroor nie. Maar vertel net dieselfde storie die tweede keer oor!

1165. Snaaks, maar menige romanse het al skipbreuk gely omdat die vrou 'n humorsin het, en die man nie.

1166. 'n Wyse man lag nooit vir sy vrou se ou klere nie.

1167. Ek het Parkinson se siekte, en hy het myne.

1168. "Jou man lyk nie vir my mooi nie."

"Vir my ook nie, maar hy is baie lief vir die kinders."

1169. Seuntjie: "Weet jy Susie, jy is baie mooier as jou mammie."

Susie: "Maar natuurlik, ek is 'n baie later model."

1170. Jack: "Waarom dra jy dinamiet in jou hempsak?"

Mike: "Sjuut, ek wil Pat se hand wegblaas as hy weer op my bors slaan soos gewoonlik."

1171. Instrukteur aan jong polisierekruut: "As jy 'n groot skare mense uitmekaar wil jaag, wat sal jy doen?"

Rekruut: "Ek sal my hoed afhaal en kollekte opneem."

1172. Op 'n eetmaal waar 'n aantal hooggeplaastes teenwoordig was, vertel 'n spreker toe die volgende grappie:

Onderwyser aan klas: "Jannie, wie het *Sonde met die bure* geskryf?"

Jannie: "Me-me-meneer, dis regtig nie ek nie!"

Nadat die gelag bedaar het, vee 'n dame die trane uit haar oë weg en sê: "Die klein vabond – ek is seker dis hy."

1173. Die seun het op die hekpaal gesit, terwyl sy maats lekker gespeel het. 'n Bejaarde hoogaangeskrewe inwoner van die dorp het verbygekom en hom gevra hoekom hy nie saamspeel nie. Die antwoord was: "Oom, ek het gehoor dat die mooiste nooi in die wêreld vanmôre hier verbykom op 'n wit perd, en nou wag ek om haar te sien. Sy is kaal!"

Oubaas: "Wel my seun, ek dink ek sal maar saam met jou wag, want ek het lanklaas 'n wit perd gesien."

1174. 'n Ier het lank gestaan en betoog oor die herverdeling van eiendom.

'n Stem: "As jy twee osse het, sal jy een afgee?"

"Natuurlik."

"As jy twee perde het, sal jy een afgee?"

"Natuurlik."

"As jy twee varke het, sal jy een afgee?"

"Nee jou vabond! Jy weet ek het twee varke."

1175. Op 'n dag kom 'n donkie by 'n Fordkar verby en roep hom toe: "Wat is jy, meneer Ford?"

"O," sê die Ford, "ek is 'n motor."

Die donkie draai om en sê: "As jy 'n motor is, dan is ek 'n perd."

## Huur

1176. Huisbaas: "Ja, jy kan twee kamers en die gebruik van die kombuis kry teen R200 per maand."

Huurder: "En waar is die stal?"

Huisbaas: "Watter stal?"

Huurder: "Vir die esel wat daardie prys betaal."

## Huurkoop

1177. Moeder: "Jy moet vandag soet wees en niks raas nie, Gertjie. Die dokter gaan Pappie se blindederm verwyder."

Gertjie: "Het ons dit dan ook op huurkoop gekry?"

## Huwelike

1178. Hy is dood en sy het baie na hom verlang. Sy hoor toe van 'n spiritis wat 'n mens met jou gestorwe geliefdes in aanraking bring. Eers is sy teësinnig, maar besluit tog later om dit te probeer. En werklik waar, daar is Jan se stem!

"Naand, Jan," sê sy verheug, "hoe gaan dit met jou?"

"Dit gaan baie goed met my, Annie."

"Is jy gelukkig, Jan?"

"Baie gelukkig, Annie."

"Is jy gelukkiger as wat jy ooit op aarde was?"

"Baie gelukkiger, Annie."

"Hoe lyk dit in die hemel, Jan?"

"In die hemel? Ek is nie in die hemel nie!"

1179. Hulle huwelik was amper op die rotse as gevolg van die teenwoordigheid van ou oom Jan. Sedert hulle bruilof woon die ou oom al by hulle in. Hy was altyd eerste aan tafel, maar het altyd die meeste oor die kos gekla. Toe word die ou man siek en hy gaan dood. Terwyl hulle terugry van die begrafnis af, sê Manlief: "Vroutjie, as ek jou nie so liefgehad het nie, sou ek nooit jou oom Jan kon verdra nie."

Sy kyk na hom. Haar mond val oop.
"*My* oom Jan?" skree-huil sy, "ek dag dan dit was jóú oom Jan!"

1180. 'n Mens weet altyd of 'n man getroud is: as hy sy rug op jou draai wanneer hy sy beursie oopmaak, is hy.

1181. Ons huwelik is op 'n 40–60 basis. Ek verdien 40 en sy spandeer 60.

1182. Dis heeltemal waar, 'n getroude man is nog altyd die beste eggenoot.

1183. Dit was 'n ideale huwelik. Sy het haar skoonheidsgeheime gehad en hy het sy geheime skoonhede gehad.

1184. Daar's net een raad vir 'n man wat verlief is – die huwelik! En as dit hom nie genees nie, sal niks nie.

1185. Hy sê hy trou altyd so teen die aand se kant. As dit dan nie werk nie, het hy nie die hele dag gemors nie.

1186. Die huwelik werk op 'n 50–50 basis. Helfte van die tyd is sy reg en helfte van die tyd is hy verkeerd.

1187. Maar sedert ek getroud is, het ek nie meer gate in my sokkies nie. Dit was een van die eerste dinge wat my vrou my geleer het: hoe om te stop. Om die waarheid te sê, as sy sê: "Stop!" dan stop ek.

1188. "Pa, ek dink sterk daaraan om te trou. Hoe is dit?"
"Jy ken die omie wat ons gebou oppas?"
"Ja, Pa."
"En jy weet wat 'n nagwag doen?"
"Ja, Pa."
"En jy het al in die tuin gewerk?"
"Ja, Pa."
"En skottelgoed gewas?"
"Ja, Pa."
"Nou hoekom vra jy dan?"

1189. Drie-uur in die oggend. Dis koud en die wind huil deur die bome. 'n Polisieman op sy rondte sien 'n man wat baie agterdogwekkend lyk, voor 'n huis staan. Dan loer die man by die venster in. Dan kyk hy op en af in die straat.

Die polisieman loop tot by hom en vra bars: "Haai, jy! Wat maak jy daar?"
"Ek wag net totdat my vrou gaan slaap, Konstabel!"

1190. Sy het nooit met hom saamgestem nie. Maak nie saak wat hy sê nie, sy het altyd gestry. Een aand was hy moeg vir die storie en hy sê toe: "Daar is een lieflike, volmaakte ding wat 'n man kan hê, wat 'n vrou nooit sal hê nie ..."
"Nooit!" gil sy, "dis onmoontlik! Wat is dit?"
"'n Man kan 'n vrou hê," sê hy liefies.

1191. Dora: "As ek trou, sal ek 'n man soos Pappa kry?"
Ma: "Ja, my kind."
Dora: "En as ek nie trou nie, sal ek 'n oujongnooi soos tant Sara word?"
Ma: "Ja, my kind."
Dora: "Ai, Mamma, dis maar 'n moeilike wêreld vir ons vrouens, né?"

1192. Toe hulle vir Sokrates gevra het of 'n man moet trou of nie trou nie, was sy antwoord: "Hy kan doen wat hy wil, hy sal tog later wens hy het nie."

1193. Dit was vir die toeriste baie snaaks dat die Basotho-man op sy perd ry terwyl sy vrou agterna stap. Toe een van hulle hom vra waarom hy dit doen, was sy antwoord: "Maar my vrou het nie 'n perd nie!"

1194. Gehoor van die ou oom van 90 wat met 'n jong dingetjie van 20 getrou het en toe 'n huis naby die skool gekoop het?

1195. Sy het elke einde van die maand haar geldjies by die poskantoor gaan haal, maar omdat sy nie kon skryf nie, het sy 'n kruisie gemaak. Eendag maak sy 'n kruisie en trek 'n kringetjie daarom. Toe die klerk vra hoekom, sê sy: "Ek is weer getroud, my naam is verander!"

1196. Die ou oom van aggentaggentag sit alleen by die huis. Hy dink sy jong bruidjie is net winkel toe, maar sy het die ginekoloog gaan besoek.
Die telefoon lui.
"Liefie," koer haar stemmetjie, "baie geluk, jy gaan 'n pappie word!"

Stilte. Dan kom dit bewerig: "E ... e ... wie praat?"

1197. Die ou oom van aggentaggentag trou met 'n jong dingetjie van twintig. Die dokter sê vir die ou oom dat dit dodelik kan wees.

"Dodelik?" roep die ou oom uit. "Dokkie, as sy dood dan dood sy!"

1198. Hy het baie jare gewag voordat hy besluit het om te trou. As 'n man so oud geword het, het jy so 'n bietjie ekstra versterking nodig voordat jy voor die kansel gaan staan. Maar miskien het hy te veel versterking geneem, want hy was baie beslis om hom nie *te vas* te laat bind nie.

"Beloof u dat u haar nooit sal verlaat nie, dat u haar getrou sal onderhou ... en haar in alles getrou sal bly ... Wat is u antwoord hierop?"

Hy kom op aandag en antwoord in alle erns: "Dominee, ek beloof jou dat ek my bes sal *try* – elke dag!"

Moontlik die eerlikste antwoord wat 'n dominee nog ooit gekry het.

1199. "Wie was jou vrou voor jy met haar getroud is?"

"Nee, toe het ek nie 'n vrou gehad nie."

1200. "Sy gooi my met die skottelgoed vandat ons getroud is."

"Maar waarom kla jy nou eers?"

"Sy begin nou raak gooi."

1201. 'n Man kuier by 'n ander man se vrou. Skielik knars daar 'n sleutel in die slot.

"Dis my man!" sê die vrou benoud.

"Waar is jou agterdeur?"

"Jy is in 'n woonstel, hier is nie 'n agterdeur nie!"

"Waar wil jy hom hê?"

1202. 'n Man kuier by 'n ander man se vrou. Skielik knars daar 'n sleutel in die slot.

"Dis my man!" sê die vrou benoud. "Spring deur die venster."

"Maar dis die dertiende verdieping," kla die man.

"Dis nie nou tyd om bygelowig te wees nie, spring!"

1203. Hulle vertel dat oom Japie Brits wat 79 jaar lank met tant Sannie getroud was, so 'n ou platjie was. Toe hulle hom vra hoe hy dit reggekry het om so lank saam met een vrou te leef en of hy nie soms aan egskeiding gedink het nie, was sy antwoord: "Aan egskeiding, nooit, aan moord, baie!"

1204. Sam van der Westhuysen vertel dat hy 'n buurman gehad het wat baie lief vir die son was. Saterdagmiddag trek hy sy klere uit en sny gras terwyl hy net 'n onderbroekie aanhet. Die bure het toe begin kla en sê dit lyk nie mooi nie. Hulle besluit naderhand om iemand af te vaardig om met hom te gaan gesels.

Die buurman sê toe: "Jong, die mense vra wat sal gebeur as jou vrou ook so begin werk?"

"Wel," sê hy, "dan sal julle weet dat ek haar vir haar geld getrou het!"

1205. "Hoe gaan dit met die getroude lewe?"

"O, ek leef nou nes 'n voëltjie."

"Soos 'n voëltjie? Hoe so?"

"Ek moet heeldag vir my lewe vlug."

1206. Burger op kommando: "Kommandant, ek wil 'n bietjie verlof gevra het om huis toe te gaan; dis nou al twee maande dat ek my vrou laas gesien het."

Kommandant: "Wat, twee maande? Ek het my vrou byna 'n jaar laas gesien."

Burger: "Ja, maar ek en my vrou is nie van daardie soort mense nie, Kommandant."

1207. Jan Haanekam wou gaan trou, maar hy kon nie sy naam teken nie. Toe moes hy die aand voor sy troue eers leer skryf. Natuurlik skryf hy toe baie groot. Die dag met die troue skryf hy sy naam só groot dat hy net "Haan" op die vorm inkry.

"Wat nou?" vra Jan.

"Ag, toemaar tog," sê die bruid, "laat staan maar die 'kam', ek het die 'haan'."

1208. "Jan," sê die dametjie wat altyd baie mooi aangetrek het en baie geld aan duur klere gespandeer het, "jy wil nou hê dat ek met jou moet trou, maar sal jy my kan aantrek?"

"Ag my hartlam," was die antwoord, "uittrek weet ek sal ek wel gou regkry, en aantrek kan ek mos maar met die tyd saam leer."

1209. "Neem dit nie so ernstig op nie, meneer Theron," sê 'n jong dame aan 'n man wie se huweliksaansoek sy pas geweier het, "daar is tog nog baie ander meisies; daar is Lily Uys, Rita Bam en Martha Kuys, al drie meisies wat 'n baie beter vrou vir jou sal wees as ek."

"Maar dink jy dan," antwoord meneer Theron, "dat ek jou sou gevra het as een van daardie drie vir my ja gesê het?"

1210. Vader: "Jy kom my vra of ek jou met my dogter sal laat trou, maar onthou asseblief sy is my enigste kind."

Minnaar: "Ja, ek weet dit, Meneer, maar ek wil maar net een vrou hê."

1211. Regter (aan vrou): "Is jy met huweliksvoorwaarde getroud?"

Vrou: "Hoe so, Meneer?"

Regter: "Ek vra of jy met huweliksvoorwaarde getroud is?"

Vrou: "A nee a, hoe kan Meneer dan so vra? Kyk, ek sê mos ek is met Jan Smit getroud; daar sit hy."

1212. "Is jy *gelukkig* getroud of is jy gelukkig *getroud*?"

1213. Hulle het mekaar tien jaar lank gesien. Elke Saterdagaand het hy haar bioskoop toe geneem. Toe sê sy hulle moet nou trou. Toe sê hy nee, want dan weet hy nie wat om op Saterdagaande te doen nie.

1214. Ander tweetjies het mekaar nog langer geken. Toe hy haar vra: "Hoekom trou ons nie maar nie?" antwoord sy: "Maar wie sal nou met ons twee trou?"

1215. Dit is onmoontlik om met dieselfde man vir vyftig jaar getroud te wees – na vyf en twintig jaar is hy nie meer dieselfde man nie.

1216. "Laat my toe om jou geluk te wens met die gelukkigste dag in jou hele lewe ... "

"Maar ek trou eers môre."

"Presies!"

1217. Die twee broers trou met twee susters en gaan hou in Margate wittebrood. Die volgende oggend sê Ouboet teleurgesteld: "Ek vind nou eers uit dat Annie rook, wat van Sannie?"

"Nee," sê Kleinboet, "sy is ook warm, maar sy rook darem nie!"

1218. Tant Marietjie sê wittebroodsdae is die vakansie wat 'n man neem net voordat hy vir 'n nuwe baas gaan werk.

1219. "Hoekom skeer 'n bruidegom sy hare voordat hy gaan trou?"

"Om die strop maklik om sy nek te kry ..."

1220. "'n Bruidegom skeer sy hare voordat hy trou, want hy wil darem nog vir oulaas iets doen sonder dat hy voorgesê word ..."

1221. Die predikant was besig om 'n trousertifikaat uit te skrywe. Toe hy by die datum kom, kyk hy die bruid aan en sê: "Laat ek sien ... dit is die sewende, nie waar nie?"

Die bruid kry 'n kleur en antwoord: "Nee Dominee, dis nog maar die derde maal."

1222. Jiems: "Hoe gaan dit, Jors? Hou jy nog so baie van mejuffrou Van der Merwe?"

Jors: "O, nee."

Jiems: "Hoe kom dit dan? Het julle gestry?"

Jors: "Nee, ek het met haar getrou."

1223. "Dit sal vyf rand kos as ek jou moet trou," sê die predikant aan 'n jong man wat sy troue kom reël.

"Dominee," antwoord hy, "dit spyt my, ek het nie geld nie, maar ek sal sommer mielies bring as Dominee nie omgee nie."

Die predikant willig in en die dag met sy troue kom die jong man met 'n sakkie agter sy rug by die pastorie aangestap.

"Dis glad te min," sê die dominee.

"Trou dan maar net so ver as die mielies gaan," was die antwoord.

1224. 'n Ier het sy nooi die gewigtige vraag gevra.

Nooi: "Ek sal jou my antwoord oor 'n maand gee, Pat."

Pat: "Reg so, my skat, neem baie tyd om die saak te oorweeg, maar vertel my net een ding: sal dit nee of ja wees?"

1225. Naas: "Wat het van Piet se ystere wil geword?"

Jan: "Sy vrou se trane het dit na hulle troue laat roes."

1226. Vrou: "My eerste man was baie verstandig."
Man: "Moenie glo nie, ons het altwee met jou getrou!"

1227. Piet: "Maar Marie, waarom wil jy in 'n vliegtuig trou?"
Marie: "Ek het altyd gesê dat ek met geen man op aarde wil trou nie, en ek wil my woord hou."

1228. Mevrou Pasgetroud: "Hierdie koek het ek gemaak volgens 'n resep wat ek oor die radio gehoor het."
Meneer Pasgetroud: "Vroutjie, dan is dit noodsaaklik dat ons die stel laat nasien."

1229. Vader aan jong man: "En kan jy 'n familie onderhou?"
Jong man: "O ja!"
Vader: "Jy moet goed dink, ons is nege altesaam."

1230. Mnr Pasgetroud: "Skat, ek wonder wanneer jy sal kan koek bak soos my ma dit gedoen het?"
Mev Pasgetroud: "Net sodra jy geleer het om soveel geld te verdien as jou pa."

1231. Mevrou (pasgetroud): "My man het my 'n verrassing belowe as ek leer koskook."
Haar suster: "O so! en wat was toe die verrassing?"
Sy: "Hy het die kok ontslaan."

1232. "Dawid, môre is ons vyf en twintig jaar getroud, sal ons vir ons 'n hoender slag?"
"Lettie, waarom sal ons die arme hoender straf vir iets wat vyf en twintig jaar gelede gebeur het?"

1233. Lenie: "Sannie, gaan jy my uitnooi na jou huwelik?"
Sannie: "Ag, my ouers is so erg daarteen dat ek nie weet of ek self daar sal wees nie."

# I

### *Ideaal*

1234. Onderwyser: "Dus 'ideaal' is 'n Griekse woord. Noem my 'n Afrikaanse woord daarvoor, Maria."
Maria (blosend): "Karel, Meneer."

### *Ideale eggenote*

1235. "Ek hoor jy gaan van jou man skei?"
"Moenie laf wees nie, ek ken hom skaars!"

1236. "Het jou vrou 'n wil van haar eie?"
"Het sy! Sy skryf haar dagboek 'n week vooruit!"

1237. "Jy sê jy het ook 'n ideale man in die oog gehad. Wat het van hom geword?"
"Ek het met hom getrou."

1238. "Is dit moontlik dat 'n vrou 'n geheim kan hou?"
"O ja, beslis. Ek en my vrou was al 'n maand verloof toe het sy my eers daarvan vertel."

1239. "Onthou jou man ooit julle troudag?"
"Nee, en ek is bly daaroor."
"Jy's bly daaroor?"
"Ja, nou herinner ek hom in Junie én in Januarie en kry twee presente!"

1240. "Komplimenteer jou man jou ooit?"
"O ja, hy sê baiekeer: jy's 'n mooi een!"

### *Inflasie*

1241. Een oggend op Jakaranda Stereo het ons gewonder wat sou gebeur as 'n mens inflasie letterlik toepas. Toe kom ons op 'n aantal af:
Eon de Vos sal Tweo de Vos word; Olivier word Olivyf; Bill van de Vyver, of dan Marita van der Vyver sal Marita van der Sesser word.
Dries Sewester word Viers Aggenbach. Ja, partykeer is mens gelukkig en kry jy die inflasienaam dubbeld. Byvoorbeeld Tien Rautenbach word Elf Rautenbnege; Sneeuwitjie en die Agt Dwergies ...
Tee vir Drie ...
My twee Harte Verlang na die Boland ...
Elf klein rakkertjies sit op 'n wal ...
Speel maar self verder – soos Vier Blinde Muise!

1242. Rip van Winkel skrik op 1 Mei 2067 wakker. Hy gryp die telefoon om uit te vind hoe dit met sy aandele gaan.
"Hoeveel is Santam?"
"Tweemiljoen rand ..."
"Trust Bank?"
"Driemiljoen rand ..."
"Bonuskor?"
"Viermiljoen rand ..."
"Is jy seker?"
"Natuurlik is ek seker ..."
Telefoonsentrale: "Nog drie minute, Meneer?"
"Asseblief ..."
"Gooi nog 'n miljoen rand in, asseblief."

### *Ingedagte*

1243. Soms kry jy iemand wat 'n ding so kort en so raak kan sê. Ek sit eendag in die wildtuin, alleen in my motor. Sit sommer so ... kyk by die venster uit na die doringbome. 'n Motor hou langs my stil. Die man draai sy venster af en sê: "Jammer om te oordryf, maar waaraan dink jy?"

1244. Hulle vertel die volgende staaltjie van dr D F Malan: Hy was soms vreeslik ingedagte, en tydens 'n verkiesingsveldtog het sy motorbestuurder hom êrens heen geneem waar hy die aand 'n vergadering moes toespreek. Daar aangekom, klim die motorbestuurder uit, stap om die motor en maak die deur vir dr Malan oop. Doktor het die man hier gesien staan, sy hand uitgesteek en hom baie formeel gegroet. Hy dag dis die mense wat hom kom ontmoet het.

1245. By 'n ander geleentheid moes dr Malan die Springbok-krieketspan in Kaapstad gaan groet. Hulle was op pad na Engeland waar 'n belangrike krieketreeks beslis sou word. Dr Malan moes 'n paar woorde sê. Hy het nie mooi verstaan wat aan die gang is nie en het die besoekende Engelse krieketspan baie hartlik welkom geheet in Suid-Afrika!

1246. Prof D F Malherbe was glo ook taamlik ingedagte. Met sy motor op pad na die universiteit, laai hy 'n student op. Toe hulle by die kampus kom, klim hy uit, bedank die student hartlik omdat hy kon saamry en stap voort.

Daardie middag het hy natuurlik skoon van sy motor vergeet en huis toe gestap vir middagete. Die namiddag moes hy weer klas toe en neem toe maar sy vrou se motor. Dié laat hy ook by die universiteit en stap huis toe.

Die volgende môre is hy met die fiets weg. Toe moes die huismense eers weer al die voertuie by die huis kry.

1247. Die alombekende professor het eenkeer, ook op pad universiteit toe, toe die wind van voor af baie sterk gewaai het, omgedraai om sy pyp brand te maak. Nadat hy 'n hele rukkie gesukkel het om die pyp opgesteek te kry, het hy vergeet dat hy omgedraai het en weer teruggestap huis toe.

1248. In dieselfde trant vertel Sakkie van der Walt van 'n kennis wat by hulle kom kollekteer het. Die man het in die sitkamer gesit en toe hy klaar gepraat het, groet hy en stap met die trap op na die slaapkamer bo. Hy dag hy is in sy eie huis en Sakkie het vir hom kuier!

### *Introvert*

1249. Een van my luisteraars, 'n baie beskeie kêrel; trouens 'n uiterste introvert, skakel my en sê: Fanus ... *oom* Fanus, ek weet nou nie wat om te sê nie; ek is skoon verleë dat ek nou self met oom Fanus praat. Ek het 'n besigheid, maar ek bewe in my broek, ek kan glad nie met mense oor die weg kom nie. Nou adverteer die mense van die skou op Brits en sê hulle het nog stalletjies te huur. Dit vat my 'n halwe dag om genoeg moed bymekaar te skraap om hulle te skakel. Toe ek uiteindelik deurkom, sê 'n masjien: 'Baie dankie dat u die Brits-skou geskakel het. Sê wat u behoeftes is, gee u naam en adres net na die sein: pieeeeep!'

"Daar staan ek, ek weet nie wat om te sê nie. As ek probleme met mense het, het ek groter probleme met masjiene wat praat. Uiteindelik gee ek my naam en adres, sê wat my besigheid is en dat ek daar wil uitstal. Maar toe is my geselskap op en die masjien wag dat ek nog iets moet sê. Hy is eintlik kortasem, so wag hy. Ek word so benoud, ek weet nie wat om te sê nie. Ek weet ek moet afsluit, maar hoe sê 'n mens vir 'n masjien tot siens? Ten einde raad, uit pure benoudigheid, sê ek: 'Tot in ewigheid, amen!'"

### *Inwyding van nuwe kerk*

1250. Fritz van Lingen vertel hierdie storie:

Hy sê net na die inwyding van 'n nuwe kerk op 'n sekere dorp, vra een van die ouderlinge die dominee: "En hoe preek die nuwe kerk, Dominee?"

"Nee, hy preek lekker," antwoord die dominee met 'n vonkeling in sy oog, "maar sê my, broer, hoe slaap die nuwe banke?"

# J

## *Jag*

1251. Twee manne gaan jag. Die een dra die geweer en die ander een die rolkamera. Toe skraap 'n leeu die man wat die geweer het. En hy hardloop en hy hardloop ... maar hy hol skoon vir die leeu weg. Skreeu die ou met die kamera: "Ag nee, man, hol 'n bietjie stadiger, ek kan julle nie altwee inkry nie!"

1252. 'n Jagter vertel aan sy handlanger van al die noue ontkomings wat hy al gehad het.

Handlanger (nadat hy angstig geluister het): "Jô! en jy was nog nie eenmaal dood nie!"

1253. 'n Boer gaan jag, maar het net twee patrone by hom. Hy skiet na 'n koedoe, maar dit is mis. Hy skiet weer, maar dit is ook mis, want die bok hardloop weg. Die koeël tref egter 'n hartbees oorkant teen die rant, nadat dit deur 'n vis gegaan het wat uit die water opgespring het. Van pure blydskap klap hy hande, en slaan sodoende twee tarentale dood. Hy skrik vir die tarentale, val agteroor en val 'n haas met twee kleintjies dood.

1254. Die landdros kom onverwags by oom Koos op die plaas aan, en bly vir middagete. Hoewel die jag gesluit is, is daar wildsvleis op die tafel. Oom Koos: "Meneer, u moet nou nie snaaks dink nie, maar my hond het nou die dag 'n duiker gevang en ek wou dit toe nie weggooi nie."

Landdros, wat net 'n haelkorrel uit sy mond haal: "O ja, en dit is seker een van jou hond se tande."

1255. 'n Groot jagter vertel by die kampvuur hoe hy eenkeer vasgekeer was, en 'n taamlike noue ontkoming gehad het. Hy vertel dat hy oor 'n rivier wou gaan met behulp van 'n groot tak wat oor die rivier gegroei het, en net toe hy op die tak klim, brul 'n leeu kort agter hom. Hy klim vorentoe en voor hom sien hy 'n mamba. Hy wou in die water spring maar die water wemel van krokodille. Al die luisteraars sit met oop monde en luister. Eensklaps vra een: "En toe, Oom, wat het toe gebeur?"

"Julle kan mos begryp dat hulle my opgevreet het," was die verontwaardigde antwoord.

1256. 'n Ou grootwildjagter vertel aan 'n jong jagter hoe om leeus te skiet.

Jagter: "Ou neef, as jy in die bosveld kom en die leeus storm, dan hardloop jy na die naaste boom, en as jy veilig in die boom sit, dan skiet jy die leeu uit die boom."

Jong jagter: "En sê nou daar is nie 'n boom nie?"

Jagter: "Daar moet 'n vervlakste boom wees."

## *Jakkalse*

1257. Op 'n landboutentoonstelling op 'n dorpie in die binneland het iemand 'n klein jakkalsie in 'n kou vertoon. 'n Dame wat 'n groot liefhebber van diere was, merk dat 'n sekere ou oom so lank voor die kou staan en die diertjie aandagtig beskou.

Sy loop nader en sê vriendelik: "Kyk Oom na die jakkalsie? Is hy nie fraai nie?"

"Ja," sê die ou oom, "ek wens hulle wil hom vir my gee."

"En wat wil Oom dan met hom maak?" vra sy belangstellend.

"Vrekmaak," sê die ou boer heftig.

## *Jeug*

1258. Hoe kry mens dit reg om jou tieners by die huis te laat bly?

Maak dit vir hulle baie lekker tuis, moenie met hulle raas as hulle mors nie, en blaas die buitebande af.

1259. My kinders wil nie graag by die huis bly nie, wat moet ek doen?

Maak dit vir hulle lekker by die huis. Moenie met hulle raas as hulle laat slaap nie; moenie hulle beddens opmaak nie; los die ligte aan; moenie die TV afskakel nie; laat hulle heeldag in die bed lê en lees; maak hulle nie die bad uitwas en die nat handdoek en vuil klere optel nie; los hulle dat met hulle monde vol kos praat; moenie hulle dwing om hulle tande te borsel nie; laat hulle ure lank op die telefoon lê ... en wat was die vraag nou weer?

1260. Waar kry hulle die gesonde, verstandige, mooi, skoon, slim tieners wat in die sepies op TV speel? Nie in ons voorstad nie!

1261. Ons tienerdogter was by die fotograaf: "Slegte fotograaf, die foto lyk nes ek!"

## *Jeuk*

1262. "Hoekom hou jy aan om jouself so te krap?"

"Dis net ek wat weet waar ek jeuk."

## *Jode*

1263. Kersfees in die Jood se huis. Kersvader klim deur die skoorsteen en sê: "Enigeen wat 'n Kersgeskenk wil koop?"

1264. Die aand voor Kersdag is daar 'n geweerskoot in die buurt. "Wat was dit?" vra die kinders bang. "Dit was Kersvader wat selfmoord gepleeg het," sê die Joodse pappa.

1265. Op 'n sekere walvisboot het die harpoene opgeraak, toe 'n reusagtige walvis die skuit agternasit en vinnig op hulle wen, tot groot benoudheid van die bemanning. Toe die walvis nagby kom, gooi hul 'n sak piesangs en 'n stoeltjie uit en hy sluk dié in. Na 'n paar sekondes kom hy egter weer nader. Die kos was alles op en die bemanning gooi toe 'n Sjinees uit. Die monster sluk hom ook in, en hoewel die bemanning hul uiterste krag inspan en roei vir al wat hulle werd is, kom die gedierte nog steeds op hulle afgejaag. Eindelik was hulle verplig om die enigste Jood wat aan boord was, uit te smyt, ten spyte van sy wanhopige gesoebat en teëstribbelings. Die walvis sluk hom ook in. Gelukkig word die vis toe net deur 'n harpoen van 'n ander boot getref. Hulle sleep die monster aan wal en kap hom oop. Toe hulle eindelik met 'n leer in hom afdaal, wat sal hulle vind? Die Jood sit ewe in sy skik bo-op die stoeltjie onder in die walvis, en was net besig om die piesangs aan die Sjinees te verkoop.

1266. 'n Jood was eendag op 'n skip wat aan sinke was. Hy hardloop na die kaptein en sê: "Kaptein, is daar glad g'n kans vir hulp nie?"

"Gladnie," antwoord die kaptein.

"Kaptein," vra hy weer, "waar is al die reddingsbote?"

"Almal al weggeslaan deur die see," sê die kaptein.

"O Vader Jakob!" roep hy in wanhoop, "wie wil 'n diamantring koop vir vyftig sent?"

1267. Die naaste wat die wetenskaplike wêreld tot oplossing van die probleem van ewigdurende beweging gekom het, was die dag toe 'n Skot 'n Jood sien aan wie hy jare lank tien sent geskuld het, en die twee laat nael agter mekaar.

1268. 'n Jood was na 'n vendusie en kom tuis met 'n bok.

Sy vrou: "Wat gaan ons met die bok maak?"

Hy: "Melk, natuurlik!"

Sy: "En waar gaan die ding slaap?"

Hy: "In die kombuis."

Sy: "En wat van die reuk?"

Hy: "O, die bok moet dit maar gewoond raak."

## *Jonk*

1269. Paul, seun van oom Jan en tant Alie, studeer in die buiteland vir medikus. Op 'n dag ontvang sy ouers 'n pakkie pille wat hulle veel jonger sal maak.

By sy terugkeer ontmoet sy ma hom op die stasie.

Paul: "En wie se babatjie het moeder daar in die stootwaentjie?"

Tant Alie: "Haai, Paultjie, ken jy dan nie meer jou pa nie?"

# K

## *Kaap*

1270. 'n Transvaler gaan kuier daar onder en omdat hy 'n posduifgeesdriftige is, adverteer hy in *Die Burger* dat hy 'n dosyn goeie posduiwe wil koop. Dieselfde aand beklink hy die transaksie. Hy stuur die duiwe per trein Johannesburg toe, hou hulle 'n maand lank op hok, en toe hy hulle loslaat, vlieg hulle dadelik terug na Jan van Riebeeck se standbeeld toe.

1271. Hulle sê die Vrystaat maak van die Kapenaars en Natallers goeie Transvalers.

1272. Die Kaap is 'n snaakse plek, dit word so vroeg laat in die Kaap smôrens in die winter en saans in die somer so laat laat.

## *Kaas*

1273. Willie aan winkelier: "Hou u goeie kaas aan?"

Winkelier: "Ons hou net goeie kaas aan wat in ons eie melkery gemaak is onder goeie toesig. Dit het 'n heerlike geur. Hoeveel wou jy gehad het?"

Willie: "O, net so 'n klein stukkie vir my muisvalletjie."

## *Kalkoen*

1274. Wat kry jy as jy 'n kalkoen met 'n pou kruis? Mooi, taai kalkoene of lelike, lekker poue?

1275. Na 'n rugbywedstryd word die span wat gewen het, uitgenooi vir 'n ete by een van die vooraanstaande families van die dorp. Die gasvrou het 'n gebakte kalkoen vir die geleentheid. Die kalkoen word toe uitgedeel volgens die plekke waar die kêrels in die span speel. Kry die kêrel wat voor speel, die bors; die vleuel die vlerk. Toe die gasvrou by die heelagter kom en hom vra waar hy speel, kom die antwoord: "Heelagter, Mevrou, maar dankie, ek eet nie kalkoen nie."

## *Kalwers*

1276. Mev Santie Brits, tans van Pretoria, vertel dat sy in Barkly-Oos grootgeword het as een van 'n gesin van veertien kinders. Hulle het in 'n langwerpige kliphuisie op een van die ryk plaasboere se grond gewoon. Dit het 'n platdak gehad en 'n buitegebou wat haar pa as motorhuis vir sy Ford gebruik het. Daar was vanselfsprekend nie geld vir bediendes nie – dit was in die depressiejare – en die kinders moes van vroeg tot laat werk. Die oubaas en die spantou het daarvoor gesorg. Hy was kwaai, daardie oubaas. Hy het so 'n groot, geel snor gehad en wanneer hy so briesend kwaad was, het die snor altyd so aan die een kant opgetrek.

"Nou het ons kinders 'n heilige ontsag vir die oubaas gehad," vertel mev Brits. "As hy die oggend opstaan en sy geel snor trek-trek só, dan weet ons vandag is spantou ons voorland.

"Die oubaas was ook vreeslik netjies op sy persoon. Sy skoene het altyd geblink, sy broeke het altyd mesvoue in gehad, in koue weer het hy so 'n grys jas gedra met 'n groen serp om sy nek. Sy voorliefde was 'n breërandhoed.

"Die plaaseienaar het my oorlede moeder 'n paar hanskallers present gegee wat sy met die bottel grootgemaak het.

"Daardie ou wêreld was bitter koud. In die winter het die sneeu spierwit gelê. Dan moes ons saans die kalwers in die motorhuis jaag, so weerskante van die motor, sodat hulle nie dalk verkluim nie.

"My oorlede vader het net Saterdagoggende van die werk af huis toe gekom om Maandag weer te vertrek.

"Die Ford se battery was pap. Een Maandagoggend neem my vader die battery in sy vragmotor saam dorp toe om dit te laat laai. Die Vrydag het ons 'n kwaai sneeustorm gehad en gevolglik het ons die kalwers weer die aand in die motorhuis gejaag.

"Die Saterdagoggend het die oubaas vroeg van die dorp af gekom. Hy het van die vragmotor afgeklim met die gelaaide battery wat hy in albei hande vashou. Hy hardloop so kop onderstebo, so koes-koes vir die sneeu.

"Ons kinders het almal by die deur uitgepeul toe ons hoor dat hy stilhou. Hy skree vir my om die motorhuis se deur oop te maak. Arme ek ... skoon vergete van die kalwers, maak ek haastig die deur oop, die kalwers gebruik die geleentheid om by die deur uit te spring net toe die oubaas by die deur inloop.

"Die een kalf spring tussen sy bene deur en lig hom van die grond af op. Daar sit die oubaas toe agterstevoor op die kalf se rug met die battery in sy hande. Soos die kalf so onder hom ingespring het, het die jas se soom net so bokant die kalf se oë soos 'n groot kappie gehang. Die oubaas se hoed se rand slaan om in die wind en druk dit so plat teen sy kop, die serp staan styf hier agter sy oor verby en toe die kalf, stert in die lug, hier verby ons trek, skree die oubaas:

"'Julle helpenne, kan julle nie keer nie!'

"Maar spantou ofte nie, ons kruip soos ons lag.

"Ons kon natuurlik niks aan die saak doen nie. Wie kan nou 'n verwoede kalf met so 'n buitengewone vrag op sy rug stop?

"Die oubaas het sulke lang, maer bene gehad; nou trap hy so aan die een kant, dan weer aan die ander kant van die kalf vas, maar die kalf se vaart is te groot. Afkom is min. Die derde keer wat die kalf sy draai om die huis maak, kry die oubaas eers vastrapplek met sy voet, sodat die kalf onder hom uithardloop. Maar dit het hom in elk geval onderstebo geruk.

"En daar sit die oubaas nog met die battery in sy hande. Die jas is agter hom uitgesprei soos 'n pou se stert terwyl die sneeuvlokkies fyn op hom neerdartel!"

## Kannibaal

1277. Die kannibale het 'n hele jaggeselskap gevang en hulle in die groot kookpot gestop. Daardie aand dans hulle al om die pot. 'n Boodskap kom van die kaptein se broer om vir hulle te kom kuier.

"Nee," laat weet die gelukkige kaptein, "ons kan nie vanaand kom nie, ons het mense vir ete!"

1278. Die kannibaalkaptein het drie dae laas iets te ete gehad. Hy gee sy manne opdrag om vir hom te gaan kos soek – al is dit ook 'n terroris! Die volgende oggend sit hy met hongerpyne op sy maag en sien hoe hulle 'n mooi meisie pot toe sleep en hy laat weet: "Die kaptein wil vanoggend sy ontbyt in die bed hê!"

## Kantoor

1279. Die baas was baie lief om flou grappies te vertel en dan lag almal tog te lekker. Toe hy merk dat een van sy manne nie lag nie, vra hy waarom nie.

"Ek dink nie dis nodig nie, ek loop die einde van die maand."

1280. "Is jy nie skaam om hier op die hoek van die straat te staan en bedel nie?"

"Wat wil u hê moet ek doen – 'n kantoor open?"

1281. Die kantoorjonge het net vyftig rand per maand ontvang, maar hy het met 'n nuwe motor gery en altyd mooi aangetrek. Hy het elke maand sy salaristjek uitgeloot teen tien rand per lootjie.

1282. 'n Ander kantoorjonge het vir 'n prokureur gewerk.

"Hoeveel kry jy?" vra sy maat.

"Vyfduisend rand per jaar," antwoord die mannetjie. "Vyf en twintig rand per maand kontant en die res in regsadvies."

1283. Baas aan kantoorjonge: "My seun, weet jy wat doen hulle met jongkêrels wat leuens vertel?"

Kantoorjonge: "Ja, Meneer, as hulle oud genoeg is, word hulle verkoopsmanne."

1284. "Is u seker dat al die kantoormeubels teen diefstal verseker is?"

"Ja, alles behalwe die horlosie; almal hou hom dop."

1285. Hy het elke oggend laat gekom. Toe vra die baas of daar nie iets is wat hom hinder nie. Slaap hy goed?

"Nou dat Meneer daarvan praat – ek slaap nie goed nie. Daar is 'n lig wat in my kamer skyn."

Die baas sê toe hy moet sy venster swart verf. Hy doen dit. Hy skrik wakker, kyk op sy horlosie en sien dat hy lekker betyds is. Fluit-fluit kom hy op kantoor aan.

"Meneer, ek het dit gemaak," juig hy, "baie dankie vir die goeie raad!"

"Ja," sê die baas, "maar waar was jy gister?"

1286. Baas: "Jy moes agtuur hier gewees het!"

Klerk: "Regtig? Wat het gebeur?"

## *Katte*

1287. Ons het nou die dag ons kat per ongeluk in die yskas toegemaak. Die volgende oggend toe ons die yskas oopmaak, was die kat stokstyf gevries. Ons kry toe die raad om petrol op die kat te gooi, dit sou hom ontdooi. Ons gooi toe die petrol op. Die kat vlieg op en hardloop tien keer om die huis. Toe slaan hy neer.

Dood?

Nee, sy petrol het opgeraak.

1288. Sy vrou was baie kwaad.

"Jy moet die kat gaan weggooi!" sê sy.

'n Uur later is die kat weer terug.

"Ek het gesê jy moet die kat gaan weggooi! Nou vat jy die kat en gaan gooi dit ver weg!"

Twee weke later kom hy moeg by die huis aan.

"Het jy die kat weggegooi?"

"As ek die kat weggegooi het, het ek nooit weer die huis gekry nie!"

1289. Die twee broers het soos dag en nag verskil. Ouboet was groot en sterk en manlik terwyl Kleinboet verfynd en klein en baie vroulik was. Ouboet het rugby gespeel, met Brahmane geboer, gelag en gewig gestoot. Kleinboet het koek gebak, met hoenders geboer, danslesse geneem en 'n Siamese kat gehad.

Elke jaar gaan hou Kleinboet op Clifton vakansie. Dié jaar gaan hy weer. Hy spreek Ouboet mooi aan voordat hy gaan:

"Ouboet, ek gaan weer met my jaarlikse verloffie. Sal jy so vriendelik wees om na Kietsie te kyk? Jy weet sy is 'n sensitiewe ou diertjie en sy mag niks oorkom nie. Sal jy, asseblief, Ouboet?"

"Ja, ek sal die bellie kat oppas," brom Ouboet in sy baard.

"Ek het vir jou al die instruksies hier aangeteken: wat sy moet eet, hoe laat sy moet gaan slaap, wat jy moet doen ingeval sy siek word ..."

"Jou bellie kat sal niks oorkom nie," brom Ouboet en rol sy kakiehemp se moue op.

Kleinboet is daar weg met 'n beswaarde gemoed, want Ouboet is so harteloos. Elke aand bel Kleinboet plaas toe om te hoor hoe dit met Kietsie gaan. Al antwoord wat hy kry, is: "Dasie foutie!"

Die vierde aand bel Kleinboet weer: "Hoe gaan dit met Kietsie?"

"Jou bellie kat het gevrek," sê Ouboet.

"Jou hartelose wreedaard!" kerm Kleinboet.

"Maar ek het nie jou bellie kat vrekgemaak nie. Die bellie kat het op die bellie dak geklim en afgeval. Poef! Vrek!"

"Jy is taktloos. Jy kon die storie vir my versag het. Jy kon die aaklige nuus in simpatieke stadia aan my oorgedra het.

"Die eerste aand as ek bel, kon jy gesê het: Kietsie het op die dak geklim ..." Die tweede aand as ek na haar welstand verneem het, kon jy gesê het: "Jou pragtige Kietsie het baie seergekry ...' en die derde aand kon jy gesê het: 'Kleinboet, ek is baie jammer om jou die tragiese nuus mee te deel, maar Kietsie het sag heengegaan, en ek kan jou belowe sy het nie een oomblik gely nie.' Verstaan jy, Ouboet?" snik hy.

"Ja, ek verstaan, man," brom Ouboet.

"Terloops," vra Kleinboet, "hoe gaan dit met Ouma?"

Ouboet sug. "Ouma het op die dak geklim ..."

1290. "My kat hakkel," sê die man vir die veearts.

"Dit is die eerste keer wat ek hoor 'n kat hakkel," sê die veearts.

"Maar dis waar, die hond storm my kat en dan sê die kat: 'Vvvvv ...'"

"En dan?"

"En voor die kat kan sê 'Vvvvvoertsek!' dan byt die hond haar!"

1291. Tante (aan seuntjie): "Is dit 'n wyfiekat daardie?"

Seuntjie: "Nee, Tante, maar sy ma was 'n wyfie."

## *Kennis*

1292. Kadet (wat afskeid neem van sy offisier): "Ek dank u vir al die moeite wat u aan my bestee het; alles wat ek nou ken, het ek van u geleer."

Offisier: "Nie te danke nie; dis sommer niks."

## *Kêrel*

1293. "Dit is nie 'n slegte kêrel wat Bessie in die hande gekry het nie."

"Ja, en tog moes jy die een gesien het wat vrygekom het."

## *Kerk*

1294. Eenkeer het die dominee wat organiseerder was van die Britse en Buitelandse Bybelgenootskap, Knysna besoek. Die Sondagmiddag het hy 'n kinderpreek gelewer. Hy het oor sondes gepraat. Hoe dit klein begin; eers kan 'n mens dit maklik oorwin, maar dan word dit groter en sterker en kan 'n mens nie daarvan loskom nie.

Om hierdie punt te illustreer, het hy gevra dat een van die kindertjies van die gemeente na vore moes kom.

Klein Louis Henry Barnard sê hy was maar altyd 'n bietjie voor op die wa en hy het die wedloop na die preekstoel gewen. Die dominee tel hom toe op 'n tafel. En toe begin hy skrik, want hy het nie mooi geweet wat aan die gang is nie, maar toe die dominee 'n garedraad om sy bors en arms bind en sê hy moet dit breek, het hy verstaan wat aan die gang was.

Dit was 'n soort kragvertoning, het hy gedink.

Hy het die garedraad maklik gebreek.

Toe bind die dominee 'n dubbele garedraad om en weer breek hy dit. So het die gare dikker en dikker geword en dit het al moeiliker geword. Later bind hy 'n dik tou om Barnie se arms. Hy beur en sukkel, die gemeente lag ... en toe ... en toe sê Barnie, tot sy ouers se skande: "Die tou is te *bloemin* dik!"

1295. Barnie is verder aan die woord:

"Irene Tait – ook een van die meisies uit my vroeëre puberteitsjare – sit een Sondag voor ons in die kerk. My pa was in die ouderlingsbank. Knysna se kerkvloer loop skuins af na die preekstoel toe. Sy het 'n pragtige wit halssnoer aan. Die knippie agter is tog te mooi en my vingers jeuk om dit los te maak. Onder die lang gebed – ek weet nie wat ek gemaak het nie – gaan die ding los. Dit gly af oor haar skoot en val stukkend op die vloer. Jy hoor net krale rol. As jy dink dis nou verby, dan rol daar weer een wat agter 'n bank se poot vasgesteek het. Dominee hou op met bid – die krale rol nie. Sodra hy weer begin, dan raak daar weer 'n verdekselse een los en rol. Hy hou op met bid – die pêrels rol nie. Hy begin bid – die pêrels rol. Dit was omtrent 'n spulletjie. Toe weet een van die diakens te vertel hy het my gesien en hy sê ek het die pêreltjies een vir een laat val. Gelukkig het ds Odendaal 'n humorsin gehad, maar Maandagoggend vroeg het ek my pak slae gekry."

1296. Hy het nooit kerk toe gegaan nie, maar dié dag toevallig sommer by die kerk ingestap.

Dominee: "Ons het die dinge gedoen wat ons moes gelaat het en dit wat ons moes gelaat het, het ons gedoen."

Hy vryf sy hande en sê: "A! Uiteindelik het ek by my mense uitgekom."

1297. Barnie vertel verder: "Ek en Jimmy van Rooyen het die orrel in die kerk gepomp, of getrap. Daar was twee pedale wat 'n mens op en af moes trap. Voor jou het 'n loodjie gehang wat opgaan namate die balke voller word en sak wanneer dit leër word. Menige dag het ons met mekaar gekompeteer om te kyk wie die orrel die leegste kon laat word. Ek hoor nou nog die orreliste, mej Oberholzer, soos sy daar voor swoeg en sweet as jy so tussen die psalms en gesange luister en die sjof, sjof hoor. Sy wou ons gereeld vermoor en het ons telkemale by die koster, mnr Morgenroodt, aangekla. Ons hou maar net altyd vol daar is iets verkeerd met die orrel. Ons was bitter spyt toe die elektriese orrel geïnstalleer is."

1298. "Oom Renier Boud was voorsanger toe ons kerk nog nie 'n orrel gehad het nie, en hy kon dit maar net nie afleer nie. Mej Oberholzer, met haar diploma nog nat van varsheid, het 'n opdraande stryd teen oom Renier gevoer. Ag, het hy dit geniet as ons die slag *Heugelike Tyding* sing! Daardie hoë noot was sy kos en die orrel het nie 'n kans gestaan nie. Oom Renier het met biddae en bidure homself deeglik laat geld. Of ons nou gebid het vir reën, vir vrede, of vir wat ook al, hy het altyd afgesluit met die woorde: 'Ag, Here, wij ...sijt ... soos het ploegschaar wij ... sijt ... het roest, maar wil het nie weet.'"

1299. "Aprilmaand se nagmaal was 'n groot gebeurtenis. Twee weke voor die tyd het die katkisante uit die distrik na die dorp gekom vir hulle finale afrigting. Ons het groot genot daaruit geput om hulle voor te lê en toe te roep: 'Kat, kat!' Ongelukkig was daar 'n outjie, 'n Engelsman, wat op een of ander manier die bynaam Kat gekry het. Sy naam was Kat Kennett. Hy kon maar net nie verstaan dat ons hom terg nie, en hy het ons, wanneer hy ons in die hande kon kry, lelik gekarnuffel. Sy regte naam was Matthew. Sy broers was Mark, Luke en John. Hulle pa was die drywer van Thesen se bostreintjie. Hy was 'n kort, dik Engelsmannetjie. Sy werk was sy plesier en hoewel hy altyd vuil was, was daar nie 'n trein in die wêreld wat meer geblink het as oubaas Kennett se koffiepot nie.

"Nou ja, soos ek gesê het," vervolg Barnie, "twee weke voor die tyd kom die katkisante in. Vir hulle was dit heel aardig want baie van hulle was nog maar selde in die dorp. Die meeste het daar uit Knysna se bosse gekom. Dan, die Donderdag voor die Nagmaal, kom die waens in hul honderde aan, want dit was 'n groot gemeente. Voor Parks en Thesen se meulens staan hulle bankvas. Vir ons dorpsmaatjies was dit 'n aardigheid ... seker meer as vir die rou outjies uit die bosse. Dit het my altyd aan die slag van Bloedrivier laat dink.

"Sondag is die groot diens. Die mense pak die kerk van hoek tot kant. Die paadjies, voorportaal – luidsprekers het daar nie bestaan nie – die trappies op na die kansel. Hulle sit bankvas en vorm so 'n soort van tablo met Dominee as die middelpunt.

"'n Diaken kan soms ook 'toe' wees. Nou het hy 'n plekkie gekry in die voorste ry, maar besluit twee kan daar inpas en hy wys vir die diaken in die middel drie vingers. Dié het nie baie vertroue in sy broer gehad nie en wys agtertoe vier vingers. Die broer by die deur beskou sy broers as onervare en laat vyf in, terwyl 'n sesde inglip. Konsternasie! Moenie praat nie! Na 'n stoeiery en 'n indrukkery, blyk dit toe dat die laaste diaken tog reg was."

1300. "Tant Takkie het ses dogters gehad en 'n verboepte ou mannetjie. Sy was 'n waardige en deftige ou tannie. Sy het altyd gesorg dat die kerk so driekwart vol is voordat sy die trappe by die hoofingang bestyg. Dan stap sy die lang gang af, kort agter haar oom Michel, en dan die dogters, gerangskik van langste tot kortste. 'n Pragtige prosessie. By haar bank aangekom, trek sy oom Michel uit die pad en laat die dogters een vir een instap. Dan stoot sy oom Michel in, 'n pouse, en dan stap sy in, 'n pouse – die hele familie staan nog – en na 'n kopknik van haar kant, gaan almal sit. Dit was iets wat ons kinders as baie georganiseerd beskou het.

"Eendag was sy ietwat laat en kry 'n bank wat nie heeltemal leeg is nie, maar tant Takkie verloor vir geen oomblik haar waardigheid nie. Die gebruiklike seremonie volg, maar toe die agt gelyk gaan sit, toe bult die ouens in die middel uit, half soos 'n ding wat van beide kante gedruk word, of soos Koos Meyer sou sê, soos 'n swartkoppie wat uitgedruk word."

1301. "Een April-nagmaal onthou ek soos gister. Die kerk was, soos gebruiklik, tot oorlopens toe vol en dit was reeds aan die gang toe oom Poerie binnekom. In plaas daarvan dat hy maar agter in die gang plek inneem, loop hy stadig die gangetjie af, al soekende, en sy skoene kraak vreeslik. Ds Theron – hy was baie kwaai – bly stil. Hy was besig om gebooie uit te lees, maar oom Poerie stap vorentoe totdat ds Theron so tussen die derde gebod van die een paar en die eerste gebod van die ander paar, sê: 'Sit, Poerie!' Oom Poerie, wat nog die hele tyd gemeen het niemand sien hom nie, slaan neer soos 'n sak patats – op 'n ou tannie se skoot. Sy stoot hom af dat hy kaplaks in die gangetjie val – en die diens gaan voort."

1302. 'n Bekende dominee vertel die volgende staaltjie: "In 'n sekere gemeente het allerlei omstandighede soms gedreig om my lewe te versuur, maar my dierbare koster, ene oom Stoffel, het deur sy denke, spreke en handel, meermale die lagspiere geprikkel en so gesorg vir die nodige olie op die ratte. Hy rus van sy arbeid, maar sy werke volg hom na ook in dié sin dat die herinneringe aan sy doen en late my nog menigmaal laat lag en daarvoor bly ek hom dankbaar.

"Daar kan nie gesê word dat oom Stoffel baie daarop gesteld was dat die kerk juis skoon moes wees nie. Daar was diegene wat gebrom het dat hy sy hande van jongs af die saligheid belowe het. Hy het egter geen hond in die kerk geduld nie. In dié besondere gemeente was die honde nogal nie traag om die kerk te besoek nie. "So het hy byvoorbeeld een oggend 'n vrou se geliefde en geliefkoosde hond met 'n paar harde skoppe uit die kerk uit geboender. Die volgende dag het sy hom bitsig toegevoeg: 'Ja, oom Stoffel, jy het seker baie salig gevoel toe jy my arme ou hondjie so onbarmhartig geskop het.' Hy was dadelik gereed met die antwoord: 'Dit is ook glad nie *ladylike* van jou om jou hond kerk toe te bring nie.'

"Dit was veral die belangstelling wat die honde vir die doopvont getoon het, wat oom Stoffel se gramskap so gaande gemaak het.

"Een aand kom hy kort voor die diens by die pastorie met 'n onheilspellende lig in sy oë aan. 'Daardie hond van ou Hannie Botha met haar blink oë kom mos elke aand kerk toe, maar vanaand skop ek hom morsdood.'

"Ek het hom daarop probeer wys dat die hondjie, 'n klein wolhaarbrakkie, stil by haar voete lê en tog niemand hinder nie, terwyl sy hondevervolging al meermale die diens ontstig het.

"Sy antwoord was: 'Nee, Dominee, ek is 'n Duitser. Orde is orde en die kerk is nie vir honde gemaak nie.'

"Dit was duidelik dat oom Stoffel dieselfde aand met mening met die hond wou afreken. Al wat ek kon doen, was om hom vriendelik te versoek om die teregstelling vóór die diens te laat plaasvind en nie weer die plegtigheid van die diens te versteur nie.

"Dit was 'n koue aand en onder die gesing van die eerste gesang – die gemeente het destyds nog sittende gesing – het oom Stoffel langs die paadjie afgestap om die deur te gaan toemaak, maar eintlik om die hond op te spoor en hom te versool.

"In een van die agterste banke het 'n ou dame gesit met 'n paar pantoffels wat van skaapvel gemaak is. Dit was nog nie in die dae van die hoë wolpryse nie en die ACVV het destyds die minderbevoorregtes geleer om allerlei artikels uit skaapvel te vervaardig.

"Met die verbystap sien oom Stoffel die skaapvelpantoffels aan vir die gehate brak. As hy ook nou eers mooi korrel gevat het, sou die moles nie plaasgevind het nie, maar oom Stoffel was 'n haastige man. Hy haak af en skop ongemaklik na die niksvermoedende ou dame se pantoffels! Die ou tante het haar voete betyds weggeruk sodat hy byna sy been teen die bank afgeskop het en toe het sy hom venynig aangegluur.

"Doodverskrik het hy sy bokbaardjie in sy hand gegryp en die kerk uitgenael en eers weer ná kollekte teruggekeer. Intussen het die gemeente klaar gesing en ek moes bid om genade om my lag te kon bedwing."

1303. In 'n ander gemeente het 'n koster eenmaal die gevoelens van 'n groot deel van die gemeente vertolk toe hy by geleentheid van 'n kerkraadsvergadering kans gekry het om 'n paar woorde te sê. Die leraar sou vir 'n geruime tyd uit die gemeente afwesig wees en die kerkvaders het beraadslaag oor die vraag of hulle 'n tydelike leraar moes vind. Die koster het ook agter in die vergadering gesit en verlof gevra om sy sienswyse uit te spreek. Ter wille van die liefde en vrede is dit hom toegestaan.

In alle waardigheid het hy die kerkraad toegespreek: "Ek stel voor ons kry 'n *wireless* en sit dié op die kansel, dan het ons iedere Sondag van die beste preke. Maar as hy sê Heidelbergse kategismus, dan knip ek sowaar sy draad."

1304. Nog 'n storie van Barnie:

"My pa het my vertel dat toe ds Harold

Botha nog dominee op Knysna was, daar eendag iets baie snaaks in die kerk gebeur het. Weens die lang afstande was party van die kinders al groot wanneer hulle gedoop word. Terwyl die verrigtinge wat die doop voorafgaan afgehandel word, sien hy dat 'n vrou haar seuntjie – wat nog gedoop moes word– iets uit 'n blikkie voer en die outjie eet te lekker. Toe hulle voor die preekstoel staan, het die outjie seker honger geword, want in die middel van die seremonie skreeu hy: 'Ek wil nog 'poen hê! Ek wil nog 'poen hê!' Gelukkig was ds Botha 'n man met 'n lieflike humorsin en hy sê vir die ma om die kind se blikkie pampoen te gaan haal."

1305. "Die sitplekke in die kerk was nog uitgehuur, maar met die verbreking van die gebou het die kerkraad besluit dit is die welaangewese oomblik om van dié gebruik af te sien. Tant Phoebe was nie hiermee gediend nie en sy het in die omskepte kerk min of meer bepaal waar haar sitplek voorheen was en dit getrou beset. Een Sondag kom sy laat by die kerk aan en 'n oujongkêrel, baie eksentriek, het onwetend op haar plek gesit. Terwyl die lang gebed aan die gang was, glip sy stilletjies agter hom in en gaan sit op haar plek. Mensdom, waar was jy? Op die woord *amen* gaan sit hy op tant Phoebe se skoot, en roep boontoe. Dominee moes die gemeente laat sing om stilte te kry!"

1306. Tydens die Britse koning se besoek het 'n meisie na die diens wat die koningsgesin in Pretoria se Bosmanstraatkerk bygewoon het, vir ds Reynecke gevra of hy nie gesien het watter soort kouse die prinsesse aangehad het nie.

"Nee, my kind," het hy geantwoord, "ek het ongelukkig nie na hulle bene gekyk nie."

1307. In die hotelwese kry 'n mens maar min kans om kerk toe te gaan. Koos Meyer se vrou, Margriet, het gevoel dat Koos darem te min in die kerk kom en vra dié Sondagoggend of hy nie kerk toe gaan nie.

"Nee," sê Koos, "ek wou verlede Sondag gegaan het, ek kan mos nie hierdie week al weer wil gaan nie!"

1308. Die kerk was stampvol. Die dominee het die afkondigings gelees en daar is gesing en gebid. Hy het net begin lees toe daar 'n beroering agter in die kerk is. Oom Jan en sy vrou en sy sewe kinders het ingestap gekom en plek gesoek. Almal het omgekyk, onder andere ook 'n baie bekende lid van die gemeente, oom Piet. Oom Jan en sy gesin het uiteindelik plek gekry en almal het ingeskuifel. Die dominee het gewag. Toe almal sit, kyk oom Piet vorentoe, wys met sy vinger na die dominee en sê: "Raait!"

1309. Ouma Pohl het vyf seuns en 'n dogter gehad. Al die seuns was ses voet twee, ses voet drie, en Pieter was ses voet ses duim. Sondae het die gesin Graaff-Reinet se klipkerk binnegestap en in een ry gaan sit. En as daar gesing word, sing almal met goeie, welluidende stemme. Pieter s'n was hard genoeg, maar ongelukkig so vals soos 'n kat s'n. Dis dan dat Ouma na hom toe draai en saggies fluister: "Pieter, moet liewer nie saamsing nie – die Here sal verstaan."

1310. 'n Mnr P J Viljoen van Beaufort-Wes het vertel dat jare gelede toe hulle na dié dorp toe getrek het, sy vrou 'n bediende gekry het wat tog te spraaksaam was. Sy wou toe weet aan watter kerk die bediende behoort.

"Mies," sê sy, "ek behoort aan die NG Sendingkerk. Ek was eers 'n lidmaat van die Engelse High Church, maar daar moet 'n mens te veel kniel, en Mies weet, die miere van Beaufort-Wes is baie ongeskik, toe is ek daar weg."

1311. Ds Lourens van Rensburgdorp het weer vertel van die dae toe hy predikant op Bakerville se delwerye was. Daar was net 'n sinkplaatsaaltjie wat as kerk gebruik is. Alles was maar tydelik en 'n preekstoel het nie eintlik bestaan nie. Dit was maar op dieselfde vlak as die gemeente se stoele.

'n Jong paartjie kom om in die huwelik bevestig te word. Die gebruik was dat die bruidegom in die saal gaan sit en wag op sy bruid, maar dié keer was die bruidegom 'n Engelsman en was nog nooit in dié kerk nie.

Ds Lourens sê hy moet maar solank gaan sit. Hy stap die kerk binne en naderhand kom die bruid na die dominee toe en vra waar die bruidegom dan is. Dis toe dat hulle in die saaltjie loer en sien dat al die mense sit en giggel, want die bruidegom het ewe breed op die preekstoel gaan sit!

1312. 'n Skot gooi ingedagte 'n vyftigsentstuk in die kollektebordjie in plaas van 'n vyfsent.

Die volgende nege Sondae fluister hy vir die diaken: "Seisoenkaartjie."

### Keuse

1313. Meneer: "Het ek dit reg dat nie een van u dogters verloof is nie?"

Moeder: "Heeltemal reg, Meneer, u het nog die volle keuse."

### Kind

1314. "Ag man," sê Lettie, terwyl sy hom wakker skud, "help my dan tog om die kind stil te kry! Jy het ook mos 'n deel aan hom."

"Maar vrou," was die antwoord, "ek is tog te vaak; laat my deel maar skree, ek wil slaap."

### Kinders

1315. Jannie: "Ma, ek wil vir Ma iets vra."

Ma: "Ja, wat is dit, my kind?"

Jannie: "Het Ma my gesien voor ek gebore is?"

Ma: "Nee, hoekom vra jy?"

Jannie: "Hoe het Ma dan geweet dat dit ek is?"

### Klaaglied vir blou Maandag

1316. Die naweek is al weer verby.
Ons werk omdat ons kos moet kry –
en kos is deesdae maar duur.
My huisbaas vra 'n hoë huur –
Is dit geen vorm van slawerny?

### Klavier

1317. 'n Jongman het sy twee voorvingers gebreek op die voetbalveld en gaan na 'n dokter om die vingers te laat spalk. Toe die dokter klaar is, vra die man: "Sal ek kan klavier speel as die vingers gesond is?"

"Ja, seker," antwoord die dokter.

"Maar dan is jy 'n wonderlike dokter," sê die jongman, "want ek kon nooit tevore klavier speel nie."

### Kleingoed

1318. Tillie Fourie se nefie het gedink 'n vroedvrou is Engels vir 'n vrugteverkoopster.

1319. Dieselfde klein nefietjie het gesê hy is in die klouterskool, wat myns insiens 'n pragtige woord vir 'n kleuterskool met al sy traliewerk waar daar so baie geklouter word.

1320. Mev Anna Jacobson van Springs en haar dogtertjie het by haar niggie op die plaas gekuier. Toe dié vir hulle koffie en beskuit voorsit, wou haar klein Martie liewer brood by haar koffie eet. Haar mammie verseker haar toe dat die beskuit baie lekkerder sal smaak en toe trek die kleinding haar neus op.

"Martie," betig Mammie, "weet jy hoeveel kindertjies is daar in Biafra wat nie kos het om te eet nie en dan trek jy jou neus vir die beskuit op!"

En toe antwoord klein Martie ewe kalm: "Nou hoekom gee Mammie nie vir hulle die beskuit nie?"

1321. Mnr Jan Swanevelder van Brandfort ly aan hoogtevrees. Hy sê sy jongste spruit was baie woelig. Hy het sy tennisbal kortkort op die motorhuis se dak gegooi. As die tuinier nie byderhand was nie, het die vierjarige om sy pa se ore kom neul om die bal van die dak af te haal, maar omdat hy bang was vir hoogte, het hy verseg om teen die lang leer op te klim.

Op 'n keer toe hy en sy seun weer so deur die tuin stap, toe vra hy: "Pappa, is die hemel baie hoog?"

"Ja, my seun, dis daar hoog bokant die wolke."

En toe sê die jong snuiter: "Dan sal Pappa nooit in die hemel kom nie, want Pa kan nie eers op die garage se dak klim nie."

1322. Sy het haar gebedjie opgesê en toe voeg sy by: "En maak Johannesburg die Republiek van Suid-Afrika ..."

Haar mammie kon dit nie verstaan nie en vra waarom.

"Mammie, dis wat ek vandag in my eksamenantwoorde geskryf het en ek wil tog so graag hê dat dit moet reg wees."

1323. Sondagskoolonderwyser: "Kleingoed, weet julle, daardie huis is altyd oop vir almal: die armes, die rykes, die gelukkiges, man, vrou en kind. Weet jy van watter plek ek praat?"

Jannie: "Ja, Meneer, die polisiestasie!"

1324. Sy ma het al 'n slag met hom geraas omdat hy na skool so laat by die huis kom. Sy vra toe vir Pa om sy stem te laat hoor. Maar die volgende dag is Jannie weer laat.

Pa: "Jannie, het jy nie belowe dat jy nie weer laat by die huis sal kom nie? En het ek nie belowe om jou 'n afgedankste pak slae te gee as jy dit weer doen nie?"

Jannie: "Ja, Pa, maar as ek my belofte nie gehou het nie, sien ek nie waarom Pa Pa s'n moet hou nie."

1325. My spruite wil nie kool eet nie. Toe neem ek hulle Bosveld toe en sê as hulle honger het, sal hulle kool eet. Die hele dag het ek hulle laat stap, en toe hulle mooi honger is, sê ek ons moet kosmaak. In plaas van kool gee ek vir hulle wors om te braai. Die een spruit het syne 'n bietjie lank in die vuur gehou en ek sê hy moet dit uithaal, want dis al houtskool.

"Dis darem lekkerder as blomkool!" sê hy met 'n glinstering in sy oog.

1326. Die vryer kry Kleinboet in die gang: "Hoeveel moet ek jou betaal sodat jy jou suster en my alleen sal laat?"

"Ek mag niks neem nie. Sussie het my alreeds betaal om nie weg te gaan nie!"

1327. Kleinboet: "O, Mammie, toe ek gisteraand gebid het, het Mammie gehoor hoe ek vra dat die Lieweheertjie my 'n soet seuntjie moet maak?"

Mammie: "Ja, ek het, my seuntjie ..."

Kleinboet: "Wel, hy het dit nog nie gedoen nie..."

1328. Die kleinmannetjie wat die eerste keer 'n koerant gesien het, kon nie verstaan waarom daar so baie blanko spasies is nie. Toe sê sy kleinboet: "Dis seker vir mense wat nie kan lees nie."

1329. Klein Jannie val uit die hoë boom uit en land baie hard op sy bas. Huil-huil en baie seer hardloop hy kamer toe waar hy sy broek voor die spieël aftrek: "Nes ek gedink het – middeldeur!"

1330. Sy ma het gesê hy moet altyd baie beleefd wees teenoor meisies. En hy moet altyd probeer om hulle te komplimenteer. Hy neem toe sy eerste meisietjie uit en kom huis toe met 'n blou oog.

"Wat makeer?"

"Ag, Ma, sy het my geslaan."

"Maar hoekom?"

"Ek het haar gekomplimenteer."

"Wat het jy vir haar gesê?"

"Ek het gesê vir 'n vet meisie sweet sy nie eintlik baie nie!"

1331. Ouboet het hom altyd geboelie en toe Ouboet verjaar, vra Mamma: "En wat gaan jy vir Ouboet gee vir sy verjaardag?"

Kleinboet: "Ek weet wat ek hom wil gee, maar ek is nie groot genoeg nie!"

1332. Twee dogtertjies maak rusie.

"Ek sal jou kop met 'n groot mes afsny!" dreig die een toornig.

"En dan?" vra die ander een geskok.

"Dan," was die antwoord, "bloei jy jou binne tien minute dood!"

1333. Een van Jimmy Boonzaaier se juweeltjies is die storie van die twee kleurlingdogtertjies, albei nog baie klein. Een vra vir die ander enetjie: "Hoe oud is jy?"

"Ny, ek wietie."

"Maar hoe kan djy nie wietie? Is djy drie of is djy vier?"

"Ny, ek wietie."

"Het djy al gevry al?"

"Ny."

"Dan is djy drie."

## *Kleinhuisie*

1334. "Maak 'n sin met *definitief*, Jannie," sê die juffrou.

"As Oupa die *Sunday Times* vat en kleinhuisie toe stap, weet ek wat Oupa gaan doen, want hy kan definitief nie Ingels lees nie!"

1335. Dan was daar die twee broers, 'n tweeling, wat letterlik alles saam gedoen het. Hulle was saam in matriek, het saam rugby gespeel, het saam in een kamer geslaap en het soggens saam na die kleinhuisie toe gestap. Terwyl Ouboet (hy is die eerste gebore) staan en rook, sit Kleinboet en rook.

As hulle terugkom in die kamer, staan daar twee koppies koffie met sulke koue melkskilletjies op. Hulle gaan kla dan by Ma. Hulle sê hulle hou nie van koue koffie nie.

Ma sê vir Liesbet.

Liesbet sê die Boete is nie daar wanneer sy hulle koffie bring nie.

Ma sê vir Liesbet: "Dit maak nie saak waar die tweeling môreoggend is nie, jy vat vir hulle warm koffie."

Die tweeling het intussen vir hulle 'n tweesitplek gebou. Nou kan hulle albei sit en rook. Die deur staan oop, die sonnetjie skyn van die oostekant af in.

Die lewe is lekker.

Skielik sien hulle 'n skaduwee nader kom. Dit is Liesbet met 'n skinkbord en twee stomende koppies koffie. Sy hou dit eers vir die verbysterde Ouboet. Al wat hy uitkry terwyl hy die koffie vat, is: "Ekskuus lat ek nie opstaan nie!"

## *Klein mannetjies*

1336. Hy is so klein, hy slaan nie net sy broekspype om nie, maar ook sy onderbroekspype.

1337. Daardie mannetjie is so bygelowig, hy dink dis ongelukkig om onder 'n swart kat deur te loop.

1338. Hy is so klein, as hy op 'n slangsleepsel sit, hang sy voete af.

1339. Hy is vreeslik kort, daarom wil hy nie 'n polisieman word nie, want hy het gehoor as 'n worshond 'n polisieman word, dan stamp sy pistool teen die randsteen as hy van die sypaadjie afklim.

## *Klere*

1340. 'n Moeder was gewoond om vir haar seuntjie altyd die klere van haar man kleiner te maak. Die seuntjie vertel eendag vir sy onderwyseres dat sy pa 'n stel nuwe tande gaan kry.

"En wat gaan jou pa dan met die oue maak?" vra die onderwyseres skertsend.

"Ag, Ma sal hulle seker maar kleiner maak vir my."

1341. Twee kleremakers vertel eenmaal hoe goed hulle kon klere maak en die een sê, terwyl hy na 'n hoek van 'n straat wys: "As daar 'n man net by daardie hoek omgaan, dan sal ek vir hom 'n pak klere maak wat net mooi pas."

"O, dis nog niks," sê die ander, "vir my kan jul net die hoek wys waar die man om is, dan sal ek vir hom 'n pak klere maak wat net mooi pas."

1342. Lena: "Mieta, hoekom dra jou broer Faan sulke lelike los pakke klere?"

Mieta: "Omdat hy te kielierig is om die snyer mooi sy maat te laat neem."

## *Kleuter*

1343. Tien klein rakkertjies vier hul sege;
die een drink wyn en nou's daar nege.
Nege klein rakkertjies begin te lag;
een lag hom dood en nou is daar ag.
Ag klein rakkertjies begin toe lewe;
die een hou op en nou is daar sewe.
Sewe klein rakkertjies trek toe wes;
een loop oos en nou is daar ses.
Ses klein rakkertjies begin te dryf;
een versuip en nou's daar vyf.
Vyf klein rakkertjies hou plesier;
nog een versuip en nou's daar vier.
Vier klein rakkertjies begin te sprie;
nog een versuip en nou's daar drie.
Drie klein rakkertjies swem in die see;
nog een versuip en nou's daar twee.
Twee klein rakkertjies staan in die
reën;
een verdrink en nou's daar een.
Een klein rakkertjie, glo dit as jy wil
drink te veel en nou's daar nul!

## *Klok*

1344. Oom Hennie, die koster, moes een Sondag klok lui. Hy vat die tou en trek, maar daar kom g'n geluid nie. Hy gee dit nog 'n trek, dié slag 'n bietjie harder, maar tevergeefs; die klok wil nie lui nie. Oom Hennie word angstig, want dis nagmaal en die predikant wag al op die derde gelui. Twintig jaar lank het hy die klok getrou op die minuut gelui en moet hy dan dié slag sy skoon blaadjie beklad? Met 'n vaste besluit in sy hart gryp hy die tou. Die slag moes óf die tou breek óf die klok lui. Hy ruk en pluk met al sy mag en ... "Maar mensig, Hennie, wat makeer jy? Wil jy my doodmaak?" Oom Hennie word wakker met die sweet op sy gesig. Hy het al die tyd vir tante Hessie aan die been beet; dit was net 'n droom.

1345. Vierjarige Jannie is besig om klippe aan te dra en opmekaar te stapel voor iemand se deur, terwyl die dominee daar verbystap en dit opmerk.

"En wat wil jy maak, seuntjie?" vra die dominee ewe goedig.

"Ek wil die klokkie lui, Omie," antwoord Jannie onskuldig. Daarop stap die dominee nader, neem Jannie onder die arms en tel hom so hoog op dat hy kan bykom om die klokkie te lui, waarop Jannie die klokkie aanhoudend lui.

Toe die dominee hom neersit, sê hy baie opgewonde: "Omie, nou moet ons hardloop."

### Koei

1346. Ou Dawid het al jare lank vir die melkboer gewerk, en hy het sommer gewoonlik op sy hurke gesit en melk. Toe gaan hy vir 'n rukkie by 'n Engelse boer werk, en dié gee vir hom 'n driebeenstoeltjie om op te sit as hy melk. Ou Dawid het die stoeltjie so 'n rukkie bekyk en toe is hy daarmee weg. Na 'n uur kom hy lelik gekneus uit die kraal terug, die stoeltjie aan flenters. "Nee wat," sê hy, met die hoed in die een hand en die stoeltjie in die ander, "ek kan nie die koei so ver kry dat sy op die stoeltjie gaan sit nie."

1347. 'n Bytjie bevind hom saam met die lusern in die pens van 'n koei.

"So 'n verbrande koei," dink die by. "Ek gaan haar steek ...! Maar dan's ek dood. Ek sal maar nog 'n rukkie wag ...!"

"Nou gaan ek haar steek!" besluit die by na 'n uur.

"Nee wag, ek sal nog 'n rukkie wag ...!"

Eindelik besluit die by om die koei 'n gevoelige hou te steek. Sy steek dan ook so hard as sy kan, maar die koei was al weg.

1348. Nellie, wat vir die eerste maal op 'n plaas kuier: "O, maar dis 'n pragtige koei."

Ou Hans: "Ja, dis 'n Jersey."

Nellie: "Regtig? Ek het gedink dis haar vel."

1349. Pa: "Jannie, is jy tog nie bang vir 'n koei nie? Dit is tog iets wat jy eet?"

Jannie: "Ja Pappie, maar dié een is nie gekook nie."

1350. Willie en Hansie maak 'n plan om te dros. Hulle kry 'n dooie koei, slag die vel af en kruip daarin. Hulle stap verder. Nadat hulle 'n ent geloop het, kyk Willie onder die vel uit en gee 'n skreeu.

"Hansie kan jy hardloop?"

"Ja," sê Hansie, "hoekom?"

"Magtig jong, dan moet jy laat ry voor; want hier kom 'n bul!"

1351. Stadskêreltjie: "Hoe oud is daardie koei?"

Boer: "Twee jaar."

Stadskêreltjie: "Hoe weet jy dit?"

Boer: "O, ek kyk na haar horings."

Stadskêreltjie: "Ja, ek sien. Sy het net twee."

### Koek

1352. Kosie: "Ma, hoekom praat Ma dan g'n woord as Ma koek bak nie?"

Ma: "Wat moet ek dan sê, Kosie?"

Kosie: "Ma moet sê: 'Kosie, wil jy nie 'n stukkie koek hê nie?'"

### Koerante

1353. Redakteur: "Of dit lonend is om in ons koerant te adverteer? Natuurlik is dit. Neem nou as voorbeeld wat verlede week gebeur het. Meneer Van der Merwe, die slagter, het geadverteer vir 'n jong seun. Net die volgende dag het mevrou Van der Merwe tweelingseuns gehad."

1354. Hy het 'n groot beloning uitgeloof toe sy hond wegraak. Laat die nag bel hy die koerant om te hoor of hulle al iets gehoor het, maar daar was nie antwoord nie – die redakteur en al die joernaliste was op soek na die hond.

1355. Die violis was baie trots op sy Stradivarius-viool. Hy gee toe 'n uitvoering in die stadsaal en die kunsverslaggewer skryf toe 'n vleiende resensie oor die uitvoering. Maar die volgende dag is die violis baie ontevrede by die redakteur in sy kantoor.

"Ek het jou joernalis drie of vier keer gesê dat hy moet skryf dat ek 'n Stradivarius het, maar nie 'n woord daarvan in die koerant nie."

Waarop die redakteur antwoord: "As meneer Stradivarius sy viole wil adverteer, moet hy daarvoor betaal, nes al die ander mense!"

1356. Redakteur: "O so, dan wil jy 'n joernalis word?"

Kantoorjonge: "Ja, Meneer, asseblief, Meneer."

Redakteur: "Vertel jy ooit leuens?"

Kantoorjonge: "Nee, Meneer, maar ek kan leer!"

1357. Jan: "Pa, waarom sit hulle altyd iets in die koerant as beroemde mense sterwe, maar nooit as hul gebore word nie?"

1358. 'n Redakteur het eenmaal die volgende aankondiging in sy blad gemaak: "Weens gebrek aan plaasruimte is ons verplig om die geboortes en sterfgevalle in die distrik Senekal vir een week uit te stel."

### *Kommunisme*

1359. Hulle reken die eerste twee Kommuniste was Adam en Eva. Hulle het niks gehad om aan te trek nie en niks gehad om te eet nie en nie 'n huis gehad om in te bly nie en nogtans het hulle gedink dis 'n paradys!

1360. Daar het nou die dag 'n man in die Kremlin ingebreek en die volgende verkiesing se uitslae gesteel.

1361. Hy het 'n permit gehad wat sê dat hy nie hoef tou te staan as hy 'n treinkaartjie in Rusland wil koop nie. Maar eendag sê die klerk vir hom hy moet in daardie tou gaan staan. Hy verduidelik toe dat hy 'n permit het wat sê hy hoef nie in 'n tou te staan nie.

Klerk: "Ja, ek weet, maar dit is die tou vir die mense wat nie hoef tou te staan nie!"

1362. Hulle het die Rus veroordeel tot lewenslank in Siberië.

"As die VSA so 'n verskriklike plek is, hoekom stuur julle my nie liewer soontoe nie?" vra hy.

1363. 'n Kommunis is iemand wat niks het nie en dit met die hele wêreld wil deel.

1364. 'n Kommunis is 'n sosialis sonder 'n humorsin.

1365. Kommunisme is nes prohibisie (geheelonthouding): dis goeie idees, maar dit werk nie.

1366. 'n Kommunis is iemand met meer geld as verstand.

### *Komplimente*

1367. Eendag kry ek die bekende radionuusman en latere senator A M van Schoor, se vrou in die Hotel Carlton, waar sy elke dag gaan tee drink het, en sy is so mooi aangetrek! Ek sê vir haar: "Marié, jy is maklik die mooiste vrou in die hele Johannesburg!" en sy lag skalks en sê: "Ag, loop jy, jy sê dit vir al die dames wat die mooiste in Johannesburg is!" Slim-slim, sy.

1368. Al wanneer ons voor ons siele weet iemand lieg en nie beswaar maak nie, is wanneer iemand jou vly.

1369. Baie mense komplimenteer iemand asof hulle 'n kwitansie verwag.

1370. Mark Twain wat gesê het: "Ek kan twee maande leef op 'n goeie kompliment."

1371. "Mensdom, maar daardie nooi het 'n woeste kop rooi hare. Lyk of sy dit met 'n klapper gekam het."

"Ja, maar ek hoor sy gaan een van die dae 'n groot klomp geld van 'n ryk oom erf. Dan sal almal by haar aanlê en praat van die pragtige natuurlike vuurwerke in haar glinsterende bos goue hare."

### *Komponiste*

1372. Mozart was baie gelukkig getroud, maar sy vrou was nie.

### *Koningshuis*

1373. Eendag sal daar net vyf konings oor wees: die koning van harte, van skoppens, van klawers, van diamante en van Engeland. Dit het koning Faroek van Egipte in 1953 voorspel. Maar toe vind hulle owerspel en egskeiding uit.

1374. Frank Sinatra het beroemd geword met sy liedjie *I did it my way*, maar nou wil Prins Charles ook 'n plaat daarvan maak. Hy gaan dit noem: *One did it one's way.*

1375. Die koningin gaan dit noem, en Naas Botha ook, aan die einde van die dag: *We did it our way.*

1376. Die Engelse is regtig die enigste volk wat nog koninklikheid, *royalty*, oor het. O, daar is natuurlik Holland en Swede en Noorweë, maar hulle is nie koninklikes nie, hulle ry dan met fietse. Koningin Elizabeth op 'n fiets? Sy kan skaars *Rolls Royce* ry. Koets. Koets, ja.

## Konsert

1377. 'n Bekende komediant sê vir Leon Schuster: "Ek sou sê, as ek 'n konsert aanbied, kan jy die mense oorkant die straat hoor lag!"

"Wie hou daar oorkant konsert?" vra Leon.

1378. Plaasseun (lees die aankondiging van 'n konsert): "Voorste sitplekke R20, tweedeklas sitplekke R10, derdeklas sitplekke R5, program 10 sent. Ek sê, Piet, kom ons gaan sit maar in die program."

## Konsertgehore

1379. Die beste gehore is intelligent, goed opgevoed en 'n klein bietjie dronk.

1380. Ons wou 'n nuwe skool in Soweto bou, in die ou dae, in Ou Suid-Afrika, toe gaan vra ons iets vir die boufonds. Toe gooi hulle ons met twee miljoen stene!

## Kook

1381. "Ek het my vrou lief, ek maak elke oggend vir haar ontbyt."

1382. "Ek het my vrou lief – sy moet liewer haar eie ontbyt maak."

## Koop

1383. Winkelier: "Koop 'n portmanteau, Piet."

Piet: "Om wat mee te maak?"

Winkelier: "Pak al jou klere daarin, man."

Piet: "Wat, en dan kaal loop? Nee dankie!"

## Korrespondensie

1384. Piet aan oujongkêrel: "En toe, neef Gert, het jy ook al ondervindings opgedoen met korrespondensiekursusse?"

Gert: "Ja, baie."

Piet (verbaas): "En waarmee nogal?"

Gert: "Met nooiens natuurlik."

## Kos

1385. 'n Sterkgespierde oubaas gaan sit aan tafel in die Carlton Hotel in Johannesburg en vra sop. Die kelner bring vir hom ertjiesop, maar dis vreeslik dun en daar is net een ertjie in. Dadelik begin die oubaas sy baadjie uittrek, en die kelner vra verskrik: "Wat makeer nou, Meneer?"

"Ek gaan daai ertjie uitduik," antwoord die oom ewe bedaard.

1386. Watter kant van die eier gooi 'n mens eerste in die pan? Die onderkant ...

1387. Kok: "Het hulle iets omtrent die kos gesê?"

Nuwe bediende: "Nee, maar ek het gesien hulle het gebid voordat hulle geëet het."

## Kredietkaarte

1388. "Iemand het my vrou se kredietkaart gesteel!"

"Dis verskriklik!"

"Nee wat, dis nie so erg nie, die dief spandeer minder as wat sy gespandeer het."

## Kreefbraai

1389. Ons word vir 'n kreefbraai in Houtbaai genooi. Die vuur is gemaak en 'n blik seewater word gekook. Lizzie, die huishulp, sal die kreef vir ons braai.

Toe die water kook, vang sy die krewe en gooi hulle lewend in die kokende seewater. Hulle gee klein einaskreetjies.

"Hulle kry seer!" maak ek beswaar. "Kry hulle nie seer nie?"

"Ag, nee wat, hulle is soort van gewoond

daaraan. Ons doen dit al jare so," reken Lizzie.

### *Krewe*

1390. Barnie vang twee krewe – maar hy mag nie. En terwyl hy met die twee krewe sit, betrap die Fauna-en-Flora-man hom – die visinspekteur (die *Crayfish Crime Inspector* noem die gammatte hom).

"En dié kreef?" vra die inspekteur. "Jy weet mos jy mag nie vang nie. In die eerste plek is die datum verkeerd, in die tweede plek het jy nie 'n permit nie, in die derde plek is hulle te klein en in die vierde plek mag jy nie in die eerste plek op hierdie strand kom nie, dis vir die kleurlinge."

Toe sê Barnie vir homself: "Self," sê hy,"nou moet jy vinnig dink."

En hy draai om en sê vir die inspekteur: "Meneer," sê hy, "jy verstaan verkeerd, ek het nie hierdie krewe gevang nie, dit is my troetelkrefies ... soos hondjies of katjies ... jy weet?"

Maar hy weet nie, hy verstaan nie mooi nie en Barnie verduidelik: "Ek het hulle van kleins af. Ek hou hulle in 'n tenk in die sitkamer, een van die glastenks met die liggies, maar hulle word baie eensaam, dan bring ek hulle Saterdae hiernatoe en dan laat ek hulle 'n bietjie hier by hulle familie kuier. Ek los hulle in die water, in die see, en as ek dink hulle het nou lank genoeg gekuier, dan fluit ek net vir hulle en dan kom hulle uit, dan vat ek hulle huis toe en sit hulle weer in die tenk."

Die inspekteur kry 'n plooi soos hy dink.

"Ha!" sê hy, "hulle swem 'n bietjie rond en kuier vir hulle familie ... en so?"

"Ja!" sê Barnie.

"Nou ja," sê hy en daar kom so 'n sadistiese trek op sy gesig, "los hulle sodat hulle kan swem ..."

Barnie vat toe die twee krewe en los hulle in die see. En weg is hulle. Nou sit hulle en wag. Barnie trek strepies op die sand. Die inspekteur trek gevolge. Dis stil. Dis vreeslik stil. Later kan die man dit nie meer hou nie.

"Toe, fluit nou ..."

"Hoe nou?" vra Barnie. "Fluit?"

"Ja, fluit," sê die kêrel.

"Fluit? Waarvoor?"

"Vir die krewe!"

"Krewe? Watter krewe?"

### *Krieket*

1391. Die meeste Europeërs dink die lewe is 'n speletjie; die Engelse dink krieket is 'n speletjie. Die boere dink rugby is nie 'n speletjie nie.

1392. Die Britte, wat nie baie geestelik is nie, moes krieket ontdek om darem 'n idee te vorm van die ewigheid. Hou dit nie vir ewig aan nie?

1393. Sy trou toe met 'n draaibalbouler, en terwyl hulle in die gangetjie kansel toe stap, wonder hy of dit 'n draaibal sal vat.

1394. "November," sê die krieketspeler, "is 'n baie moeilike maand. Dis wanneer jy begin besef dat jou vrou jou al Meimaand gelos het!"

1395. Tydens die vierde kriekettoets teen Australië op Port Elizabeth kry die sekretaris 'n telefoonoproep van 'n doedie wat graag met Ian Chappell wil praat.

"Hy't nou net begin kolf," sê die sekretaris.

"Ek sal aanhou," sê die meisie.

1396. Armeense grappe – g'n mens weet waarvandaan hulle kom nie, maar in die veertigerjare was hulle skielik mode.

Transvaal speel krieket teen Natal. Transvaal se telling is 34 vir 7. Langs die veld staan 'n wit perd. Toe Transvaal se kaptein weer by hom verbykom, fluister die perd: "Gee my 'n kans om te kolf!"

Teen daardie tyd sou Transvaal selfs 'n donkie laat kolf het. Die kaptein gee die perd 'n kans om te kolf. Transvaal verklaar op 450!

Toe Natal begin kolf, gaan dit weer sleg met Transvaal. Natal het naderhand 250 vir 1 op die telbord. Die Transvaalse kaptein stap na die wit perd toe: "Wil jy nie vir ons kom boul nie?" vra hy verleë.

Die perd grinnik: "Waar het jy al van 'n perd gehoor wat kan boul?"

1397. Toe die Springbokke die loot wen in die eerste kriekettoets teen Australië in Januarie 1970 op Nuweland, met Ali Bacher as kaptein, sê een man dis g'n wonder nie, 'n Jood kan mos met geld werk!

1398. Net na die krieketreeks teen die Australiërs kla 'n staatsamptenaar by my en sê hy weet nie hoe om die dag om te kry noudat die krieketreeks verby is nie.

1399. G'n wonder die Australiërs het die reeks verloor nie – wat kan jy verwag van 'n span van tien ossies en een bul.

1400. Net na die Australiese krieketspan wat so kwaai teen die Springbokke verloor het, besoek 'n Ossie-swemspan Suid-Afrika. Die kommentaar was dat die swemspan dieselfde is as die krieketspan. Jy sien, hulle kon nie kop bo water hou nie, hulle moes swem.

### *Krisis*

1401. Henry Kissinger s'n: "Daar kan nie volgende week 'n krisis wees nie, my program is klaar vol."

### *Kritiek*

1402. Ek kan baie kritiek verdra, solank dit net alles onbeperkte prysuitinge is.

1403. Eerlike kritiek is baie moeilik om te aanvaar, veral uitgespreek deur 'n familielid, 'n vriend, 'n kennis of 'n vreemdeling.

1404. 'n Goeie skrywer is nie altyd 'n goeie kritikus nie, nes 'n ordentlike dronk man nie outomaties 'n goeie kroegman is nie.

1405. 'n Kritikus is iemand wat nie kan skryf nie, wat onderhoude voer met mense wat nie kan praat nie, oor skrywers wat ook nie kan skryf nie, vir mense wat nie kan lees nie.

### *Kroegstories*

1406. Koos loop doelbewus op die kroegman af en sê: "Gee my 'n dubbel, voor die moeilikheid begin!"

Weer is dit so.

Maar toe hy die derde keer sê: "Gee my 'n dubbel, vóór die moeilikheid begin," sê die kroegman: "Meneer, jy het twee dubbels weg, moet jy nie eers betaal nie?"

"Hier begin die moeilikheid!" sê Koos.

1407. Die ou ry huis toe. Skielik gaan staan sy ou tjorrie. Hy klim uit, maak die enjinkap oop, karring rond en sug.

"Dis die vonkproppe," sê iemand. Hy kyk op, hier staan 'n wit perd langs die draad. Die ou vervang die vonkproppe. Hy skakel aan en ry. In die kroeg vertel hy die storie.

"Is dit so 'n wit perd met 'n effense slap oor?" vra die kroegman.

"Dis hy!" roep die motoris bly uit.

"Wat se kar het jy?"

"Dis 'n Fordjie."

"Dis snaaks dat hy jou kon help, hy is eintlik 'n Chevkenner."

1408. Die ou kom die kroeg binne. Hy bestel 'n glasie wyn en 'n olyf. Die kroegman gee hom 'n glas wyn en 'n olyf.

Hy sê: "Dit moet in 'n langsteelglas wees."

Die kroegman gee hom 'n glasie wyn in 'n langsteelglas, en 'n olyf. Die man vat die olyf, gooi dit in die asblik, drink die wyn, eet die langsteelglas op, loop teen die muur op, teen die dak, af met die ander muur en uit by die deur.

Dit gebeur elke middag so teen vyfuur se kant.

Een middag kom die man weer in, bestel 'n glasie wyn in 'n langsteelglas, met 'n olyf. Hy vat die olyf, gooi dit in die asblik, eet die langsteelglas op, loop teen die muur op, teen die dak, af met die ander muur en by die deur uit.

"Dit is snaaks," sê 'n nuweling by die kroegtoonbank.

"Dit is," sê die kroegman, en kyk op sy horlosie. "Hy's vroeg, dis nou eers vieruur!"

### *Krokodil*

1409. 'n Polisieman kry 'n man in Eloffstraat wat 'n krokodil aan 'n tou lei. "Het ek nie gister vir jou gesê om die krokodil dieretuin toe te vat nie?" vra hy kwaai.

"Ja, Meneer, ek hét hom gister dieretuin toe gevat; vandag vat ek hom fliek toe!"

### *Kruis*

1410. Eerste seuntjie: "Jy lyk net soos 'n kruis tussen 'n donkie en 'n nagmerrie."

Tweede seuntjie: "En jy lyk soos 'n kruis tussen 'n polisieman en 'n stopstraat."

### *Kultuur*

1411. Koos Meyer se storie (nóg een van Koos Meyer se stories!):

Hulle besluit in Bothaville is daar nie genoeg kultuur nie. Hulle gaan Shakespeare aan die mense voorstel. Dit was in die ou dae toe talent maar skaars was. Hulle moes noodgedwonge almal gebruik wat daardie aand vry was.

So span hulle ook die poskantoorklerk en die polisieman in. Al wat die poskantoor-ou moes sê, was: "They have conquered Caesar!" en dan moes die polisieman sê: "And they have chopped off his head!" Of so iets.

Hulle rekwisiete was nie na wense nie en hulle moes tevrede wees met asblikdeksels en vuurherdysters vir skilde en swaarde. Die twee ouens kon ook nie eintlik Ingels praat nie en hulle moes toe aanmekaar oefen.

Eers kom die verteenwoordiger van die poskantoor in en skreeu uit-asem: "They have conquered Caesar!" met kort op sy hakke die polisieman, asblikdeksel in linkerhand en vuurherdyster in regterhand, juigende: "And they have chopped off his head!"

Kom die groot aand.

Die dorp bewe van opgewondenheid en afwagting: Shakespeare! Poskantoor en Polisie skep drie keer in die hotel moed. Hulle staan later en bewe agter op die verhoog. Hulle wag net vir die regte laaste woorde van die ander deelnemers voordat hulle moet opgaan.

Uiteindelik is die groot geleentheid daar. Die poskantoorklerk, asblikdeksel en yster omhoog, storm op en juig uitasem: "They have conquered Caesar and they have chopped off his head!"

Daar staan die polisieman soos pietsnot, hy het niks om te sê nie. En hy sê: "Oh, you hêf, hêf you? And now you hêf buggered up the whole show!"

1412. Ou Wenna ontmoet 'n mooi, sjarmante, welopgevoede dametjie uit die fleurige oostelike voorstede van Pretoria. Hy slaan haar voete skoon onder haar uit. Hy, op sy beurt, is ook verlief. Nadat hy so 'n maand daar gekuier het, sê sy hy moet asseblief nie weer kom nie.

"Maar hoekom nie?" vra hy.

"My ma sê jy het nie kultuur nie."

Hy gryp sy hare vas, slaat sy voorkop met die platkant van sy hand en roep uit: "Ek het nie kultuur nie? En wie het saam met jou gegaan na Truk se opera toe; na die simfoniekonsert toe, na die teater toe ... en al daai str***? En jy sê ek het nie kultuur nie!"

1413. Wenna se pa was 'n groenteboer, ook maar 'n rowwe kêrel. Een jaar wen hy die beker op die landboutentoonstelling. Dit was vir die beste en mooiste groente.

Die burgemeestersvrou oorhandig die beker en vra die boer: "Waaraan skryf u die sukses van u mooi groente toe?"

"Hoendermis," sê die boer.

Later toe roep die burgemeestersvrou die boer se vrou eenkant: "Mevrou, kan u u man nie leer om 'bemesting' te sê nie, dit klink darem aaklig om van 'hoendermis' op groente te praat."

"Waarvan praat jy? Weet jy hoeveel jaar het dit my gevat om hom sover te kry om 'hoender*mis*' te sê?"

1414. Kultuur? Dis as jy alles vergeet het wat jy gelees het – dan is die bietjie wat jy oorhou kultuur. (En as jy alles onthou wat jy gelees het, is jy dan net geleerd?)

1415. Kultuur is om 'n moderne boek te lees en nie te vloek nie.

1416. Dis wanneer jy 'n stuk boerewors ruil vir 'n sigaar en 'n koppie koffie vir 'n glas whisky en 'n buitevuur vir 'n nagklub ...

1417. Die koerant doen 'n straatopname met die vraag: "Wat dink u van kultuur?"

Tante met die rollers in haar hare: "Nee, ek dink dis 'n goeie ding. Hou die kinders van die strate af."

1418. Kultuur is die ding wat ontbreek by die mense van wie jy nie hou nie.

### *Kuns*

1419. Dit het in die Rebellie gebeur. Die ou oom het 'n goeie oes gemaak en hy was ook al moeg vir die bakleiery en hy en sy vrou gaan toe op reis Europa toe. Hulle het al die museums gaan besoek en staan een middag voor die skildery van die Laaste Avondmaal.

Hy kyk en sê: "En om te dink, ou vrou, van die hele ou lot leef nog net generaal De Wet!"

1420. Om oor kuns te skryf is dieselfde as om oor argitektuur te dans.

1421. Aan skilder: "Jy weet, as ek so na jou skilderye kyk, dan wonder ek ..."
Skilder: "Hoe ek dit doen?"
Aan skilder: "Nee, hoekom jy dit doen!"

1422. "En ek veronderstel dit is een van daardie aaklige goed wat jy moderne kuns noem?"
"Nee, dit is net 'n gewone spieël ..."

1423. "En dit, liewe toeriste, is die 'Nagwag' van Rembrandt."
"Ek is darem bly om te sien hy rook nie terwyl hy werk nie ..."

1424. "En dit, liewe toeriste, is die 'Nagwag' van Rembrandt. Dis oorspronklik."
"O nee, dit is nie, dit hang al 'n jaar in my lewwie, op die kalender!"

1425. "Ek hoor jy is 'n skilder in Parys, wat het jy al gedoen?"
"'n Ateljee gehuur, 'n baard gekweek ..."

1426. In Irene is daar 'n standbeeld van generaal Smuts wat wydsbeen staan, met 'n sambok in sy hand, en die wind waai deur sy hare.
"Dit lyk of die Generaal op 'n perd ry, maar daar is nie 'n perd nie ..."
"Ja, die komitee kon nie genoeg geld insamel vir 'n perd ook nie!"

1427. "Jy sê ek is die eerste model wat jy soen?" vra die mooi kaal meisie.
"Ja," lieg die kunstenaar.
"En hoeveel modelle het jy al voor my gehad?"
"Vier: 'n appel, twee lemoene en 'n bos blomme."

1428. Mev Pasryk huur 'n kunstenaar om haar tuin en huis na sy hand te verbeter, maak nie saak wat dit kos nie. Hy wys haar toe die formele tuin wat hy uitgelê het. Sy wys na 'n voorwerp en vra: "Wat is dit?"
"Dit is 'n sonwyser," antwoord hy geduldig.
"My wêreld! Die nuwe uitvindsels! Waaraan sal hulle nog dink!"

1429. Sy kom in die ateljee.
"Hoeeee ... wat is dié? Kyk die gedagte! Die siel! Die ongelooflike oorspronklikheid en uitdrukking, wat is dit?"
"Dit is waar ek my kwaste skoonmaak!"

1430. "Daar hang een van my werke in die kunsgalery, net waar jy ingaan."
"Wonderlik! Wat is dit?"
"'n Bord in twee tale: 'Hou links'."

1431. Die kunstenaar het sy skildery met die titel: "Die Sonsondergang", klaar gemaak en was besig om dit aan 'n onkundige vriend te wys.
"Daardie prent laat sommer my mond water," sê die vriend.
"Hoekom? Wat bedoel jy?" vra die skilder.
"Is dit dan nie 'n gebakte eier nie?"

1432. Kunsskilder: "Oppas, oppas, die verf is nog nat!"
Kruier: "Toemaar, Meneer, ek het ou klere aan."

### *Kunstenaar*

1433. Jimmy het destyds kort-kort uit die Goudstad padgegee platteland toe. Ouer luisteraars sal hom onthou as lid van Hendrik Susan se orkes en sy "Januarie, Februarie, March, April, hoe-ha", maar ek wonder hoeveel mense weet hoe goed hy trompet kon speel. Seker net die klomp wat destyds in Hendrik se Klub gaan dans het. En viool! En ghitaar! Uit elke instrument het hy 'n merkwaardige toonkwaliteit en rondheid getower wat min musikante kan regkry, maar viool en ghitaar het hy links gespeel, sonder om die snare om te ruil, met die gevolg dat hy die ghitaarsnare opgekrap het boontoe en hy was een van die beste ritmespelers in die land. Die viool het hy in sy regterhand vasgehou en die strykstok in sy linkerhand. Om nou die boonste fynsnaar by te kom, moes hy met sy linkerarm al voor sy gesig verbystryk. Dis klaar snaaks verby, maar die klanke is suiwer, rond en mooi.
Op 'n dag het Jimmy weer 'n draai by die Uitsaaikorporasie gemaak.
"My wêreld, Jimmy," groet ek, "wat doen jy nou vir 'n lewe?"
"Ek skilder plase," kom die antwoord.

Wat 'n veelsydige kunstenaar!

Diegene wat van realistiese skilderkuns hou, kan gerus maar by hom gaan les neem.

"En waar bly jy dan – sommer by die boere?"

"Ja, ek maak myself handig. Sien, ek skilder die plaas, kry so tweehonderd pond daarvoor, bly in die huis, sny die kinders se hare, vertel grappe, speel viool, speel ghitaar." Hy bly so 'n rukkie stil en sê droogweg met 'n vonkeling in sy swart oë: "En ek maak die deure vir die tannie oop!"

## *Kwaad*

1434. "Was jy al ooit in jou lewe kwaad?" vra ek een van die jollie-patrollies.

"Net een keer. Ek kuier by 'n ander ou se vrou. Skielik knars daar 'n sleutel in die slot. Ek spring uit, spring deur die venster en hang aan die genade tussen hemel en aarde."

"Toe word jy kwaad?"

"Nee, nog nie. Die man kom fluit-fluit binne, groet sy vrou, was sy hande en skiet die water by die venster uit, op my kop."

"Toe word jy kwaad?"

"Nee, nog nie. Die man borsel sy tande en spoeg die pastawater op my kop."

"Toe word jy kwaad?"

"Nee, nog nie. Die man loop sommer 'n draai deur die venster."

"Toe word jy darem seker kwaad?"

"Nee, nog nie. Eers die volgende môre, toe ek sien ek hang agtien duim bokant die grond – tóé word ek kwaad!"

# L

## *Laat*

1435. 'n Jongkêrel in Hillbrow is die oggend laat. Hy trek al in die gang af toe maak hy nog das vas. By die hyser gryp hy die deur vas en pluk ... en die deur kom oop! Hy foeter twee verdiepings af. Die mense vat hom hospitaal toe. Hulle neem X-strale en ontslaan hom. Toe hy by die werk kom, vra die baas waar hy was.

"Meneer, ek het van die tweede verdieping af geval ..." begin hy vertel, maar die baas val hom in die rede: "En dit vat twee uur?"

1436. Omroeper Daniël Kirstein word een oggend in die gang deur een van die senior amptenare in Uitsaaihuis voorgekeer.

"Daniël, is jy tog nie laat nie?"

"Ek is," sê Dan, "en wat meer is, ek gaan nog vroeg loop ook!"

(Jy sien, goeie nuuslesers is skaars!)

1437. 'n Ander man ry met die trein werk toe. Hy was altyd betyds, maar daardie oggend het alles verkeerd geloop. Toe sy tandeborsel ook nog val, toe is hy behoorlik laat.

Hy hol die platform op net toe die trein wegtrek. Hy skreeu en sien nie die man wat skielik voor hom buk om sy skoene vas te maak nie. Onse vriend val oor hierdie man sodat jy net toebroodjies sien waai.

Hy staan op, skud hom af, loop die arme skoenvasmaker storm en skop hom 'n naas op sy agterwêreld: "Jy sit ok net altyd net hier en skoene vasmaak!"

1438. 'n Heer wat een aand om twaalfuur 'n bietjie opgeruimd tuiskom, hoor 'n klok slaan en begin te tel: "Een, twee, drie, vier, vyf ..." tot "twaalf," en ondertussen begin daar 'n ander klok te slaan, en hy tel dié ook: "dertien, veertien, vyftien, sestien ..."

"Allamintig," mompel hy by homself, "so laat het ek darem nog nooit tuisgekom nie."

1439. 'n Seuntjie kom een aand laat by die huis, en om in sy slaapkamer te kom, moes hy deur sy pa en ma se kamer gaan. Aangesien hy bang was dat sy pa hom sal slaan, besluit hy om op hande en voete, soos 'n hond, deur die kamer te loop. Sy pa het nog nie geslaap nie, en toe hy so halfpad was, gee sy pa hom 'n harde skop van agter.

"Eina, deksels, woef, woef, woef," sê die seuntjie.

1440. Ou Jonas het die gewoonte gehad om saans tot laat rond te loop. Sy vrou het al moeg geword vir die storie, en besluit toe om hom een aand naby die kerkhof agter 'n klip in te wag.

Toe hy verbykom, sê sy: "Sjoe, ou Jonas, waarom loop jy so vinnig?"

Uitasem antwoord ou Jonas: "Dis nog niks! Sjees, watch my nou!"

## *Laeveld*

1441. Die een Laeveld-muskiet sê vir die ander een, terwyl hulle die jagter op die kampbedjie in die tent beskou: "Sal ons hom hier eet of sal ons hom saamvat?"

"Nee", sê die ander een, "kom ons eet hom hier, want as ons hom saamvat, dan vat die grotes hom af."

1442. Dit word so warm in die Laeveld dat jy 'n vuur in die koelte moet maak, anders brand die son hom dood.

1443. Jy moet ook nooit alleen in dié wêreld rondloop nie, want as die son jou alleen kry, brand hy jou dood.

## *Laffies*

1444. Ek het jare lank krieket gespeel, maar toe gee my oë in en toe word ek 'n skeidsregter.

1445. Hy maak sy eie vonkelwyn: 'n bottel vaaljapie en 'n fietspomp.

1446. Sy sit al die mans op hul plek. Sy werk in die Stadskouburg.

1447. Ek was nou die aand by die inryteater. Die rolprent was so goed, party mense het daarna gekyk.

1448. Daar is net een ding beter as om agter vroumense aan te hardloop – dis om hulle te vang.

1449. Die lewenskoste is al weer op. Tien sent per bottel.

1450. 'n Johannesburger is iemand wat vroeg in die môre die vensters oopmaak en luister hoe die voëltjies buite hoes.

1451. Ek was verlede maand aan die Natalse Suidkus. Ons het nie een bewolkte dag gehad nie – ons het sewentien gehad.

1452. Daar is net een ding met haar gesig verkeerd: dit steek bo by haar rok uit.

1453. Sy het groot, bruin oë. Veral die linker een.

1454. Sy het altyd soos 'n seuntjie gelyk. Maar noudat sy groot is, lyk sy nie meer soos 'n seuntjie nie – sy lyk nou soos 'n man.

1455. Jan Absoluut, ook bekend as Jan Letterlik, gaan koop vir hom 'n hemp. Nadat hy sy hemp gekoop het, sien hy daar is nog sewe minute oor op sy parkeermeter.

Jan stap die skoenwinkel binne en sê vir die man wat skoene verkoop: "Gee my sewe minute se voetskoene, asseblief."

"Voetskoene?" vra die man wat skoene verkoop. "Ken u dan ander soort skoene as voetskoene?"

"Handskoene?" vra Jan beleef.

Daarop had die man nie 'n antwoord nie.

"Dra jy baie skoene?" vra die man wat skoene verkoop.

"Net twee op 'n slag," sê Jan ter inligting.

Die man wat die skoene verkoop wil nie langer skoene aan Jan verkoop nie en vra sy rooikophelpster om voort te gaan.

Sy is baie vriendelik, so vriendelik dat Jan vra of hy vir haar kan gaan kuier. Sy knik instemmend.

Daardie aand klop Jan aan haar deur. Sy maak die deur oop.

Dan eers sien Jan die kennisgewing: *Lui die klokkie/Ring the bell.*

Jan lui die klokkie. Jan rings the bell.

"Wie is jy?" lag die meisie vriendelik.

"Ek is die man wat die deurklokkie gelui het," sê Jan eerlik.

"Kom binne, kry vir jou 'n stoel!" lag die rooikophelpster.

Jan loop na 'n antieke geelhoutstoel toe, tel die stoel op en sê: "Ek sal dié een vat."

Die rooikophelpster begin histeries raak: "Drink jy bier?" vra sy.

"Nee," sê Jan.

"Drink jy brandewyn?"

"Nee," sê Jan.

"Tee? Koffie?"

"Nee," sê Jan.

"Nou wat drink jy dan?"

"Niks nie," sê Jan, "niks op die oomblik nie; ek het nog niks gekry nie: ek sit net hier."

## *Lag*

1456. "Lag is goed vir 'n mens," sê 'n luisteraar. "Die dokters glo dit ook. Maar hulle weet nou nie hoe goed dit is nie, daarom het hulle 'n meter ontwerp wat die lag kan meet. Hulle noem dit 'n *kieliemeter.*"

1457. Dit gebeur soms (ek moet sê dis baie selde!) dat 'n mens 'n grappie vertel en dat niemand lag nie. Hier is nou 'n paar sêgoed wat 'n mens op 'n verhoog kan gebruik as die gehoor nie wil lag nie.

1458. Dis waarvan ek hou ... hierdie mense lag sag, nou hoef ek nie so hard te praat nie. En sien u daardie man met die toe oë? Nee, hy slaap nie, hy's histeries.

1459. Dis 'n goeie idee. Kom ons bring almal saam 'n stil aandjie deur.

1460. Ek wil net sê: Ek weet ek is nie snaaks nie, maar ek is dierbaar.

1461. Ek het gelag toe die man in die kleedkamer my hierdie een vertel het.

1462. Almal wat nie nou gelag het nie, moet asseblief na die vertoning agterbly. Ons sal 'n bietjie moet oefen.

1463. Moet ek skoon grappies ... of stout grappies vertel? (Iemand skree: *stout!*) Naand, Dominee. (As dit hulle nie laat lag nie, gaan huis toe. Hulle het gedink dis 'n ouervergadering.)

1464. Hoe sê Hennie van Niekerk van die Paarl? Het Paul Kruger ooit gelag?

1465. Mnr C R Swart het ook vertel hoe 'n klompie van die manne gedurende 'n verkiesing in Lichtenburg by die Malopo se Oog gaan ontspan het. Daar het mnr Paul Sauer die Lichtenburgers vergas met sy prettige vertellings. Een van die aanwesiges – sy naam was Bantjes – het elke keer uitbundig gelag, totdat hy naderhand hartkrampe gekry en op die grond ineengestort het waar hulle hom moes lawe en masseer. Paul Sauer moes toe noodgedwonge sy grappe staak. 'n Mens kan nie help om later daaroor te lag as jy dit self gesien het nie. "'n Hartaanval van te veel lag."

1466. Nou gee dr Lagitis raad. Hy skryf: "Lag elke dag. Hoe reggekry? Hier volg 'n aantal rate wat, hoewel nie altyd boers nie, tog nog oorvertelbaar is. Ons moet dit kan gebruik om die 'inner department of pleasure' aan die gang te hou – sonder Fanus. Wat ek nou gaan uitbasuin, is eintlik die voorloper van 'n groot, volgende werk: 'How to be happy in spite of F R.'

"Gooi uit en maak skoon.

"Vat sommer eerste die spreuke waarmee mense elke dag jou lewe vergal. Verander hulle summier, of gee ander betekenisse.

"Hoekom *lugkastele* bou wanneer Amerikaanse bouers al aan ruimtestasies werk? Dit word tog lankal deur die *Drukkersduiwel* (was voorheen Sondagkoerant) verkondig.

"'n *Ongeluksvoël* is lank nie meer wat die meeste dink dit is, of was nie. Natuurlik is dit nou 'n vliegtuig wat twee keer gekaap is, of 'n vlug na die Midde-Ooste moet onderneem.

"Lankal is dit ook nie meer *Rome* wat nie in een dag gebou is nie, maar wel Groter Pretoria wat nie kans het om ooit klaar te kom nie.

"Stroom-op in 'n eenrigtingstraat word in dié ou stad nou sinoniem met *in tamatiestraat* wees.

"'n *Jobstrooster* in Pretoria is, soos elders, jou aandelemakelaar, of 'n staatsamptenaar wat begin dink aan die volgende openbare vakansiedag en hy weet nie dat dit op 'n Saterdag val nie.

"Wat voorheen *Farao se plae* was, moet nou *oorgeswitch* word na *Nasser se hoofpyne.*

"En hou tog op met die *elke donker wolk het 'n silwer randjie*! Die weerburo is nie die enigste wat weet dat dié soort nie ons damme volmaak nie. Die silwer randjiestorie is so on-Suid-Afrikaans soos wat sommige omroepers met hul mooiweerstories is."

1467. Dr Lagitis se helde is die droogmakers van hierdie wêreld. Daardie edelmanne en -vroue wat iets probeer het om ons te laat lag. Terwyl ons met al nouerwordende kroonslagare sweet om bo uit te kom, is hulle besig om te lag en te ontspan.

Napoleon, Shakespeare, koning Olaf, Frik du Preez, Chris Barnard ... Ja, daar is genoeg helde vir almal, maar my manne is die soort mens wat snaaks is sonder om 'n gammatgrap oor te vertel.

Ek dink aan oom Willie. Hy word deur vriende in Pretoria rondgeneem. Hy stap om die Uniegebou, bekyk dit van alle kante en sê: "Ja, die plek geval my. Ek dink ek sal dit neem."

Ook was dit oom Willie wat vertel het van 'n biduur vir reën, lank gelede. Een oom was verhinder om te gaan en stuur toe maar 'n boodskap aan: *Staan op, donderweer, die damme is leeg*!

Mense wat hulle neus vir hierdie soort stories optrek, gaan soek by die Transvaalse Argief bevestiging as jy praat van die dae toe Cecil Rhodes vir Diggers skrumskakel gespeel het.

Dan bly dit maar altyd vir my snaaks – die soort droogmaker wat eintlik al in studentedae 'n held was. Hy kom op 'n baie besige strand, gaan staan ewe plegtig voor die skare en sê: "Vriende, net 'n wyle. Ek is gevra om die groete van die Vrystaat oor te bring." Die absolute verdwasing op mense se gesigte is 'n reaksie wat dan eintlik nog snaakser is.

Of hy stap sommer by 'n ander vergaderplek in en met oë wat wemel van duiweltjies, sê hy: "Toe, toe, toe, toe, wat gaan hier aan?"

Of hy draai in 'n vol hysbak om met sy rug na die deur en sê: "Ek het hierdie vergadering belê ..."

1468. Onderwyser aan klas: "Lag julle vir my?"

Klas: "Nee Meneer!"

Onderwyser: "Nou, wat anders is daar om oor te lag?"

## Landdros

1469. Landdros: "Waarom het jy die motor gesteel?"

Vannermerwe: "Ek het hom nie gesteel nie, Edelagbare. Die ding het langs die kerkhof gestaan, toe dink ek sy eienaar is dood."

## Latyn

1470. "Ek het die voorreg gehad om in wyle mnr Paul Roos se skool te kon skoolgaan en die oubaas het vir my ook Latyn gedoseer. Nou moet ek dadelik sê dat ek niks van Latyn gehou het nie – kon dit eenvoudig nie leer nie het ek altyd maar 'n sukkelbestaan in Latyn gevoer – tot groot verdriet van mnr Roos.

"Eendag was hy weer besig om 'n stukkie prosa in Latyn te vertaal en staan met sy rug na ons klas en skryf op die swartbord en praat oor die terme en toe kom hy by die woord *ignosco* en daar is 'n doodse stilte.

"'Toe, seuns, wat beteken die woord?' wou hy weet, en heeltemal spontaan en feitlik onbewus kom ek met die gesegde wat ek altyd so baie in sy klas gebruik: 'Ek weet nie, Meneer.'

"Nog steeds met sy rug na die klas, sê hy baie bly: 'Heeltemal reg, Bertie, dit is die regte vertaling. Dis baie knap van jou,' en dis toe die hele klas uitbars van die lag dat die oubaas omdraai en besef dat ek werklik nie geweet het nie en my antwoord bloot 'n gelukkige raaiskoot was. Hy was tog te afgehaal. 'Ai, ou seun, ek het werklik gedink jy begin nou regkom ...'"

## Leen

1471. Max gaan na Julius toe en leen by hom R100, met die belofte dat hy dit Saterdag sal teruggee.

Saterdag kom, maar Max het nie die geld nie. Hy gaan leen R100 by Morris en sê hy sal dit Woensdag teruggee. Hy vat die geld en betaal Julius op die Saterdag, soos hy belowe het.

Woensdag het hy nie R100 om Morris terug te betaal nie en hy gaan leen weer R100 by Julius en belowe om dit weer Saterdag terug te betaal, soos hy die vorige keer gedoen het.

Hy betaal Morris op die Woensdag terug, soos ooreengekom. So hou dit maande lank aan.

Op 'n dag kry Max vir Julius en Morris in die straat en hy sê: "Is ek bly om julle twee ouens te sien. Luister, Julius, ek wil hê jy moet Morris elke Saterdag R100 gee, en jy, Morris, jy moet dit elke Woensdag vir hom teruggee – en moet my asseblief nie weer insleep nie, los my nou uit die transaksie uit!"

1472. Ier: "Leen my asseblief drie rand."

Skot; "Jammer ou maat, ek het dit nie."

Ier: "Nou ja, gee my dan asseblief kleingeld vir 'n vyfrandnoot."

Skot: "Met plesier."

## Leeu

1473. 'n Sirkusman het leeus vertoon. Op 'n sekere dag gaan een van sy leeus dood. Hy huur toe vir oom Karel, en deur hom heelwat geld te belowe, kry hy hom eindelik sover om toe te stem om in die leeuvel vasgewerk te word en leeu te speel. Oom Karel het toe begin oefen vir die leeurol en na 'n rukkie kon hy net windmaker brul. Hy word toe in die leeuhok gegooi. Die ou bewe van angs, maar toe 'n groot leeu na hom aangestap kom, gaan hy so hard as hy kan aan skree: "Help! Meneer, help! Die leeu vreet my op."

"Toemaar, oom Karel," antwoord die leeu, "ek is 'n boerkêrel net soos Oom."

1474. 'n Klein Yankee, wat 'n ware Nimrod was, gaan op 'n skiettog in Midde-Afrika. Hy kom op 'n yslike groot leeumannetjie af, en lê onverskrokke op hom aan. Die leeu was egter te rats vir hom en bespring hom voor hy kon skiet. "Woeps!" spring die leeu, maar dit was mis. Die kêreltjie se klein postuur het hom gered, want die leeu spring dwarsoor hom, en laat nael die bosse in. Uit-asem kom onse maat by die kamp aan en vertel van sy ondervinding aan sy maats.

Die volgende dag gaan hulle toe saam met die Yankee om die leeumannetjie te soek. Eindelik vind hul hom in die bosse in 'n oop plek druk besig. Hy hardloop van die een kant van die kaal plek na die ander, besig om laagspring te oefen.

1475. In 'n sekere deel van Rhodesië het hulle die gewoonte gehad om op die volgende manier leeus te vang:

Aan een van die dik uitstaande takke van 'n boom, omtrent tien voet van die grond af, word 'n sterk stuk gladde draad vasgemaak met 'n groot hoek en 'n stuk vleis daaraan. In die nag kom die leeu dan, en wanneer hy na die vleis opspring, bly hy hulpeloos aan die hoek hang.

Nou het 'n groot leeumanntjie, van die mensvretersoort, herhaaldelik snags die stuk vleis knaphandig afgehaal sonder dat die hoek hom beskadig het. Daarop het een van Jameson se vrywilligers wat pas uit Engeland gekom het, aangebied om een nag onder die boom te gaan waak, en ewe uitdagend het hy gesê dat hy die vervlakste leeu met sy rewolwer sou doodskiet. Die "dandy" het dit nie eers nodig geag om sy wit borshemp vir die okkasie uit te trek nie, en nadat hy 'n halwe bottel whisky gesluk het om sy moed te versterk, gaan hy onder die boom posisie inneem. Hy het later vaak geword en aan die slaap geraak. Die volgende môre skrik hy wakker, en sien tot sy verbasing dat die stuk vleis bokant sy kop in die nag verdwyn het. Hy het op sy rug gelê en slaap, en op sy wit borshemp was die spore van die leeu se agterpote duidelik sigbaar!

1476. Oom Piet Bruwer was in sy dae 'n geweldige jagter, 'n ware Nimrod. Hy vertel vir die waarheid die volgende gebeurtenis: Eenmaal het hy in die noordelike Transvaal gaan leeus skiet. Die mense het hom 'n plek gewys onder 'n groot boom waar 'n leeu die vorige dag 'n stuk springbok laat lê het toe hy versadig was. Hulle het verwag dat die leeu die aand weer sy verskyning sou maak om die res van die buit te kom haal. Oom Piet klim so teen sononder in die boom met sy Mauser en hou wag. Dit word naderhand laat en oom Piet raak aan die slaap. Omtrent twaalfuur maak die leeu sy verskyning sonder dat oom Piet daar iets van weet. Dit word koud en die oubaas draai hom 'n slag om in sy slaap met die natuurlike gevolg dat hy uit die boom tuimel en toevallig wydsbeen op die leeu se rug te lande kom.

Die dier het glo meer geskrik as oom Piet, en neem die loop terwyl die ruiter krampagtig aan die maanhare vasklou. So gaan dit in dolle vaart oor berge en deur dale, totdat die leeu uiteindelik teen 'n boomstam vashol, sy kop fynstamp, en dood neerslaan. Oom Piet, wat nie sommer sy positiewe verloor nie, sê ewe koelweg: "Ja, so sal ek julle nog almal doodry."

1477. Diensbode aan 'n leeutemmer in die hok: "Meneer, u kleremaker is hier met die rekening."

Temmer: "Sê hy moet maar inkom."

1478. 'n Man en sy seun was op 'n leeujag uit. Die man sê vir sy seun: "My seun, ek hoop jy aard na jou vader wat leeujag betref."

Seun: "Hoe so, pa?"

Vader: "Ek maak hulle met my kaal hande dood, en het nog nooit vir hulle gevlug nie." Hulle besluit toe om uitmekaar te gaan: die een links en die ander regs, om 'n groot bos. Meteens kom die twee tegelyk op 'n leeu aan die anderkant van die bos af. Altwee spring in hul spore om. Waar hulle uitmekaar gegaan het, hardloop hulle teen mekaar vas, en die verskrikte ou man sê: "Môre neef, wie's jy?"

"Pa se seun."

"Wat 'n snaakse van."

1479. "Verlede nag was ek baie kwaad toe ek die leeu ingespan het, maar nou het my bui gesak. Nou wil ek iemand hê om hom weer uit te span."

1480. Mooi Anna se pa sou haar net met die man laat trou wat vir hom die vel van 'n leeu wat hyself geskiet het, wys. Nadat verskillende plaasseuns probeer leeus jag het, moes hulle haar prysgee deurdat hulle nie daarin kon slaag om 'n leeu plat te trek nie.

Toe hoor ons dorpenaarvriend van die affêre. Daar aangekom, het hy volle besonderhede van Anna se pa gekry en met baie windmakery sê hy: "Oom, waar ek vandaan kom, ry ons leeus as hulle ons kwaad maak."

Oom: "So, Neef."

Die volgende môre stap die twee saam en meteens staan oom Kool mooi onder skoot. Die oubaas skiet eerste en kwes die leeu, en toe laasgenoemde aangestorm kom, vlug die twee in 'n boom. Die dorpenaar trap 'n tak mis en kom op die leeu se rug te lande. Die leeu slaan pote in die wind. Die dorpenaar was nie 'n baie goeie ruiter nie en het nie lank bo gebly nie. Toe hy afval, hou die leeu aan met hardloop.

Ewe gelukkig kom die ou man aan, skud die hand van sy aanstaande skoonseun en sê: "Jy kan met Anna trou, want nou glo ek dat jy leeus ry."

Dorpenaar: "Dankie, Oom, maar ek het vergeet om Oom te sê, dat as ek kwaad word en hulle ry, moet ek ook 'n ander broek hê."

## Letterkunde

1481. "O, daardie nuwe Ena Murray het 'n mooi slot ..."

"Wat dink jy van die begin?"

"Nee, ek het nog nie daarby uitgekom nie!"

1482. "Dit is darem jammer dat jy dink daardie skrywer is 'n na-aper, hy dink jy is 'n Hertzogpryswenner ... maar dit is moontlik dat julle albei verkeerd kan wees!"

1483. Skryf is 'n baie dankbare soort werk; ek kry al my stories terug: "Met dank ... die uwe ..."

1484. Hy is 'n baie kleurvolle skrywer: in die eerste hoofstuk word die vrou groen van jaloesie, die man wit van woede, die dogter rooi van skaamte en die baba blou van die koue.

1485. Ek wonder of Langenhoven nog so merkwaardig sou gewees het as hy vandag hier was? Hy sou. Hy sou dan 120 jaar oud gewees het.

1486. Hoe skryf 'n mens? Van links na regs.

1487. Maar hoe skryf 'n mens 'n boek? O, dis maklik, een woord lei tot 'n ander ...

1488. Uiteindelik het ek iets geskryf wat deur enige tydskrif in die land aanvaar sal word: 'n tjek vir 'n jaar se intekengeld.

1489. Weet jy wat is 'n spookskrywer? Dis iemand wat vir iemand anders 'n storie onder sy naam skryf. Nou gaan dit baie beter met hierdie spookskrywer, want hy het 'n nuwe spookskrywer gekry om sy spookskrywery vir hom te skryf.

1490. "Meneer Skrywer ... Jou handskrif is so dat ek byna geen woord kan ontsyfer nie; wil jy nie eers jou manuskripte tik voordat jy dit voorlê nie?"

"As ek kon tik, het ek nie geskryf nie!"

## Lewe

1491. Die lewe is 'n oorerflike siekte.

1492. Lewe is iets wat jy oor lees, oor praat, en dis lekker, jy moet dit net nie leef nie.

1493. Professionele skeepsbouers het die Titanic gebou, amateurs die ark.

1494. Andries: "Ag ja, die ou seuntjie van oom Piet het ook nie alte lank gelewe nie."

Koert: "So, is hy dan dood?"

Andries: "O nee, hy is nog fris en gesond, maar kyk, hy is mos maar gister eers gebore."

Koert: "Jou twak!"

1495. Manie: "My grootvader het 99 jaar oud geword."

Fanie: "Myne het 103 jaar bereik."

Danie (wat op 'n paar erfporsies wag): "Ek wil nou nie grootpraat nie, maar in my familie is daar nog 'n hele paar wat nog nie dood is nie."

### *Lewenskoste*

1496. "Hoe spandeer jy jou inkomste?"
"Omtrent 30% aan huishuur, 30% aan klere, 40% aan kos en 20% aan vermaaklikheid."
"Maar dit is 120%!"
"Presies."

### *Lewensredders*

1497. "Ek het die man vyftig sent gegee omdat hy my lewe gered het."
"Wat het hy gedoen?"
"My twintig sent kleingeld gegee!"

1498. Die bruidegom was baie bekommerd oor sy bruidjie wat net uit die see gehaal is.
"Wat maak jy met haar?" vra hy aan die lewensredder.
"Ek gee haar kunsmatige asemhaling," is die antwoord.
"Kunsmatig se voet, gee haar die egte ding – ek sal betaal!"

1499. Die lewensredder het gepomp en gepomp, die water spuit by die drenkeling se mond uit.
Een van die omstanders sê: "Jy mag 'n lewensredder wees, maar ek is 'n ingenieur, en as jy nie daardie man heeltemal uit die water uithaal nie, sal jy hom nooit leeg pomp nie."

### *Liddoring*

1500. "Haai djong, Gammat, waarom loop djy so otherwise?"
"Ag man, ek het liddorings."
"Op djou woord, Gammat?"
"Nee man, op my toon."

### *Liefde*

1501. Liefde: "'n Gejeuk aan die hart wat niemand kan krap nie. 'n Gevoel soos taai stroop wat agter jou rug afloop; jy wil dit aflek maar kan dit nie bykom nie."

1502. Verwaande Piet (aan sy aanstaande): "My liefste, het jy miskien enige besware as ek rook?"
Sy: "O, seker nie, Piet; vir my part kan jy maar totaal uitbrand soos 'n kooloond."

1503. Nooi: "Voordat ons verder ry, wil ek jou net eers goed laat verstaan dat ek niks daarvan hou dat jy my soen of jou arm om my lyf sit nie."
Kêrel: "So?"
Nooi: "As jy dit nou baie goed begryp, kan ons verder ry. Sê my waarheen gaan ons?"
Kêrel: "Huis toe!"

1504. Hy: "Ek het jou lief met my hele hart, my hele verstand ..."
Sy: "Ja, ek besef hoe min jy het."

1505. Jongkêrel: "Weet jy, my lewe was soos 'n woestyn voordat ek jou ontmoet het."
Meisie: "Is dit daarom dat jy soos 'n kameel dans?"

1506. Hy: "Jy weet, liefste, die liefde is blind."
Sy: "Ja, en trou is die bril."

1507. Eerste dame: "Waarom lyk jy so treurig?"
Tweede dame: "Ek het nou net hier gelees dat as mens van koper droom, beteken dit dat jou geliefde jou bedrieg."
Eerste dame: "Maar dit is niks, jy het dan so baie geliefdes."
Tweede dame: "Ja, maar hoe sal ek nou weet watter een bedrieg my?"

1508. Klein Maans: "Ek weet altyd wanneer jy kom kuier."
Jongkêrel (in sy skik): "Dit is seker wanneer jou suster haar so opknap?"
Klein Maans: "Nee, sy haal altyd Johan se portret uit die raam en sit joune daarin."

1509. Hy: "Daar is alte veel rooisel aan jou lippe."
Sy: "Maar jy weet mos hoe om dit af te kry."

1510. Hy: "Liefste, jy moet nie miskien dink ek trou met jou vir jou geld nie, ek trou met jou vir liefde."
Sy: "Sal jy nog dieselfde sê as jy hoor dat my pa bankrot gespeel het?"

1511. Dit is twaalfuur, en 'n jongkêrel staan by die voordeur waar hy sy beminde nagsê met die woorde: "Annie, jy is die lig van my lewe, jy is die lig van al my donker oomblikke, jy is die lig op my pad, dierbaarste, jy is die lig van my hele lewe, die lig ..."

Net toe haak haar ma af van binne: "Annie, skakel af daardie lig en kom slaap."

1512. Rina: "Lambert, het jy my lief?"

Lambert: "Natuurlik, liefling."

Rina: "Sal jy my graf besoek as ek te sterwe kom?"

Lambert: "Alte seker, die kerkhof is langs die pad na Chrissie se huis."

1513. "Het jy my regtig lief?" kweel sy. "Liewer as enigiets anders?"

"Natuurlik, liefling."

Na 'n effense weifeling antwoord die waarheidsliewende bewonderaar: "Wel, liefling, om nou heeltemal eerlik te wees, ek dink darem partymaal ook aan die Springbokke."

## *Lieg*

1514. Gary Player, wat met perde boer, vertel van oom Sybrand, wat ook daar op sy plaas woon, en wat so lekker kan lieg.

Hy vertel van die vosmerrie, Clementine, wat hyself afgerig het. Elke jaar is daar 'n groot wedren op Colesberg. Oom Sybrand skryf een jaar vir Clementine in. Maar hy het nie geweet die merrie is dragtig nie. So halfpad toe vul sy.

"Ag," sê Gary, "ek is jammer om dit te hoor, en toe verloor Clementine?"

"Watwo! Clementine had nog nooit verloor nie. Sy het met twee lengtes gewen – en die vul was tweede!"

## *Lig*

1515. Annie: "Willem is die lig van my lewe."

Haar pa: "Dan is jou lewe maar donker."

## *Logika*

1516. "Jy is nie 'n Ier nie; jy is 'n Amerikaner," sê 'n inboorling van Ierland vir 'n Ier wat in Amerika gebore is. Die twee raak hewig aan die stry.

Die Amerikaner sê naderhand: "Dan wil jy sê dat as 'n kat in 'n bakoond kleintjies kry, is hulle mosbeskuit?"

1517. Vrou: "My skat, leen my tog asseblief tien pond maar gee my net vyf pond, dan skuld jy my vyf pond en ek skuld jou vyf pond en dan is ons gelyk."

## *Losieshuise*

1518. Nuwe intrekker: "Hoe is die kos in hierdie losieshuis?"

Ou inwoner: "Ons kry elke dag hoender."

Nuwe intrekker: "Elke dag hoender? Dis lekker ..."

Ou inwoner: "Nie so lekker nie – ons kry dit in 'n dop."

1519. Hy was baie verbaas om die aand te sien dat die eienaar van die losieshuis nie 'n klok vir aandete lui nie, maar dat hy 'n skoot met sy haelgeweer in die lug skiet. Toe hy hom vra waarom hy dit doen, sê die oubaas: "Nee, dit laat hulle gou tafel toe kom sodat ons eers kan bid."

"Maar waarom skiet oom net een loop van die haelgeweer af?"

"O," antwoord hy, "die ander skoot bêre ek ingeval hulle nie hulle losies betaal nie!"

## *Lugmag, weermag*

1520. Instrukteur: "Wat is die eerste ding wat jy doen wanneer jy in 'n vliegtuig klim?"

Vlieënier: "Ek kyk na die nommer."

Instrukteur: "Wat het die nommer daarmee te doen?"

Vlieënier: "Ek wil net seker maak dat ek in die regte vliegtuig klim."

1521. "Wat moet 'n soldaat wees voordat hy met volle eerbewys begrawe kan word?"
"Dood."

1522. Sersant: "Waarom is dit belangrik om nie jou kop te verloor in 'n geveg nie?"

Dienspligtige: "Dan het ek nie plek om my pet op te sit nie."

1523. Toneel: Tent in kamp.

Deelnemers: Twee dienspligtiges.

"Pen wat ek kan leen?"

"Sekerlik, ou maat."

"Papier om te leen?"

"Hierso."

"Gaan jy by die posbus verby as jy uitgaan?"

"Ja , ek dink so."

"Wag net totdat ek die brief klaar geskryf het."

"Natuurlik."

"Leen my 'n seël."

"Hierso ..."

"Wat is jou doedie se adres?"

1524. Die weermag is ook maar staatsdiens. Kry niks gedoen nie. Die dag nadat my neef aangesluit het, het hy sy ontslag aangevra. Hy het dit drie jaar later gekry.

1525. Hy was in Potchefstroom in die kamp. Hy sê dis so 'n groot kamp, as jy 'n naweekpas kry, kan jy nie huis toe gaan nie. Dit neem jou twee dae om by die hek te kom.

1526. Gehoor van die dienspligtige wat homself geskiet het? Hy het die wagwoord vergeet.

## *Lugmag ... Diere ... Orang-oetang*

1527. Kaptein Pienaar het hierdie storie vertel. Hy sê almal wil altyd weet waarom hy die oudste kaptein in die SA Lugmag is. Hy was 61 toe hy die storie vertel het. Hy sê dis die waarheid:

"Gedurende die Tweede Wêreldoorlog het ons lugmag gaan help in die Stille Oseaangebied. Daar het nie veel aangegaan nie en die BO (Bevelvoerende Offisier) het ons elke nag uit die bed gejaag met 'n sirene en 'n skynaanval. Nadat ons ons volle uniforms aangetrek het, in die vliegtuie geklim het, alles aangeskakel het, het die 'alles veilig'-fluit geblaas en is ons weer terug bed toe. Ek het 32 nagte na mekaar dié hel deurgemaak. Toe sien ek die mak orang-oetang en ek leer hom om net soos ek te maak. Nadat ek hom 'n uniform aangetrek het, het hy net op die sirene gewag en dadelik in my vliegtuig geklim, dit aangeskakel, en as die fluit weer blaas, afgeskakel, die uniform uitgetrek en gaan slaap. Maar een nag het die 'alles veilig'-fluit nie weer geblaas nie. Nadat die laaste vliegtuig weggezoem het, met die orang-oetang agter die stok, was daar net twee mense op die vliegveld: ek en die BO. Hy het my 'n kyk gegee wat selfs 'n woestynkaktus sou laat verwelk het en, sonder 'n woord, weggemarsjeer. Wel, meneer, en dit is hoekom ek die oudste kaptein in die lugmag is. Ek sou nie omgegee het nie – maar daardie blerrie orang-oetang is nou 'n luitenant-kolonel!"

## *Luiaards*

1528. Lui Lewies en sy seun sit in hulle kaia. Skielik is daar 'n getip-tip op die sinkdak. Lui Lewies kyk op van sy niksdoen en sê: "Ouboet, dit gaat my dit reent ..."

Ouboet is te moeg om op te kyk.

"Ja, Pa ..."

Hulle sit maar weer. Lui Lewies is 'n man wat lugkastele bou en dan verf Ouboet hulle.

Nou begin die reën harder val.

"Ouboet, gaan kyk of dit reent ..."

Ouboet se gesig vertrek in iets pynliks. Hy kan net nie daaraan dink om op te staan nie.

"Ek is moeg, Pa."

Hulle sit maar weer.

Lui Lewies praat weer: "Maar hoe sal ons dan weet of dit reent?"

Ouboet dink diep. Dan verhelder sy gesig. Hy het 'n plan!

"Pa, ek weet ... roep die hond en kyk of hy nat is!"

1529. Thys: "Ou Thomas sê as hy eendag trou, dan trou hy met 'n wedevrou."

Klaas: "Ja, dis nou net tipies van so 'n lui ou vabond; hy is te lui om self te vry, nou wil hy hê die vrou moet die vryery doen."

1530. Jan se ma praat met hom omdat hy so lui is om sy hare te kam. "Jan," sê sy oom, wat dink om hom 'n bietjie te troos, "wens jy nie soms jou kop was net so kaal soos myne nie?"

"Nee," sê Jan, "dan was daar weer meer gesig om te was."

# M

## *Maag*

1531. Tielman Roos was bekend daarvoor dat hy 'n taamlike groot maag gehad het. Op 'n vergadering in Orange Grove, Johannesburg, sê 'n Engelssprekende vir hom: "The time has come for us to stop riding on the backs of the natives ..."

Mnr Roos het tot op die punt van die verhoog gestap, sy magie saamgevat en gevra: "Do I look like a jockey?"

1532. Na 'n vergadering wat mnr Tielman Roos toegespreek het, staan 'n man op en sê: "Mnr Roos, hulle noem u die Leeu van die Noorde ..."

Mnr Roos: "Ja, ek hoor so."

Man: "Ek het nog nooit 'n leeu met so 'n groot maag gesien nie ..."

Mnr Roos: "Dit is opmerklik, broer, nou dat ek na jou kyk: ek het nog nooit 'n donkie met sulke kort ore gesien nie!"

1533. Die bekendste staaltjie van Tielman Roos is ook oor sy maag. Op 'n vergadering vra 'n teenstander hom: "Tielman Roos, wat het jy in daardie groot maag van jou?"

Sy antwoord was: "Dieselfde as wat jy in jou kop het, my vriend!"

## *Maan*

1534. Seun: "Pa, is daar mense op die maan ook?"

Pa: "Ek is seker daar is, my seun."

Seun: "Hoeveel, Pa?"

Pa: "Ag, net soveel as op die aarde, dink ek."

Seun: "Maar dan moet daar mos 'n vreeslike gedrang wees as die maan half is!"

## *Maanlanding*

1535. Ek weet nie wie dit nog gesê het nie, maar ek het dit eerste gesê. Net na die maanlanding was daar 'n foto van Neil Armstrong in die koerante. My jongste spruit het lank na die foto gekyk en toe vra hy: "Pa, hoekom is dit so dof?"

"Hy't seker geroer ..." was al waaraan ek kon dink.

1536. Hulle sê Koos van der Merwe was alreeds op die maan toe die twee Amerikaners daar land. Hy het hom morsdood geskrik. Hy het gedink dis Trust Bank wat sy trekker kom terugvat.

## *Man*

1537. "Soms wens ek ek was 'n man," sê die vrou.

"Soos wanneer?" vra haar man.

"Soos wanneer ek so by die winkelvensters verbystap, en ek dink, as ek nou 'n man was, sou ek vir my vrou daardie mooi rok gekoop het."

1538. Die lewe is nie regverdig teenoor ons mans nie. As ons gebore word, ontvang ons ma's ons gelukwense en blomme. By ons huwelik kry die bruid al die geskenke, en as ons sterf, kry ons vrouens die versekeringspolisse.

## *Mangels*

1539. In Bloemfontein het die dominee in sy kanselgebed aan verskillende instansies gedink.

Toe bid hy ook: "En, Here, dink ook aan dr Krause wat so baie operasies doen en wat so baie sukses het met die blindedermoperasies." Hy besef toe hy het 'n fout gemaak, bly stil en sê: "Nie blindederms nie ... mangels!"

### Mansmense

1540. Die vullisverwyderaars in Johannesburg het gestaak. Toe het hulle skielik weer begin werk. Een oggend vroeg loer die buurvrou oor die heining en skree: "Bettie! Is jou vuilgoed al weg?"

"Nee," kom die antwoord, "hy slaap nog!"

1541. Die aand met sy silwerbruilof gaan hy bitterlik aan die huil. Sy vriend wil weet hoekom hy dan so huil.

Hy sê: "Toe ek vyf jaar getroud was, vra ek my prokureur wat my straf sal wees as ek my vrou vermoor ... hy sê toe as ek nie opgehang word nie, sal ek twintig jaar tronkstraf kry. Ek kon vanaand 'n vry man gewees het!"

1542. Hy is 'n optimis. Hy gaan sonder 'n sent geld na 'n deftige restaurant toe en bestel oester met die hoop om die rekening met die pêrel te betaal.

1543. Hy's 'n geswore oujongkêrel. Hy sê wat goed genoeg was vir sy pa, is goed genoeg vir hom.

### Mededinging

1544. Vriend: "En hoekom is jy gedagvaar?"

Richard: "Mededinging."

Vriend: "Mededinging?"

Richard: "Ja, ek het dieselfde boek as die regering gepubliseer, net 100 jaar eerder."

### Meisies

1545. 'n Meisie wat 'n motorwerktuigkundige is, is 'n *Vonkpoppie.*

### Meneer

1546. Onderwyser aan nuwe leerling: "Jannie, wat is jou van?"

Jannie: "Coetzee."

Onderwyser: "Kan jy nie meneer sê nie?"

Jannie: "Meneer Coetzee."

### Metrieke stelsel

1547. Die oorskakeling na die metrieke stelsel het ook pragtige volkshumor na vore laat kom.

- 'n Pompjoggie in die metrieke stelsel word 'n liter-Pieter genoem.
- 'n Eiendomsagent is 'n hektaarsnaar.
- 'n Swembadopsigter wat moet meet of 'n bikini nie te klein is nie, is 'n millimeterbeterweter.
- 'n Atleet is 'n metervreter.
- 'n Duisendpoot: 'n poot is 'n voet, maar ons praat nie meer van 'n *voet* nie, maar 'n *meter*. Duisend word *milli*, daarom is 'n duisendpoot 'n *millimeter.*
- In 'n metrieke stelsel is 'n apteker 'n gramram.

### Middeljarig

1548. Jy is middeljarig wanneer jy te jonk is om rolbal te speel en te oud vir rugby.

1549. Middeljarigheid is wanneer jy jou emosies vir simptome verruil.

### Mielies

1550. Hoe sê 'n mens vir 'n geelmielie wat jy eet voordat hy hard word?

Is dit 'n groen geelmielie of 'n geel groenmielie?

### Miljoenêrs

1551. "Ek sien u het drie swembaddens, meneer Miljoenêr."

"Ja. Een met koue water, een met warm water en een sonder water."

"Maar hoekom sonder water?"

"O, daar is baie van my vriende wat nie kan swem nie."

### Mini's vir mans

1552. Ek stap parmantig in my sokkies
en dra die kleinste minirokkies.
Nou hoor ek al die vrouens lag
en dis nie oor my nuwe drag,
maar oor my twee ou vuurherd-
stokkies.

1553. "Kyk, ou maat, ek gee nou nie om dat jy so slordig aantrek nie, maar dis darem nie mooi nie."

"Maar ek is gan slordig nie!"

"Jy is. Dink net hoe netjies was jou pa: jy kon hom altyd deur 'n ring trek. Sy klere was altyd deur 'n bekende kleremaker gemaak van die beste materiaal."

"Maar dis dan Pa se klere dié!"

## *Misdaad*

1554. Na 'n insident in Potgieterstraat, Pretoria, waarin 'n polisiewa en 'n betonmenger betrokke was, is die polisie op die uitkyk na agtien geharde misdadigers.

1555. 'n Kleptomaan is iemand wat homself help omdat hy homself nie kan help nie.

1556. Diewe eerbiedig ander mense se eiendom, maar hulle wens dit was hulle s'n, want dan sou hulle dit meer eerbiedig het.

1557. "Ek het nooit ontken dat my oom in die tronk is nie, ek het gesê hy is 'n bioloog, maar ek het bedoel hy bestudeer selstrukture ..."

## *Misverstand*

1558. Twee gesinne Swart woon in een straat. Dieselfde dag waarop die een man op reis gaan, word die hoof van die ander gesin begrawe. Per abuis kom die reisiger se telegram na die weduwee. Die telegram lui toe as volg: "Veilig hier aangekom. Net baie warm."

## *Modes en minirokkies*

1559. Wat sal die vroutjies sonder klere wees? Koud!

1560. As haar minirokkie korter was, was dit 'n boordjie.

1561. Gehoor van die man wat in sy baaikostuum gaan slaap? Hy moet. Sy warmwaterbottel lek.

1562. En dan is daar die ou wat in sy onderklere bad as dit koud is.

1563. Sy het 'n baie praktiese baaikostuum gekoop. In die winter gebruik sy dit as 'n boekmerk.

1564. Dit is 'n nousluitende rok. Sy het vreeslik baklei om in hom in te kom. Ek dink sy het verloor.

1565. Dit lyk asof sy in die rok ingegiet is, maar sy het nie gehoor toe hulle skree *hokaai!* nie!

## *Moeilik*

1566. Daar is party dinge wat baie moeilik is. Een is om 'n turksvydoring uit 'n duisendpoot se drie en dertigste linkerpoot met 'n bokshandskoen uit te haal, die ander een is om 'n dwarrelwind in 'n rondawel se hoek met twee gholfstokke vas te keer.

Nog 'n moeilike ding, 'n hartseerding, is om met die heerlikste stuk koedoebiltong te sit – en nuwe tande te hê.

## *Moeilikheid*

1567. Wanneer is 'n man nou rêrig in die moeilikheid? Soos hulle in die volksmond sê: jy het rêrig jou tjips gehad as jou verloofde uitvind jy het 'n ander meisie en vanaand kom hulle twee saam vir jou vrou kuier.

1568. Jy is rêrig in die moeilikheid as jou buurman jou by sy vrou vang en hy gryp jou met die linkerhand vas en maak sy knipmes met sy tande oop.

## *Mondig*

1569. Die seun het die dag sy 21e verjaardag gevier.

Pa aan Ma: "Vrou, jy moet nog vir Jan vertel."

Vrou: "Nee, dis jou plig."

Man (na 'n bietjie nadink): "Wel seun, jy is vandag mondig en ek dink jy kan ons ook nou 'n bietjie geldelik help."

Seun: "Pa moet net sê wat ek moet doen of gee."

Pa: "Jy kan gerus die laaste paaiement van jou kinderwaentjie betaal."

## *Mooi*

1570. Juffrou vra in die klas: "Wat is mooi?" en die kindertjies gee hulle antwoorde:

"Mooi is baie mooi," sê een outjie.

"'n Sonsondergang is baie mooi ..."

"Dis mooi!" sê die Juffrou.

"'n Klein seuntjie wat sy nagkleertjies aan het, is mooi ... "

"'n Klein wit katjie is mooi ..."

"Ja, dis baie mooi ..."

Sê klein Kosie: "Verwag is mooi, Juffrou."

"Hoe nou?" vra Juffrou.

"My groot sussie sê vir my pa: 'Pa, ek verwag.' Toe sê my pa: 'Dis mooi, dis nou vreeslik mooi!'"

## *Motoriste*

1571. By 'n verkeerslig staan hulle in 'n lang tou. Agter hom toet 'n ongeduldige motoris.

Hy klim uit, stap na die man toe wat so toet en vra: "En wat het jy nog vir Kersfees gekry?"

1572. En dan is daar die dametjie wie se motor gaan staan het. Agter haar toet 'n ongeduldige motoris.

Sy klim uit, stap na hom toe en sê: "Meneer, as jy sal probeer om my motor aan die gang te kry, sal ek solank jou toeter druk!"

1573. In Johannesburg ry die motors so wild, as jy aan die ander kant van die straat wil kom, moet jy daar gebore wees.

1574. 'n Voetganger is 'n man met twee seuns en een motor.

1575. Hy bewonder sy buurman se motor.

"Jislaaik," sê hy, "ek wens ek kon so 'n motor bekostig."

Buurman: "Ek ook!"

1576. Sy het 'n nuwe rooi sportmotor present gekry en wou die motor uittoets. Toe sy teen tagtig km/h by 'n konstabel verby ry, spring hy op sy motorfiets en sit haar agterna. Hy het haar maklik ingehaal, maar toe sy hom langs haar sien, trap sy die lepel weg. Sy sien in haar truspieël hoe hy van sy motorfiets afval.

Later in die hospitaal vertel hy wat gebeur het: "Toe ek langs haar kom, toe trek sy so vinnig weg, ek dag my fiets het gaan staan – dis toe wat ek afklim ..."

1577. Haar motortjie het by die verkeerslig gaan staan. Die lig het groen geword, geel, rooi, weer groen, weer geel, weer rooi, maar sy kon nie wegkom nie.

'n Verkeerskonstabel stap na haar toe en vra ewe sarkasties: "Wat makeer, Juffrou, hou jy nie van ons kleurskemas nie?"

1578. "Hoe kry jy dit reg om sonder 'n spoedmeter te ry?"

"Maklik. Teen 15 km/h begin my modderskerm ratel; teen 25 km/h ratel die vensters en teen 35 km/h ratel ek!"

1579. Hy was al baie moeg vir Vroutjie en Skoonmoeder wat nooit kon ophou bevele gee nie. Hy hou toe stil, draai om en sê: "Sê my, wie bestuur: jy of jou ma?"

1580. Hy stop haar in die straat.

"Wat is dit nou?" vra die mooi doedie.

Konstabel: "Jy het vinniger as sestig kilometer per uur gery," sug hy.

Doedie: "Sestig kilometer per uur! Dis onmoontlik – ek is nou eers tien minute van die huis af!"

1581. In Sasolburg gebeur. Hulle was baie vrolik en het huis toe gery. Maar 'n sementmiddelmannetjie het die motor onder gevang. Die wiele het nog gedraai, maar hulle het nie 'n tree gevorder nie. Gelukkig was daar nie baie brandstof in die tenk nie! Sy maak hom twee-uur die nag wakker. "Ou man, het die kar genoeg petrol in?"

Hy: "Hoekom vra jy?"

Sy: "Ek het vergeet om hom af te skakel!"

1582. Hy het eenkeer in die hoofstraat in 'n polisiemotor vasgery en twee polisiemanne wakker gemaak.

1583. As sy 'n ongeluk maak, is dit nooit haar skuld nie. Verlede week het 'n boom in haar ingery. Sy sê die boom se agterliggie het nie gebrand nie.

1584. "Ek dink ons kom nou nader aan die dorp ..."

"Hoe weet jy?"
"Ons ry al hoe meer voetgangers om."

1585. In Port Elizabeth gebeur. In die ou dae, toe motors nog met slingers gewerk het, het 'n man in 'n pad met 'n hoë wal agteruit probeer draai. Die uitlaatpyp het in die wal vasgesteek en die motor het gestaak.
Hy klim toe uit, haal die slinger uit en probeer met die slinger die grond uit die uitlaatpyp haal. Toe kom 'n konstabel daar aan en arresteer hom. Niemand wou glo dat hy nie onder die invloed was nie.

1586. Een oggend vroeg besluit oom Alfred Lizamore om van Brits af Pretoria toe te ry. Dit was met sy vragwa, as 'n mens dit 'n vragwa kan noem, want daar was g'n remme of toeter aan die voertuig nie.
Toe hy Saartjiesnek afkom, sien hy tot sy ontsteltenis 'n verkeerskonstabel met die hand omhoog voor in die pad staan. Omdat die vragwa nie 'n toeter het nie, steek oom Alfred sy kop by die venster uit en skree so hard as wat hy kon: "Pasop voor, my lorrie het nie brieke nie!"
Maar die verkeerskonstabel is baie beslis en staan in die middel van die pad en hou sy hand omhoog. Op die laaste nippertjie spring hy weg en oom Alfred skree triomfantlik agterna: "Ja, ek het jou mos gesê my lorrie het nie brieke nie!"

1587. 'n Deftige heer, silwer en sewentig, ry statig en stadig en soek na 'n parkeerplek. Skielik sien hy een. Soos hy geleer is, ry hy by die parkeerplek verby, hou stil, skakel sy Silwer Wolk in trurat, kyk oor sy skouer en begin stadig en statig parkeer.
Skielik, uit die niet, kom 'n klein sportmotortjie aangeblits en glip in die parkeerplek in. Twee jong jappies klim oor die deur van die sportmotor, lag vir die deftige ou heer en sê leedvermakerig: "Dit kan jy net doen as jy jonk is!"
Die bestuurder van die Silwer Wolk hou sy motor in trurat, maar trap die petrol skielik weg. Die Engelse vlagskip se agterstel knars in die regterkantste deur van die rooi sportmotor.
Sonder haas skakel die bestuurder oor na eerste rat, ry 'n entjie vorentoe, weer in trurat en stamp die sportmotortjie dat hy lyk of hy tussen twee busse beland het.
Die twee jong kêrels kyk verbysterd na wat gebeur. Geheel verlam. Murgversteen.
Die proses word herhaal totdat daar van die sportmotor net twee nommerplate oor is.
Die deftige heer lig sy hoed en sê: "Dit kan jy net doen as jy ryk is. Geniet die dag ..."

## Motors

1588. Dit laat my aan 'n soortgelyke storie dink, en as jy oplet, sal jy sien dit is weer soos 'n goeie preek, in drie dele. Die man het aansoek gedoen by 'n garage. Hy sê hy kan enige kar geblinddoek herken. Hulle moet net die kar aanskakel, dan sal hy sê watter kar dit is.
"Skakel aan!"
Die eerste een sê hy: "Dit is 'n '36 Ford, en hy kort ringe!"
"Dis reg!"
"Skakel nommer twee aan!"
Hulle skakel aan, hy luister mooi en sê: "Dit is 'n Mercedes Benz 280SE, 1983 model ... so om en by 200 000 kilometers gery."
Hulle juig!
Hulle kan dit nie glo nie!
Intussen het die bestuurder met een van die werkers gekonkel. En toe hulle by die derde motor kom, toe trek die man die toilet se ketting. Hy hou sy oor so eenkant, luister mooi, frons en sê: "Dis 'n Volkswagen, maar ek is nie seker van die model nie, 'start' hom net weer!"

1589. "Hierdie motor sal jou teen enige hoogte uitneem."
"Ek glo dit goed, want die een wat jy my verlede jaar verkoop het, het selfs probeer om teen 'n boom uit te klim."

1590. 'n Motorhandelaar was al 'n paar maal by die boer om aan hom 'n motor te verkoop. Eendag kom hy weer daar aan met 'n blink motor.
Boer: "Watter soort is dit nou die?"
Handelaar: "Oom, dit is 'n Pontiac."
Boer: "Wat, pomp die hek? Dan is dit sy soort wat al die hekke stukkend ry."

1591. "Hoe kan jy so 'n groot motor in so 'n slegte tyd bekostig?'
"As ek nie 'n baie vinnige motor het nie, vang my krediteure my baie gou."

1592. Oom Koos is op pad dorp toe met sy kar en perde. Net agter die eerste bult kom hy buurman Piet met sy nuwe motor teë. Daar het blykbaar iets gehaper, want die motor wou nie 'n tree vorentoe nie.

Oom Piet: "Ag Neef, help tog. Dra jy enige kennis van die ystergedoente?"

Oom Koos: "Hoe sal ek sê, Neef, ek ken die ding ook, maar so van sien. Maar ek sal darem hand bysit."

Nadat oom Koos hier gevoel, daar gedraai en elders gepluk het, stap hy so stadig agter om die kar.

Meteens roep hy: "Neef Piet, hier sit die fout. Kyk hier hang die een wiel dan agter teen die kar in die lug."

1593. 'n Verkeerskonstabel sien 'n klein motortjie wat kort-kort in die lug spring, aankom. Toe die motor regoor hom in die pad aankom, vra hy vir die bestuurder:

"Waarom spring jou kar so in die lug?"

Bestuurder: "Nee Meneer, dit is maar net ek wat so sit en hik."

1594. Mnr A: "Annie sê sy is doodverlief op haar nuwe motor."

Mnr B: "Nog 'n geval waar die man deur die masjien vervang word."

1595. Gert: "Waarom is al die meisies so dolverlief op jou?"

Hans: "Ek gooi altyd so 'n paar druppeltjies petrol op my sakdoek en dan dink hulle ek het 'n motor."

1596. Oom Datie, wat pas 'n motor gekoop het, wou net raadop word, want die motor het gaan staan. En toe skiet iets tant Mieta te binne: "Ou man, lê die fout nie dalk in die *toolbox* nie?"

## Muggie

1597. Seuntjie: "Ouma!"

Ouma: "Ja, my kind?"

Seuntjie: "Hier is 'n muggie, Ouma."

Ouma: "Nou wat moet ek daarmee maak?"

Seuntjie: "'n Olifant, Ouma."

Ouma: "Maar ek kan mos nie, my liewe kind."

Seuntjie: "Maar Pappie sê dan Ouma maak altyd van 'n muggie 'n olifant."

## Muis

1598. Vrou in die nag: "Liefste, hoor hoe piep die muis."

Man: "Wil jy hê ek moet opstaan en hom olie?"

1599. Tant Lenie: "Pappie, ek is al bang om in daardie kamer te loop, daar is so baie muise."

Oom Gert: "Bekommer jou nie daaroor nie, daar is alreeds 'n pofadder in die kamer."

## Musiek

1600. "Het jy geweet dit neem vyfduisend olifante per jaar om ons klavierklawers te maak?"

"Slim diere, olifante ..."

1601. Resensie oor musiekkonsert in koerant: "'n Amateur-strykkwartet het Brahms gisteraand in die stadsaal gespeel. Brahms het verloor."

1602. Omroeper na simfoniekonsertuitsending: "En tot om elfuur luister ons na musiek."

1603. Toe hulle hom vra van watter musiekstuk hy die meeste hou, sê hy: "Van Beethoven se Owerspel in Bach se Flat."

1604. "My vrou het my met die stoel gegooi ..."

"Maar hoekom met die stoel?"

"Sy kon nie die klavier optel nie."

1605. Hy is baie goed in musiek.

"Wat speel hy?"

"Tweede viool by die huis."

1606. "Wat vind jy die moeilikste op jou nuwe klavier?"

"Die paaiemente."

1607. My spruit speel net soos Paderewski klavier. Hy gebruik ook albei hande.

1608. Verdi het die oggend weer op sy wandeling gegaan. Langs die pad staan 'n man by sy draaiorrel en speel La Donna é Mobile, maar speel dit baie stadig. Verdi stap driftig tot by hom, gryp die slinger en draai dit vinniger totdat die tempo na sy smaak is. Die volgende dag is daar 'n kennisgewing by die draaiorrel: "'n Leerling van Signor Verdi!"

1609. Ek haat musiek, veral as dit gespeel word.

1610. Musiek is nes springmielies, ek haat dit as ander mense raas.

1611. Ek loop in die huis en sing. Vroutjie-Douwtjie vra: "Kan jy fluit?"

"Ek kan fluit!"

"Hoekom gaan fluit jy nie buite soos ander mans nie?"

1612. Ek loop in die huis en sing. Vroutjie-Douwtjie vra: "Hou jy ook nie van musiek nie?"

1613. Ek kan nie 'n noot hou nie. Daarom is ek bankrot.

1614. As 'n mens lank genoeg luister na 'n klassieke stuk dan dink jy dit gaan dalk een of ander tyd in 'n wysie verander.

1615. Die man kom die aand weer laat by die huis. Sy vrou gryp hom: "Ek is nou moeg om tweede viool te speel!"

Sê hy: "Jy kan bly wees jy is nog in die orkes ...!"

1616. "Ek het net julle klavier kom stem."

"Maar ons het nie 'n klavierstemmer gevra om ..."

"Ja, maar die bure het!"

1617. Ons klavier is so vals, ons het nie 'n klavierstemmer nodig nie, maar 'n klaviertemmer.

1618. Sy sing toe "O, Boereplaas". Een van die manne in die gehoor gaan bitterlik aan die huil.

"Is jy 'n plaasboer?" begin sy simpatiek.

"Nee, ek is 'n musikant."

1619. Sy nooi hom daardie Saterdagaand stadsaal toe. Dit is 'n Musikale Aandjie. Nadat hulle drie uur lank stil gesit en luister het, gaan hulle huis toe.

"Het jy darem die uitvoering geniet?" vra sy liefies.

"O ja, ek het alles geniet, behalwe die musiek."

1620. Die meeste mense hou nie van musiek nie ... nee, dis verkeerd: die meeste mense waardeer nie musiek nie, maar hulle hou van die geraas wat dit maak.

1621. Een van die mooiste boerestories is van die jongman wat musiek gaan bestudeer het. Hy kom toe terug van Parys af en gaan kuier een aand vir Sannie van oom Faan op die plaas. Hulle soebat hom om 'n stuk op die klavier te speel, maar na die middag se boontjiesop het hy 'n bietjie ongemaklik, opgeblaas en ongelukkig gevoel, en skaam. Toe hulle daarop aandring dat hy iets moet speel, speel hy 'n donderende stuk van Rachmaninoff en in die lawaai los hy 'n bietjie van die ongemaklikheid.

Die volgende keer toe hy kom kuier, soebat hulle hom weer om iets te speel. Oom Faan sê: "Hy kan speel wat hy wil, net nie weer daardie stuk waar die weerlig die kleinhuisie raak slaan nie!"

1622. "Hulle sê my jy hou van musiek?"

"Ja, maar dit maak nie saak nie, moenie ophou speel nie."

1623. "Skattie, moet ek in die sitkamer oefen, in die eetkamer of in die kombuis?"

"Oefen op die stoep, netnou dink die bure ek slaan jou!"

1624. 'n Man sit 'n kennisgewing op by sy voorhekkie: "Klavier te koop."

Sy buurman sit dadelik ook een op: "Hoera!"

1625. "Ek het al alles op die klavier probeer ..."

"Probeer hierdie byl ..."

1626. "My dogter kan enigiets met die klavier doen."

"Kan sy dit dalk verkoop?"

1627. Wagner se musiek is nie regtig so swak as wat dit klink nie.

## *Muskiete*

1628. Oordrywing is 'n aangename tydverdryf van my mense. So sê iemand dat die muskiete in Griekwastad so groot is dat hulle in eskaders van vyf vlieg – twee om die komberse op te tel en die ander drie om jou weg te dra.

1629. 'n Man het in Zambië by vriende gaan kuier. Die aand met slaaptyd raai sy gasheer hom aan om die muskietnet oor sy bed te trek omdat die muskiete baie lastig is. Maar hy verseker hulle dat muskiete hom nooit byt nie. Sy vriende hou egter vol totdat die saak op 'n weddenskap van tien rand uitloop. Sy vriende neem hom na 'n naburige kampie tussen bome, trek hom kaal uit en maak hom met sy rug teen die boom vas. Die volgende oggend haas hulle na hom om uit te vind wat gebeur het, en wie nou die geld moet kry.

"Wel, hoe het die muskiete gemaak?"

"Ag nee wat, die muskiete is niks, maar daardie vervloekste hanslam."

# N

### *Naakte model*

1630. Die nuwe model poseer naak vir die skilder in sy ateljee.

Skielik sien die meisie vyf mans wat besig is om die groot ruit buite te was.

"Is dit nie wonderlik nie?" sê die skilder. "Hulle was elke dag my venster en vra my nie 'n bloue duit daarvoor nie."

### *Naald*

1631. Ouma: "Julle hedendaagse meisies is regtig hopeloos, julle weet nie eens waarvoor 'n naald gebruik word nie."

Marie: "Natuurlik weet ons,Ouma, dit word in 'n grammofoon gebruik."

### *Naam*

1632. Barnie beweer dat sy Engelse naam, Louis Henry, op universiteit teen hom getel het. Hy het minstens een professor gehad wat alles wat Engels was, gehaat het.

Nadat hy hom in sy derde jaar gedop het, het die professor gelukkig sy been gebreek en toe hy die volgende Juniemaand weer skryf, slaag hy.

Sy pa het hom Klokkies genoem – hy het altyd gemeen dit was omdat hy so 'n vrolike, opgeruimde knapie was wat deurentyd loop en sing het. Eers later het hy uitgevind dat dit was omdat hy altyd sonder doek of broek rondgeloop het.

1633. Met die referendum om te besluit of Suid-Afrika 'n Republiek moes word, het 'n kiesbeampte in die Bosveld kiesers gaan registreer. Hy klop aan 'n sekere deur en 'n plaasboer met 'n lang, wit baard maak oop.

"Ek is Conradie," sê die kiesbeampte.

"Ek ben Ketel," stel die boer homself voor. "Ik ben een Hollander ..."

Mnr Conradie haal 'n vorm uit en vra: "Mnr Ketel, wat is u volle name?"

Mnr Ketel skep 'n slag asem en sê: "Ik ben Marthinus Lodewicus Johannes Jacobus Christiaan Markus Ketel." Sewe name.

Toe vra hy aan mev Ketel wat haar volle name is.

"Ik ben Dorethea Etresia Magdalena Johanna Catharina Sophia Ketel." Ook sewe name.

Teen dié tyd het mnr Conradie se vinger al begin styf word van al die skryfwerk. Hy vra toe of hulle enige kinders het.

"Ja," antwoord die ou man trots, "wij hebben 12 kinderen ... 6 zonen en 6 dochteren, en iedereen heeft 7 namen volgens het oude Hollandse wet ..."

Mnr Conradie se moed het hom begewe toe hy die storie hoor. Hy maak toe 'n ander plan. Hy neem 'n nuwe vorm en skryf daarop:

"Twee groot Ketels en twaalf klein Keteltjies, ses met tuitjies en ses sonder tuitjies" en toe gaan hy verder.

1634. Een van senator Sauer se bekendste en mees vernietegende toesprake was gedurende die oorlog oor die Britse toneelman, Noel Coward, wat ons land besoek het en deur die destydse regering soos 'n lord behandel is. Hy het onder meer 'n private reis kosteloos by die spoorweë gekry. In die Volksraad het Paul Sauer vrae hieromtrent gestel. In 'n openbare toespraak het Noel Coward neerhalend gepraat van die persoon van wie hy nog nooit gehoor het nie – "and who must be very much like his name, very sour." Hy speel toe in hierdie boertjie se hand – baie dom vir 'n man wat die naam Coward dra. Daarvan het Paul goed gebruik gemaak, na aanleiding van sekere twyfelagtige patriotiese optredes van dié man toe die oorlog uitgebreek het. Hy het ook 'n stapel van Noel Coward se toneelstukke na die Volksraad gebring en met skerpsinnige vernuf en tot luidrugtige vermaak van die Volksraad aan albei kante, uittreksels daaruit gelees om te bewys dat dié mnr Coward met die toepaslike naam, 'n man is wat alleen in 'n aparte reiswa afgesonder behoort te word.

1635. 'n Sekere dr Louis Bosman, LV vir Kaapstad-Tuine, het gewoonlik van "Stellenbush University" gepraat, totdat mnr Sauer hom daarop gewys het dat dit nie "Stellenbush" is nie, maar Stellenbosch.

Toe sê hy: "Nee, dit word altyd in Engels op Engels uitgespreek," waarop mnr Sauer antwoord: "But then your name must be Bushman," en dit was die einde van "Stellenbush".

1636. As iemand vra: "Kosie ...? Mag ek jou Kosie noem?" sê nee, veral as jou naam Willem is.

1637. Sy naam is Johan. Johan? Tog nie Johan nie! Elke Piet, Paul en Klaas se naam is Johan!

1638. "Gerhardus" is nie so lelik as wat dit klink nie.

1639. Soemarie ... Gwen-Anne ... Amor ... wat het van Sannie en Hester geword?

1640. En net vir die lekkerte.

Een van die eerste ruimtemanne se naam was Carpenter. Nou skakel die luisteraars om te hoor hoe vorder die onderneming. "Is Carpenter al op?"

Skakel die dametjie, die ontvangsdametjie, skakel sy die werkswinkel: "Is die carpenter daar bo?"

Ek jok nie. Cross my heart en spoeg.

1641. Hierdie een teen myself.

Onthou jy Al Pacino, die blinde ou in "Scent of a woman"?

Hy drink Jack Daniels, maar hy sê vir die jong knaap: "En skink vir my daar 'n ordentlike John Daniels ..."

"Kolonel, is die naam nie Jack Daniels nie?"

"Dit is eintlik Jack Daniels, maar as jy hom so lank, en so goed ken soos ek, noem jy hom sommer John ..."

Nou ken ek mnr Koos Buitendach van Perskor amper 40 jaar. Ons noem mekaar op ons voorname. Hy was nie altyd Besturende Baas nie. Na baie jare hou ons 'n vergadering en in plaas van 'Koos' noem ek hom die hele dag 'Jan', en hy verroer nie 'n ooglid nie. Sy adjudant ook nie.

Sien, as jy 'n man so goed ken, al is sy naam 'Koos', noem jy hom sommer 'Jan'.

Of is dit nou andersom?

1642. Tielman Roos, die legendariese politikus, was 'n meester met name. Het hy iemand se naam vergeet, vra hy: "Help my net bietjie, wat is jou naam nou weer ...?"

"Frans ..."

"Nee, ek weet natuurlik jou naam is Frans, ek bedoek eintlik jou van ..."

"Hoe gaan dit met jou vrou, Frans?"

"Maar mnr Roos, sy is al drie jaar gelede dood ..."

"Ag, ek is jammer om dit te hoor ..."

Later in die aand ontmoet hulle weer: "Help my bietjie, wat is jou naam nou weer ...?"

"Frans ..."

"En hoe gaan dit met jou vrou?"

"Nee, sy is nog dood ..."

1643. Nou vlieg ek van Kaapstad af Johannesburg toe. Langs my sit 'n regte Soutie, met snor en al. Hy herken my dadelik en begin gesels. Hy vertel my watter wonderlike omroeper ek is, en hoe hy my grappies in die oggend geniet, en hoe is my gesondheid, en hoe gaan dit met die kinders, en hoe lank gaan ek nog uitsaai, en ek lyk baie jonk vir my ouderdom ... en na amper twee uur, groet hy my op die lughawe en sê: "Alles van die beste, ou Dana, sê groete vir mevrou Niehaus!"

1644. Elke jaar het ons studente in sielkunde 'n besoek aan Weskoppies gebring. Ek onthou een omie van die vorige jaar. Ek sê: "Haaai!"

Hy sê: "Jy salueer nie? Jy behandel nie vir Napoleon so nie!"

Ek sê: "Maar verlede jaar was jy Bob Hope?"

Hy sê: "Ja, maar dit was met my eerste vrou ..."

1645. Eenkeer, net voor 'n toets in Pretoria, gaan maak ek 'n dop by die Ui, daai beroemde kroeg in Kerkstraat. Ek is heeltemal alleen, en die kroegman sê: "Is jy nie Fanus Rautenbach nie?"

"Nee," sê ek, "my naam is Wolfgang Ertor van Windhoek."

En daardie hele middag vertel hy my Fanus se skorsies!

1646. Jy sal dit nie glo nie, maar so met die jare mis jy nogal die bekendheid. Van alle plekke kom ek by die SAUK se ontvangstoonbank. Nou, na my uittrede het ek nie meer 'n kaartjie om by die outomatiese hekke in te gaan nie.

"Ek wil graag vir Magda van Biljon spreek, sy is in Ateljee 10."

"U naam, Meneer?"

"Gary Player ..."

Sy skakel en sê: "Magda, Gary Player is hier om jou te sien."

Ek jok nie, njannies kopêla.

1647. Ek het mos al vertel van Sir Vivian Fuchs wat ons destydse direkteur-generaal, mnr Douglas Fuchs, kom besoek het. Bel die ontvangsdame mnr Douglas en sê: "Mnr Fuchs, jou broer Civilian is hier!"

1648. Ek en Leon Schuster het mekaar seker vyf jaar lank geken en mekaar altyd op ons vanne aangespreek. Eendag sê ek: "Schuster, dink jy nie ons ken mekaar goed genoeg om mekaar op ons voorname te noem nie? Wat sê jy, Leon?"

En Leon sê: "Nee, dis reg, Eric!"

1649. Tante: "En wat is jou naam, dogtertjie?"

Dogtertjie: "Anna, Tannie."

Tante: "En jou tweede naam?"

Dogtertjie: "Ek weet nie, ek is nog nie getroud nie, Tannie."

## Naboomspruit

1650. 'n Baie vername Naboomspruiter
Het toe die woordjie geuiter.
Die feit bly staan:
Dit is gedaan,
Maar had sy mond maar 'n
ritssluiter!

## Natal

1651. Natal is 'n wonderlike plek om in te woon – as jy 'n piesang is.

## Nederigheid

1652. Van nederigheid kan jy my niks leer nie.

1653. Al wat ek nou nog kort om volmaak te wees, is nederigheid.

## Negatief

1654. 'n Halwe eier is beter as 'n leë dop. Dis halfslim. Maar is dit nie beter nie om te sê 'n hele eier is beter as 'n leë dop nie? Aan die ander kant is 'n *dop* beter as 'n dosyn eiers.

1655. 'n Halwe tjoppie is beter as 'n leë been ...

1656. 'n Halwe vrot pampoen is beter as 'n hele ...

1657. Halfdood is beter as heeltemal dood.

1658. 'n Hele wurm in 'n perske is beter as 'n halwe een.

## Netelige seksprobleem

1659. 'n Dames-ystervark beland
in 'n stekelrige kaktusplant.
Toe skrik die arme dier
en roep: "Ag, help tog hier,
want iemand het my aangerand."

1660. "Raas jou vrou ook met jou as jy nie tuis is vir aandete nie en tot laat in die nag rondloop?"

"Ek is nie getroud nie."

"Nou hoekom loop jy dan so rond?"

1661. Hulle praat van die wyn, die vrou en die lied. Ek konsentreer op die vrou. Ek kan sing en drink as ek oud is.

1662. Daar is eintlik net twee soorte vroue: die onversigtige soort wat hulle oorbelle verloor en die versigtige soort wat net een oorbel verloor.

1663. Mense wat in glashuise woon mag nie.

1664. Meisies is almal dieselfde: Jy neem een inry toe. Jy sien uit na 'n baie aangename aandjie, maar sy wil na die rolprent kyk.

1665. Meisies wat dink hulle gaan hulself haat in die oggend moet tot agtermiddag slaap.

### *Neuse ... Neusgate ...*

1666. Neusgate is die deel van die neus wat nie daar is nie.

1667. Twee gammatte loop in die straat.
Eerste gammat: "Wat se ding het djy daar in djou sak?"
Tweede gammat: "Dis 'n sakdoek, kan djy nie sien nie of gebruik djy dan nie so iets nie?"
Eerste gammat: "Nee, wat, ek sit myne sommer in 'reverse gear'."

1668. Daar was eenmaal 'n baie snipperige seuntjie wat van alles en oor alles gepraat het. Veral as daar mense kom, het hy altyd iets van die persone se klere of iets anders te sê. Eendag verwag sy pa 'n vriend wat ongelukkig nie 'n neus het nie. Bevrees dat die kind weer iets daarvan sal aanhaal, sê sy pa: "Piet, as jy van die oom se neus durf praat vandag, dan moet jy oppas vir jou."
Na die vriend so 'n ruk daar was, merk Piet ewe kalmpies op: "Maar Pa, die man het dan nie 'n neus om van te praat nie."

### *Niks*

1669. Flip: "Toe ek laas jaar in Lesotho was, het die termometer tot by zero gedaal."
Jiems: "Ag, maar dis mos niks nie, man."
Flip: "Wat is niks?"
Jiems: "Zero."

### *Nippertjies*

(Dit is sêgoedjies waaraan jy op die nippertjie moet dink.)

1670. Sy het deur diep waters gegaan. Sy het in 'n kano leer vry.

1671. Sy het 'n pragtige nagrokkie gehad. Toe laat sy my toe om dit aan te trek. Maar ek lyk nie mooi in 'n nagrokkie nie.

1672. Sy het op die strand gesit en sy het 'n brief gelees. Sy het 'n rooi baaikostuum aangehad. Maar ek het nie geweet dit was rooi voordat sy haar brief klaar gelees het nie.

1673. Ek het altyd vir haar gedigte gelees. Dan skakel sy die lig af. Dan skakel ek dit weer aan. Ek kan nie in die donker lees nie.

1674. Sy is so oulik, elke keer as ek vir haar kyk, dan begin die water op my knie te kook.

1675. As sy saam met my in my motor ry, dan bestuur ek altyd met een hand. Met die ander hand hou ek die modderskerm vas.

1676. My ma het ook 'n humorsin. Die dag toe ek gebore is, toe sê sy vir die dokter: "Hou nou op met jou grappies, waar's my baba?"

1677. Sy was nie eintlik suinig nie, maar sy het deur haar neus gepraat om haar tande te spaar.

1678. Ek gaan die Eerste Minister van Brittanje 'n present stuur. 'n Pen wat in warm water skryf.

1679. Hy kon nie slaap nie en hy was 'n vegetariër, toe tel hy maar koolkoppe in sy slaap.

### *Nommer*

1680. Hy: "Wat is jou telefoonnommer, asseblief?"
Sy: "Dit is in die telefoongids."
Hy: "Maar ek weet nie wat jou naam is nie."
Sy: "Dit is ook daarin."

### *Nou*

1681. 'n Ou neem 'n aster na die onderpunt van die tuin en sy sê: "Nou!"
Gou neem hy sy kans waar en vra haar: "Praat jy Afrikaans of Engels?"

### *Nuuskierigheid*

1682. Ma: "Lenie, moenie so omkyk na die jongkêrel nie. Dis nie betaamlik nie."
Lenie: "Ek het maar net gekyk of hy nie kyk of ek vir hom kyk nie."

# O

## *Oefeninge*

1683. 'n Man van Port Elizabeth wat 140 kg in die winter en 'n paar gram ligter in die somer weeg, hardloop elke oggend die afgelope 15 jaar al om die blok. As hy moeg word, skop hy weer die blok onder die bed in.

1684. As jong man het mnr Hefer saam met maats by die gesin Hartman in Port Elizabeth ingewoon. Toe het hulle vir die Oostelike Provinsie gespeel en fiksheid was 'n obsessie. By die huis het hulle met gewigte gespook en het ook 'n sesveerborsontwikkelaar gehad – die soort wat jy voor jou bors probeer uitrek met jou arms reguit uitgestrek.

Een aand was hulle gesellig saam aan huis, elkeen met sy nooientjie, saam met ander gaste. Die gesprek het later oor oefening gegaan en dat niemand die borsontwikkelaar kon uitrek met al ses vere aangehaak nie.

"Loop haal die ding," sê mnr Hartman, 'n vyftigjarige, sterk boer, ten spyte van die feit dat sy 42 borsmaat kleiner is as sy maagmaat. Hy het gewoonlik kruisbande gedra, maar met sy sportbroek wat die aand stewig oor sy maag gespan het, was 'n gordel nie nodig nie. Spelenderwys sit die jongspan eers twee vere, toe drie en toe vier vere in wat die oukêrel redelik maklik volarms uitrek.

"Sit al ses in," sê hy, "sodat ek die meisies kan wys hoe swak julle rugbyspelers is."

Oom Hartman vat vas, kners op sy tande, bult sy mond uit, trek sy asem diep in ... en trek. Met dié stoot sy bors uit, maar die maag krimp in – en daar sak die broek af en staan hy voor almal in sy Adamsgewaad.

Daardie aand het hy nie die gebruiklike kombinasie-onderbroek aangehad nie. Hy konsentreer so kwaai en sy oë is so stip op die apparaat gerig dat hy nie agterkom wat gebeur het nie. Die meisies gil, die manne lag en skreeu en toe laat los die oukêrel.

"O magtag!" roep 'n verleë man uit, probeer die broek opPluk, maar die maag is in die pad. Hy val plat, die manne help en daar vlieg die ou uit die kamer uit.

## *Oertyd ... Tyd ...*

1685. Oertyd is baie, baie lank gelede, miskien nog voor dit.

## *Offisier*

1686. "Wat se lelike onderskeidingsteken het julle daar aan die kant van die vliegmasjien?" vra een van die besoekers aan die loods op die vliegveld.

"Sjuut," antwoord die loods, "dit is ons bevelvoerende offisier wat daar uitkyk."

## *Olie*

1687. Ek weet nie waarvoor hul boor nie
Daar in die Kaapkolonie.
Luister na my:
Al wat hul sal kry
Is miskien 'n klein bietjie olie-kolonie!

## *Olifante*

1688. "Sersant," sê die ou, "twee olifante het my beroof!"

"Hoe lyk die olifante?" vra die sersant en trek sy aanklagteboek nader.

"Soos ... soos olifante," sê die ou.

"Maar hoe?"

"So valerig," sê die ou.

Die sersant sug. Hier moet 'n mens baie geduld hê.

"Watter soort olifante was dit?" vra hy. "Was dit Afrika-olifante of Indiese olifante?"

"Hoe moet ek weet?" vra die ou. "Hulle het sykouse oor hulle koppe gehad."

1689. Ons bekende diereskilder, Zakkie Eloff, het eenkeer vir hom 'n dophouskerm in die Etosha-wildtuin gemaak.

Terwyl hy 'n olifant en haar kleintjie dophou, kom die kleintjie al met die voetpad aangestap waar Zakkie kort vantevore geloop het. Die olifantjie steek vas, ruik aan die grond, vat 'n knypie van die fyn sand in sy slurp, slenter na sy ma toe, stamp haar so met die skouer totdat sy aandag gee en hou die sand na haar toe uit. Sy neem dit in haar slurp, ruik daaraan en begin in die sandpad voortstap. Toe sy by die plek kom waar sy voetspore is, ruik sy daaraan en volg die spoor tot by die skerm.

Sy steek haar slurp deur die loergat en begin hard te trompetter. Zakkie Eloff sê hy het net gewag totdat die olifant 'n draai loop voordat hy vinnig padgegee het uit die skerm en hy is nooit weer terug na die plek toe nie.

## *Omroepers*

1690. Ek het nie kaartjies gehad vir die toets nie en het mooi gaan soebat. Toe kry ek twee kaartjies en spog daarmee by die ander omroepers.

Hulle gaan vra toe ook en die beampte sê: "Ons het nie kaartjies vir omroepers nie."

"Maar julle het dan vir Fanus Rautenbach kaartjies gegee ..."

Sy antwoord was: "Hy is nie 'n omroeper nie, hy dink maar net hy's een!"

## *Ondankbaarheid*

1691. 'n Man het die gewoonte gehad om 'n skoenriemverkoper ses sent te gee sonder om die skoenrieme te neem. Eendag gooi hy weer ses sent in die blikkie en stap weg.

"Meneer!" roep die skoenriemverkoper hom terug.

"Alles reg, ou kêrel," sê hy geduldig, "ek wil nie skoenrieme hê nie."

"Ek weet, Meneer, maar die prys is nou agt sent!"

1692. 'n Soldaat kla by sy menasie-offisier; hy rapporteer dat hy die middag 'n sigaretstompie in sy sop gekry het. Die offisier kyk hom stip aan, en vra: "Wel, het jy dan miskien 'n pakkie van twintig verwag?"

## *Onderskeid*

1693. Jan: "Oom, wat is nou eintlik die onderskeid tussen telegrafie en draadlose telegrafie?"

Oom: "Ja, sien jy, telegrafie moet jy verstaan asof dit 'n groot hond is met sy stert in die Kaap en sy kop in Johannesburg. As jy dan in die Kaap op sy stert trap, blaf hy in Johannesburg. Dit is telegrafie. Draadlose telegrafie is net so, maar sonder die hond."

## *Onderwysers*

1694. Die seuntjie het nie te aangenaam geruik nie en die juffrou skryf toe 'n briefie in dier voege aan sy moeder.

Die volgende dag is daar 'n antwoord: "Juffrou, jy word betaal om Jannie te leer, nie om hom te ruik nie!"

1695. Barnie Barnard vertel weer: "My ouers het groot verwagtinge van my gekoester. Toe ek op jeugdige leeftyd die kroos van my suster se kat in my babawa laai en by 'n plaaslike sakeman probeer verkwansel, het my pa-hulle gedink hier is 'n groot sakeman in wording.

"Toe hulle egter hoor hoe aandoenlik en vol emosie ek ds Odendaal se preke aan die volkies oordra, het my ma in haar geestesoog gesien hoe sy eendag vir my 'n toga omhang.

"Maar nadat ek eendag deur my pa na ons ou haarkapper, ene oom Kapp, geneem is vir my eerste haarsny, en ek, nadat ek betaal het, by die deur uitstap, het my pa my teruggeroep en gevra of ek nie dankie sê nie. Ek het geantwoord: 'Maar ek het mos betaal!' Toe het hulle gedink die regte is my voorland.

"Mej Borcherds, my kindertuinonderwyseres, het gesê indien ek werk, sal ek 'n groot man word. Ek het nie – ek het 'n onderwyser geword."

1696. Hy het nie baie skool gehad nie, want eendag ...

Juffrou het 'n mini aangetrek en sit op die tafel. Sy stamp die blompot af. In haar haas om dit te keer, val sy en lê lelik.

Juffrou bloos, staan op en vra: "Jannie, wat het jy gesien?"

"Ek het Juffrou se kuite gesien," sê Jannie skaam.

"Gaan staan daar in die hoek! Nee, gaan 'n uur lank uit my klas uit!"

Sy kyk na sy maatjie: "Pietie, moenie vir my jok nie, wat het jy gesien?"

"Ek ... ek ... ek het Juffrou se bobeen gesien ..."

"Loop hier uit en kom môre terug!"

Toe sien sy Kosie Vannermerwe pak sy boeksak in. "Kosie, en waar dink jy gaan jy heen?"

"Juffrou, ek dink my skooldae is verby."

1697. Wat is die vroulik van onderwyser? Sonderwyser!

1698. "Omdat ek my derde jaar as gevolg van my Engelse naam gedop het en eers die volgende Junie my graad ontvang het, het ek besluit ek gaan ses maande skoolhou voordat ek die onderwysdiploma aanpak, en wat 'n wyse besluit! Ek het 'n pos aanvaar as rektor, registrateur en prinsipaal van 'n eenmanskool in die hartjie van Knysna se bosse. Vanaf sub A tot standerd ses het ek veertien kinders gehad, kinders van die veld. Party van hulle moes ek 'n fooitjie betaal om met my te praat, maar dit was seker die lekkerste ses maande van my onderwysloopbaan.

"Ses ouers – al ses wat daar was – was op die skoolkomitee. Ek was ook skaars twee dae daar toe daag die sesmanskap op en sê ons moet die eerskomende Saterdag skoolkomiteevergadering hou. Omdat ek totaal onbewus was van die onderwysprosedures, het ek teëgestribbel, maar hulle wou niks weet nie en ek moes maar inwillig. Op 'n warm Saterdagmiddag om twee-uur het ek maar taamlik bokbek by die skool opgedaag. Ek wou baie graag Knysna toe gaan vir die naweek. Baie amptelik het die vergadering begin, dog ek vind toe uit daar is geen notule of agenda nie – hulle sê hulle ken nie sulke goed nie en in elk geval het hulle nie geweet wat dit was nie. Dit blyk dat die doel van die byeenkoms was om te besluit of die groot dennebome in die skooltuin uitgekap moes word al dan nie. Uit die gesprek lei ek af dat hierdie twisvraag reeds jare lank bestaan. Onderwyl die klomp argumenteer, vra een van die ouers of ek sal omgee as hy iets inbring vir die dors.

"Ek het geen beswaar nie en hy verdwyn en kom terug met 'n viergelling-paraffienblik vol karee-heuningbier. Die maak van hierdie bier was onwettig en ek het probeer om my te distansieer van die hele besigheid. Die klomp was bepaald teleurgesteld in hulle nuwe meneer en omdat ek van kleins af nie daarvan gehou het om mense teleur te stel of hulle vertroue in my te skok nie, het ek ingewillig om so 'n bekertjie vol te proe – net om te wys ek voel saam met hulle. Dit was lekker – heerlik. Nie lank nie of die blik is oor die muur.

"Ek wou nog voorstel dat ons moes voortgaan met die vergadering, maar 'n tweede een spring op en gaan haal 'n blik en die vergadering word vroliker en vroliker. Al ses komiteelede het blikke saamgebring. Glo die vorige nag al onder die skoolheining kom wegsteek. Mensig, dit was lekker. Sedertdien het ek nog nooit so 'n skoolkomitee gehad nie. Dié aand is ons na die een ou se huis toe.

"Daar is die vergadering voortgesit en winddroog wildevark-ribbetjie is op die kole gebraai. Wurgpatats onder die kole afgewas met karee. Toe kon ek die hele saak verstaan – dit is waarom hierdie twisvraag oor die dennebome 'n twisvraag gebly het. Hulle wou dit nie oplos nie. Inteendeel, my vermoede is versterk toe ek die daaropvolgende Maandag verneem dat daar op die eerskomende Saterdagmiddag om tweeuur 'n skoolkomiteevergadering gehou sou word.

"Daarna is ek nooit weer in kennis gestel van 'n vergadering nie. Ek het dit as vanselfsprekend beskou en elke Saterdagmiddag my komitee op die vasgestelde plek en uur ontmoet.

"Die bome staan vandag nog daar."

1699. By 'n sekere skool in Pretoria was daar 'n puris van 'n hoofonderwyser. By dieselfde skool was daar 'n minder puristiese onderwyser. Hy het nie baie suiwer Afrikaans gepraat nie, maar hy het wel met veteraanmotors gepeuter.

By die geleentheid van ons storie was hy juis besig om 'n ou motor, wat vermoedelik aan Adolf Hitler behoort het, te restoureer. Aangesien die leerlinge in sy geskiedenisklas besig was met die biografie van Herr Adolf Hitler, was dit 'n goeie geleentheid om die herstelde motor te vertoon.

Die hoof spreek toe met mnr Noag af dat hy die motor op 'n sekere oggend skool toe sou bring, waar die hele skool hom sou inwag.

Maar die arme geskiedenisonderwyser se dinge loop skeef. Drie blokke van die skool af vrek die ou tjor by 'n stopstraat. En hoe hy ook al sukkel om dit aan die gang te kry, dis alles verniet.

Ná 'n lang gesukkel vind hy uit dat die "self-starter opgepak" het, maar dít kon hy nie vir sy taalpuristiese skoolhoof sê nie. Hy onthou toe dat die puristiese vertaling van 'n "self-starter" 'n *knormoer* is.

Terwyl hy nou die drie blokke na die skool toe stap, herhaal hy die paar woorde wat hy vir sy puristiese hoof gaan sê. Hy gaan sê: "Meneer, ek is jammer, maar die motor se knormoer is in sy peetjie in." So loop hy en oefen: "Meneer, ek is jammer, maar die motor se knormoer is in sy peetjie in."

Maar, o, wee, toe hy by die skool opdaag, staan die hele skool daar en wag. Hy bewe na die hoof toe en hy sê ... en dit is wat hy sê, soos volg: "Meneer, ek is jammer, maar die motor se knorpeetjie is in sy moer in!"

1700. Die Juffrou vra in die skool watter geskenke die drie wyse manne aan die Kindjie in die krip gegee het en toe niemand weet nie, toe help sy hulle:

"Goud ..." sê sy en wag 'n oomblik.

"Goud ..." sê die klas.

"Wierook ..."

Doodse stilte.

"Wierook ..." sê sy weer en toe kom daar uiteindelik 'n stemmetjie: "My pa rook, Juffrou ..."

1701. Op 'n warm dag was 'n sekere sangonderwyseres besig om die tyd van 'n stuk aan haar klas duidelik te maak. Jan vind dit later vervelend, en kyk elke slag op sy horlosie.

"Wat is die tyd van die stuk?" vra die onderwyseres ewe onverwags.

"Op die kop half twaalf," antwoord Jan.

1702. Die onderwyser was besig om 'n les te gee oor renosters, en aan die einde begin hy vrae stel.

"Wie kan my die naam sê," vra hy, "van 'n ding wat 'n horing dra en gevaarlik is as hy naby 'n mens kom?"

"Ek weet, Meneer," sê Willem Tas, wat onder die les niks opgelet het nie.

Onderwyser: "Goed, Willie, wat is dit?"

Willem Tas: "'n Motorkar, Meneer."

1703. Onderwyser: "Jan, jy is glad te groot vir jou skoene."

Jan: "Dis waar Meneer, dis hoekom ek net my voete daarin hou."

1704. Onderwyser wou 'n les oor "Wol" gee. As inleiding tot sy les vra hy vir een van die seuntjies in die klas: "Piet, waarvan is jou broek gemaak?"

"Van Pa se oue, Meneer," antwoord Piet.

1705. 'n Onderwyser wat eendag ongeduldig was omdat 'n kind so dom was, gee hom twee sent om vir hom by die dokter te gaan harsings koop. Die seun kom terug baie teleurgesteld, en sê: "Die dokter sê meneer moet dit self kom haal, harsings vir onderwysers is baie skaars en vervoer nie goed nie."

1706. "Wat is die verskil tussen 'n muggie en 'n wurm?" vra 'n onderwyseres aan haar klas.

Na 'n rukkie steek 'n klein seuntjie sy hand op.

"Wel?" sê die juffrou.

"'n Muggie," antwoord die seuntjie, "byt 'n mens bo die grond, maar 'n wurm byt jou onder die grond."

1707. Onderwyser aan sy klas: "Oor die algemeen kan 'n mens sê dat alle diere wat vere het, eiers lê. Kan een van julle 'n dier opnoem met vere wat nie eiers lê nie?"

Sannie (skamerig): "'n Haan, Meneer."

1708. 'n Onderwyseres het eendag vir haar klas vertel van Edison en sy uitvindsels. Sy het o.a. alles duidelik gemaak van die praatmasjien, toe wou sy sien of die kinders mooi opgelet het en sy vra: "Waarvan was die eerste praatmasjien gemaak?" 'n Rukkie was daar stilte; toe antwoord een seun agter uit die klas: "Van 'n ribbetjie, Juffrou."

1709. Meester: "Piet, reken nou uit, as ek vir jou vyf skape gee, en jou pa gee vir jou nog vier, hoeveel het jy dan?"

Piet: "Elf, Meneer."

Meester: "Nee, jy verstaan my nie goed nie; vier en vyf is mos nie elf nie."

Piet: "Ja, Meester, maar ek het al twee skape."

1710. Onderwyser (wat gou nog 'n laaste les aan die klas gee): "Kinders, as die inspekteur julle vra wat die vorm van die aarde is, sal ek my snuifdoos uithaal om julle te herinner dat die aarde net so rond is as my snuifdoos." Maar hy het nog 'n vierkantige snuifdoos ook gehad wat hy net Sondae gebruik het, maar toe kom die inspekteur reeds in, en hy dink nie daaraan nie. Heel gou was Aardrykskunde aan die beurt.

Die inspekteur wys na 'n knaap met 'n taamlike slim gesig: "Kan jy my sê wat die vorm van die aarde is?"

Haastig bring die onderwyser sy snuifdoos tevoorskyn.

Leerling (half verbouereerd): "Meneer, in die week is hy rond, maar Sondae is hy vierkantig."

1711. Meester: "Ek is baie kwaad vir jou, Frits; hoekom het jy nie jou huiswerk gedoen nie?"

Frits: "Ek is baie jammer, Meester, maar ek kon dit nie doen nie, en ek vra ekskuus."

Meester: "Maar kan jy nie 'n rede gee waarom jy dit nie gedoen het nie?"

Frits: "Ek moes na my tante se troue gaan, Meester."

Meester: "Dan sal ek jou dié slag oorsien, maar sê vir jou tante dit moet nie weer gebeur nie."

1712. Meester: "Klaas, wat is 'n buideldier?"

Klaas: "'n Buideldier is 'n dier met 'n sak onder sy pens."

Meester: "Waarvoor gebruik hy dit?"

Klaas: "Hy kruip daarin as die honde hom pla, Meester."

1713. Onderwyser: "Wie kan my sê wat 'n visnet is?"

Jannie (na lang stilte): "'n Klomp gaatjies wat met 'n tou aanmekaar vasgebind is."

1714. Onderwyser: "Gee die trappe van vergelyking van 'dood' en 'stukkend'."

Leerling: "Dood, morsdood, gevrek; stukkend, flenters, toiings."

1715. 'n Onderwyser behandel die geskiedenis van koning Saul met sy klas, en vertel onder meer dat Kis die vader van Saul was. 'n Seuntjie, agt jaar oud, was baie ernstig om hierdie vreemde naam te onthou en sê saggies vir homself: "Kis ..., Kis ..."

Die onderwyser het dit gemerk en na die klas vra hy aan die seun: "Wel Klasie, vertel nou vir my wie was die vader van Saul?"

Klasie staan op, bring sy hand na sy hare en dink ernstig. Meteens kom daar 'n helder glimlag oor sy gesiggie en hy sê: "Dosie, Meneer."

1716. Onderwyser: "Jannie, kan jy my sê wat is binne in my kop?"

Jannie: "O ja Meneer, daar is pampoenpitte in."

Onderwyser: "Hoe so Jannie?"

Jannie: "Meneer, my pa sê altyd Meneer is 'n pampoenkop."

1717. Onderwyser: "Hoeveel is twee en drie, Jannie?"

Jannie: "Vier Meneer."

Onderwyser: "Nee, dis verkeerd jou klipkop. Tel vir my, vir Klaas, Piet, Gert en jouself bymekaar."

Jannie: "Vyf klipkoppe Meneer."

1718. Onderwyser: "As jy een rand in een broeksak het en vyf twintig sente in die ander, wat het jy dan?'

Jannie: "Iemand anders se broek aan, Meneer."

1719. Die juffrou vra vir Dirkie om 'n ander woord te gee vir seisoen.

Dirkie staan ewe trots op en sê: "Hy soen, Juffrou."

1720. Onderwyser: "As ek byvoorbeeld 'n volstruiseier onder 'n hoender laat uitbroei, wat het ek dan?"

Seun: "'n Wonderwerk, Meneer."

1721. 'n Onderwyser was besig om aan die klas die verskil tussen manlik, vroulik en onsydig te verduidelik. Klein Jannie, wat die hele tyd oor iets anders gesit en dink het, word skielik gevra om voorbeelde van elk te gee.

Jannie: "Man ... manlik; vrou ... vroulik; oujongkêrel ... onsydig."

1722. 'n Onderwyseres vra aan die klas: "Wie van julle kan my sê wat die eertydse heerser van Rusland genoem is?"

Jannie steek na 'n rukkie sy hand op.

Onderwyser: "Ja Jannie?"

Jannie: "Tsaar, Juffrou."

Onderwyseres: "En sy vrou?"

Jannie: "Tsarin, Juffrou."

Onderwyseres: "En hulle kinders?"

Jannie (na 'n rukkie): "Tsardiens, Juffrou."

1723. Onderwyseres: "Wat is die meervoud van kind?"

Willie: "Kinders, Juffrou."

Onderwyseres: "En van baba?"

Willie: "Tweeling, Juffrou."

## *Ongeduldig*

1724. Ongeduldige meneer: "Moet die besoekers altyd 'n jaar hier wag voordat hulle bedien word?"

Kelner: "Ek weet nie, Meneer; ek is nog maar 'n week hier."

## *Ongeluk*

1725. Sou dit nie beter wees om motorvoertuie te verbied ten einde padongelukke te bekamp nie?

1726. Die ou wat deur die padroller getrap is? Hy lê in saal vyf, ses en sewe.

1727. Die man het nie baie mooi by die voetoorgang gekyk nie en 'n Jood omgery. Die omstanders wou hom nie beweeg nie en het dadelik die ambulans en die polisie gebel. Die Jood het half skeef onder die motor gelê. Toe die ambulansman aan hom vra: "How are you?"

Antwoord Ikey oudergewoonte: "Ach, I'm making a living!"

1728. Pat: "'n Waarsegster het vir my gesê dat 'n noodlottige ongeluk my sal oorval."

Gert: "Maar hoor, dit is naar."

Pat: "Ja, maar sy het gesê ek hoef my nie daaroor te bekommer nie, dit sal eers aan die einde van my lewe gebeur."

1729. Gert: "Wat is beter as teenwoordigheid van gees by 'n ongeluk?"

Frans: "Afwesigheid van die liggaam."

## *Ongeluk ... Hospitaal ...*

1730. Oom Berend van Bronkhorstspruit kom die eerste keer in Johannesburg. Sy vrou is in die Johannesburgse Hospitaal. In die middel van die straat staan 'n verkeersman wat die vierrigtingverkeer reël. Hy hol tussen die karre deur en vra: "Meneer, kan jy my sê hoe om by die Johannesburgse Hospitaal te kom, die gouste manier?'

"Dis maklik," sê die verkeersman, "bly staan net daar vir vyf minute en die ambulans sal jou direk soontoe vat!"

1731. Klein Petrussie hardloop uitasem die apteek binne en skree: "My pa het van die dak afgeval en hang aan sy vingers aan die geut. Kan julle iemand stuur om hom te help? Want as hy moeg word, gaan hy val!!!"

Die manne skarrel rond om te gaan help, en Petrussie sê: "Maar voordat julle gaan, wil een van julle my nie help om 'n film in my kamera te sit nie?"

## *Ongeluk ... Trein ...*

1732. "Wat het gebeur? Hoekom is jy in die hospitaal?"

"Die teken het gesê: 'Stop, Kyk, Luister'. Ek het, en toe trap die trein my!"

1733. Die goudprys is altyd nuus. Larry de Wiid, 'n bekende makelaar vertel hierdie storie.

Van die beleggers het gaan jag en hulle sê Larry moet hulle dadelik laat weet wat aan die gang is. Hy stuur toe 'n telegram: "Party dink dit gaan op, ander beleggers dink dit gaan af. Ek stem saam. Wat julle ook al doen, sal verkeerd wees. Doen dit dadelik."

1734. Winston Churchill sê dis nie waar nie, maar Engeland was in groot moeilikheid. Sir Winston eet saam met die koning van Engeland en 'n ryk Amerikaanse bankier. Die koning sou gesê het: "Londen word elke nag gebombardeer; Rommel gaan die Suezkanaal beset; Japan wil oorlog maak ... wat sal ons doen? ... wat sal ons doen?"

Toe gee die Amerikaanse bankier hierdie raad: "U Majesteit, as ek u was, het ek Kanada op u vrou se naam gesit!"

### Onmoontlik

1735. Hy was nie baie lief vir musiek nie, maar moes saam met sy vrou simfoniekonsert toe gaan.

"Wat speel hulle?" fluister hy.

"Beethoven se Negende Simfonie," sê sy.

"Dankie tog ons het laat gekom, ons het die ander agt gemis!"

### Onskuldig

1736. 'n Engelsman, 'n Skot en 'n Ier kom eendag voor die landdros onder die aanklagte dat hul respektiewelik 'n perd, 'n hoender en 'n skotskar gesteel het. Hul pleit al drie onskuldig. Die Engelsman sweer dat hy die perd al het vandat hy 'n vulletjie was; die Skot dat die hoender al syne is van die tyd dat dit 'n eier was; waarop die Ier sy kop effens krap, die landdros vas in sy oë kyk en kordaatweg sê: "En hierdie skotskar, Meneer, behoort al aan my vandat hy 'n kruiwa was."

### Ontmoeting

1737. Twee mans ontmoet mekaar in die straat.

Eerste man: "Verskoon my, maar u gesig lyk vir my bekend. Ek is seker ek het dit al op 'n ander plek gesien."

Tweede man: "Nee, ou vriend, dis onmoontlik, ek het hom van my geboorte af nog op dieselfde plek."

1738. Twee ou skoolvriende ontmoet mekaar ná jare in 'n restaurant.

"Wat!" sê die snob, "werk jy tog nie in hierdie restaurant nie?"

"O, ja," sê hy nederig, "ek werk hier, maar ek éét nie hier nie."

1739. Twee aartsvyande ontmoet mekaar ná baie jare op die stasie. Intussen het die een 'n brigadier in die weermag geword en die ander 'n priester.

Die priester herken die brigadier en vra: "Haai, portier, is dit die trein na Kaapstad?"

Die brigadier herken sy aartsvyand, wat baie geset was, en antwoord: "Dit is die Kaapse trein, maar ek sal u nie aanraai om trein te ry nie, nie in u toestand nie, Mevrou!"

1740. Vriend Howard word voorgestel aan iemand met die naam Paulus. Howard kyk hom so op en af en vra, ewe ernstig: "Sê my, Paulus, het die Efesiërs toe ooit terug geskryf?"

1741. Laurika Rauch se pa speel graag gholf. Toe hulle by vier ander wil verby speel, sê iemand: "Meneer Rauch, kan ek jou net voorstel aan ..." en die man wys so na die ander vier ouens.

"Nee, dankie," sê mnr Rauch, "ek ken genoeg mense."

### Oorlog

1742. Tydens die Tweede Wêreldoorlog wou 'n sekere oom ook aansluit om te gaan veg. Die werwingsersant vra toe vir hom: "As daar 'n honderd man in daardie kop is, hoe sal jy hulle uitkry?"

Sy antwoord was: "Gee my net tien manne, dan gaan haal ek hulle daar uit."

"Jy sal met tien man honderd Duitsers gaan uithaal?"

"O ... ek dag jy praat van Engelse," sê die oom.

1743. Gerda von Maltitz vertel toe van haar moeder wat tydens die Engelse Oorlog die kakies 'n lekker poets gebak het. Hulle was nog op die plaas en die kakies het gereeld hulle brode uit die buite-bakoond gesteel. Sy was 'n jong onderwyseres en kon goed Engels praat en sy bedink toe 'n plan. Voor die broodpanne word twee halwe pampoene gebak. Toe die kakies weer nader kom en die oond oopmaak sê sy: "You'll have to eat what the dirty Boers baked."

Een van hulle proe toe aan die pampoen, trek sy neus op, klim op sy perd en ry weg. Hulle het nooit weer hulle brood gesteel nie.

1744. Dis nou snaaks.

Vra my wat is snaaks en ek sal jou sê hierdie storie is nou snaaks.

Maar jy moet diep nadink oor die storie.

In die Tweede Wêreldoorlog lê die manne aan weerskante in loopgrawe.

Daar is 'n brandwag. Die opperbevelhebber vra 'n vrywilliger om oor te seil en die brandwag buite aksie te stel.

Veldkornet Vannermerwe sê hy sal dit graag doen.

Hy seil.

Na twee uur seil hy terug.

"En?" vra die opperbevelhebber.

"Ek het albei sy bene afgekap," sê Vannermerwe en hy gloei.

"Hoekom nie sy kop nie?"

"Dit was nie moontlik nie, ek wou sy kop afkap, maar iemand het dit al klaar gedoen toe ek daar aankom."

1745. Dit is baie rustig in generaal Christiaan de Wet se kamp. Dis vroegdag. Almal slaap. Skielik is daar pandemonium. Die Engelse het hulle verras. Eerste aangetrek en op pad na sy perd toe is generaal De Wet. 'n Penkop sien hom, hardloop deur die oorkruiskoeëls deur, terwyl hy opgewonde met sy arms swaai en skreeu: "Generaal! Generaal!"

Die Generaal kyk bekommerd na die penkop. "Wat is dit, kêrel?"

Die penkop glimlag. "Nee, ek sê net more, Generaal!"

1746. Teen die einde van die oorlog het van die manne verveeld beginne raak. Saans sit hulle om die kampvuur en lieg hoeveel Tommies hulle doodgeskiet het. Veral twee broers, Jordaan, stry wie van die twee die beste skiet. Toe besluit hulle hulle sal wag tot dit lig word, dan sal hulle sien ...

Vroeg die volgende more, nou baie kwaad, gaan staan Groot Jor teen die boom. Hy het sy beker op sy kop.

"Skiet!" beveel hy.

Klein Jor lê aan. Die ander burgers probeer keer. Maar Klein Jor brand los. Hy skiet die beker dat die erd spat. Almal juig. Net nie Klein Jor nie. "Jou geluk hierdie geweer skiet hoog, ek het tussen jou oë gemik."

Snaaks dat ons die oorlog verloor het.

1747. Met die twis tussen die Protestante en die Katolieke in Ierland, wag twee Protestantse Iere op hul Katolieke maat, ou Jock. Die een het 'n piksteel in sy hand en die ander een 'n byl. Hulle wil hom doodmaak. Van sewe-uur af staan hulle by 'n agterstraatjie naby sy huis en wag. Hier teen eenuur die nag laat sak die een ou sy piksteel en sê: "Dis al laat, ek hoop nie ou Jock het iets oorgekom nie ..."

1748. Twee soldate beland vir die eerste keer onverwags onder vyandelike vuur. Gelukkig haal hulle ongedeerd hul eie linies. Uit-asem vra die een vir die ander: "Jong, het jy gehoor hoe die koeëls by ons verbyfluit?"

Sy maat antwoord: "Nee, man, ek het net een koeël tweekeer hoor fluit, die eerste keer toe hy by my verbygetrek het, en die tweede keer toe ek by hom verbygetrek het."

1749. 'n Offisier deel bevele uit oor wat met die vee moet gebeur tydens die oorlog. 'n Boer staan skepties en luister.

"En moet ek al my diere die veld injaag?" vra hy.

"Ja," sê die offisier, "al die diere moet gebrandmerk en weggestuur word."

"Ai, maar ek sal baie moeite hê met my bye," was die antwoord.

1750. 'n Engelsman was aan grootpraat, hoe dapper hy in die oorlog was, en was net besig om te vertel hoe hy vyf Boere laat hardloop het dat die stof so staan.

"En hoe lank moes die Boere hardloop voor hul jou kon vang?" was die droë opmerking van die Boer wat staan en luister het.

1751. Aan die einde van die oorlog in Europa het Hitler en Goering besluit om hulleself te vermom en so uit Europa te vlug. Hitler het hom vermom soos 'n ou vrou en Goering as 'n ou man met 'n bos baard. Op pad gaan hulle by 'n koffiehuis aan en geniet elk 'n koppie koffie. Toe hulle klaar is, gaan Hitler om die rekening te betaal, en die kelner sê: "Dankie mein Führer."

"Hoe weet jy wie ek is?" was die verbaasde uitroep. Ewe bedaard kom die antwoord: "Mein Führer, ek is Goebbels."

1752. Gedurende die Anglo Boere-oorlog het 'n sekere veldkornet 'n klompie Engelse gevang. Die kommandant wou toe by hom weet hoe hy dit reggekry het, want hy was alleen. Sy verduideliking was toe dat die Engelse in 'n koppie was, dat hy die koppie omsingel het, en toe gee hulle oor.

1753. Offisier: "Waar was jy so lank? Al wat jy moes doen was om die strooibiljette oor die vyand se gebied af te gooi."

Jong vlieënier: "Ek het dan verkeerd verstaan. Ek het versigtig geland en toe onder elkeen se deur 'n biljet ingesteek."

1754. In die Anglo-Boereoorlog het 'n klompie Engelse op 'n plaas aangekom waar die boervrou besig was om pannekoek te bak. Hulle wou sommer daarvan vat. Sy sê toe hulle is nog te wit. Hulle sê net: "Oh, God, De Wet!" en dit was die laaste sien van die Tommies.

## Opera

1755. Een aand gaan hulle opera toe ... op haar aandrang, natuurlik. Toe hulle uitkom, sê sy: "Die sangeres (en sy noem haar naam) het darem 'n groot *repertoire*."

"Ja," sê hy, "en daardie rok laat dit nog groter lyk!"

## Opsit

1756. Twee jongmense wat ook kastig wou vry, het die hele aand opgesit en niks uitgevoer nie. So teen twaalfuur loop die kêrel eindelik na die deur toe en sê: "O jy!"

Ewe bedeesd antwoord sy: "En jy dan?"

Dit was al.

1757. 'n Skamerige kêrel het een aand by 'n nooi opgesit, maar sy woorde het gou opgedroog. Hulle sit toe so doodstil tot die son opkom. Meteens sê die kêrel: "Môre, Annie, en hoe gaan dit nog met jou?"

1758. Destyds toe vryers gevry het, was daar 'n staanhorlosie langs hulle. Die horlosie het gesê: "Hou kop ... hou kop ... hou kop ..."

Deesdae het hulle 'n vinnige wekker en die horlosie sê: "Kappityt ... kappityt!"

## Opstaan

1759. 'n Aardtrilling het Johannesburg geskud. Een man is geweldig uit sy bed gegooi. Ewe nukkerig draai hy hom na sy vrou en sê: "Toemaar, toemaar Hester, ek wou buitendien opgestaan het."

## Opstel

1760. Die klas moes 'n opstel skryf oor die koei. Sannie het gedink en eindelik die volgende ingelewer:

*Die Koei*
Die koei is 'n dier wat met 'n beesvel oorgetrek is. Voor sit die kop en agter sit die stert. Sy maak die melk van gras, maar hoe sy dit regkry, weet ek nie. Sy maak die melk koel deur met haar stert te waai. Daar is twee soorte koeie, naamlik bont koeie en gewone koeie. Die bont koeie gee meer melk as die gewone koeie, want daar is meer bont koeie as gewone koeie.

1761. Lees ook nommer 2125

## Optimiste

1762. 'n Pessimis is 'n man wat dink alle meisies is sleg; 'n optimis hoop almal is.

1763. 'n Optimis is 'n oujongnooi wat haar mond rooi maak voordat sy onder die bed kyk.

1764. 'n Optimis is 'n dametjie wat 'n bult vir 'n kurwe aansien ...

1765. 'n Optimis is iemand wat bo uit die tiende verdieping van 'n huis val, en wat, as hy by die vierde verdieping verbytrek, sy sterre dank dat hy nog sover veilig is.

## Opvoeding

1766. Ma: "Waarom lees jy daardie boek oor die opvoeding van kinders?"

Pietie: "Om te sien of Mammie my reg opvoed."

## Opvoering

1767. Barnie was baie lief vir die toneel en ek stel hom aan die woord vir die volgende staaltjies:

"Een aand voer ons op George op. Toe was ek al 'n bietjie groter. Ons is 'n klomp Rooihuide wat 'n oorlogsdans uitvoer. Dit was pragtig. Ons het sakklere aangehad met hoendervere om die kop, en ons gesigte was rooi en swart gegrimeer. Net toe ons klaar gedans het, kom 'n Rooihuid-meisie ingedans – dit was Sadie Venter, my eerste nooientjie. Sy voer 'n dans uit met die vredespyp in 'n bak. Sy gee vir elkeen van ons, en sy kyk in my oë, en o .. ek is in 'n ander wêreld. Toe ons almal klaar is, maak sy nog 'n paar passies en kom dan in die middel van die verhoog tot stilstand, waar sy stadig en statig afsak. 'n Mens kon die gewydheid van die oomblik aanvoel.

"Intussen het Jumbo Steyn – hy kon nie deelneem nie, want hy het gehakkel – wat saam met 'n onderwyser die ligte beheer het, gesien dat die lig aan die ander kant van die verhoog nie gedraai het nie – dit moes oranje gewees het. Hy spring weg om dit te gaan regstel. Hy vergeet egter dat die houte met boute wat skuins staan, aan die grond vasgemaak is. Dit was toe Sadie sê: 'Peace, peace, I bring you,' dat sy voet vashaak en hy met 'n donderende slag neerslaan. Ons moes die hele toneeltjie weer opvoer, want dit was te pragtig."

1768. Van vroeg af was Barnie 'n man vir die toneel. Sy eerste konsert was 'n Kinderkranskonsert. Dit was 'n tablo waarin die vlugtende Jakob voorgestel word waar hy met sy kop op 'n klip lê en engele (die kinders) in wit op 'n leer hom toesing. Barnie sê: "Dit was pragtig – met ons haasbekke en al. Maar in die middel van die lied breek die leer. Dit skreeu en raas. Hulle val die arme Jakob disnis. Ouers skree en storm verhoog toe. Die draadvlerke krap en steek. Jakob se droom word 'n nagmerrie!"

## *Ore*

1769. Hennie: "Hoekom het 'n mens ore?"

Bennie: "Om te kan sien."

Hennie: "Maar mens sien mos nie met ore nie."

Bennie: "Nee, maar as jy hulle nie gehad het nie, sou jou hoed tot oor jou oë gesak het."

## *"Ou Vyeboom"*

1770. Vroeër dae het daar in die suidwestelike distrikte van die Kaapprovinsie 'n ou man gewoon met die bynaam van "Ou Vyeboom" wat die onmoontlikste stories kon vertel. Vandag is dit steeds by Bredasdorp en Napier die gewoonte om vir iemand wat iets vergroot te sê: "Dis weer een van ou Vyeboom se stories." Hier volg 'n paar van sy staaltjies:

1771. "Ek was destyds die trotse eienaar van twee onaardig-haastige ossies, Weerlig en Blits. Eenkeer is ek weer in die veld met my ossekarretjie, toe ek meteens so op 500 tree 'n paar blesbokke sien. Ek lê aan met my ou Sanna en brand los. Net toe ek aftrek, steek ek die sweep onder die osse en hulle laat skeur die wêreld vorentoe. Toe ons by die blesbokke aankom, was die koeël net deur die eerste een, en begin boor agter die blad van die tweede blesbok in. Nie te lank nie, of hy was deur, en ek laai die twee op my karretjie.

"Skielik hoor ek agter my iets blaas. Toe ek omkyk, gewaar ek 'n vyfvoet geelkapel wat op die punt van sy stert penregop staan met sy kop venynig platgetrek. My ou Sanna was nog nie weer gelaai nie, toe moes ek 'n ander plan maak. Ek begin vinnig rondom die kapel stap, terwyl ek hom al die tyd vas in sy oë kyk. Hy bly doodstil op sy stert staan, maar sy nek draai al om en om, om vir my dop te hou. Toe ek die sewentiende maal rondom hom stap, val sy kop op die grond langs hom; sy nek was totaal afgedraai. Ek klim toe op my karretjie en ry veilig huis toe."

1772. "Op 'n ander dag ry ek weer en neem dié slag my hond saam. Omtrent 'n uur van die huis af, bars daar skielik 'n donderstorm op my los, en ek ruk vir Weerlig en Blits kortom huis toe. Ek hoor hoe die reëndruppels hier kort agter my val, maar ek was vasbeslote om nie nat te reën nie. Nader en nader bruis die storm, en harder en harder plas die reën neer, totdat daar naderhand 'n see van water agter my was, maar ek en my ossies bly kurkdroog voor die storm. Toe ek tien tree van die huis af kom, kyk ek nog 'n slag om, en ek sien my hond swem net 'n paar tree agter die kar. Die reën was so kort op my hakke dat ek toe sommer bo-oor die onderdeur in die huis in moes spring."

1773. "Op my buurman se plaas," vertel ou Vyeboom verder, "is daar 'n digte bos, waar dit gewemel het van giftige slange. Eendag kon dit nie hoër of laer nie, ek moes deur daardie bos. Ek span my twee ossies voor die kar en ry vinnig die bos in. Ek was nie tien tree in nie, of ek gewaar 'n twaalfvoet nagadder agter die kar. Die slang begin wen op my en was naderhand onder die bak van die kar. Toe ek anderkant by die bos uitkom, swenk die slang weg. Ek hou toe stil en klim af om te kyk of hy nie altemit my osse se hakskene gebyt het nie, maar al wat ek kon merk was dat die wiele se speke vol fyn gaatjies gepik was en dik opgeswel van die sterk gif."

1774. Ou Vyeboom het later op 'n eienaardige manier sy dood ontmoet, soos hyself vertel. "Ek was in Midde-Afrika," sê die ou, "op 'n olifantjag. Een agtermiddag, nadat ek al my koeëls op 'n klomp olifantbulle opgeskiet het, kom ek skielik op drie mensvreters af. Hulle storm my dadelik en ek laat nael. Toe ek omtrent 100 tree weg is, kyk ek 'n slag om, en sien dat die een sowat twintig tree voor die ander twee was. Ek draai vinnig om en slaat hom met my ou Sanna se kolf dood. Weer vlieg ek weg en na 'n paar minute kyk ek nog 'n slag om. Die een mensvreter was kort agter my en sy maat 'n goeie vyftien tree agter hom. Ek bly staan en slaat die voorste een se nek in. Die derde een kom nog altyd aan, en voor ek hom kon keer, slaat hy my dood."

## Oud

1775. Jeug sou lekker gewees het in 'n mens se aftreejare.

1776. "Hoe oud word 'n rot?"
"Weet nie, hoe oud is jy?"

1777. 'n Skoolinspekteur wat vrae aan 'n klas stel, en op alle vrae die korrekte antwoorde kry, dink naderhand dat hy hulle darem sal kan vasvra.
Inspekteur: "Daar is 'n pad wat 5 kilometer lank is. Aan weerskante van die pad is twee rye bome. Die bome is 5 meter uitmekaar. Hoe oud is ek?"
Na 'n lang stilte steek Jannie sy hand op.
Jannie: "Meneer is 40 jaar oud."
Inspekteur: "Jy is reg, Jannie; hoe het jy dit uitgewerk?"
Jannie: "Meneer sien, ek het 'n maat en hy het 'n boetie wat half mal is, en hy is 20 jaar oud."

## Ouderdom

1778. Ek het geweet sy is 38 jaar oud. Ek het die kringe onder haar oë getel.

1779. My geskiedenisonderwyseres was so oud, sy het ons nie geskiedenis geleer nie, sy het sommer alles vertel wat sy onthou het.

1780. Sy jok eintlik nooit oor haar ouderdom nie. Sy is nou 39, en sy word 25.

1781. Ek vra vir haar hoe oud sy is.
"Wel," sê sy, "laat ek net 'n bietjie dink. Ek was 18 toe ek getroud is, en my man was 30. Hy is nou 60 of twee keer so oud as wat hy toe was. O, dan is ek 36."

1782. Die verkeerskonstabel sê: "Toe jy om die hoek kom, toe sê ek vir myself, minstens tagtig!"
Vrouebestuurder: "Is nie waar nie, dis hierdie hoed wat my so oud laat lyk!"

1783. Wat doen 'n mens by die dameskring as almal gelyk wil praat?
Sê die oudste dame moet eerste praat ... en so met die ry af.

1784. "Hoe oud is jy, boetie?"
"Ek is op die moeilike ouderdom, Oom. Te oud om te huil en te jonk om te vloek."

1785. Jy word regtig oud as jou werk minder pret is en jou pret meer werk.

1786. 'n Mens is net so oud soos jy voel. Ek voel soos 'n tweejaaroud. Perd of eier?

1787. Toe 'n dame daar in Keimoes se wêreld begrawe is, het die dominee per abuis haar ouderdom as 37 in plaas van 73 afgelees. Oom Louis Carstens se kommentaar was: "Lyk my ou Antjie het haar *speedometer* teruggedraai!"

1788. Sy oumagrootjie (dis nou G Sutherland s'n), weduwee van kommandant

Henning Pretorius, hoof van die Staats-artillerie in president Paul Kruger se tyd, wat in die hoë ouderdom van 103 jaar oorlede is, was 90 jaar oud toe sy eendag met twee van haar dogters op die stoep sit.

"Ag," klaag sy, "ek wens ek het iemand gehad om mee te gesels."

Die twee dogters, die een 70 jaar oud en die ander een 68, kyk na mekaar.

"Maar, Ma" sê die oudste, "Ma het ons mos om mee te gesels. Hoe praat Ma dan nou so snaaks?"

"Ja," sê die ou dame, "ek het julle, maar ek wil nie altyd met kinders gesels nie."

1789. Dan is daar ook nog 'n familiegrap waarby bogemelde oumagrootjie se klein-seun, Tollie Preller, seun van dr Gustav Preller, die geskiedskrywer, betrokke was.

Toe hy 'n seuntjie van 5 jaar oud was, het 'n oom van hom, Lood Pretorius, van "Skote Petoors"-faam, 'n tyd lank op oom Gustav se plaas, Pelindaba, met die boerdery gehelp. Oom Dot – so was hy in die wandel bekend – se bedrywighede was veelsydig. Hierdie gewerskaf het klein Tollie baie beïndruk. Ook het dit sy nuuskierigheid gaande gemaak en telkens deur die dag het hy by oom Dot kom staan en elke keer dieselfde vraag gevra.

Dit was: "Oom Dot, wat maak oom Dot, hè oom Dot?"

Hierdie drie oom Dots het 'n nefie, Boetie Carter, wat op Pelindaba gekuier het, baie bekoor.

Eendag gaan staan hy voor oom Dot, kyk op in sy gesig en sê: "Oom Dot, Tollie sê, oom Dot, wat maak oom Dot, hè, oom Dot, nè, oom Dot?"

1790. Sy ouma het gerook. Baie oumas het gerook. Sy ouma het ingetrek. Baie oumas trek in. Maar sy ouma het nie weer uitgeblaas nie.

1791. Hoe weet jy wanneer jy oud is? Wanneer die kerse meer kos as die koek.

1792. Jy word oud as jy lekker kry, maar jy kan nie onthou hoekom nie.

1793. "As mens so oud is soos ek, moet jy in die winter verjaar ... die kersies op die koek hou jou warm!"

1794. Een Juliemaand kuier ons in Punda Maria, veertig grade in jou sokkies. Sê Ouma, toe sy haar jas uittrek: "Nee, hiernatoe moet mens in die winter kom!"

1795. As jy sleg voel, trek jou handskoene uit, dan voel jy beter.

1796. Die oom van 100 sê: "As ek geweet het ek gaan so oud word, het ek my beter opgepas."

1797. Groucho Marx het gesê dis maklik om oud te word, jy moet net lank genoeg leef.

1798. Dis nogal lekker om te weet toe Mozart so oud soos ek was, was hy al 'n jaar dood.

1799. Sokrates is in 477 gebore en is oorlede in 399. Maar dis te verstane, want die ou oermense was baie agterlik en het ook so geleef, agteruit.

1800. Vrou: "Ek is al dertig jaar oud. 'n Mens sal dit nie sê nie."

Haar man: "Dit moet waar wees, want ek hoor dit al vir die laaste twintig jaar."

1801. 'n Vrou word voor die landdros gebring omdat sy 'n verkeerde opgawe gedoen het in die sensusvorm.

Die landdros sê vir haar: "Vyf jaar gelede het jy jou ouderdom opgegee as dertig jaar, en in hierdie vorm verskyn weer dieselfde ouderdom."

Die vrou druk haar hande op haar heupe en gooi haar kop ewe parmantig agteroor terwyl sy antwoord: "Meneer dink seker ek is van daardie soort mense wat een dag die een ding sê en ander dag weer 'n ander ding."

1802. 'n Ou man gaan doen aansoek by die landdroskantoor vir ouderdomspensioen en kry dit. 'n Paar dae later gaan hy sy jongste kind se geboorte registreer.

Klerk: "Maar is dit nie oom wat verlede week aansoek gedoen het vir pensioen nie?"

Ou Man: "Ja, maar sulke ligte werkies kan ek nog baasraak."

1803. Onderwyser: "Pietie, hoe oud is 'n persoon wat in 1897 gebore is?"
Pietie: "'n Man of 'n vrou, Meneer?"

### Oujongkêrels

1804. 'n Oujongkêrel kan aan enige kant van die bed af afklim.

1805. 'n Oujongkêrel is iemand wat 'n sprong in die donker waag, rondkyk, en dan weer spring.

### Oujongnooi

1806. 'n Oujongnooi sê vir die inbreker: "Jy moet hier uit, Meneer, binne 24 uur!"

1807. 'n Ander een bel die polisie: "Hier is 'n man in my kamer, sal julle hom asseblief môreoggend kom haal?"

1808. En dan is daar die onopgeëiste juweel wat die brandweer gebel het: "Meneer, 'n man probeer by my venster inklim, stuur asseblief 'n lang leer ..."

1809. 'n Oujongnooi bid onder 'n boom dat die Hoër Hand vir haar 'n man moet stuur. 'n Papegaai wat in die boom op 'n tak sit sê: "Wie?"
Oujongnooi: "O Vader, enigeen sal doen."

### Oupa

1810. Seuntjie: "En hoe het dit gebeur dat Oupa oupa geword het?"
Oupa: "Wel, deurdat jy gebore is, het ek oupa geword."
Seuntjie: "Dan wil dit sê, as ek nie daar was nie, Oupa nie 'n oupa sou kon gewees het nie."
Oupa: "Heelwaarskynlik nie, my kind."
Seuntjie: "Nou, wat gaan Oupa my betaal, omdat ek Oupa 'n oupa gemaak het?"

### Oupa Rautenbach

1811. Oupa Rautenbach was baie gewild in Lichtenburg en een en almal het met hom grappies gemaak. Toe hy eendag by ou Shapiro se winkel verbystap, roep dié hom terug.
"Ja, wat is dit?"
"Nee, ek wil net weet hoe ver jy sou gewees het as jy aangehou stap het ...?"
En hy wil hom doodlag omdat hy Oupa so lekker gevang het. Oupa sê toe: "Jong, ek sal jou nog terugkry! Eendag sal ek jou nog terugkry! Maar ek is bly jy het my teruggeroep; die vrou het gesê ek moet 'n paar goedjies kry ..."
Shapiro vryf sy hande.
"Waarmee kan ek help?"
"Gee vir my 'n tiekie se sout ... 'n tiekie se peper ... 'n tiekie se kaneel ..."
En so hou Oupa aan. 'n Tickic van allcs. Baie sorgvuldig word dit afgeweeg en in papierkardoese gesit. Toe hy heeltemal klaar is, sê ou Shapiro wat dit sal kos.
Oupa glimlag en sê: "Nou kan jy dit vir dieselfde prys weer gaan teruggooi!"
Shapiro het geweet Oupa gaan hom terugkry – maar so gou!

# P

## Pa

1812. Seuntjie aan apteker: "Ek wil asseblief 'n bottel kasterolie hê."

Apteker: "Smaakloos, seker."

Seuntjie: "Nee, dit is vir Pappie."

## Pad

1813. Langs 'n draai van die grootpad na die dorpie B het oom Krisjan gewoon. Sy siel is dikwels vertoorn deur voetreisigers wat hulle reis wou verkort deur reguit deur sy garsland te peil in plaas van in die grootpad te hou. Toe oom Krisjan 'n keer lekker sit en koffie drink op sy stoep, gewaar hy iemand in die verbode paadjie. Hy staan dadelik op en skree so hard hy kan vir die oortreder: "Haai, dis die verkeerde pad."

Ewe koel kom die antwoord: "Weet jy waar ek heengaan?"

"Nee," antwoord oom Krisjan.

Die flink antwoord kom: "Hoe weet jy dan dat dit die verkeerde pad is?" en die voetganger gaan op dieselfde koers voort.

## Papegaai

1814. Hierdie papegaaistorie kom van Alet Benadé van Pietermaritzburg. Sy vertel:

"Vriende van ons vang een middag 'n jong papegaai by hulle op die werf. Die volgende môre plaas hulle toe 'n advertensie in ons plaaslike koerant met die hoop dat die eienaar nie gevind sal kan word nie, maar dié middag daag daar toe twee groepe op.

"Nou, die voëls is nogal peperduur, hoor – maklik honderd rand en meer. Ons vriende is daarom toe taamlik huiwerig om sommer die papegaai weg te gee. Een van die aanspraakmakers is 'n rou ou Engelsman, soos jy hulle maar net hier in Natal nog aantref. Geen woord Afrikaans ken hy nie. In 'n poging om eienaarsreg vas te stel, vra ons vriend hom of sy papegaai darem kan praat. Ja, sê hy, sy papegaai sê iets. Die vorige eienaar moes stellig 'n patriotiese Italianer gewees het, want die papegaai sê baie duidelik: 'Heil, Mussolini.'

"Die ander vrou en haar dogter is egter net so seker dat die voël op 'n druppel water soos die een lyk wat hulle verloor het, maar hulle papegaai kon nog nie praat nie. Tog voel hulle ook darem baie seker.

"'Kyk,' sê die Engelsman, al so 'n bietjie kriewelrig omdat hy so oortuig is die papegaai is syne, 'ek sal hom laat praat, dan kan julle self hoor, maar dit is baie beslis my papegaai.'

"Toe tree die papegaai self tussenbeide: 'Haai, moenie so lieg nie,' sê hy."

1815. Twee kêrels spog eendag oor die resiteervermoëns van hul papegaaie.

Die een sê: "Man, my papegaai is só oulik, as hy 'Home, Sweet Home' sing, rol die trane uit sy oë."

"Ag," sê die ander, "dis nog niks; as my papegaai die 'Village Blacksmith' resiteer, is dit 'n aardigheid om te sien hoe die vuurvonke by sy bek uitspat."

1816. 'n Boer kom vir die eerste keer in die Johannesburgse dieretuin. Nadat hy 'n rukkie daar rondgeloop het, besluit hy om 'n koppie tee te gaan drink. Net toe hy by die kafee instap, sê die papegaai: "Hallo." Toe die boer sien dat dit 'n voël is, wil hy net van die eiers koop. Hulle belowe hom toe om 'n broeisel aan hom te stuur. 'n Ruk later kom die eiers op die plaas aan. Die boer sit sommer die broeimasjien aan die gang. Toe die eiers uitkom, was dit nie papegaaie nie, maar sommer 'n deurmekaar klomp voëls. 'n Paar maande daarna gaan die ou boer weer dieretuin toe. Toe hy by dieselfde kafee verbystap, sê die papegaai weer: "Hallo."

Die boer kyk om en sê: "Met jou wil ek niks te doen hê nie. Jy is die grootste rondloper in die hele dieretuin."

1817. Eenkeer het daar mense gaan uitkamp in die Bosveld. Hulle neem toe hulle papegaai wat baie goed Afrikaans kon praat, ook saam. Toe raak die voël weg. Ou September wat daar werk, sien die pragtige voël in die bome.

Hy bekruip hom en net toe hy sy hand uitsteek om hom te gryp, roep die papegaai in 'n growwe basstem: "Wat maak jy?"

Verskrik kyk die ou jong na die voël en sê: "Ekskuus, my grootbaas, ek het gedink my grootbaas is sommer die voël."

### Papiere

1818. 'n Spoorweg moes oor oom Adriaan se plaas gebou word, en dit het die ou glad nie aangestaan nie.

Vroeg een oggend kom daar 'n landmeter op sy werf aan. Oom Adriaan praat nog teë, maar die landmeter pluk ewe brutaal 'n boel dokumente uit sy sak met die woorde: "Kyk, ek gaan hier meet, al sê Oom ook wat; daar's my papiere."

Oom Adriaan het toe maar verder niks gesê nie, en die kêrel sy gang laat gaan. So omstreeks elfuur kom daar 'n vreeslike geskree uit een van die kampe. Dit was die landmeter wat op sy rug lê onder die pote van 'n kwaai volstruismannetjie.

Hy roep so hard as hy kan: "Help! Help! Kom tog asseblief gou, Oom! Jou volstruismannetjie trap my dood!"

Oom Adriaan beskou hom so 'n rukkie en antwoord ewe bedaard: "Wys hom maar jou papiere, nefie."

### Parkiet

1819. Piet Pompies sê hy gaan arkmark toe om 'n parkiet te koop. Hy vra hoeveel die parkiet kos. Die man van die arkmark sê R30.

"Praat hy?" vra Piet Pompies.

"Natuurlik praat hy," sê die man van die arkmark, "al my parkiete praat."

"Dan sal ek hom koop," sê Piet.

"Het jy 'n hokkie?" vra die man van die arkmark.

"Nee," sê Piet, "hoeveel kos 'n hokkie?"

Piet koop toe 'n hokkie. Hy sit die parkiet in die hokkie en stap huis toe. Daardie aand wil hy hê die parkiet moet praat. Die parkiet wil nie praat nie.

Die volgende dag gaan sê hy vir die man van die arkmark die parkiet wil nie praat nie.

"Het jy 'n leertjie?" vra die man van die arkmark.

"Nee," sê Piet Pompies, "ek het nie 'n leertjie nie."

"Jy moet 'n leertjie hê. Die parkiet klim met die leertjie op, dan sal hy praat. Dit kos R10 vir die leertjie."

Piet koop die leertjie, gaan huis toe, sit die leertjie in die hokkie en wag. Die parkiet klim op die leertjie, maar hy wil nog nie praat nie.

Die volgende dag gaan Piet terug na die arkmark toe. "My parkiet klim op die leertjie, maar hy praat nog nie."

"Het jy 'n klokkie?" vra die man van die arkmark. Piet sê hy het nie 'n klokkie nie. Die man van die arkmark sê dit kos R10 vir 'n klokkie.

Piet koop die klokkie, gaan huis toe, sit die klokkie in die hokkie. Die parkiet klim met die leertjie op, lui die klokkie, maar praat nog nie.

Die volgende dag gaan Piet terug na die arkmark toe. "Ek het nou 'n klokkie en 'n leertjie, maar die parkiet praat nog nie."

"Het jy 'n spieëltjie?" vra die man van die arkmark. "Want jy sien, die parkiet klim met die leertjie op, lui die klokkie, kyk in die spieëltjie ... en dan sal hy praat."

"Hoeveel kos die spieëltjie?" vra Piet Pompies.

"Die spieëltjie kos R10. Ek wil sterk aanbeveel dat jy 'n spieëltjie koop."

Piet koop die spieëltjie en gaan huis toe. Hy sit die spieëltjie in die hokkie. Die parkiet klim met die leertjie op, lui die klokkie, kyk in die spieëltjie, maar hy wil nog nie praat nie.

Die volgende dag gaan die parkiet dood. Piet Pompies gaan terug na die arkmark toe en sê vir die man van die arkmark: "My parkiet het gevrek."

Die man van die arkmark klik met sy tong en vra: "En het hy toe gepraat?"

"Ja," sê Piet Pompies, "die parkiet het een keer gepraat voor hy dood is."

"En wat het hy gesê?"

"Hy het met die leertjie opgeklim, die klokkie gelui, in die spieël gekyk, toe vir my gekyk en gevra: 'Het daai blerrie pet shop nie kos nie?'"

## Parlement

1820. Oud-minister Paul Sauer was baie bekend vir sy spitsvondigheid. Hy het die gewoonte gehad om op sy parlementêre bank op sy hande te lê. Tant Sannie van Niekerk was aan die woord en sy sê toe: "Meneer die Speaker, die agbare lid luister nie na my nie, hy slaap!"

Stadig lig oom Paul sy kop op en sê: "Ek wil net vir die agbare lid sê ek het nog nie geslaap nie, en sy moet onthou, 'n man is op sy gevaarlikste net voordat hy aan die slaap raak!"

1821. Onthou jy nog vir John Profumo en Christine Keeler? In 1963, in Engeland? Die parlementslid en die prostituut? En daarna, ook in ons land, verskeie gevalle? Nou skryf ons:

"Om kaalbas in die hotel langs 'n prostituut te lê, is om van te huil, maar om kaalkop langs 'n parlementslid te lieg, is vuil."

1822. Seker maar ook Paul Sauer wat dit gesê het, of Tielman Roos: "Vanmiddag het ek twee uur lank in die parlement gesit en slaap. Dit is die lekkerste slaap wat daar is: ryk ... sag ... lekker ... en skuldig."

1823. "Jy's dronk!" skreeu een van die opposisielede.

"Ek wil 'n tweede opinie hê ..." sê die geagte lid wat dronk is.

"Jy is lelik ôk," kom die tweede opinie van 'n bekende geneesheer se kant af.

1824. 'n Wet om die bywoning van alle sessies in die parlement verpligtend te maak, is met drie stemme teen twee goedgekeur. (Dit was op 'n Woensdagmiddag toe WP teen die All Blacks gespeel het ...)

## Partytjies ... Geselskap ...

1825. My grootste pret is om nonsies te praat by so 'n skemerkelkie, want niemand luister tog ooit na jou nie. Toe Mevrou Dokter my vra hoe dit gaan, sê ek: "Ek is vreeslik jammer, ek is laat, maar dit het my langer geneem om my tante te verwurg as wat ek verwag het ..."

Sy glimlag breed en sê: "Ek is só bly jy kon dit tog maak!"

1826. By 'n ander geleentheid vra Mevrou Professor my hoe dit gaan en ek sê toe: "Nee, baie goed, ek het toe kanker in die ander bors ook, hulle gaan hom ook afsit ..." en sy wys haar nuwe stukkie goud in haar tande en sê: "Ag, is ons nie gelukkig nie!"

1827. Alfred Hitchcock het vertel dat hy gereeld sy temas in die hysbak getoets het. As die hysbak vol is, vertel hy kliphard aan sy maat langs hom: "En die meisie sê ek moet sewe-uur by haar woonstel wees, maar ek het lont geruik en ek gaan vyf minute vroeër. Sy het my 'n sleutel gegee, maar toe ek daar aankom, staan die voordeur op 'n skrefie oop. Ek glip toe in en ek hoor die water van die stortbad is aan. Die kamer was donker en toe sien ek die silhoeët teen die stortbad se – haai, dis my verdieping ..." Hy en sy maat klim dan af, en hy sê as die meeste mense in die hysbak hulle volg om te hoor wat verder gebeur het, dan is dit 'n goeie storie.

Dit was.

Dit was *Psycho.*

## Perde

1828. 'n Groot perdeliefhebber kom by 'n staljong wat nie Engels kan praat nie en hy sê: "*Is this horse quiet?*"

"Ja, Meneer, die perd is kwaai!"

Hy loop toe nader en toe skop die perd hom.

1829. Die ou het gaan perd ry. Die perd wil hom met sy agterpoot krap en sy poot haak in die stiebeuel vas. Die ou sê: "As jy opklim, klim ek af!"

1830. Die July-perde dreun verby en een angstige wedder skree vir die jokkie: "Kan jy nie vinniger nie?"

"Ja, ek kan," skree hy terug, "maar ek moet by die perd bly!"

1831. In die noordelike Transvaal was daar twee boere, Wessels en Jordaan. Op 'n goeie dag het Wessels 'n motorkar gekoop, en was druk besig om teen sy vriende die ding op te hemel, toe Jordaan verbykom en vra: "Watter ding sit daar op die kant van die wa vas?"

"O," sê die trotse Wessels, "dis 'n ekstra wiel daardie, wat ons altyd saamdra in geval van teenspoed."

"Wel," antwoord Jordaan, "ek ry nou al amper vyftig jaar lank met perde, en ek het nog nooit nodig gehad om vir een van hulle 'n ekstra been saam te neem nie."

1832. 'n Paar seuntjies staan en kyk na 'n perd wat verskriklik bang word vir 'n motor wat aankom.

"Hoekom is 'n perd dan so bang vir 'n motor?" vra een.

"Omdat hy dit nie verstaan nie. Hy is gewoond om 'n kar te trek en dat ander perde dieselfde doen, maar hy is nie gewoond dat 'n kar vanself loop nie. Jy sal net so bang wees as jy 'n broek sien in die straat afkom sonder 'n man daarin."

1833. Onlangs by geleentheid van 'n landboutentoonstelling, vra 'n seuntjie sy pa (wat g'n prys gekry het vir sy diere nie): "Pa, wat is 'n karperd?"

Pa: "'n Karperd is 'n perd wat 'n mens voor 'n kar span."

Seuntjie: "Wat is 'n ryperd, Pa?"

Pa: "'n Ryperd is 'n perd wat 'n mens onder die saal ry."

Seuntjie: "En wat is 'n ekspert, Pa?"

Pa: "'n Ekspert, my kind, is 'n vervlakste muil."

1834. 'n Man ry met 'n maer ou perd deur die straat, terwyl 'n seuntjie bangerig by hom verbystap.

Man: "Seun, jy hoef nie bang te wees nie, die perd sal jou nie byt nie."

Seuntjie: "Maar Omie, ek is bang hy val op my."

## *Perdewedrenne*

1835. In Keetmanshoop het hulle tydens hul eeufeesviering 'n perdewedren gehad. Oom Koos het drie keer na mekaar tien rand op Bandango gaan wed.

Die derde keer toe hy sy tien rand uithaal, sê die man wat die weddenskappe neem: "Buurman, dis nou nie my saak nie, maar hierdie perd sal dit nie maak nie. Jy sien, ek is die eienaar van Bandango en hy sal nooit die wedren wen nie."

Oom Koos het 'n rukkie nagedink en toe sê hy: "Dis moontlik, maar al wat ek nou kan sê, is dit: dit gaan 'n baie stadige wedloop wees, want die ander vier perde is myne."

1836. "Ek was verlede jaar by die perdewedrenne in Durban. En weet jy wat het gebeur? Ek buk om my skoene vas te maak en iemand sit 'n saal op my rug."

"Haai, wat het jy toe gedoen?"

"Wat kon ek doen? Ek het derde gekom."

## *Pessimis*

1837. "Ek sien in elke mooi nooi 'n potensiële skoonmoeder ..."

1838. 'n Pessimis is 'n man wat kruisbande dra en 'n belt ook nog.

## *Pieknieks is vir kinders ... vir miere ... en vir die voëls*

1839. Dis beter
om by die huis te speel,
want jy ry
te vroeg
te ver
en eet
te veel.

1840. As miere so hard werk,
wat wil hulle dan by 'n piekniek maak?

1841. "Wat het jy in daardie geweldige kosmandjie?"

"My kos vir die piekniek. 'n Kas bier, vier bottels whisky en twee toebroodjies."

"Magtig, man, wat wil jy met al die brood aanvang?"

## *Pierneef ... Skilder ... Kleure ... Verleentheid ...*

1842. Bossie de Kock het nog dié storie vertel.

Paula, wat baie goed met Pierneef bevriend was, gaan eet een Sondag daar. Hy gaan wys haar sy ateljee en sy bewonder al die kleure. "Ag, my bene word sommer lam, ek wens ek kon al die kleur saamneem huis toe ..."

"Jy gaan, want jy sit op my palet!"

## *Plaas toe*

1843. Gehoor by 'n politieke vergadering op Ventersdorp:

"Terug na die plaas! Terug na die grond! Terug na die land!"

"Ek wil terug plaas toe, terug grond toe en terug land toe nie. Ek wil terug hotel toe ..."

1844. Op die plaas staan hulle vroeg op, want hulle het so baie om te doen. En hulle gaan slaap vroeg, want hulle het so min om oor te dink.

1845. Die plaasmeisie sê vir my: "Ek het baie van jou vryery gehoor ..."

Ek sê: "Ag, dis niks nie!"

Sy sê: "Dis wat ek gehoor het!"

1846. Die plaasboer sê vir die stadskêrel: "Jy kuier nou al amper 'n jaar by my dogter, wat is jou intensies, eerbaar of oneerbaar?"

"Oom bedoel ek het 'n keuse?!"

1847. 'n Meisie se moeilikste werk is om 'n kêrel te laat besef dat sy intensies ernstig is.

1848. Ek weet nie van daai plaasjapie nie: as hy dans, is hy die ene voete – as hy ophou, die ene hande.

1849. "Ek het by die dans gesien hoe jy vir een van die meisies knik."

"Nee, ek het nie geknik nie, die wind het gewaai, daar het iets in my oog gekom ..."

"Ja, ek het gesien sy kom in jou kar ook."

## *Polisie*

1850. Konstabel Koos van der Merwe sien 'n man wat homself in die Vaalrivier wil verdrink.

"Wat makeer, Meneer?" vra Koos.

"Kan jy nie sien ek wil selfmoord pleeg nie?"

"Kyk, broer," sê Koos, "as jy inspring, moet ek agterna. Dis bitter koud. Ons sal longontsteking kry en dalk albei sterf. Wees 'n ou *sport* en gaan huis toe en hang jouself liewers op!"

1851. Polisieman (by die toneel van die moord): "Jy kan nie hier inkom nie."

Verslaggewer: "Maar ek het gekom vir die moord!"

Polisieman: "Jy's te laat, die moord is klaar gepleeg."

1852. Dominee doen huisbesoek en kom by die polisiekantoor. Hy wou uitvind of die konstabel darem kennis van die Bybel het.

"Wie het vir Abel doodgemaak?" vra hy aan die konstabel.

"Nee, Dominee, u sal moet wag totdat die sersant kom – hy's op moordsake."

1853. Dan is daar die polisieman wat eksamen geskryf het. Hy moes die volgende sin korrigeer: "In the shed is two cows."

Toe skryf hy: "Perhaps one are a bull!"

1854. Tydens 'n staking in Johannesburg ontdek 'n konstabel een donker nag 'n kennisgewing bo aan 'n hoë paal. Dadelik kry hy suspisie omtrent die inhoud en klouter sonder versuim teen die paal op. Toe hy bo kom, lees hy die groot letters: "Nat Verf."

## *Politiek*

1855. Nou moet ek versigtig wees en nie name noem nie, maar dis so 'n mooi, ware storie, ek moet dit vertel.

Hy was in sy gevaarlike veertigerjare en kon 'n mooi meisie nie weerstaan nie. Maar dis altyd moeilik om 'n alibi te kry om by sy vrou verby te kom en vir een van hierdie meisies te gaan kuier.

Gelukkig het hy 'n groot belangstelling in die politiek gehad en kon altyd 'n politieke vergadering as verskoning aanbied. Die naweek het hy vir vroutjie gesê gaan hy na adv J G Strijdom luister. (Nie net luister nie, hy moes hom ook tydens die verkiesing help.)

Sondagaand toe hy by die huis kom, sê sy dierbare vroutjie niks nie, maar wys hom net Saterdag se *Vaderland* waarin daar op die voorblad gesê word dat adv Strijdom nie die vergadering kon bywoon nie omdat hy inderhaas Kaap toe moes gaan.

Ons vriend se kommentaar was: "Nou, ek sê vir jou ons was daar en jy moet nou kies wie jy gaan glo, vir my of *Die Vaderland*!"

1856. Elke dorp het sy (onvergeetlike) karakter. So 'n karakter was oom Freek Pieterse van Amersfoort, die plaaslike grofsmid, iemand wat nou nog in die distrik onthou word. Oom Freek het twaalf kinders gehad en hy het hulle met 'n ysterhand regeer. Hy was lid van die stadsraad – 'n gesiene man in Amersfoort. Maar oom Freek het een probleem gehad: hy kon nooit "swaar" woorde onthou nie. Daar was 'n bouprogram in Amersfoort en die stadsraad moes oor die geldelike sake besluit. 'n Finansiële kommissie is aangestel. In 'n vergadering van die kommissie staan oom Freek op, stoot sy staalraambrilletjie reg en sê: "Meneer die Voorsitter, ek wil net weet, kan die fisiële kommissie dit reford?"

Oom Freek was sy lewe lank 'n baie groot Nasionalis. Toe hy op sy sterfbed lê, sê hy vir sy kinders dat hy 'n Sap geword het – dat hy by die Verenigde Party aangesluit het.

Geskok wou die kinders weet waarom hy dit dan gedoen het. Sy antwoord was: "My kinders, ek dink nie die Nasionale Party kan dit reford dat so 'n groot Nat doodgaan nie. Nou verloor die Verenigde Party 'n Sap."

1857. Ek weet van een eerlike politikus: as jy hom omkoop, bly hy omgekoop.

1858. "Pa, wat is 'n politieke verraaier?"

"'n Politieke verraaier is iemand wat aan ons party behoort en dan oorstap na die ander party toe."

"En as hy van die ander party oorstap na ons party toe?"

"Dan is hy bekeer."

1859. 'n Politikus dink aan die volgende verkiesing; 'n staatsman aan die volgende geslag.

1860. Ons eertydse Staatspresident, John Vorster, het graag die storie vertel van die seuntjie wat sy handtekening kom vra het: nie een nie, maar drie.

"Nou wat wil jy dan met drie maak?" vra hy belangstellend.

"As ek drie van u het, kan ek dit verruil vir een van Naas Botha!"

1861. 'n Politikus (gebruik hier enige naam wat u wil!) stap in die straat af en lei 'n volstruis aan 'n tou. 'n Man sien hom en vra: "En waar gaan jy met daardie bobbejaan heen?"

Politikus: "Dis nie 'n bobbejaan nie ..."

Man: "Ek het nie met jou gepraat nie!"

1862. 'n Staatsman is 'n oud-politikus wat geleer het om sy mond te hou.

1863. 'n Sekere dominee het besluit om hom in die algemene verkiesing as kandidaat beskikbaar te stel. Hy hou sy eerste vergadering.

Die saal is vol en hy raak driftig. Drie rye van voor af sit 'n man en 'n vrou wat hom aanhoudend in die rede val. Later kan hy dit nie meer uithou nie en sê: "Meneer, as jy nie stilbly nie, sal ek jou laat verwyder."

En toe hy merk dat die vrou nog iets wil sê, voeg hy by: "En dit geld ook vir jou vrou!"

Skielik dink hy daaraan dat hy geen rede het om te aanvaar dat hulle wel man en vrou is nie, en hy sê: "As sy jou vrou is ..."

1864. Dirk Olivier – dit is nou die Springboksenter Eben Olivier se oupa – was glo 'n karnallie. Al die Oliviers was altyd sterk manne, groot, fris en bonkig, en politieke vergaderings was hulle afleiding, hulle kos. Toe Rooi Koos van Heerden, 'n lid van die provinsiale raad, 'n vergadering reël, was Dirk Olivier heel voor, naby die verhoog. Hy wil ook hoor wat die "opposisie" te sê het. Ongelukkig was daar die aand ook 'n jong Transvaalse LV as gasspreker op die verhoog en die kêrel het 'n droë toespraak gehou.

Na 'n uur en 'n half kon Dirk dit nie meer hou nie. Hy spring op en gaan voor die spreker staan, swaai sy arms en wys met die vinger. Dadelik is daar 'n rumoer dwarsdeur die saal. Rooi Koos het nadergestaan tot op die kant van die verhoog en afgekyk na Dirk Olivier wat nog steeds beduie, en daar staan die twee – een bo, een onder, en hulle beduie, maar al wat 'n mens hoor, is net "Rooi Koos" van onder af en "Dirk" van bo af. Hulle het mekaar seker twintig keer so op die name genoem en toe weer gaan sit. Die vergadering is daar en dan afgesluit.

1865. Jan Pohl se vader het gebuk gegaan onder die voorname Pieter Huntley Carlisle en hy het al sy kinders laat belowe hulle sal tog nie hulle kinders met sy name belas nie.

Op 'n dag toe kom daar 'n Pohl uit Transvaal in Graaff-Reinet aan en hy was 'n lid van die ou Arbeidersparty. Jan sê sover hy weet, was hy geen familie nie, hoewel hy by hulle tuis was. 'n Groot vergadering is deur die Arbeiders in die stadshuis belê en die saal was vol nuuskieriges, soos dit maar dikwels gaan.

Die volgende dag op die mark loop sy vader 'n arbeider raak wat die vorige aand op die vergadering was. Oom Pieter het die persoon as 'n dagloner geken wat vyftien sent per dag verdien het.

Hy vra toe vir hom: "En wat dink jy van gisteraand se vergadering? Jy het gehoor wat die man sê, as hulle aan bewind kom, dan kry jy nie vyftien sent nie maar dertig."

Die ou het 'n slag nagedink voordat hy sê: "Ja, oom Piet, dit mag wees soos hy sê, maar ik stem Natsionaal."

1866. 'n Politikus sal beloof om 'n brug te bou al is daar nie 'n rivier nie.

1867. "Ek sal 'n boorgat op elke boer se plaas sink," het die een politieke kandidaat belowe.

"Ek sal 'n windpomp op elkeen van daardie boorgate oprig," het sy opponent belowe.

1868. Politiek is om soos 'n rugby-afrigter te wees: slim genoeg om die spel te verstaan, maar dom genoeg om te dink dis belangrik.

1869. In die buiteland is jy 'n staatsman; by die huis net 'n politikus.

1870. 'n Politikus is 'n draadsitter wat albei sy ore op die grond kan hou.

1871. 'n Politikus is iemand met sy voete en sy ore op die grond, sy kop in die wolke, sy hare in sy hande, sy oog op die volgende verkiesing, sy neus in ander mense se sake, sy hand in die kiesers se sakke, sy vinger op die pols en sy duim bo-op sy vrou kan hou.

1872. Liewe leser, veronderstel jy was 'n idioot, en veronderstel jy was lid van die parlement, maar wag, ek herhaal myself.

1873. By 'n sekere politieke vergadering roep 'n ou oom uit: "Hoera vir Hertzog!"

"Hoera vir die ou Sog!" skree 'n jong snuiter spottend.

"Dis reg, nefie," antwoord die ou oom ewe bedaard, "staan by jou kandidaat!"

1874. Die ou is met 'n hele papiersak vol tamaties op pad na die politieke vergadering, toe 'n Engelssprekende by hom kom.

"May I join you ...?"

"Hoekom," vra Koos, "is ek besig om uitmekaar te val?"

1875. Die ou tante sit en lees in die plaaslike koerantjie.

"Luister bietjie, ou man, wat sê hulle hier: 'Dit is ons skool se erns om eerlikheid en opregtheid aan te kweek; ons moet 'n geslag vorm wat 'n leuen nie kan vertel nie.'"

Ou Man: "Ag so? En wie gaan dan daardie geslag se politiek bedryf?"

1876. "Ek staan liewers vir 'n gekkehuis as vir julle parlement," sê die kandidaat vir oom Koos.

"Dan het jy natuurlik 'n baie beter kans om in te kom," antwoord oom Koos ewe ernstig.

1877. Een van ons ministers het baie drooggemaak. Toe bied ons Minister van Buitelandse Sake hom 'n baie groot pos aan. Hy moes China toe gaan en apartheid aan die Chinese verduidelik – een vir een.

1878. Hulle (die Russe) vang die spioen. Hy sê hy is 'n seeman, 'n kaptein van 'n skip. Die Rus sê: "As jy my vrae beantwoord, sal ek jou vrylaat, anders ..."

"Vra maar ..."

"Hoeveel matrose werk op jou skip?"

"Tweeduisend en veertien," sê die kaptein.

"Wat is hulle name?"

1879. ’n Diplomaat is iemand wat twee keer dink voordat hy niks sê nie.

### Politikus

1880. ’n Regering wat Piet belas om Paul te betaal, sal altyd seker wees van Paul se stem.

### Populêr

1881. Gert: “Het jy al ooit uitgevind hoekom jy so populêr is in hierdie dorp?”

Piet: “Nee, behalwe dat ek hulle altyd vertel dat ek die saksofoon speel as ek eensaam is.”

### Pos

1882. Gehoor van die man wat op die uiteinde van die stad woon? Die posman pos sy briewe vir hom.

1883. Piet, oom Koos se seun, was ’n klerk by ’n groot Kaapstadse firma en was nie maklik groots daarop nie. Hy was slim en rats en sy baas het altyd ’n goeie opinie van hom gehad. Eendag roep die sekretaris hom en gee hom twee baie belangrike briewe vir die pos wat die dag met die skip na Europa moes gaan.

“Dis nou vier minute voor elf,” sê hy, “en die pos sluit om elf uur, dus moet jy hardloop.”

“Ja, Meneer,” sê Piet, en waai daar weg. Kort daarna is hy terug.

“Was jy betyds?” vra die sekretaris.

“Ja, Meneer,” sê Piet, “ek was net twee minute voor die tyd, maar Meneer het ’n groot fout begaan. Meneer het die een randseël op die brief vir Londen gesit in plaas van op die brief vir Frankryk, en die vyftigsentseël weer op die brief vir Frankryk in plaas van op die brief vir Londen.”

“En wat het jy toe gemaak?” vra die sekretaris angstig.

“O, Meneer,” antwoord Piet, selfbewus van sy eie slimmigheid, “ek het by die poskantoor ingewaai en gou die adresse op die briewe verander.”

1884. Oom Jan het die brief oor die toonbank gestoot om gepos te word. Die klerk weeg die brief en sê vir oom Jan: “Hierdie brief weeg te swaar vir die seëls wat daarop is. Nog ’n tiensent seël, asseblief.”

Oom Jan: “Wat! En dit nog swaarder maak!”

### Praat

1885. Jan: “Ek wonder hoekom praat Piet se vrou so baie?”

Gert: “Sy is seker met ’n grammofoonnaald geënt.”

1886. Lenie: “Sê my nou eerlik: van watter dames hou mans die meeste, van dié wat so baie praat of van die ander?”

Koos: “Watter ander?”

### Predikant of padwyser?

1887. Koos lê op die naat van sy rug op die gras.

Dominee: “Koos, kan jy my die pad na Jan Jooste beduie?”

Koos lig sy een voet en beduie in die rigting van die pad.

Dominee: “Koos, as jy iets kan doen wat nog luier as jou beduiery is, gee ek jou twintig sent.”

Koos (rol om op sy sy): “Sit hom maar in my sak, Dominee ...”

### Predikante

1888. Trotse ma: “My seun se naam is Herklaas Willem Eina Deksels van der Merwe ... by sy doop het hy die dominee gebyt!”

1889. Dis ’n ander dominee wat gesê het: “Ons sing saam van Gesang 17, die eerste en die laaste vers, en wat daarop volg ...”

1890. Baie bekend en baie bemind was ds Johan Reynecke, en oral duik daar staaltjies van hierdie dierbare predikant op. Toe mnr Conroy nog Minister van Lande was, moes hulle oor ’n stuk grond in Pretoria besluit. Ds Reynecke, ds Davitsz en prof Coetzee hou toe ’n vergadering wat met gebed geopen is deur ds Reynecke.

Sy woorde was: “Here, U moet hierdie week nog help om die transaksie deur te voer voordat die ellendige Conroy terugkom!”

1891. Twee nonne ry per motor en gaan staan sonder petrol. By die naaste plaashuis vra hulle 'n bietjie petrol. Die oom het nie 'n houer nie en gooi die petrol sommer in ou Koos.

Nou staan hulle langs die motor en gooi die petrol uit die ongewone houer daarin.

Die dominee en die ouderling kom op daardie oomblik daar verby. Hulle hou by die gestrandes stil en die dominee sê: "Susters, ek weet nie of dit gaan werk nie, maar ek bewonder julle geloof!"

1892. 'n Predikant met 'n agterstevoorboordjie sit voor tant San van Christiana in die trein. Langs hom sit oom Koos, wat 'n praatjie met hom aanknoop.

"Ek is 'n vader van agt kinders," sê oom Koos, nie bietjie trots nie.

"En ek is 'n vader van oor die sewehonderd," sê die predikant.

Tant San dink: "Miskien moet hy nie net sy boordjie agterstevoor dra nie!"

1893. Dit was in die vroeër jare in Middelburg, Transvaal. Kwaaijongens het toktokkie by die voordeur van die kwaai Hollandse stasiemeester gespeel.

Toe daar weer vir die soveelste keer geklop word, storm die stasiemeester al swetsende voordeur toe, soos net 'n Hollander dit kan doen! Maar toe hy die deur ooopruk, kyk hy vas in die oë van die dominee.

Hy gryp die dominee se hand en sê: "Ag, Dominee, ik dreigde u uit de verte, maar dat's Heeren zegen op u daal!"

1894. Die gemeente het twee leraars gehad. Ongelukkig het hulle nie langs dieselfde vuur gesit nie. Een besluit toe om maar 'n beroep elders heen aan te neem.

Die dominee wat agterbly, preek toe die Sondag voor die afskeid, na aanleiding van die teks: "Gaan heen, sondig nie meer nie ..."

Sy kollega gebruik toe as afskeidsteks: "Bly julle hier by die esel ..."

1895. Die merkwaardige ds Johan Reynecke van Pretoria het eers op 82-jarige ouderdom opgehou werk. Hy was 20 jaar lank gevangeniskapelaan in Pretoria en het meer as 100 teregstellings bygewoon.

Gedurende die laaste 12 jaar van sy diens het hy 'n spreekkamer in die stad gehad, nadat hy op 70-jarige ouderdom afgetree het as predikant van die NG Kerk, Bosmanstraat.

In hierdie kamertjie het hy tot 1 500 besoeke per jaar ontvang – van alle rasse en gelowe – selfs Katolieke en Jode – met probleme.

Ds Reynecke was die eerste predikant in Suid-Afrika wat vir die Britse koning gepreek het. Vir hom was dit 'n besondere geleentheid, ten spyte van die feit dat hy as jong seun uit die skool geskors is omdat hy geweier het om op te staan terwyl die leerlinge 'God save the Queen' moes sing. As teksvers vir sy preek het hy gekies: "Vader, vergeef hulle, want hulle weet nie wat hulle doen nie ..."

1896. Soos so dikwels op die platteland gebeur as die predikant nie daar is nie, moes een van die ouderlinge 'n leespreek waarneem. Dit was altyd oom Freek se groot vreugde om, wanneer ds Malan weg was, die diens waar te neem. Tydens die Van Riebeeck-fees in 1952 is al wat leef en beef en asem Kaap toe.

Oom Freek het by die huis gebly en dié Sondag was net die heel getroues van die getroustes in die kerk. Hulle sit hier en daar in die leë banke. Dit lyk soos iemand wie se tande getrek is.

Oom Freek sit sy staalraambrilletjie op. Hy lees eers uit die Bybel. Daarna lees hy uit die *Kerkbode* en maak toe sy eie toepassing van die preek.

Dié dag het dit oor die liefde gegaan. Eers kyk hy na die ouderlinge aan sy regterhand en hy sê: "Vanmôre se preek is van toepassing op die ouderlinge." Toe draai hy hom om en kyk na die linkerkant. Hy sê: "En op die diakens." Hy kyk vorentoe: "En die mede-Christene en die onderwysers."

Oom Freek word so opgesweep dat hy met 'n gebalde vuis sê: "Ons praat oor die liefde. Ons moet aan almal liefde betoon. Die Bybel sê ons moet ons vyande liefhê en wie is ons vyande? Ons grootste vyand is die Satan!" En skielik besef oom Freek dat hy nou twee preke deurmekaar het en met 'n skielike *amen* haal hy sy brilletjie af en beëindig die diens.

1897. Dr Jannie Malan vertel ook van 'n sekere oom Gus wat hy op Amersfoort geken het. 'n Juweel van 'n man. Die grootste *gentleman* wat hy ooit ontmoet het. Oom Gus het 'n negosiewinkel gehad en tussen die ploegskare en klerasie en fieterjasies wat hy verkoop het, was sy lessenaar. Een oggend stap Jannie die winkel binne. By die lessenaar, in sy pak klere, met sy hoed op sy kop, sit oom Gus. Die telefoon lui, oom Gus beantwoord dit. Met sy regterhand lig hy sy hoed hoog van sy kop af net waar hy sit, en hy sê: "Goeiemôre, Dame!"

1898. Predikante is ook maar mense. Een Sondagoggend, nadat die nuwe dominee klaar gepreek het, keer hy oom Gert Basson voor en vra: "Broer, en hoe was die preek vir jou?"

"Nee, Dominee," sug oom Gert, "vanmôre het jy die bal skoon misgeslaan ..." en hy vertel hoe 'n swak preek dit was.

Dominee voel baie sleg. Hy vertel oom Jan Brits wat oom Gert Basson gesê het.

"Ag, wat, Dominee, jy moenie jou aan Gert Basson steur nie. Hy het nie sy eie opinie nie. Hy luister maar net wat die meeste mense sê en dan herhaal hy dit."

1899. Oom Jannie Vermeulen was 'n baie groot platjie en hy vertel self die volgende staaltjie van vanslewe:

"In daardie dae moes die predikante nog baie ver ry om huisbesoek te doen. Ons het ons dominee vir middagete verwag. Hy het gesê ons moet vroeg eet, want hy moes nog op twee plase gaan besoek aflê. Hy en die ouderling het so halftwaalf daar aangekom. Daar is huisgodsdiens gehou en twaalfuur het ons geëet. Ek skryf toe 'n brief wat hy vir ons buurman, 'n halfuur weg, moes gee. In die brief het ek geskryf: *Buurman, onthou nou, Dominee-hulle het nog nie geëet nie. Hy sal baie teenstribbel, maar hy is maar net skaam. Gee vir die man kos.*

"Dominee is daar weg en my buurman het my later vertel wat gebeur het. 'Op die kop eenuur het hy daar aangekom. Die tafel was gedek, en daar was vir hulle twee ook plek aan tafel. Ons het 'n skaapboud gehad en rosyntjierys en patats ... en souskluitjies vir poering. Die dominee het, soos jy gesê het, teengestribbel, die ouderling het bleek geword, maar ons het hulle gedwing, want my vrou voel baie sleg as mense nie by haar wil eet nie. Die arme dominee moes maar die kos inwurg!"

1900. Die volgende prettige voorval wil ek graag in mnr C R Swart, ons vroeëre staatspresident, se eie woorde vertel:

"Tydens die eertydse hoë amp wat ek beklee het, moes ek by 'n groot militêre parade plegtig die saluut staan en beantwoord.

"Op die verhoog agter my sit 'n aantal hoogwaardigheidsbekleërs; onder meer 'n predikant. Dit was 'n snikhete dag en daar word agter my rug yskoue water bedien. Toe hoor ek die dominee vertel van een van sy gemeentelede wat die elmboog te hoog en te dikwels gelig het en hoe hy die broeder besoek en teen die nadele van sterk drank gewaarsku het.

"'Ja, Dominee,' sê die man, 'ek weet dit en dat is waar, maar wat moet ek doen as ek so kwaai dors kry?'

"'Broer,' sê die dominee, 'jy weet tog dat te alle tye en onder alle omstandighede, water die heel beste drank is.'

"'Ja, dis waar,' was die antwoord, 'maar Dominee, wie is ek, arme sondaar, om altyd net die beste te wil vra?'

"'n Gedempte skaterlag volg. Hoe hou 'n stywe gesig dit nou by so 'n formele geleentheid?"

1901. Vroeër dae by Hartbeespoortdam was daar 'n man met baie inisiatief wat 'n roomys bemark het, en die roomys se naam was "Damroomys", of in Engels, "Dam Ice Cream".

Later, toe die predikant met sy ouderling daar verbykom, sê hy met 'n vonkel in sy oog: "Broer, maar kom ons stap so na die roomys toe dan kry ons vir ons elkeen een."

Dit was 'n nuwe predikant en toe die dominee twee roomyse bestel en sê: "Gee my twee 'dam ice creams,'" toe dink die ouderling: "Jislaaik, maar dis 'n lekker predikant," en hy sê: "Dominee, ek sal vir jou sê wat ... kom ons maak liewer 'n dop!"

1902. Predikante is veronderstel om twaalf kategismuspreke per jaar te lewer. Ds Kotie du Toit kon aan die einde van die jaar, toe hulle verslag daarvan moes doen, nie onthou hoeveel van die preke daar daardie jaar was nie. Hy vra toe in die kerkraadsvergadering of die broers nie kan onthou nie.

Hulle het lank gedink, toe staan een diaken op en sê: "Dominee, ek kan drie onthou ..."

"Baie dankie, Broer."

Na 'n ruk sê 'n ander een: "Nee, Dominee, ek kan minstens vier onthou ..."

"Mooi so!" sê ds Kotie. "Nou het ons al sewe!"

1903. In dieselfde kerkraadsvergadering moes hulle op 'n datum vir 'n volgende vergadering besluit. Iemand stel toe voor hulle hou die vergadering op 5 November. Dit is natuurlik Guy Fawkes-aand. Kaptein Truter, 'n ouderling, vra of die dominee weet watter aand dit is.

"Nee, dis reg, Broer, maar ons sal vroeg verdaag sodat jy die ander verrigtinge ook kan bywoon!"

1904. Terwyl ds Piet van der Merwe predikant op Thabazimbi was, het hy een middag 'n paartjie getrou. Die bruid se familie was van die Vrystaat afkomstig en het nie geweet dat daar met dinamiet in die berg geskiet word nie. Soms het dit gebeur dat winkelvensters aan stukke spat, so geweldig was die ontploffings.

Die middag is ds Piet se teks: "As die Here die huis nie bou nie, tevergeefs werk dié wat daaraan bou ..."

Hy praat toe baie mooi oor die noodsaaklikheid van 'n goeie argitek en 'n goeie bouer. Dis toe dat die eerste skoot knal. Die mure ruk en die vensters ratel. Hy bly kalm en sê: "Sien, gelukkig is hierdie gebou goed gebou. Dis sterk en staan op stewige fondamente."

Maar hy het nie met die tweede lading rekening gehou nie. Die tweede ontploffing volg. Dit is oorverdowend. 'n Vrou reg voor hom spring in die lug en staan botstil regop met verskrikte oë.

En toe kon ds Piet nie meer nie.

'n Histeriese falsetto-lag ontsnap sy lippe.

1905. Ds Burger het baie graag in die kerktoring geklim, tot groot ontsteltenis van mev Burger. Die toring het vir hom 'n aantrekkingskrag gehad soos 'n boom vir 'n jong seun.

Eenkeer het die kerkhorlosie gehaak en die horlosie het aanmekaar begin slaan. Dit was baie hinderlik in die pastorie net langsaan, en ds Burger besluit om in te klim en dit reg te maak. Met 'n los leertjie van ongeveer 12 voet lank het hy in die toring geklim, maar toe hy homself in die toring optrek, trap hy te hard op die leertjie en daar val dit plat op die vloer. Die situasie was egter nog nie buite beheer nie en die slag van die horlosie is rustig gestel, maar toe hy wil terugkeer, is daar geen leer nie. Al die geroep het nie gehelp nie. Daar moes preke voorberei word, huisbesoek gedoen word en die tyd stap aan.

Daar is gemeet – 12 voet. Daar is bereken – 48 jaar oud. Daar is geredeneer – nie so oud soos ek lyk nie. Daar is besluit – SPRING!

Ongelukkig was die gemeente na die sprong vir tien dae sonder 'n leraar.

### *Preek*

1906. 'n Vreemdeling kom die kerk binne onder die preek en plak hom neer in die agterste bank. Naderhand begin dit hom verveel, en hy fluister in die oor van 'n grysaard wat langs hom sit: "Hoe lank preek hy al?"

Die oubaas: "Dertig of veertig jaar, dink ek; ek kan nie presies sê hoe lank nie."

"Ek sal dan maar wag," sê die vreemdeling, "hy sal wel na so 'n rukkie klaar wees."

### *Probleme*

1907. Twee mans sit in die trein en lyk albei baie bekommerd.

Eerste man: "Hoe lyk u so bekommerd, Neef?"

Tweede man: "Wie sal nie sleg voel as die sprinkane al jou mielies opgevreet en die koring roes het nie?"

Eerste man: "Dis nog niks, my vrou het weggeloop met 'n ander man, my twee dogters is flerries, die seuntjie daar het sy klere vuil gemors, en ek het nie klere vir hom nie, die outjie daar het die treinkaartjies opgeëet, en nou vertel die kondukteur my ek is op die verkeerde trein."

### *Professor*

1908. Professor H B de Jager vertel dat hy eendag in die klas vir 'n mooi astertjie gevra het wat gebeur as 'n liggaam in water geplaas word.

"Dan lui die telefoon," was haar antwoord.

1909. "Noudat ek klaar my tee en toebroodjies geëet het, kan ek voortgaan om die ingewande van die padda te behandel wat ek saamgebring het."

Hy haal die pakkie uit sy sak, maak dit oop en daar lê ... sy toebroodjies!"

## *Prokureurs*

1910. Landdros: "Tien rand of tien dae!"
"Ek sal die tien rand neem."

1911. "Edelagbare, ek kan nie 'n getuie wees nie. Ek kan sommer aan daardie man se gesig sien hy is skuldig."
"Sjuut ... dis die aanklaer!"

1912. "Is dit die prokureursfirma Kaltwasser, Hoogenboezem, Blasinski en Vennoux?"
"Ja, dit is die prokureursfirma Kaltwasser, Hoogenboezem, Blasinski en Vennoux."
"Kan ek met meneer Van der Merwe praat?"

1913. Die prokureur het hom probeer vastrek, maar dit het nie gehelp nie, die man het by sy storie gehou.
"Kan jy my in die oog kyk en dit herhaal?"
"Watter oog?"

1914. Landdros: "Jy het eiers in die man se winkel gesteel. Het jy 'n verskoning?"
Beskuldigde: "Ja, ek het dit per abuis geneem."
Landdros: "Per abuis?"
Beskuldigde: "Ja, ek het gedink dit is vars."

1915. Prokureur: "Wel, as jy my eerlike opinie wil hê ..."
Kliënt: "Nee, ek wil professionele advies hê ..."

1916. "Jy word skuldig bevind op aanklag van veelwywery. Ek gaan jou baie swaar straf. Twee jaar tronkstraf sonder die keuse van 'n boete."
"Baie dankie, Edelagbare," sê die beskuldigde en trane loop oor sy wange. "Ek het gedink u gaan my huis toe stuur!"

1917. Landdros: "En hoekom is jy hier?"
Beskuldigde: "Omdat ek 'n winkel oopgemaak het ..."
Landdros: "Meneer die aanklaer, is dit die rede waarom die man aangekla is, omdat hy 'n winkel oopgemaak het?"
Aanklaer: "Ja, Edelagbare, maar hy het vergeet om te sê dat hy dit om twee-uur in die oggend met 'n koevoet gedoen het."

1918. Twee studente beland in die moeilikheid en kom voor die landdros.
Landdros: "Het julle 'n advokaat of 'n prokureur?"
Student: "Nee, Edelagbare, ons het besluit om die waarheid te praat."

## *Prys*

1919. Sommige mense in Suid-Afrika laat my dink aan die ou wat die krokodil elke dag gevoer het, met die hoop dat hy hom laaste sal eet.

1920. 'n Skot het aangehou kibbel oor die prys van 'n broek, totdat die winkelier hom naderhand vererg en die Skot toesnou: "Nou neem die ding dan verniet!"
Skot: "Ek sal ses neem, asseblief."

## *Psigiaters*

1921. Die deur gaan oop en op die drumpel staan 'n vrou met 'n volstruis aan 'n tou.
Dokter: "Wat kan ek vir u doen, Mevrou?"
Vrou: "Dis my man, Dokter. Hy verbeel hom hy's 'n volstruis!"

1922. 'n Roekelose bestuurder van Pretoria
Jaag of die duiwel hom wil vermoria
Hy jaag om 'n draai
Ry 'n boom na sy maai
Nou lê hy dood in die voria.

1923. 'n Man kom by 'n psigiater. Dié vra wat sy probleem is.
Die man is besig om sy baadjie met albei hande af te skud en sê: "Dokter, dit is dié goeters, hulle klim op my!" En hy skud af.
Skielik begin die dokter ook sy klere af te skud terwyl hy histeries gil: "Moet hulle nie op my afskud nie!"

### *Punktuasie*

1924. Kan u punktueer? Nou ja, goed, red dan my vrou!

Hier lê begrawe my vrou Griet
in die hemel is sy niet
in die hel dit weet ek wel.
(Sien laaste bladsy vir oplossing.)

### *Pyn op die plein*

1925. Ek het baie variasies van hierdie storie gehoor. Van dié een hou ek die meeste:

Hulle vertel mnr John Vorster stap eendag oor Kerkplein en hy hoor 'n stem: "John! John!" roep die stem. Hy draai om maar sien niemand nie. Hy wil net voortstap toe hoor hy weer: "John! John!" Hy kyk op en sien dit is die standbeeld van Oom Paul wat met hom praat.

"John, dit is ek, oom Paul."

"Ja, oom Paul?"

"John, ek is baie vies, almal het perde om op te sit, net ek moet hier staan ... al baie jare lank staan ek hier op die plein. Ek is nou moeg. Gaan haal vir my 'n perd."

Baie verbaas is mnr Vorster daar weg.

Nou sê die mense mnr Vorster loop toe vir my daar raak en hy vertel my wat gebeur het. Ek wou dit natuurlik nie glo nie. Hy sê: "Kom saam plein toe, dan wys ek jou."

Toe ons by die plein kom, kyk oom Paul op en sê: "John Vorster, ek het 'n perd gevra, nie 'n donkie nie!"

# Q

### *QwaQwa*

1926. My tikmasjien se Q en q is amper nog nooit gebruik nie. Die koerant berig (jare gelede): "Qwaqwa kry eie polisiemag."

Toe word ek laf en dink aan hulle range in Qwaqwa: 'n Qwonstabel, 'n Qwaptein, 'n Qwolonel, 'n Qwommandant en 'n Qwommissaris van Polisie ..."

# R

### *Raaisel*

1927. Jannie sê vir sy maats: "Ek sal vir julle 'n raaiseltjie gee: daar is 'n klein dingetjie, hy het twee beentjies, ystervlerkies en skree: 'Koekoe, Koekoe'."

Hulle kon dit nie reg raai nie, en toe sê Jan: "Dis 'n tortelduif, natuurlik."

"Maar hoekom dan ystervlerkies?" vra Piet.

"Sommer om die raaiseltjie moeiliker te maak," antwoord Jan.

### *Radio*

1928. Twee omroepers wat diep spore in die uitsaaiwese getrap het, was Jan Crafford en Paul Fouché. Ek was gelukkig genoeg om albei te ken en kon lank luister na die staaltjies uit die ou dae. Paul Fouché het eendag vertel dat hy en sy vrou een aand na 'n partytjie toe is. Dit het baie vrolik gegaan en hulle is in die vroeë oggendure eers huis toe. Hulle het uitgetrek en in die bed geklim. Skielik staan Paul op en hy begin weer aantrek.

"Waar gaan jy nou heen?" vra sy vrou.

"Uitsaaistasie toe."

"Om wat te maak?"

"Ek het vergeet om die elfuurnuus te lees. Dit was my beurt."

"Jy gaan die elfuurnuus vieruur in die môre lees?"

Hy staan huiwerig met sy skoen in sy hand. "Wel, ek moet iets doen ..."

Maar dit was nie nodig nie, want Jan Crafford het geweet van die partytjie en hy het 'n suspisie gehad dat Paul gaan vergeet. Hy het die nuus gaan lees.

1929. As jong omroeper was ek baie bang vir Jan Crafford. Hy was maar 'n moeilike man. Hy het die gewoonte gehad om vir jou in die ateljee te kom kuier. Jy is besig met 'n program, dan kom die baas aangestap. Hy staan dan 'n halfuur of so daar rond sonder om 'n woord te sê, kyk rond en sê: "Ja-a," en stap uit. Eenkeer het hy dit weer gedoen en ek sê toe: "Ja-nee."

Toe Kosie Jooste later kom verneem hoe dit met die nuwe omroeper gaan, sê ek ek het nou net so 'n interessante gesprek met Jan Crafford gehad.

1930. Tydens sy omroepersdae in Durban het Daan Retief die regie van 'n lang vervolgverhaal waargeneem. Nou gebeur dit dat die deelnemers later so gekonfyt raak en die skrywer se skryftrant so goed ken, dat hulle sommer kan improviseer en uit hulle kop amper dieselfde clichés as die skrywer gebruik. Daar was 'n klein, nuwe rolletjie in, en 'n jong knaap wat nog nooit voorheen uitgesaai het nie, is gevra om die rol te vertolk.

Bleek en benoud het hy daar gesit en die teks gevolg. Skielik gaan die krag af en dis pikdonker in die ateljee, maar die geroetineerde spelers laat hulle nie afskrik nie en praat voort asof niks gebeur het nie.

Toe kom daar 'n benoude gil van sy kant af. Hy laat val sy teks, gryp na sy oë en skreeu: "O, God, ek is blind!"

1931. Ek wens iemand wil my hierdie boek present gee. Dan sal ek baie grappies hê om oor die radio uit te saai.

1932. Dis nie so sleg om na radionuus te luister nie, want terwyl die nuus gelees word, kan die omroeper sy bek hou.

## *Ramp*

1933. "Het julle gehoor van mevrou Louw se ramp?"

"Genugtig, het sy haar stem verloor?"

"Nee, haar man het doof geword."

## *Rebellie*

1934. In die rebellie van 1914 kom daar 'n jong seun voor die magistraat. Die magistraat vra vir hom: "Hoekom het jy gerebelleer?"

Hy antwoord: "Omdat my pa 'n rebel was."

"En hoekom het hy gerebelleer?"

"Omdat my oupa 'n rebel was."

Die magistraat word ongeduldig en sê: "Jou klein snuiter, ek wonder wat jy sou gewees het, as jou pa 'n bobbejaan was en jou oupa 'n gorilla."

"'n Botha-man," was die doodbedaarde antwoord, terwyl die hele hof grinnik.

## *Rede*

1935. Werkgewer: "'n Verhoging? Gee my twee goeie redes om dit te oorweeg."

Klerk: "'n Tweeling, Meneer."

## *Reën*

1936. Dit het op plekke in die land so baie gereën dat die visse in die mielies wei.

1937. 'n Man was op pad huis toe. Hy ry die aand by sekere mense aan om skuiling te soek teen 'n hewige reënbui. Die reën hou aan, en die man laat hom ompraat om maar die nag daar deur te bring. Kort voor die aandete raak hy egter weg, maar kom later doodmoeg en vol modder terug met 'n bondel onder die arm. Toe hulle verneem waar hy dan was, antwoord hy: "Ek het net gou vir my vrou gaan sê sy hoef nie onrustig te wees oor ek nie vannag huis toe kom nie, en toe het ek sommer my slaapklere ook saamgebring."

1938. Skot: "Ek ken 'n man wat so 'n goeie gevoel het vir reën, hy kan jou presies sê wanneer dit gaan reën."

Ier: "Dis nog niks, ek ken iemand wat so natuurlik kan kraai dat die son opkom net nadat hy gekraai het."

1939. Baas: "Nee wat, Jafta, dit sal nie meer reent nie, kyk hoe staan die wind."

Jafta: "Nee, Baas, die wind hy kan maar waai van watter kant hy wil maar die reent hy kom van bo."

## *Reis*

1940. Reisiger: "Mevrou, ek het die hele Europa deurgereis, en in al die lande het die vlooie my vreeslik gebyt, behalwe in België."

Geïnteresseerde dame: "Sou daar dan nie vlooie in België wees nie?"

Reisiger: "Wel, dit kan ek nie met sekerheid sê nie, Mevrou, want dis die enigste land van Europa waar ek nie was nie."

1941. Uitvraerige passasier: "Gaan u ver?" Tweede passasier (wat nie van lang gesprekke hou nie): "Ek gaan Kaapstad toe en my naam is Jan van Niekerk, ek is 40 jaar oud, het een seun, hy is agtien jaar oud, hy is nou by sy niggie, sy het rooi hare. Is daar nog iets verder wat jy wil weet?"

Eerste passasier: "Watter soort olie gebruik jy vir jou tong?"

## *Rekenaars*

1942. Om te fouteer is menslik, maar om alles op te foeter, daarvoor het jy 'n rekenaar nodig.

1943. My niggie besluit toe om 'n rekenaarafspraak te probeer maak. Die eerste man, sê sy, wat die rekenaar haar gee, was 'n regte gentleman, maar sy het darem nog drie kanse.

## *Rekenkunde*

1944. Twee reisigers (wat op 'n boer se plaas aankom): "Goeie môre Oom."

Boer: "Goeiemôre, vriende."

Eerste reisiger: "Ons verkoop 'n kursus in rekenkunde, matesis, ensovoorts."

Tweede reisiger: "Glo Oom dat driemaal een honderd is?"

Boer: "Ja, dit is baie maklik, ek is die een en julle die twee nulle!"

### Rekord

1945. 'n Ier en 'n Engelsman kry eendag stry oor hul rekordmanne. Die Engelsman sê: "Eendag staan ek aan wal en sien ver op die see iets aankom. Ek dog eers dis 'n voël, maar naderhand, toe die ding nader kom, sien ek dis 'n man wat swem. Hy het toe net 150 myl ver geswem van die plek waar sy skuitjie omgeval het."

Ier (voordat die Engelsman kon verder praat): "Maar hoor ek is bly ek het jou ontmoet; dis ek wat dit gedoen het, maar niemand wou my ooit glo nie."

### Rêrig gebeur

1946. Dit het rêrig gebeur.

Jy het ook al baie stories gehoor waar die verteller sê: "Dit het rêrig met my oom Jan gebeur ..."

Of soos in dié geval met dr Visser wat 'n veteraanmotor gehad het waarmee hy net kerk toe gery het. Sy twee seuns besluit toe een naweek om twee nooiens te gaan oplaai.

Hulle stoot daardie Saterdagaand die motor stilletjies by die waenhuis uit, en eers 'n onhoorbare afstand verder skakel hulle aan, ry en gaan laai die meisies op. Maar toe hulle vroeg Sondagmôre terugkom, merk hulle dat die een modderskerm gestamp is.

"Pa gaan ons vrek maak!" was Kleinboet se kommentaar.

Ouboet ken iemand wat 'n duikklopper is. Hulle gryp die fietse en gaan soebat hom. Hy maak die motor se modderskerm heel, en die verf was net mooi droog toe dr Visser die Sondagoggend opstaan en motorhuis toe stap om die ou tjor solank warm te maak.

Oomblikke later storm hy by die waenhuis uit en roep: "Vrou! Vrou! Onthou jy verlede Sondag toe ek die kar gestamp het? Wel, die engeltjies het daardie stamp reggemaak, daar is nie 'n skrapie oor nie!"

1947. Dit het rêrig gebeur.

Oom Yslik sit elke middag in die kroeg en vertel sy stories aan dieselfde groepie vriende, gereelde genieters van die tiermelk.

Ek is op pad Kakamas toe, en kry skielik lus vir 'n bier. Ek sit eenkant en drink my bier. Ek luister na oom Yslik wat vertel:

"My pa het in die diamantwêreld grootgeword. Eenkeer steel 'n Boesman 'n diamant en laat spat. Eintlik nie steel nie, hy het hom sommerso in die verbygaan opgetel en begin hardloop.

"Nou weet jy hoe 'n Boesman kan hol. My Pa het so 'n blou Dodgekar gehad en hy sit die Boesman agterna. Die Boesman kies koers tussen die doringbome deur op pad Oranjerivier toe, met my pa in die blou Dodgekar agterna.

"Die Boesman kyk om en hol, dwarsdeur die rivier. My pa met sy Dodgekar agterna, en omtrent so drie myl aan die Kaap se kant haal hy die Boesman in. Hy het sy diamant gekry!"

Almal lag, vat 'n slukkie en geniet dit. Net ek sluk nie die storie nie.

"Verskoon my, maar hoe kan 'n mens met 'n motor deur 'n vol rivier ry?"

Oom Yslik vat stadig 'n slukkie, kyk na die kroegman, kyk na sy vrinne, kyk na my, en sê: "Ek het nie met jou gepraat nie."

1948. Dit het rêrig gebeur.

Dominee doen huisbesoek in sy groot plattelandse gemeente. Sy motor breek en hy staan hulpeloos langs die pad. Dit is Juliemaandkoud. Toe dit beginne lig word, hou daar 'n motor stil en twee vistermanne laai hom op.

Hy is baie dankbaar, want dit is bitter koud.

Hulle het so 'n entjie gery, toe die voorste passasier buk en 'n bottel onder die voorste sitplek uithaal. Dit is in 'n bruin papier toegedraai. Hy skroef die prop af, hou die bottel agtertoe en vra: "Slukkie, Dominee?"

"Nee, dankie!" sê Dominee verskrik.

Die man trek sy skouers op, vat 'n diep teug, gee die bottel vir die bestuurder, wat ook sluk. Die man skroef die bottel toe en bêre dit weer onder die sitplek.

Maar dis koud.

Nie te ver nie of die man buk, haal weer die bottel uit, skroef oop, hou die bottel na agtertoe en vra: "'n Slukkie, Dominee?"

"Nie vir my nie, dankie," sê Dominee.

Maar dis koud!

Later, toe die bottel 'n derde keer aangebied word, dink Dominee dat dit darem baie koud is, en hy sal so 'n ietsie vat. Hy vat die bottel, sit dit voor sy mond en laat waai.

Die volgende oomblik spoeg hy die vloeistof teen die ruit vas en sê: "Sies! Dis dan koffie!"

1949. 'n Amerikaner gaan terug Texas toe en vertel sy vriende watter wonderlike land Suid-Afrika is.

"Jy weet, as jou motor breek, staan jy maar net daar en lyk hulpeloos. Nie te lank nie of daar hou 'n Mercedes stil en die ryk boer vra of hy jou nie kan oplaai nie.

"Nou vat hy jou huis toe, hy wys jou waar die badkamer is, gee jou skoon handdoeke en sê jy moet eers lekker warm bad.

"Daarna vra hy of jy al geëet het en as jy sê jy is nogal honger, braai hy vir jou vleis en gee jou van sy beste rooiwyn.

"Dan sê hy: 'Ek sal iemand stuur om jou motor te gaan haal en te herstel; intussen sal ek dit as 'n groot eer beskou as jy vanaand hier sal slaap.' Wonderlike mense, die Suid-Afrikaners, veral die Afrikaners."

"Het dit met jou gebeur?" vra Texas.

"Nee, nie met my persoonlik nie, maar met my suster – al drie keer!"

## *Restaurants*

1950. Ontevrede klant: "Kelner, wat se swart goedjies is hier in my sop?"

Kelner: "Ek weet nie, Meneer, tensy dit daardie vitamines is waarvan hulle so baie praat."

1951. "Kelner, wat doen hierdie vlieg in my sop?"

Die kelner kyk lank en aandagtig na die spartelende vlieg.

"Meneer, dit lyk vir my soos rugslag."

1952. Hy storm die restaurant binne en gaan sit by 'n tafel. Die kelnerin vra of sy hom kan help.

"Jy kan. Gaan kook vir my twee eiers. Kook dit totdat dit blou is. Braai vir my twee snye roosterbrood. Verbrand dit pikswart. Gooi vir my 'n koppie koue koffie in en dan kom sit jy hier met my en baklei ... ek verlang na my vrou!"

1953. Ek sê vir die kelner die sop is yskoud.

Hy is baie verontwaardig: "Wil jy hê ek moet my duim verbrand?"

1954. Goeie diens! Ek het skaars gesit of die kos is op die tafel. Dit sou darem beter gelyk het in borde.

1955. Baie regverdige plek ook. Die porsie is klein maar die rekening is groot.

1956. 'n Man gooi per ongeluk die gekookte eier wat die kelner hom gebring het, van die tafel af. Hy roep die kelner en sê: "Kelner, daar lê my eier op die grond. Wat moet ek nou doen?"

Kelner: "Kekkel, Meneer!"

1957. "Enige vlieë in die restaurant?"

"Nie een enkele vlieg nie."

"O, hulle is almal getroud, nè?"

1958. Dame: "Kelner, ek hou nie van al hierdie vlieë in die eetsaal nie."

Kelner: "Sê net van watter u nie hou nie, dan jaag ek hulle uit."

1959. "Kelner, ek het al baie keer hier geëet – hoekom is die porsie vleis dan vandag so klein?"

"Nee, Meneer, dis nie kleiner nie, dit lyk maar net so – ons het die eetkamer vergroot."

1960. Klant: "En wat beteken dit? Daar's 'n vlieg in my sop!"

Kelnerin: "Ek weet nie. Ek is 'n kelner, nie 'n fortuinverteller nie."

1961. Hy het klaar geëet. Toe vra sy hom of hy tee of koffie wil hê.

Hy: "Koffie, asseblief, sonder room."

Sy: "U sal dit sonder melk moet neem, ons het nie room nie."

1962. "Kelner, hierdie oesters is darem baie klein, nè?"

"Ja. Meneer."

"En hulle lyk ook nie baie vars nie."

"Darem 'n geluk dat hulle so klein is, nè, Meneer?"

1963. "Kelner, ek was gister hier en ek het 'n biefstuk gehad ..."

"Sal u dieselfde neem?"

"Ja, as niemand dit gebruik nie ..."

1964. En dan was daar die klant wat die taai biefstuk teruggestuur het, maar die kelner wou dit nie neem nie; hy sê die meneer het dit gebuig.

1965. "En hoe het u die vleis gevind, Meneer?"

"Maklik. Ek het net die stukkie tamatie opgetel en daar was dit!"

1966. Die man was kwaad omdat hy so lank moes wag vir die halwe hoender wat hy bestel het.

Kelner: "Meneer, ons wag net totdat iemand anders die ander helfte bestel. Ons kan mos nie 'n halwe hoender slag nie."

1967. Hoofkelner: "Wat verkies u, Meneer? Spaanse, Franse of Afrikaanse disse?"

Klant: "Ek gee nie juis om nie, ek wou 'n gekookte eier gehad het."

1968. Kelnerin: "Was u bestelling ham en eiers of ham en tamaties?"

Klant (wat al veertig minute lank wag): "Hoekom vra jy my nou?"

Kelnerin: "Nee, ek wil net weet, want ons ham is op."

1969. Wyle oom Danie Ruthven, eiendomsman van Pretoria, het my hierdie wooi vertel. ('n "Wooi" is 'n mooi, ware verhaal.)

Oom Danie en Costas, sy Griekse vriend, gaan eet in 'n baie bekende garnaalrestaurant in Pretoria-Wes. Soos gebruiklik, kry hulle elk as voorgereg 'n gratis pieringvol hoenderlewertjies. Nadat Costas die hoenderlewer geëet het, roep hy die kelner.

"Bring nog hoenderlewer," beveel hy.

"Nee, Meneer, dit werk nie so nie," glimlag die kelner, "die hoenderlewer is met ons komplimente en dis net een piering vir elke klant."

"Wie is die eienaar van hierdie plek?" vra Costas.

"Dit is meneer Cohen."

"Is hy hier?"

"Ja, daar is hy by die geld."

"Gaan roep hom vir my," beveel Costas.

Meneer Cohen meld hom aan.

"Is hierdie plek dalk te koop?" vra Costas.

"Alles is te koop – teen die regte prys," sê meneer Cohen.

"Hoeveel?"

"150 ..."

"Ek gee jou 130 ..."

"140 ..."

"Top!"

Oom Danie Ruthven is die eiendomsmakelaar. Hy skryf die kontrak op 'n servet. Die verkoper teken. Die koper teken. Die getuie teken. Alles mooi wettig.

Die koper en die verkoper druk hande: "Dis nou my plek dié?"

"Ja."

Die koper glimlag en roep die kelner.

"Bring nog hoenderlewer," beveel meneer Costas.

1970. Danie Ruthven vra toe vir Costas of hy iets van restaurante af weet.

"Nee," sê hy of dit mos glad nie saak maak nie, "ek is in die papierbesigheid, ek maak papier, en ek verkoop die papier, en mense maak boeke, en hulle skryf in daardie boeke ... hulle skryf ook oor hoe 'n mens 'sjieken liwwer' moet maak ... 'n mens kan alles uit 'n boek uit leer ..."

1971. Ek het twaalf jaar gereeld by Costas gaan eet, minstens een keer per maand. En grappe gedeel. Humor is internasionaal.

Een van ons grappe was: 'n Man het verdwaal. Hy sien 'n plaashuis en gaan klop aan. Die boer sê dit is net hy en sy jong vroutjie, en hulle het net een bed, as die neef nie omgee ...?

Die neef gee nie om nie.

Daardie aand eet hulle fetakaas en spinasie, maar daar bly baie van die heerlike bokkaas oor. Die gas is nog honger, maar toe die boer voorstel dat hulle moet gaan slaap, vergeet hy half van die honger. Hulle lê aldrie in die bed, mooi vroutjie in die middel. Later begin die boer te snork. Vroutjie stamp aan die gas: "Nou's dit jou kans!"

Die gas staan op, en gaan eet al die kaas op.

Costas vertel een, ek vertel een, almal dieselfde grappe. Tussenin eet en drink ons. Hy word naderhand moeg om die kelner opdragte te gee. Hy sê: "As ek my linkerhand opsteek, bring jy garnale; as ek my regterhand opsteek, bring jy kreef!"

Goed so.

Nou vertel ek hom die storie van die man wat op die donkie ry, en sy vrou loop vooruit. Ek vra: "Hoekom ry jy en jou vrou loop?"

Hy trek sy skouers op en sê komkommerkoel: "Net een donkie!"

Costas lag so dat hy albei sy hande in die lug gooi, en binne twee minute, een bak garnale links en een bak gebraaide kreef regs!

Ons lag en ek sê die grap is nie só snaaks nie, maar Costas sê: "Die vrou loop voor, want daar is landmyne!"

Op gaan die arms, neer kom die garnale en krewe.

Die Plesierjare. Oe-a!

### *Rok*

1972. Sussie: "Ek wil graag daardie rok in die venster aanpas."

Klerk: "Wil u dit nie liewer in die kleedkamer aanpas nie?"

### *Rommel*

1973. In Graaff-Reinet se wêreld boer 'n man met die naam Chris Slabbert. Hy het 'n geweldige voorliefde vir rommelvendusies en koop al wat 'n tierlantyntjie is, met die gevolg dat sy hele woonkamer en ander kamers oorlaai is met die goed. En toe is hy skielik 'n week lank weg Baai toe. Teen dié tyd was sy vrou al net mooi dik vir al die rommel. Ook nie links nie, vat sy die hele spul en gaan laai dit by 'n vendusie-afslaer in die dorp af. Chris kom 'n paar dae later terug, sien die rommelverkoping en stap binne. Daar en dan koop hy toe weer die laaste artikel terug, sonder dat hy besef dit is sy eie!

### *Rooibok*

1974. Oom Wennie du Plessis het ook die volgende een vertel: "Snaaks was die keer toe Springbok Apie de Villiers die rooibok gevang het.

"Apie en sy maats wou gaan bokke skiet, maar hulle hoor toe van 'n sersant wat op hulle spoor is omdat hy gedink het hulle steel wild. Iemand wys hulle die rondawel waar die sersant slaap. Apie-hulle ry toe die veld in – dit was al donker. Die bestuurder hou tussen 'n trop rooibokke stil. Apie storm uit en op egte Springbokwyse duik hy 'n jong rooibok. Hulle bind sy pote vas, laai hom op die bakkie en baie stil en versigtig dra hulle hom die rondawel binne waar die sersant slaap, tel die lakens op en prop die bok by die sersant in die bed.

"Hulle laat spaander vinnig en Apie sê die sersant is soos 'n koeël uit 'n geweer, of soos 'n sersant uit 'n bed, dwarsdeur die venster!"

### *Rook*

1975. Onderwyser: "Kinders, waarom kan julle die rokery nie laat staan nie?"

Seuns: "Meneer kan maklik praat; dis baie maklik vir Meneer om rook op te gee, want Meneer is nog maar 'n beginner; maar ons is al ou rokers."

1976. Sondagskoolonderwyser: "Jannie, waar gaan kinders heen wat rook?"

Jannie: "Agter die kraalmuur, Meneer."

1977. Skot: "Man, ek rook taamlik graag, maar ek kan darem nooit 'n pyp tabak heeltemal geniet nie."

Engelsman: "Hoekom dan nie?"

Skot: "Sien jy, die saak is so: ek rook óf my eie tabak óf iemand anders s'n; as ek my eie rook, dan is dit vir my onaangenaam om te dink hoeveel geld dit kos, en as ek 'n ander man s'n rook, dan is my pyp so styf gestop dat hy nie lekker wil trek nie."

1978. Die predikant vra aan 'n seuntjie op straat of hy rook.

Seun: "Nee, Dominee."

Predikant: "Drink jy?"

Seun: "Nee, Dominee."

Met 'n kloppie op die seun se hoed sê die predikant: "Mooi so ou seun ..."

"Oppas Dominee!" gil die seun. "Dominee breek my pyp se steel!"

### *Roomys*

1979. In die twintigerjare kom 'n ou boer in Johannesburg in 'n kafee, en sien die ander mense eet roomys. Hy dag dis 'n soort poeding, en bestel toe vir hom ook daarvan.

Toe hy die eerste groot lepelvol in sy mond steek en gulsig hap, roep hy uit: "Meneer, verbrand ek of verkluim ek?"

## *Rotte*

1980. Klant aan apteker: "Jy het gesê dis goeie goed dié vir rotte, en nou is daar meer rotte by die huis as wat daar ooit was."

Apteker: "Maar ek het mos gesê dis goed vir rotte!"

1981. 'n Man met die bynaam Engeltjie was een van my luisteraars en gereeldste medewerkers. Hy is eintlik 'n mnr Engelbrecht en hy sê die snaaksste ding wat ooit met hom gebeur het, was daardie dag toe hy voor sy eie klas posisie as pedagoog ingeneem het.

Maar hy dink terug aan die HOK (Heidelbergse Onderwyskollege) toe 'n klomp rotte hulle geliefde buitehuis, Die Pot, getreiter het. Hulle het planne gemaak om met 'n paar goedgemikte bomme van hierdie rotte ontslae te raak. Die bommetjie het bestaan uit 'n .303 doppie wat ongeveer driekwart vol fynhael en buskruit gelaai en toe baie noukeurig toegerol is.

Hierna het die proefskoot gekom. Die eerste bom is gelaai, opgestel, en die krag is aangeskakel. Niemand wou egter die ding in hul kamer op die proef stel nie, en Engeltjie, Swartland en Muis moes as ontwerpers die risiko loop.

Hulle het die aand gaan kuier, maar die hele tyd gewonder of hulle nie by hul terugkeer net 'n swartgebrande murasie sou aantref nie.

Eindelik was hulle terug by die buitehuis en ten spyte daarvan dat hulle niks kon sien nie omdat die gloeilamp verwyder was om as kontakpunt te dien, kon hulle darem aan die skerp swaelreuk wat in die vertrek gehang het, vasstel dat hulle bom ontplof het.

Gou is lug geskep, en toe staan hulle verstom voor die sukses.

Stukkies rot en rotbinnegoed het soos versiersels oral aan die mure, aan die dak en op die beddens gepryk.

Operasie Skoonmaak het hulle die res van daardie nag uit die slaap gehou, maar die wraak teen opgeknaagte klere en verdwene snoeperye was heerlik soet.

Kort voor lank het 'n rot in 'n naburige kamer reg onder ou Bertie se bed 'n gat deur die vloerplank geknaag en hulle klerekaste begin verwoes. Dit kon nie hoër of laer nie, Engeltjie moes nog 'n bom maak. En soos dit in die wêreld van ontwerpers gaan, was dit 'n kragtiger een as die vorige.

G'n .303 doppie vir hierdie rot nie. O nee, vir hom is 'n leë sodawatersilinder gelaai.

Die *kontrepsie* is onder die bed naby die gat opgestel, ingeprop, en toe is die manne weg eetsaal toe. Na ete is 'n paar draaie deur die dorp gestap om die bom kans te gee om te werk en toe is daar met groot optimisme teruggegaan. Snaaks genoeg was die swaelreuk nie daar nie en hulle besluit om lig te maak. Bertie klim toe in die donker op sy bed om die gloeilamp terug te skroef en vra sy kamermaat om die stroom af te skakel. Hy druk die skakelaar.

Toe gebeur dit! 'n Blink blits en 'n donderslag laat die res van die ander soos 'n nuwe kurkprop in 'n bottel se bek in die deur saambondel sonder om uit te kom. Bertie lig met bed en al etlike duime van die vloer af op en kies toe kortpad deur die oop venster.

Na die storm het hulle die skade vasgestel op vier stelle sleg verrinneweerde senuwees, een groot gat in die plankvloer en 'n afgeskryfde koshuismatras. Die gaatjies in die mure is met fyngemaakte goedgekleide, vasgelêde bordkryt opgevul.

"Daarna het die opblaasdrang vir 'n paar weke gesluimer, totdat 'n hoop aangemaakte sement, skuins voor die agterdeur op die stoep, ons begin pla het," vertel Engeltjie.

"Die eerstejaars se hulp is ingeroep en na twee dae se gehamer op 'n staalpen, was daar 'n gat so om en by dertig sentimeter diep in die hoop sement."

Weer moes Engeltjie en Swartland die laaiwerk doen. Hulle tuisgemaakte dinamiet was dié slag 'n stuk twaalf-millimeter waterpyp, omtrent tien sentimeter lank, en heel professioneel afgewerk. Saterdagoggend het hulle begin en 'n hele aantal ouens van die hoofgebou het as toeskouers gekom. Die skoot is versigtig gelaai. Sinkplate wat van oral versamel is, is voor die vensters staangemaak om die ruite te beskerm.

Engeltjie het by die skakelaar posisie ingeneem, want as hoofingenieur was dit sy eer om die knoppie te druk. Die ander het almal buite agter sorgvuldig opgerigte skuilings en skanse stelling ingeneem en toe het iemand geskree: "Laat maar loop!"

Met daardie woorde stap die koshuisvader by die agterhekkie in op 'n verrassingsinspeksie en vind hom midde-in 'n terroriste-aanval van donderslae en snorrende stukke sement.

Die skade aan die gebou was gering, maar aan die waardigheid van 'n wiskundelektor was dit onberekenbaar, veral toe hy sien hoe 'n tiental studente sy vernedering oopmond staan en aangaap.

## *Rugby*

1982. Ons sit op Ellispark. Die Springbokke speel teen die Leeus. Die Springbokke loop agter en kry swaar.

Voor ons sit 'n omie en biltong kerf. Kortkort sê hy: "Die verd ... Duitsers ... die verd ... Duitsers!"

Naderhand sê iemand vir hom dis die Engelse wat teen die Springbokke speel, nie die Duitsers nie.

"Ja, ek weet," sê hy, "maar dis die Duitsers wat hulle geleer hardloop het!"

1983. Oom Bertie Strasheim (net een s!) die bekende rugbyskeidsregter, vertel:

"Tydens 'n bekerwedstryd tussen twee van die voorbokspanne in ons plaaslike Carltonliga in Pretoria, het gevoelens ietwat hoog begin loop, sommer van die begin af. Veral tussen twee spelers. Die een was die een span se kaptein en die ander een 'n ou groot bul van 'n slot van die ander span.

"Ek moes 'n paar keer hard praat en uiteindelik die leviete deeglik voorlees toe daar tydens 'n losskrum weer dinge gebeur het ... Toe ek sien, staan die betrokke spelers met gebalde vuiste en is oorgehaal om net weer lekker te begin slaan.

"Dis toe dat ek baie hard op my fluitjie blaas en die twee spelers tot besinning roep, en nadat ek albei goed geroskam het, draai ek na die kaptein wat die slaner was met dié woorde: 'Sies, man, jy behoort jou te skaam om so te kere te gaan! Sê my, voel jy nie skaam nie?'

"'Ja, Dok,' was sy nederige antwoord, 'ek voel skaam en vra om verskoning,' en toe ek na die ou bul van 'n slot omdraai en hom dieselfde vraag stel, kom daar 'n diep bromstem: 'Nee, Dok, ek is nie, want ek het dit nie begin nie ...'

"Die spanning is gebreek en die wedstryd het pragtig verder verloop."

1984. "Tydens rugbytoetse kan die spanning soms baie hoog loop," vertel dr Strasheim verder, "en ek word dikwels gevra wat daar alles op die veld plaasvind. Daaroor kan ek werklik boekdele skryf. Ek noem een of twee voorvalle:

"Die toets tussen die Bokke en die Leeus op Ellispark in 1968 sal altyd onthou word as die toetswedstryd waarin daar net sewe strafskoppe toegeken is. Die Bokke se voorspelers het gou die oorhand gekry en die Leeus begin opfrommel, veral in die vaste skrums. Na ongeveer 20 minute speeltyd beveel ek weer 'n vaste skrum en net voor die manne moes sak, sê die Leeus se haker, Pullin, vir my: 'Mr Ref, watch the Springbok hooker, he is putting his hand over my eyes in every tight scrum!'

"'Scrum down!' was my antwoord.

"But, Mr Ref, what are you going to do about it?' wou hy weet. Ek was baie beslis en het hulle ferm beveel om te skrum, en toe die voorrye afgaan en bind, toe kom daar 'n stem uit die skrum: 'Ou Dok, hy lieg!'

"Na die wedstryd kom Gys Pitzer by my en vertel my toe dat Pullin besonder beïndruk was met my optrede, omdat ek nie sy storie wou glo nie. Dit was glo 'n ou set van hom waarmee hy glo al menige skeidsregter in Engeland gefop het. Omdat hy dan die skeidsregter se aandag op die teenstander vestig, kan hy van sy kant dinge doen wat nie in die reëls beskryf word nie.

"'But this ref, Gys, was too astute for me and I admire him ...,' was Pullin se slotsom."

1985. "Die Franse bly maar 'n opgewonde en baie temperamentele ou nasie en hulle rugbyspelers is uitstaande voorbeeld daarvan.

"Dit was in 1958 met een van hul wedstryde teen 'n provinsiale span en waarin besonder aanvallende en skouspelagtige rugby gelewer is en die spanne om die beurt voorgeloop het. Naby die einde gaan die Franse, wat toe 13-11 voorloop, se agterlyn hopeloos onkant by 'n lynstaan op hul kwartlyn. Toe ek die strafskop toeken, toe moes jy darem sien hoe die klomp

Franse gesels en beduie. Dit was iets vreesliks en ek dog toe ook, magtie, hulle is sekerlik nie baie lief vir my nie. Die een plaaslike speler wat met die strafskop besig was, maak ook die opmerking: 'Wragtie, Mr Ref, daardie klomp vloek jou nou darem te vreeslik ...'

"Die skop is oor, maar in die heel laaste minuut kry die Franse 'n baie mooi drie en wen die wedstryd 16-14.

"Terwyl ek besig was om te verklee, kom die Franse bestuurder in en hy kan my maar nie genoeg bedank en prys nie, en dis toe hy ook in sy gebroke Engels vir my laat verstaan dat die hele span so voel, dat ek vir hom sê: 'Well, that is not what appeared to be the case when I gave the last penalty against them ... from their words and actions it appeared to me that they were really cursing me no end.'

"'Oh, Monsieur Referee, I remember that, but you were quite right to give the penalty,' was sy antwoord, 'but I see what you mean ... you thought they were cross with you, but you were wrong, because you see, Monsieur Referee, they were cursing and blaming one another for going offside ... they said nothing against you ...'"

1986. "In standerd vier het ons ons eerste voetbaltruie gekry. Swart met wit strepe. Hulle het ons sebras genoem. Soos Koos Meyer sou sê, ons truie het gelyk soos een uit tand, een in tand, een hol tand, een valstand. Dit was 'n groot dag in my lewe. Die volgende Saterdag sou ons 'n wedstryd speel. Ek het eerste span gespeel. Skrumskakel. Dit was 'n moeilike wedstryd, 'n harde wedstryd, en dinge het gelyk verloop. In die doodsnikke van die wedstryd skrum ons op ons opponente se doellyn. Ons haak die bal en ek glip aan die steelkant om en duik oor. O ... sal ek dit ooit vergeet! Ek voel 'n skoppie aan my voet, en kyk op en sien my onderwyser. Ek het eintlik uitgetrap sien – my voet nog buite. Die drie word toegeken. Daardie nag het ek nooit geslaap nie. Vandag, noudat ek oud word, krap my gewete ook soms nog so 'n bietjie oor daardie drie."

1987. Nog 'n storie wat dr Strasheim vertel is:

"Die aand na die derde rugbytoets op Nuweland in 1962 tussen die Springbokke en die Leeus het Jan Lotz, my vrou en ek met 'n taxi van ons hotel af na die dans in Seepunt vertrek.

"Die motorbestuurder was blykbaar 'n besondere rugby-entoesias en het ook sommer dadelik begin gesels oor die middag se toets. So in die gesels vra ek of hy weet wie agter in sy motor sit.

"'Nay, Meneer, ek wiet nie.'

"'Hierdie groot man is meneer Jan Lotz,' sê ek toe, 'een van die *national selectors.*'

"Dis toe dat hy sommer rem trap, stilhou en mooi omkyk. 'Jislaaik, Meneer,' is al wat uitkom en weer ry ons voort.

"Ons begin glimlag en dis toe dat Jan Lotz weer kom met: 'Weet jy, bestuurder, wie nog in hierdie motor van jou sit?'

"'Hoe sê Meneer nou?' kom dit van hom.

"'Hierdie ander man was die *referee* in vanmiddag se toets.'

"Dit was vir hom te veel en toe skreeu die wiele soos hy rem trap, die enjin afskakel en heeltemal omdraai en toe kyk hy ons darem sommer baie goed deur.

"'Wragtie, Menere, dis darem nou propers 'n helse *honour* vir my en ek wil dit maar net nie glo nie, maar *all the same* wil ek net vir die menere en die mêdem vertel dat ek baie *honoured* voel.'

"Toe het hy eers gesels oor die toets en was die reis werklik vir ons glad te gou verby, want die Kaapse Bruinman ken sy rugby ...

"Toe hy ons afgelaai het, wou hy eers nie geld neem nie, want sy *têksie* was genoeg betaal, maar ons kon hom darem oorreed."

1988. 'n Engelsman wat 'n heldedaad vir sy land gedoen het, word 'n *sir.*

Ons besluit toe maar Mannetjies Roux word 'n *skoppensboer.*

1989. Groot wedstryd. Die pawiljoen sit volgepak. Langs die veld sit ook mense. Een omie het baie opmerkings oor die spelers te maak. Toe die teenstanders 'n drie druk, skree hy vir een van sy eie manne: "Onnosel!"

Die speler kyk om en sê: "Nie so onnosel soos jy nie – ek het dit maar net gedoen, maar jy het betaal om dit te sien!"

1990. Hy het in die eerste jaar op universiteit al vir die eerste span rugby gespeel. Almal het 'n ophef van hom gemaak. Daar is al selfs gefluister dat hy vir die provinsie ook gaan speel. Maar toe hy by die huis kom, sê sy pa: "Seun, ek hoor baie slegte verslae oor jou werk. Jy maak nie die beste gebruik van jou tyd nie."

"Jislaaik, Pa," sê hy, "Pa het seker met een van die proffies gesels!"

1991. Die rugbyspeler het sy been op twee plekke gebreek: Nuweland en Ellispark.

1992. My mense reken toe dat die skeidsregter wat in die Ierse toets geblaas het, eintlik om politieke redes beslissings teen ons gegee het.

Hy was seker ook maar baie linksgesind. Maar dan was hy nie 'n skeidsregter nie, maar 'n skeidslinker!

1993. Daar is ekstra tyd toegelaat en die man wat die laaste strafskop oorgeskop het, was Tom Kiernan. Nou sê die manne die Iere se kiernantjies sal braai.

1994. "My dogter trou Saterdag," sê die Springbokslot.

"Teen wie?" vra 'n bewonderaar.

1995. My ou vriend, Howard Botha, het na 'n rugby-uitsending deur Gerhard Viviers besluit om 'n vasvra op te stel. Sy eerste vraag was: "Oor die kwessie van langhaarbetogers, is Gerhard Viviers daarvoor of daarteen?"

1996. In die toetswedstryd teen die Iere het die skeidsregter nege minute beseringstyd toegelaat en dit het die Iere 'n kans gegee om gelykop te speel. Daar is baie met die skeidsregter en sy horlosie gespot, maar ek wonder of die wedstryd nou nog aan die gang sou gewees het as Tom Kiernan mis geskop het?

1997. Die Springbokke speel in die Baai teen die Leeus. Ons manne reël 'n spesiale trein. Ná die oorwinning vier ons dit behoorlik. Later bly net die bittereinders oor. Ons sit in 'n kring en elkeen kry 'n kans om sy beste storie te vertel. Die een wat die beste storie vertel, hoef nie vir die volgende rondte te betaal nie.

1998. Frik du Preez vertel van die wewenaar wat op 'n kleinhoewe sy eensaamheid omgedroom het. Die naaste hubare nooi was amper dertig kilometer van hom af, en dit was darem te veel moeite.

Maar op 'n dag: Vreugdetjies!

Die oumense oorkant hom trek weg en daar kom 'n ander trek aan. Daar is een klein seuntjie en 'n ... o, wonderwerk! 'n blonde weduwee, ryp om gepluk te word. Die wewenaar sit die hele trekkery en dophou. Hy sien ook dat sy 'n pragtige swart hings het. En onse vriend beginne droom ... Die volgende oggend, presies om agtuur, sien hy hoe die blondekop op haar perd met die laning langs sy huis verby ry. Sy galop af, by die lande verby, tot by die dam en draai weer om.

Elke môre daarna, presies om agtuur, doen sy haar oggendrit. Onse vrind droom: hy weet wat hy gaan doen, môreoggend skuins voor agt ... nee, wat, eers gaan hy haar perd spierwit verf. Dan, fantastiese idee, gaan hy net so voor agt met sy perd en 'n handperd by haar huis verbyry. Sy sal dan uitstorm en vir hom sê: "Buurman, iemand het my perd wit geverf!"

En hy sal ewe droog, maar vriendelik, opmerk: "Toevallig het ek nog 'n perd hier, wil jy nie saam met my gaan ry nie?"

Sy sal mooi glimlag, opklim en hulle sal al geselsend verby die lande tot by die dam galop. Dan sal hy vir haar sê: "Kom ons gaan swem 'n bietjie!" Sy sal sê: "Maar ek het nie my baaiklere hier nie," en hy sal sê "Maar ons is dan alleen hier, wie sal ons nou sien?" Hulle sal gaan swem. Omdat hulle ook nie handdoeke het nie, sal hy haar droogvry.

So droom die wewenaar.

Tot die volgende dag. Nog donker gaan verf hy haar perd spierwit. Hy klim op sy perd, vat sy ander perd saam, en ry stadig tot by haar huis. Sy storm uit, net soos hy beplan het, en sê: "O, buurman, iemand het my perd wit geverf!"

En wat doen hy? Hy sê: "Ek weet, kom ons vry!"

Almal lag lekker, behalwe een ou wat aan die slaap geraak het.

1999. Gerhard Viviers vertel van die ou omie van tagtig wat nooit getrou het nie. Op sy tagtigste verjaardag vra sy vrinne wat wil hy vir sy verjaardag hê. Ewe skaam sê hy dat hy nooit liefde gemaak het nie. Hy hoor net die manne praat daarvan, maar dit was hóm nooit beskore nie.

Sy vrinne kyk vir mekaar, sit koppe bymekaar, en bel hulle onderskeie bankbestuurders. Hulle stuur die omie met vakansie Frankryk toe. Hulle vertel hom ook hoe die liefdesake daar in Parys werk.

Daar aangekom, fyn uitgevat in sy nuwe Pierre Cardin, Homburg-hoed en kierie, sit hy af na die eerste die beste Huis van Plesier. Hy klop aan, die madame maak die deur oop, hy bieg. Sy glimlag en verwys hom na 'n sekere kamer. Hy klop aan. 'n Jong katjie in 'n einarokkie maak die deur oop. Die omie wals binne. Hy kry lekker, maar hy kan nie onthou hoekom nie!

Nou tik-tik hy met sy kierie en loop al om en om die meisietjie.

Sy is baie geamuseer en na 'n ruk sê sy vir hom: "Please, old timer, you've had it!"

Die ou omie glimlag stout, voel-voel in sy agtersak en sê: "Ek het? En hoeveel skuld ek?"

Almal lag lekker, behalwe een ou wat aan die slaap geraak het.

2000. Gerhard Roux vertel van die man en vrou wat al 'n hele paar jaar getroud is en nie meer die opwinding smaak waaraan hulle so lank gewoond was nie. Daarby ly sy vrou ook aan skeelhoofpyn. Op 'n dag hoor sy van 'n sielkundige wat 'n mens sonder medisyne kan genees. Dadelik sit sy af na hom toe.

Sy behandeling kom op selfsuggestie neer. Hy stel voor sy moet voor die spieël gaan staan, oor haar voorkop vee en drie keer sê: "Dis nie my hoofpyn nie ... dis nie my hoofpyn nie ...dis nie my hoofpyn nie ..."

Wat sy dan ook doen. Wat 'n verligting! Haar hoofpyn is weg. Daardie aand kook sy 'n spesiale ete, steek die kerse aan, en wag vir manlief. Sy vertel hom van die dokter se behandeling en hoe lekker sy voel. Ná ete vra sy of hulle nie hulle troudag kan herdenk nie en glimlag stout. Hy stel voor dat hulle dit dadelik doen.

Nog later sê sy ewe liefies dat daardie eerste nag darem wonderlik was. Hy weet wat sy bedoel, staan op en gaan badkamer toe. Hy kom terug en hulle geluk ken geen perke nie. Toe hy die badkamer 'n derde keer besoek, besluit sy om deur die sleutelgat te loer. Daar staan haar man voor die spieël, vee oor sy voorkop en fluister: "Dis nie my vrou nie ... dis nie my vrou nie ... dis nie my vrou nie ..."

Almal lag lekker, behalwe een ou wat aan die slaap geraak het.

2001. Chris Barnard vertel van dié keer toe hy en sy vrou in Spanje by 'n Spaanse edelman gekuier het. Sy kasteel is vol skatte.

Die eerste aand sê mevrou Barnard vir hom: "Dit is darem 'n pragtige marmerasbak wat daar staan." Die volgende oggend sien sy langs haar bed, in geskenkpapier toegedraai die marmerasbak!

'n Ander keer sien sy 'n mooi skildery en verwys daarna. Ja, die volgende oggend, in geskenkpapier toegedraai: die skildery.

Die derde oggend loop sy die edelman in die gang raak. Hy groet sjarmant en vra: "Het u lekker geslaap?"

"Ja," sê sy, "ek het baie lekker geslaap, maar ek wil nie die bed hê nie!"

Almal lag lekker, behalwe een ou wat aan die slaap geraak het.

2002. Jan Snyman vertel van die Pretoriase egpaar wat in Europa gaan ski het. Terwyl hulle in die tou staan om met die kabelkar op te gaan, sê die vroutjie sy moet gou 'n draai gaan loop. Manlief sê ag, dan verloor ons ons plek, en stel voor sy wag tot hulle bo is, want daar is baie bome.

So gesê so amper gedaan.

Sy soek vir haar 'n afgeleë bossie. Jan sê: "Ek weet nie of julle ski-klere ken nie, maar jy moet omtrent van alles ontslae raak. Onthou nou, sy is al klaar op haar ski's. En met die op die hurke gaan sit, laat die ski's nie op hulle wag nie, en voor sy haar kom kry, ski sy die berg af met die skibroek om haar enkels. Manlief sien die petalje en ski agterna om 'n handjie by te sit.

Iemand val Jan in die rede. "Jy sê sy ski dat die stoom so trek ... dat die stoom so staan!"

Vroutjie ski al vinniger, manlief agterna, hy skreeu! Gelukkig is daar nie ander mense nie, behalwe dat sy onder die opgaande kabelkar deur ski. En toe, boems! in 'n boom vas. Haar arm breek. Mannetjie trek haar gou aan en hulle sit af na die hospitaaltjie toe, waar haar arm in gips gesit word.

By so 'n ski-hospitaal is dit al die gebruik dat elkeen vertel wat met hom gebeur het. Sy vertel ook, maar verswyg sekere noodsaaklike inligting.

Terwyl hulle daar met haar besig is, stoot hulle 'n man in wat sy been gebreek het. Almal wil weet wat met hom gebeur het.

Hy sê: "Julle sal my nie glo nie. Ek is in die kabelkar en ek kyk af, en wat sien ek? Ek sien 'n vrou wat sonder klere ski, en skreeuend agterna kom 'n seksmaniak. Sy is onder die kabelkar deur, ek leun te ver uit om te sien wat gebeur, ek val uit en breek my been!"

Almal lag lekker, behalwe Willie Muller wat aan die slaap geraak het.

2003. Koos Meyer vertel van hulle jagtog in die Bosveld, toe ou Skuinsie 'n draai gaan loop het en 'n slang hom gepik het op die blootgestelde gedeelte.
Hy storm die bosse uit: "Slang! Slang!"

Koos, wat altyd goed voorberei is, gaan haal die teenmiddel en spuit ou Skuinsie in. Maar toe eers bekyk Koos die plek waar die slang hom gepik het. Dit was nie 'n slang nie, maar ou Skuinsie wat in 'n dubbeldoring gaan sit het.

"En," sê Koos, "jy weet ons het hom slanggif ingespuit, en dis dodelik, want daar is niks om teë te werk nie! Wat maak ons? Ons gaan soek 'n slang om ou Skuinsie te pik!"

Almal lag, behalwe Willie Muller wat aan die slaap geraak het.

Willie se vrou stamp aan hom.

"Willie, jou storie!" Maar Willie slaap.

2004. Piet Bartmann vertel van die ou wat saam met hulle gaan jag het, ou Tiny, met sy Franse Fiefie, wat hy die naweek saamgesleep het. Tiny het haar iewers op 'n lughawe gekry en gevra of sy Afrika wil sien. Haar regte naam was Michelle du Bois, maar Tiny het haar sommer Fiefie genoem.

"Fiefie," het Tiny op sy Franse gebroke Engels gesê, "I want you to go with Tiny to the wild bush of Africa. These guys are going to shoot poor little animals, but not your Tiny. Tiny isn't even taking a gun, only his puna. Now ..." En Tiny verduidelik hoe die bosveld werk. Hy had 'n eenmantent wat hy saamneem, net vir ingeval.

By die kamp is daar 'n man met die naam Aartappel. Hy is 'n veldwagter wat enige dier in die wêreld kan namaak – selfs 'n kameelperd, wat natuurlik nie 'n geluid maak nie.

Tiny gee Aartappel vyf rand om soos 'n leeu te brul. "As die son gaan slaap, Aartappel, dan moet jy soos 'n leeu brul, sal jy?" Aartappel sal.

Tiny wend hom tot sy Fiefie: "Fiefie, I want you to stay with Tiny, because we have wild animals here in the bush. When you hear a lion roar you must come to Tiny." Hy sê dit maak nie saak waar hy, Tiny, is nie, sy moet na hom toe kom as sy die wrede gebrul van 'n wrede leeu hoor.

Almal gaan sit om die kampvuur en Tiny gaan slaan sy eenmantentjie op en sprei sy slaapsak oop ... en wag.

Toe die son heeltemal weg is en die donker begin spook, brul Aartappel agter die naaste boom dat die jakkalse aan die tjank gaan. Fiefie hoor die onaardse geluid en laat spaander na die tentjie. Kadoef! is sy in. Tiny rits die tent toe – en die slaapsak oop.

Piet sê ou Tiny het die hele naweek daar gebly, hy het net een keer opgestaan en Aartappel tien rand gaan gee om op te hou brul.

Almal lag, behalwe ou Willie.

2005. Sy vrou sê: "Willie het die mooiste storie. Willie! Willie! Jou storie van die rooibokke!" Sy pomp hom in die ribbes.

"Hu?" Willie is wakker.

"Die manne wag vir jou storie, jou rooibokstorie."

"O, ja," sê ou Willie en lag al klaar. "Daardie dag ..." En toe word sy oë glaserig. Hy krap sy kop, lag verleë, kyk afhanklik na sy vrou en sê: "Gee my net 'n 'start'?"

Ou Willie het nooit sy storie vertel nie. Die manne het so gelag dat ou Willie die prys gewen het. Tot vandag toe het ons nog nie ou Willie se rooibokstorie gehoor nie. As jy hom raakloop, vra hom. Dis hy wat die geskiedenis van Oostelike Provinsie se rugby geskryf het. Hy is nog in die Baai.

En dit het 'n spreekwoord by ons geword. As jy nie iets kan onthou nie, sal jy sê: "Gee my net 'n 'start'?"

2006. Miskien is die gewildste dierestorie die een van die diere wat gaan rugby speel het. Die diere aan die een kant en die insekte en goggas aan die ander kant.

Nou moet jy darem weet, die Olifant en Renoster en Seekoei in die voorry, met Kameelperd as slot en Kwagga met sy WP-trui as kaptein! Vlakvark gooi die bal by die lynstaan in, gewoonlik te vlak. Bobbejaan is afrigter. Enige bobbejaan kan afrig. Die skeidsregter is sommer 'n Aap. Haas Botha is losskakel. Die vleuels is Arend en Aasvoël. Of miskien Ysbeer, want ons vleuels staan altyd en koud kry. Die een flank is Wahlvis Bartmann. Een ou sê nee, Ysbeer is grensregter, want as die spelers koelkas toe gestuur word, kan hy hulle sommer regsien! Agsteman? Kringgat! (Nee, Leeu het nie gespeel nie. Hy hét een wedstryd gespeel, maar toe eet hy die skeidsregter op toe die ander manne lemoene eet. Daarna het hulle hom grensregter gemaak.)

Die Goggas skop af. Kwagga vang die bal, maar hulle loop hom onderstebo. Daar lê hy uitgestrek ... en die hele span loop oor hom. Hoekom? Hy lyk soos 'n "zebra crossing"!

Die diere druk in die eerste helfte ses drieë.

Ná rustyd gaan dit heelwat beter met die Goggas. Die ster is duisendpoot (nie Pote Fourie nie). As een van die diere die bal kry en doellyn toe hol, dan pootjie Duisendpoot hom. Die Diere druk nie weer 'n drie nie. Duisendpoot kry die bal, hy trap vas met sy ses-en-dertigste poot ... Dis oor die pale! Langs hom lyk Haas Botha soos Koekenaap se koster wat die keffiekat uit die kerk skop.

Die Goggas wen 48 teen 36. En die ster is Duisendpoot.

"Maar waar was jy in die eerste helfte?"

"Ek het gesukkel om al my skoene aan te kry!"

2007. Nadat omtrent almal daardie aand by Diggers se partytjie hulle sê gesê het, skree die manne: "Ons wil vir Pietie hoor!"

Ek vra of Piet iets sal sê (ek was seremoniemeester) en die ou meester staan op, ewe ernstig, en trek 'n ellelange stuk beskrewe toiletpapier uit sy sak en sê: "Ek het nou nie juis voorberei nie ..." En daar trek hy met een van sy snaaksste toesprake ooit.

Nadat hy klaar gepraat het, stel ek dr Craven aan die woord.

Die ou groot rugby-indoena beginne deur te sê: "Ek kan nou nie so goed praat soos Piet Bartmann nie."

Waarop Piet hom blitsvinnig in die rede val: "Agreed."

2008. Toe Diggers sy tagtigste bestaansjaar vier, vertel Chris Davel hoe hy en Natie Rens op 'n dag vir Piet Bartmann huis toe geneem het na die eerste wedstryd wat hy vir Diggers gespeel het. Destyds was Piet nog ongetroud en het by sy verloofde se ouers geloseer.

Chris Davel het die singende Piet tot by die voordeur gebring, hom staangemaak, aangeklop en weggehol.

Toe sy aanstaande skoonmoeder die deur oopmaak, het Piet ingerol, op die gangvloer te lande gekom, opgekyk, gekorrel en in sy mooiste Afrikaans gesê: "Ek gee notice."

2009. Dit is altyd verbasend om te sien hoeveel rugbyliefhebbers 'n Woensdagmiddagwedstryd bywoon. Jaap Bekker, Springbokrugbyspeler, het by een so 'n geleentheid, toe Loftus Versfeld in Pretoria gepak was, opgemerk: "Ek sien baie ouens is vanmiddag weer op verLoftus!"

2010. Mannetjies Roux was 'n volksheld nadat hy 'n betoger tydens 'n rugbywedstryd in Engeland geskop het. My mense het onmiddellik kommentaar gelewer.

Een man sê as jy 'n betoger oor die pale skop, tel dit twee punte, want as jy hom skop en jy is nie tevrede nie, skop jy hom *oor*.

2011. Toe ek vra wie is die lelikste man ter wêreld, sê ds Piet van der Merwe hy weet van 'n betoger wat so lelik was, Mannetjies Roux het hom in sy gesig geskop.

2012. Vra maar enige Springbokvoorspeler van voor 1951 wie die hardste man is teen wie hy ooit in die skrum gedruk het en hy sal sê Ballie de Klerk. Lafras Strydom wat ook in Ballie se rugbyjare vir Noord-Transvaal voorry gesak het, vertel dat hulle nooit twee helftes teen Ballie kon druk nie. Hulle het altyd rustyd omgeruil. Na so 'n wedstryd het Lafras vir Ballie gevra hoe dit moontlik is dat hulle hom nie wegkry of ondersit as hy die bal voor in die lynstaan vat nie, en toe wys Ballie vir hom sy stewels. In elke stuitpen – destyds nog almal van leer gemaak – het hy 'n atletiekspyker van 'n spykerskoen vasgeslaan.

"Die hele eerste skrum," sê Ballie, "moet jy jou teenstaander *worry*. Ek het nooit op 'n Vrydagaand geskeer nie. Ek skuur en vryf my wang teen die ou, klap hom 'n slag deur die bek en sê 'skies, en die haker kry 'n goeie skop op sy maermerrie – hy sal nie gou weer haak nie."

Ja, hardebaardmanne, dié.

2013. WP speel teen OP op Crusaders. Boy Louw kry elke keer die bal in die lynstaan totdat OP se kaptein vir Ballie vra of hy nie langs Boy sal gaan staan en hom regsien nie. Boy spring weer vir die bal en Ballie druk op sy skouer. Met die afkomslag trap Boy Ballie se maermerrie van bo tot onder oop en sê: "*You think you play with childs, hey!*"

2014. Waar is die manne agter hierdie opskrifte? Geen vraagteken, geen uitroepteken; amper te heilig om oor te praat.

Ek hoor van mense wat soms voor 'n Picasso in hulle huis gaan staan. In my huis is daar 'n ander soort afdruk waarvoor ek soms gaan staan. Die toneel is 'n karikatuurvoorstelling van 'n klein dorpie se rugbywedstryd, vol atmosfeer, met mense en motors rondom die veld, en dan hinder die vraag my weer: Waar is die dae? Waar is die manne?

Dan dink ek aan Dolly wat op 'n dag kaptein van ons span was. Hy was 'n opgewekte kêrel, amper 'n bietjie te vol grappies na die skeidsregter se sin toe hulle loot vir kant. Nog 'n ander misverstandjie met die skeidsregter nog voor hulle opdraf. Toe lei Dolly ons span op die veld en skop die bal ewe spoggerig sodat dit wegskil en die skeidsregter voor die kop tref. Nog voordat die wedstryd amptelik begin het, blaas hy hard op sy fluitjie en ken 'n strafskop toe teen Dolly se span. (Hallo daar, Dolly!)

2015. Ek het 'n goeie vriend gehad. Hy was die hoof van die polisie op ons dorp. Ek het hom goed geken. Sy een storie was van 'n wedstryd op 'n dorpie in die Oostelike Provinsie. Die een span moes dié dag 'n rou kêrel insluit wat nog nooit die spel gespeel het nie. Hy kry toe die bal en weet julle waar vang hulle hom? Teen die laaste steilte aan die buitewyke van Uitenhage het 'n polisieman op 'n wit perd hom ingehaal.

2016. Daardie heelagter is goed: om 'n hoë bal by hom verby te kry, is om te probeer om die son by 'n haan verby te smokkel.

2017. Ek dink dis Louis Luyt, dr Louis Luyt, wat gesê het: "As die mense nie Ellispark toe wil kom nie, kan ons hulle nie keer nie."

2018. Naas Botha: "Ek weet nie wat gebeur het nie, ek skop net so hard as wat ek kan, miskien twee keer so hard, maar die bal trek nie meer so ver soos tien jaar gelede nie!"

2019. "Jy kan nie elke keer 'n nuwe speler in 'n ander provinsie koop nie. Elke keer as jy een koop, moet hy hiernatoe vlieg, hoe meer hulle hiernatoe vlieg, hoe meer kanse is daar dat die vliegtuig sal val!"

2020. "Daai vleuel is al so baie keer gekoop, hy vlieg so heen-en-weer, een van die dae speel hy vir SAL. En dan adverteer hulle: "Ons het nie rugby uitgevind nie, maar ons het dit vervolmaak!"

2021. "Daai losskakel is die mees oorskatte onderskatte speler wat in rugby bestaan!"

2022. Na daardie gedenkwaardige dag wat Frik du Preez "geplace, gescore en gedrop" het, het daar 'n paar ander ouens 'n paar snaakse dinge gesê. Dink maar aan die eerste toeskouer op Loftus wat, toe die noodhulpkêrels op die veld draf, na 'n besering, die geluid van 'n ambulans gemaak het. Daarna het die helpende noodhelpende manne bekend gestaan as "die pynpolisie!"

2023. Op 'n keer het een van die spelers baie seergekry, ek dink dit was een van die Leeus (Britse Leeus, nie Louis se Leeus nie!) en toe die pynpolisie op die veld draf, skreeu 'n grapmaker: "Skiet hom, moenie lat hy ly nie!"

Sêgoed. Nie grappe nie. Paviljoenwysheid. Die Franse speel hulle eerste wedstryd na hoeveel jaar op Suid-Afrikaanse kikoejoe. Een Fransman speel vuil. Sê Pietie: "Parlez voux – koelkas toux!"

2024. In 'n losgemaal bly 'n speler lê nadat een van ons manne die bal misgeskop het.

"Wie is dit? Wie is dit?"

Toe kom die antwoord: "Daar lê die loskop!" Vra Pietie: "'n Los kop? Wie't hom geskop? Uli?"

2025. Die Blou Bulle staan nou bekend as die Blou Osse – Naas het al hulle balle weggeskop ...

2026. Naas en Karen het 'n baba verwag, maar nog nie geweet watter geslag die kind gaan wees nie.

Sê Naas: "Aan die einde van die dag gaan dit 'n seun wees, ek het hom gevoel skop ..."

2027. Dr Danie Craven vertel van die span wat kool geëet het voor 'n wedstryd, en elke keer as die skrum sak, is dit $H_2SO_4$.

"Mister Ref, jy moet net hier kom ruik!" kla die ander voorspelers. Hy waarsku die oortreders en toe dit weer gebeur, gee hy 'n strafskop. Die losskakel maak sandjies bymekaar.

"En wat dink jy doen jy?"

Hy wys doelpale toe.

"Jy kan nie pale toe skop vir 'n poep nie!"

2028. Morné du Plessis, Springbokkaptein en nommer 8, het nooit sy kop in die skrum ingesteek nie, maar altyd hande op die heupe gestaan en wag om te sien wat gebeur. Die Transvalers, wat niks van hom gehou het nie, verdoop hom toe na "die skruminspekteur!"

2029. As 'n skeidsregter nie sy eie provinsie se foute raaksien nie, vra iemand gereeld: "Waar is jou kierie?"

Ek was al mooi groot toe hoor ek dit beteken eintlik: "Die man is blind ..." maar toe verbeter Pietie daarop met: "Dis die eerste skeidsregter wat ek sien sonder sy hond!"

Van toe af vra iemand net: "Haai jy, waar is jou hond?"

2030. Natuurlik, natuurlik ken jy al die stories, maar jy ken ook die meeste woorde in 'n woordeboek, en jy ken al die letters in die alfabet!

2031. Twee ou krokspanne speel teenmekaar. Een ou toppie (45) kry seer, die pynpolisie hol op die veld met die waterbottels, iemand in die gehoor kom met hierdie stukkie paviljoenwysheid: "Wit of rooi?"

2032. Twee keurders sit op hulle stoele langs die veld.

"Hierdie spanne het lewe nodig."

Die ander ou, 'n regter, sê: "Lewenslank? Ek dink dertig dae is lank genoeg!"

2033. Twee dames gaan die eerste keer rugby kyk, maar kom dertig minute laat.

"Wat is die telling?" vra hulle vir die man langs hulle.

"Dis nog nul nul ..." sê hy.

"Dan het ons niks gemis nie!"

2034. "Af, Aderjaan, ja, jy, af, jy het die kaptein geslaan, af!"

"Mister Ref? Nee, ek het hom maar net eerste teruggeslaan!"

2035. "Ek ken rugby uit my kop uit," sê my snaakse pa een Saterdag vir my.

"So goed?'

"Ja, ek kan jou die telling sê voor die wedstryd begin het ... nul nul!"

Ha-ha.

2036. "Kyk jy al lank rugby?"

"Ja, in die ou dae het hul rustyd Vitamine C gekry ..."

"En vandag?"

"AS."

"AS. Wat is dit?"

"Anaboliese Stereoïedes!"

"Inspuitings?"

"Nee, hulle trek net bloed!"

"O, maar ons het al in die eerste vyf minute bloed getrek!"

2037. In die goeie ou dae, vertel my snaakse pa, oornag ek in 'n dorp in 'n sekere Wilde Weste-provinsie. Dit raas en skreeu in die kroeg, en oorlat ek nou nie eintlik 'n man is wat drink nie, gaan kyk ek. En daar is vyftien spelers wat lyk of hulle van El Alamein af kom.

"Wat het met julle gebeur?"

"O, ons het rugga gespeel teen ..."

"Maar waar was die ref?"

"O, hy is nie meer nie ..."

## *Rumatiek*

2038. Nuwe intrekker aan ou inwoner: "Is dit 'n goeie plek vir rumatiek dié?"

Ou inwoner: "Baie goed. Ek het myne hier gekry."

2039. En dan vertel hulle van die omies wat aan rumatiek gely het en wat Bob Martins gedrink het en wat heeltemal gesond geword het. Een ouma het vir haar man ook van die tablette gaan koop en toe sê die apteker sy moenie dit vir haar ou man gee nie. Maar sy wou nie hoor nie en drie dae later is hy toe dood. Nee, hy is nie van die pille dood nie, maar hy het in die straat gaan sit om sy poot te lek en toe trap 'n kar hom dood ...

## *Ry*

2040. Skeelpiet (aan Malpiet wat in die straat teen sy kar vasry): "Jou niksnuts, kan jy nie kyk waar jy ry nie?"

Malpiet: "Kan jy nie ry waar jy kyk nie?"

2041. Jannie: "Oom Piet, ry môre met my saam met my motor na die vergadering." (Dit was die jare twintig.)

Oom Piet: "Nee dankie, my kind, ek moet daar wees met die opening van die vergadering, daarom ry ek liewers met my donkiekar."

## *Ryk*

2042. Ryk man: "Dè, hier is 'n sent vir jou, arme kêrel; maar vertel my nou eers hoe dit gekom het dat jy so brandarm is?"

Bedelaar: "A, Meneer, ek was net soos u; ek het te graag ook groot somme geld aan arm mense gegee."

2043. Miljoenêr: "Ek kan my dogter vyf en veertigduisend rand as 'n bruidskat gee, wat kan jy my gee?"

Jongkêrel: "'n Gefrankeerde kwitansie."

2044. Janse: "My vrou droom snags dat ek ryk is."

Pieterse: "Jy is 'n gelukkige man; my vrou droom dit bedags."

# S

### *Saag*

2045. 'n Groot kêrel en 'n klein kêreltjie was eendag besig om met 'n treksaag 'n groot stuk hout deur te saag. 'n Ier wat nog nooit so 'n saag gesien het nie, kom staan en kyk. Hy dog dis 'n getoutrekkery; dat hulle oor die ding baklei. Toe hulle stop om 'n bietjie te rus, gaan hy na die groot kêrel toe, klop hom op sy skouer en sê: "Ag wat, man, gee die ding tog maar vir die klein kêreltjie."

### *Sakewêreld*

2046. Nee, ek het toe nie daardie betrekking aanvaar nie. Daar was nie 'n toekoms vir my in nie. Die baas se dogter was reeds getroud.

2047. "Meneer, my vrou het gesê ek moet 'n verhoging vra."
"Goed, ek sal my vrou vra of ek jou een kan gee."

2048. Sekretaresse aan groot sakeman: "Hier was vanoggend 'n man wat wil hê u moet hom die geheim van u sukses vertel."
"Is hy 'n joernalis ... of 'n speurder?"

2049. Die sakewêreld is heeltemal verwarrend. Neem nou hierdie pak klere as voorbeeld. Die wol kom uit Suid-Afrika, die knope uit Japan, die garing uit Engeland en die voering uit Amerika. En al die mense maak 'n lewe uit 'n pak klere wat ek nog nie eers betaal het nie.

2050. "Wat wil jy graag wees?"
"'n Afgetrede sakeman."

2051. Jongman aan suksesvolle sakeman: "Wat is die geheim van u sukses?"
Sakeman: "Geduld. Jy kan enigiets regkry as jy geduldig is."
Jongman: "Daar is nog een ding wat 'n mens nie kan regkry nie ... "
Sakeman: "En dit is?"
Jongman: "'n Mens kan nie water in 'n sif dra nie."
Sakeman: "'n Mens kan altyd wag totdat dit verys, mits mens geduldig is."

2052. "Dan is jy heeltemal onafhanklik in jou nuwe werk?"
"Ja, ek arriveer enige tyd voor agt, en ek loop enige tyd na halfvyf."

2053. Die goeie sekretaresse oor die telefoon:

*Voormiddag*
"Hy's nog nie hier nie."
"Ek verwag hom enige oomblik."
"Hy het nou net laat weet hy sal bietjie laat wees."
"Hy was in, maar hy's weer uit."
"Hy is al weg vir middagete."

*Namiddag*
"Ek verwag hom nou enige oomblik."
"Hy's nog nie terug na ete nie. Kan ek vir hom 'n boodskap gee?'
"Hy is iewers in die gebou, sy pyp is hier."
"Ja, hy was, maar hy's weer uit."
"Ek weet nie of hy sal terugkom nie ..."
"Jammer, hy's klaar vir die dag weg huis toe ... dink ek."
"Probeer weer môre."

2054. "Hoe gaan dit in julle nuwe invoeruitvoersaak?'
"Baie sleg!"
"Hoe so?"
"Ons is so besig met bestellings dat ons nie kan vergadering hou nie."

2055. "Ek voel lus en slaan die baas weer op sy bek!"
"Weer? Het jy hom dan al geslaan?"
"Nee, maar ek het verlede week ook so gevoel!"

2056. "Meneer, hier is 'n man met 'n snor om Meneer te spreek."
"Sê vir hom ek het al 'n snor."

2057. Die hoofbestuurder kom een oggend in die kantoor en iemand skree baie hard.
"Wat gaan daar aan?" vra hy die sekretaresse.
"Dis meneer Botha wat met New York praat, Meneer ..."
"Nou hoekom gebruik hy nie die foon nie?"

2058. "Hoe lank werk jy al hier?"
"Vandat Meneer gedreig het om my af te dank."

2059. Die baas kom in en sien die boekhouer soen die tikster.
"Is dit waarvoor ek jou betaal?'
"Nee Meneer, dit is vry."
"Ek weet dis vry!"
"Meneer, ek bedoel ek doen dit gratis ...!"
"Nou ja, doen dit in jou vrytyd!"
"Dit is my vrytyd!"
"Ek bedoel in jou VRYE tyd!"
"Ek het nie VRYE tyd nie, Meneer."
"Ek weet, jy vry te veel! Watter dag is dit vandag???"
"Vrydag ..."

2060. As jy 'n man vyf rand leen en jy sien hom nooit weer nie, is dit die moeite werd.

2061. Die snaaksste ding van 'n meisie is haar humorsin.

2062. Die meeste mans lê aan by die meisies wat nie met hulle wil trou nie, en trou met dié wat nie by hulle wil aanlê nie.

2063. Enigiets wat jy vir 'n vrou sê, sal teen jou gehou word.
As ek sê jy het 'n mooi lyf, sal jy dit teen my hou?

2064. Eers het die Skepper die aarde gemaak en gerus; toe het Hy die man gemaak en gerus; daarna het Hy die vrou gemaak, en nóg Hy, nóg die man het ooit weer gerus.

2065. 'n Vrou dink dertig is 'n goeie ouderdom vir 'n vrou; dit is veral as sy veertig is.

2066. Moeder Natuur is slim: 'n miljoen jaar gelede het sy nie geweet dat ons brille gaan dra nie, en kyk waar het sy ons ore gesit!

2067. Die enigste ouens wat deesdae wakker word en uitvind hulle is skatryk, is boksers.

2068. Bure is mense wat wonder wanneer die blerrie partytjie gaan ophou.

2069. 'n Kwartet is waar al vier dink die ander drie kan nie sing nie.

2070. Kom ons ontleed hierdie grap:
Die haarkapper sê vir die klant in die stoel: "Meneer, jy was nog nooit voorheen hier nie ..."
"Nee, ek is op pad Europa toe, en toe het ek 'n bietjie tyd oor, en ek verstaan dit is ..."
"... O, jy is gelukkig, Europa is baie duur, en jy kan omtrent nie bekostig om daar hare te sny nie. Met watter lugdiens gaan jy?"
"SAL."
"Kyk, dis nou nie my saak nie, maar dis 'n fout. Die vlieëniers is hopeloos, die meisies onwillig en die kos aaklig ... waar gaan jy heen?"
"Ek gaan Rome toe ..."
"Rome? Jy moet jou kop laat lees! Weet jy hoe skelm is die Taljaners? Hulle steel die melk uit jou koffie uit, en die verkeer! Moenie praat nie ... en wat gaan jy nogal in Rome maak?"
"Ek gaan die Pous sien ..."
" ... het jy nie 'n dominee nie? En wat moet die Pous doen?"
"Hy moet my seën."
"Maar vra sommer jou dominee om vir jou te bid!"
Daarmee het hy klaar die man se hare gesny.
'n Maand later sit dieselfde man in die stoel.
"En toe?" vra die haarkapper. "Hoe was Rome?"

"Dit was fantasies – glad nie soos jy gesê het nie. Niemand het my geld gesteel nie, die verkeer het my nie gepla nie, want 'n man in 'n Fiat vra waarheen ek wil gaan, en toe ek sê die Pous, toe sê hy: 'Oom Pous? Dis my oom. My ma se broer. Ek sal alles reël.'

"Die Pous sien my toe dadelik, ek kniel op 'n rooi kussinkie, hy seën my, streel oor my kop en vra: 'Sê my wie de duiwel het jou hare so opgefoeter?'"

2071. 'n Goeie grap, soos 'n goeie preek, bestaan uit drie dele:

1. Die voorstelling.
2. Die verloop.
3. Die ontknoping.

Hy vra hom drie vrae:

1. Watter lugdiens?
2. Watter stad?
3. Wat is die doel?

Op elk van daardie drie antwoorde het die haarkapper 'n negatiewe opmerking. Jy haat die haarkapper, en jy wens hy gaan sy moses teëkom.

Ervaringsveld: jy ken sulke haarkappers, wat so baie praat, en so baie nonsies.

Die man kom terug en weerlê al drie stellings:

1. Die SAL was wonderlik.
2. Rome was fantasties.
3. Die Pous het hom geseën en dan word die spanning verbreek, met die lekker-kry-slot, want die luisteraar is aan die klant se kant, en hy slaat die haarkapper waar dit die seerste maak: want kyk, die Pous het mos 'n skrumpet op, met net so 'n strepie hare, baie netjies, en as hy so oor die hare streel, vra hy:

   "Sê my wie de duiwel het jou hare so opgefoeter ..." Hy kon ook gevra het, want dit is wat werklik gebeur wanneer jy by 'n vreemde haarkapper jou hare laat sny: "Waar het jy laas jou hare laat sny?"
   "Wie het laas jou hare gesny?'
   "Ek het nie laas jou hare gesny nie!"
   Of: "Wie is JOU haarkapper?"

2072. Ervaringsraamwerk vir 'n suksesvolle grap is noodsaaklik.

Dit help nie om iemand 'n grap oor Lofty Nel te vertel as hy nie weet wie Lofty Nel is nie.

Lofty Nel was een van die oudste manne wat ooit die groen Springbokrugbytrui oor sy kop getrek het. Toe een rugbyspeler vir 'n ander sê: "Hulle gaan vir Lofty kies ..." sê die ander ou: "Nooit!"

"Hulle gaan vir Lofty kies, ek sê jou ..."

Die ander ou dink bietjie en sê: "Maar nie as kaptein nie!"

## *Sambreel*

2073. Toe die professor by die stasie kom, vind hy dat hy sy sambreel by die hotel vergeet het. Die kamer is intussen aan 'n getroude paar verhuur. Toe hy wou klop, hoor hy 'n klapsoen en 'n stem: "Wie se liefbekkie is dit?"

"Joune, liefie, my heuningkoek!"

"Wie se soetste, soetste handjies is dit?"

"Joune, liefie, almal joune!"

"Haai julle," roep die professor benoud uit by die deur, "as julle by die sambreel kom, onthou asseblief dis myne!"

## *Sang*

2074. "Vrou, moet asseblief nie op die stoep staan en sing nie. Kom binne – netnou dink die bure ek slaan jou!"

## *Sardiens*

2075. Piet van Rooyen sê in die oorlogsjare was sardientjies baie skaars, maar Ikey kry 'n hele kissie sardientjies te koop. Hy loop met die kissie onder sy arm en Moses kom hom teë.

"Ek sal jou 'n groot profyt gee," sê Moses.

Ikey verkoop aan Moses. Ruben sien weer die kissie by Moses en koop dit by hom. Ná 'n maand koop Stan dit by Ruben en Piet kry vir Stan waar hy die kissie sardiens bewonder.

"Ek sal jou 'n groot profyt gee," sê Piet. En koop die kissie.

Op 'n keer is almal bymekaar en Ikey wil by Moses weet wat het van die kissie sardiens geword.

Moses sê hy het dit aan Ruben verkoop, Ruben aan Stan en Stan aan Piet.

"Dit het baie lekker gesmaak," sê Piet.

"Jy het dit tog nie geëet nie!" roep almal gelyk uit. "It was not for eatingk, it was for sellingk!"

### *Sebra*

2076. Juffrou: "Wat is 'n sebra, Jannie?"
Jannie: "Juffrou, dit is 'n donkie met 'n rugbyjersie aan."

### *See*

2077. Sannie: "Toe ons by die strand was, het my nek nie veel aan sonbrand gely nie."
Fienie: "Maar ek het opgemerk hoe verbrand mnr Harrison se arm was."

### *Seer*

2078. Timmerman (wat sy duim raakgeslaan het): "Magtig, Jan, hoe moet 'n mens nou met 'n hamer 'n spyker slaan sonder om jou duim te raak?"
Timmermanskneg: "Vat die hamer met albei hande, Meneer."

### *Sêgoed: abstrak*

2079. Juffrou was besig om aan die kinders die begrip van abstrakte dinge te verduidelik.
Juffrou: "'n Abstrakte ding is iets waaraan 'n mens kan dink, maar waaraan jy nie kan raak nie. Jannie, kan jy vir ons 'n voorbeeld noem?"
Jannie: "Ja, Juffrou, ons buurman se mooi dogter!"

### *Sêgoed*

2080. My skoene is so nou, ek moet die veters losmaak elke keer as ek wil sluk.

2081. As jy 'n gesette dame sien wat na 'n sitplek in die saal soek: "Kom hiernatoe, dame, hier is twee sitplekke oop."

2082. Hoe hou jy van my Italiaanse das? Ek weet dis Italiaans, dit het nog spaghettikolle op.

2083. Hy het 'n F op sy skoolrapport gekry. Toe sy pa met hom raas, sê hy dit beteken: Fantasties!

2084. Ek was baie slim op skool. Ek en my broer het nooit minder as 95 gekry nie. Hy 90 en ek 5.

2085. Ek het altyd drie A's op my skoolrapport gekry. Een in Fanus en twee in Rautenbach.

2086. Hy speel goed gholf. Hy staan net te na aan die bal. Nadat hy dit geslaan het.

2087. Ek hoor die hele dag al 'n gesing in my ore. Ek dink ek moet nou die radio afskakel.

2088. My tante is Karoo toe vir haar longe. Wat sal sy nog vergeet?

2089. Dit was 'n stil troue. Haar pa het 'n knaldemper aan sy geweer gehad.

2090. Die eerste keer toe ek na 'n formele dinee toe gegaan het, het ek in my broek gebewe, want dit was vir my baie swaar om met vreemde mense te gesels.
My pa sê toe vir my: "As jy tussen twee dames te lande kom, en dit is baie waarskynlik dat jy tussen twee sal sit, gesels net oor hulle kinders. Mense hou daarvan."
Ek sit tussen twee dames. Ek draai na die een aan my linkerkant en vra: "Het u enige kinders?"
"Ja," sê die dame.
"Is u getroud?" vra ek ewe belangstellend. Die dame vererg haar.
Ek draai na die ander een toe en dink ek moenie weer dieselfde fout maak nie en vra: "Is u getroud?"
"Nee," sê die dame.
"Het u enige kinders?"

2091. My mense het 'n pragtige manier om 'n ding raak te sê of 'n vergelyking te tref. Ds Piet vertel van tant Lizzie wat na haar kwaai buurvrou verwys: "As daai vrou eers soos 'n suikerpot in die straat staan, is die duiwel los!" Ek sien al hoe staan sy met hande in die sye, nes 'n suikerpot.

### *'n Sekere politieke party (kies self)*

2092. 'n Sekere politieke party is nie altyd verkeerd nie, maar hulle is altyd verkeerd op die regte oomblik.

2093. 'n Sekere lid van 'n sekere party is te papbroekig om te baklei en te vet om weg te hol.

2094. Dis geklik om te verwag dat die mense wat aan 'n sekere politieke party behoort aan iets anders as aan daardie sekere politieke party kan behoort.

2095. Party mense kry krediet dat hulle aan daardie party behoort, terwyl hulle sommer vanself domonnosel is.

2096. Mense wat ortodoks is terwyl hulle jonk is, loop die gevaar om hulle hele lewe lank middeljarig te wees.

2097. 'n Ou wat aan daardie party behoort, glo aan hervorming. Net nie nou nie.

2098. Hy gee geld vir die een party, stem vir die ander party, maar bid dat die derde party sal inkom.

## *Sekretaresse*

2099. Die twee Oppenheimer-broers het jong dametjies genooi om aansoek te doen as sekretaresses. Die eerste, groot Amasone, was nogal baie slim, maar toe sy uitstap, sê Ouboet: "Daar's te veel van haar in die eerste plek."

Sy broer voeg by: "En dit geld vir die tweede plek ook!"

## *Selfmoord*

2100. Jan: "Wat maak jy hier in die water, Piet?"

Piet: "Ek is besig om myself te verdrink."

Jan: "Maar jou kop is dan bo die water!"

Piet: "Nou ja, hoe moet ek dan asemhaal?"

## *Selfvertroue*

2101. Hy is so vol selfvertroue, hy doen 'n blokkiesraaisel met 'n pen.

2102. Hy is so vol selfvertroue, hy moet twee broeke dra.

2103. Hy is so vol selfvertroue, hy parkeer alleen in sy motor op Naval Hill.

## *Sement*

2104. Oom Krisjan Stander was lief vir sy dop. Hy vertel toe hulle Bietou se brug naby Keurboomsrivier klaar gebou het, het daar baie materiaal oorgebly wat per openbare veiling verkoop sou word. Onder andere was daar drieduisend sakkies sement. Oom Krisjan het sy gebruiklike paar Saterdagdoppe gehad en het te perd na die veiling afgesit.

Daar was ook heelwat Jode teenwoordig. Daardie dae was sement agtien sent per sakkie. Toe die sement se beurt kom, bie die Jode ses sent. Blykbaar het hulle vooraf georganiseer en gedink nie een van die boswerkers sal meer as dit betaal nie. Oom Krisjan, met sy versterkinkies agter die blad, bie toe sewe sent. Die Jode laat hom begaan, want, redeneer hulle, hy sal nie meer as tien sakkies neem nie. Die bod word op hom toegeslaan. Toe die afslaer vra hoeveel sakkies hy wil hê, sê oom Krisjan: "The whole bloody lot!"

Ons vriende was verslae. Op die ou end verkoop oom Krisjan die 3 000 sakkies sement aan hulle teen tien sent per sakkie en maak 'n aardige bedraggie wins – sonder dat hy ooit die sement in besit geneem of 'n sent kontant daarvoor betaal het!

## *Senuwee*

2105. 'n Reisiger kom by 'n herberg aan en vra om losies. Die baas sê vir hom dat daar net een kamer leeg is, en dit langs dié van 'n man wat baie senuweeagtig is. Toe die vreemdeling die aand bed toe gaan, het dit hom heeltemal ontgaan van sy senuweeagtige buurman. Toe hy sy skoene uittrek, val die een hard op die vloer neer. Meteens val dit hom by van die man langs aan, en hy sit die ander skoen saggies neer. Na hy omtrent tien minute in die bed was, word daar hewig aan sy deur geklop, en 'n senuweeagtige stem sê: "Man, in hemelsnaam, trek tog nou die ander skoen ook uit dat ek tot rus kan kom."

2106. Ma: "Waarom hardloop jy so rond in die huis?"

Fanie: "Dis my senuwees wat op hol is, Ma."

### *Seremoniemeestergrappies (huwelik)*

2107. "Ek is darem bly om te sien dat die bruid en die bruidegom nie gewag het totdat hulle in die metaalstadium is voordat hulle getrou het nie. Metaalstadium? O, 'n vriend van my is in die metaalstadium getroud: silwer in die hare, goud in die tande en lood in die voete."

2108. Nou die dag was ek op 'n troue waar 'n jongman met 'n weduwee met ses kinders getrou het. Toe ek hom vra waarom hy dit gedoen het, sê hy hy hou daarvan om met 'n ou gevestigde firma besigheid te doen.

2109. Hoe weet 'n mens of 'n paartjie getroud is of nie? 'n Paartjie ry in 'n motor. Die motor gaan staan. Die ongetroude man kyk in die meisie se oë; die getroude man kyk in die petroltenk.

2110. Ek weet nie hoe hy 'n vrou gekry het nie. 'n Apteek in die stad het sy slaappille na hom vernoem.

2111. Natuurlik sal hy nie agter haar rug iets sê nie, maar miskien is dit die enigste kans wat hy gaan kry. Al wanneer ek my mond kan oopmaak by die huis, is wanneer ek gaap.

2112. Die eerste keer toe die paartjie 'n argument gehad het, sê hy vir haar: "Jy het altyd gesê jy is met 'n goue lepel in die mond gebore. Hoekom het jy dit uitgehaal?"

2113. Hierdie een hoor ek op 'n bruilof. Die seremoniemeester sê hy het 'n dringende telegram ontvang en sal dit sommer voorlees. Hy lees: "Aan die bruidspaar, van die hotelbestuurder, Margate. Kan ongelukkig nie bruidsuite aan julle beskikbaar stel nie. Wat van die kamer wat julle altyd kry?"

### *Seun*

2114. "Mammie, die ooievaar het vir ons slagter Vermeulen 'n dogtertjie gebring, sal hy nie kwaad wees nie?"

"Hoekom vra jy so, Lettie?"

"Wel, verlede week het hy 'n kennisgewing in sy venster gehad, 'Seun benodig'."

### *Sherlock Holmes*

2115. In my Engelse klas op universiteit was daar 'n Pottie Potgieter, wat nie net James Joyce en Milton gelees het nie, maar ook A Conan Doyle. Hy vertel van een koue oggend toe dr Watson Sherlock Holmes in die straat voorkeer en sê: "My liewe mnr Holmes, ek sien u voorspel 'n koue winter, u het u lang onderbroek aangetrek!"

"Maar hoe weet u dit, Dokter?" vra die verbaasde Sherlock Holmes.

"Elementêr, my liewe Holmes," verhang Watson die bordjies, "u het vergeet om u broek aan te trek!"

### *Shu-shine*

2116. Tant Bettie se bene het nie lekker gevoel nie. Sy is toe dokter toe en hy gee haar die beproefde oumenssalf om aan te smeer. Tant Bettie was altyd baie lief vir wit skoene en het gereeld 'n buisie Shu-shine byderhand gehad om haar skoene vir die kerk mooi wit te hou.

Een aand pyn die bene weer kwaai en sy vat die naaste buisie en begin smeer. Daarna slaap sy rustig. Die volgende oggend bel 'n vriendin vroeg en vra hoe dit met haar bene gaan.

"Nee, die goed wat daardie nuwe apteker vir my gegee het, is baie goed. Ek het so lekker geslaap."

En toe sy wil aantrek, trek sy haar nagrokkie op en haar bene, van haar tone tot by haar heupe, is spierwit gesmeer!

### *Siekte*

2117. "Hoe gaan dit nou met jou vrou, Piet?"

"Man, sy is regtig baie siek."

"Is dit gevaarlik?"

"Nee, gelukkig is sy nou te swak om gevaarlik te wees."

### *Sing*

2118. 'n Bekende tenoor het in La Scala gaan sing. Toe hy 'n bekende aria van Verdi aandurf, raak die Italianers byna mal. Hulle skree dat hy dit weer moet sing en weer en weer. Na die negende keer is die tenoor baie gelukkig en papnat van die sweet, maar hulle vra nog om meer. Toe hy die tiende keer uit-asem ophou, skree een ou in die voorste ry: "Jy sal dit aanhou sing tot jy dit reg sing!"

2119. Hy: "Kan jy nie 'n slag vir ons gaste sing nie?"
Sy: "Maar hulle maak aanstaltes om te ry."
Hy: "Maar die aanstaltes duur so lank."

2120. Diensbode: "Die man wat hier onder in die straat staan en sing, vra of u hom nie kan help nie."
Skot: "Sê aan hom dit spyt my, maar ek kan nie sing nie."

## Sinikus

2121. 'n Sinikus is iemand wat die prys van alles ken, maar die waarde van niks nie.

## Sinode

2122. Eerste swartman wat die predikante na die Sinodesitting sien stap: "Watter mense is dit dié, djong? Is dit 'n nuwe army?"
Sy maat: "Nee djong, dis sommer die black market."

## Sirkus

2123. Die bestuurder van 'n sirkus het voornemende kunstenaars te woord gestaan. Sy sekretaresse loer by die deur in.
"Meneer, hier is 'n man wat sê hy spesialiseer deur sy regterhand in 'n leeu se bek in te druk. Hy soek werk."
"Stuur hom in ... wat is sy naam?"
"Hulle noem hom Lefty!"

2124. As 'n sirkus net die helfte so lekker is as wat dit ruik, sal dit fantasties wees.

2125. Oom Piet: "Gertjie, wat het jy in die sirkus gesien?"
Gertjie: "Oom, ek het 'n wonderlike koei gesien met twee sterte, en haar horings sit in haar bek."

2126. Een uit die publiek: "En noem jy dit 'n dwerg? Die mannetjie is amper vyf voet lank."
Sirkusbaas: "Dis juis so wonderlik; hy is die grootste dwerg in die wêreld."

2127. 'n Sirkusman het die volgende advertensie voor sy tent: "Wonderlik. Wonderlik! Kom kyk almal! Hierbinne is 'n perd; sy kop sit waar sy stert moet wees en sy stert sit waar sy kop moet wees. Kom kyk almal; dit kos net 'n tiekie!"
Duisende nuuskieriges het die tent binnegestroom na betaling van die toegang, en daar sien hulle ... wat? 'n Ou maer perd wat met sy stert aan 'n krip vasgemaak staan.

2128. 'n Sirkusman op soek na sy olifant: "Het u nie miskien 'n vreemde soort dier hier gesien nie?"
Boer: "Ja, daar in my tuin staan 'n gomlastiekbul my wortels en eet met sy stert!"

## Skaam

2129. Piet was maar 'n baie skaam kêrel, en een aand nadat hy reeds 'n lang tyd langs 'n nooi gesit het sonder om iets te sê of te doen, val daar hom tog iets te binne wat hy kan sê: "Daar sit 'n veertjie aan jou rok, Bessie; wag, ek sal dit afhaal."
"Dis g'n wonder nie," sê Bessie ewe vererg, "want ek sit al heel aand langs 'n gevrekte gans."

## Skaap

2130. Boer: "Ou booi, wat dink jy nou, hoekom noem 'n mens 'n skaap skaap, en 'n vark vark?"
Oubooi: "Nee, my Oubaas, hoekom hul die skaap noem skaap kan ek nie sê nie; maar die vark ... ouk, jy kan mos sommer sien hy's 'n vark."

2131. "Jy is 'n regte wolf in skaapsklere ..."
"Baie dankie, dis baie beter as 'n skaap in skaapsklere!"

2132. "Is dit waar dat skape so dom is?"
"Ja, my Lammetjie ..."

2133. Predikant: "En toe, wat werk jy?"

Swartman: "Auk my basie, ek is 'n ou skaapwagter en ek pas hom 300 skaap op. Wat werk die baas?"

Predikant: "Ek is ook 'n herder, en het sesduisend skape."

Swartman: "Auk my basie, ekke kry jou jammer in die lamtyd."

## *'n Skaap Jaap*

2134. Die gewese staatspresident, mnr C R Swart, het vertel van mnr Paul Sauer wat eenkeer op 'n vergadering in sy eertydse kiesafdeling, Victoria-Wes, deur 'n teenstander daarvan beskuldig is dat hy, mnr Sauer, 'n wynboer van Stellenbosch is terwyl hy die skaapboere verteenwoordig. Hy weet nie eens wat die onderskeid tussen 'n mofskaap en 'n merino is nie, sê die teenstander.

"O, nee, ek weet," het mnr Sauer gesê. "Dit is omtrent dieselfde as tussen jou en 'n donkie."

## *Skeel*

2135. Daar was 'n ou wat so skeel was, as hy by 'n hek kom, maak hy dit oop en klim dan deur die draad.

2136. Nog iemand was so skeel, as jy hom wil skrikmaak, moet jy hom van voor af bekruip.

2137. Skeel Piet het een aand op 'n dansparty 'n nooi vir die volgende wals gevra, toe spring daar vier nooiens gelyk op en sê: "Ja, dankie."

## *Skeer*

2138. 'n Jong seun wat hom graag wou grootman hou, stap eendag in 'n barbierwinkel in. Hy gaan ewe gemaklik in die groot stoel sit en vra die barbier om hom te skeer. Die barbier smeer toe sy gesig met die skeerkwas, en gaan op sy gemak in die deur staan en rook.

Die seun word naderhand ongeduldig en vra: "Waarvoor staan jy en wag?"

Ewe bedaard kom die antwoord: "Ek wag vir jou baard."

2139. "Loots," sê die sersant toornig, "waarom het jy nie geskeer nie?"

"Is ek nie geskeer nie?" vra Loots verwonderd.

"Nee, en ek wil die rede weet."

"Wel, jy sien, sersant," antwoord die soldaat, "daar was 'n dosyn van ons voor die spieël: ek moes seker die verkeerde man geskeer het."

## *Skiet*

2140. Boer aan Hollander: "Wat het jy vandag geskiet?"

Hollander: "Ik heb een pauw geschoten. Hij is taai en mager met blaauwen liesten en zat een dode paard te vreten."

2141. 'n Skot en 'n Ier moes uitskiet na hulle gelyk gekom het in 'n skietkompetisie. Die eerste prys was 'n beker en die tweede vyf pond. Die Ier staan op en sê dat hy sy skote in die wal geskiet het.

"O, het jy?" sê die Skot. "Ek het dit verwag en my tien skote op jou skyf geskiet."

## *Skilder ... Picasso ... Neus ... Kritiek*

2142. 'n Ander president besoek die beroemde Picasso se ateljees. Daar vind hy die groot meester wat kopskuddend na een van sy eie skilderye kyk en aanhou sê: "Dis nie reg nie ... Die skildery is 'n mislukking!"

"Hoe kan u so sê?" vra onse vriend, "ek dink dit is 'n meesterstuk!"

"Nee, dit is nie," sug Picasso, "dit is die neus, dit gooi die hele skildery uit perspektief."

"Maar maak reg die neus!" stel die president voor.

"Ek kan nie," roep Picasso uit, "ek kan nie die neus kry nie!"

2143. Skilder: "Vriend, ek het juis 'n pragtige stuk skilderwerk klaar wat ek aan 'n liefdadigheidsinrigting wil gee; aan watter inrigting sal ek dit gee?"

Vriend (onverskillig): "Aan die Instituut vir blindes."

2144. Jong skilder (ingenome): "Ek sal nooit iets beter kan lewer nie."

Ou kritikus (goedig): "Ag, moenie nou al mismoedig word nie."

## *Skilpad*

2145. Tydens sy verblyf in Europa het mnr Wennie du Plessis, voormalige administrateur van Suidwes-Afrika, 'n Sjinese grapmaker ontmoet. Dit was die Sjinese ambassadeur wat 'n akademiese belangstelling in grappe gehad het. Hy het gereeld vir mnr Du Plessis kom kuier en dan moes dié vir hom boeregrappe vertel.

Die Sjinees het nooit gelag nie. Oom Wennie, wat self lekker vir sy eie stories kan lag, vertel die grap, gooi sy kop agteroor en skater dit uit, maar die Sjinees draai net sy koppie skeef asof hy nie mooi verstaan wat aan die gang is nie.

'n Voorbeeld van die Sjinees se humorsin is die volgende grappie: "Ek het eenkeer in 'n hotel 'n Amerikaner ontmoet wat, soos baie Amerikaners, kon grootpraat. Ons het toe besluit om hom 'n poets te bak. Die aand voordat hy gaan slaap het, het ons 'n skilpad onder die lakens in sy bed gesit. Toe hy sy nagklere aantrek, die kombers afhaal, die laken omvou en inkruip, het hy 'n lang, benoude gil gegee toe hy die skilpad ontdek. Hy het ons geroep en ons die dierasie in sy bed gewys. 'Ag,' het ek gesê, 'dit is maar net een van ons weeluise.'"

Hieroor wou die Sjinese ambassadeur hom morsdood lag en hierdie keer het oom Wennie hom met skewe koppie dopgehou en nie 'n gesigspier verroer nie.

## *Skinder*

2146. 'n Onkundige kêrel gaan stasie toe om 'n kaartjie te koop. Op die vraag "waarheen?" was sy antwoord: "Nee, dit hoef jy nie te weet nie; laas toe ek in daai distrik gevry het, het die hele wêreld daarvan gepraat."

## *Skinderboom*

2147. Gevatheid was 'n besondere eienskap van Henry Momberg en wat 'n puik toneelspeler was hy nie!

Op 'n keer het hy by Boesmansrivier 'n kennisgewing teen die skinderboom opgesit om te sê hy ry môre Baai toe en daar is plek vir passasiers. Terloops, die skinderboom het sy naam gekry omdat daar in die laatmiddae altyd 'n klomp ou vroutjies gesit en klets het. Vandag is daar bankies.

Een passasier het toe by oom Henry se huis opgedaag. Dit was in die oorlogsjare en oom Henry was 'n anti-oorlogsman. Die man blyk toe 'n Fransman te wees wat 'n paar dae verlof gehad het.

Met sy sterk aksent sukkel-vra hy of hy kan saamry. Oom Henry hoor die aksent en vra of hy Duits is, waarop hy sê: "I'm sorry, I'm not a German, but a Frenchman," maar hy het nooit by die end gekom nie, want toe hy by *German* kom, toe val oom Henry hom in die rede met: "Well, if you're sorry you're not a German, you can also come along."

2148. Onder die skinderboom by Boesmansriviermond sit eendag 'n halfdosyn tannies met hulle breigoedjies en hekelnaaldjies en gesels. Mnr Pieter Pohl en dr C F Visser van Bloemfontein – eertydse hoofleier van die Voortrekkers – kom toe net daar verbygestap in hulle vistermansklere, verroeste aasblikkies, verslete hoede en "tekkies".

"Ja," sug die een ou tannie, "Boesmans was nog altyd so 'n ordintlike plek, maar nou kry ons ongelukkig dié *types* ok hier!"

## *Skinderstories*

2149. Een van ons bekende akteurs word beskuldig dat hy pa is van 'n liefdestweeling. Hy sê dit is net 'n skinderstorie en vertel sy beste vriendin daarvan.

"Wat moet ek doen? 'n Tweeling, verbeel jou!" roep hy uit.

Sy antwoord: "Ek maak 'n reël daarvan: ek glo net helfte van elke skinderstorie wat ek hoor!"

2150. Dieselfde akteur eet by bekende mense. Die gasvrou sê: "Maar my liewe Jan, jy eet dan niks nie!" en hy antwoord: "In die eerste plek is my naam nie Jan nie, in die tweede plek het ek nie meer plek nie en in die derde plek wil ek u verseker dat ek soms meer eet as ander kere, maar nooit minder nie." Hu?

## *Skip*

2151. Ou vrou (op skip aan matroos): "Hoekom gaan ons dan so stadig?"

Matroos: "Sien Missis dan nie die dik mistige weer nie?"

Ou vrou (ongeduldig): "Ja, maar bokant ons is dit tog taamlik helder."

Matroos: "Dis waar, maar ons gaan nie in daardie rigting nie tensy die stoomketel bars."

2152. Dame aan skeepsdokter: "Dokter, as ek begin siek voel, sal u my sê wat om te doen?"

Dokter: "Toemaar Mevrou, u sal dit doen."

## *Skoene*

2153. Klein Sannie: "Ma, my skoentjies druk my."

Ma: "Maar my kind, jy het hulle aan die verkeerde voete getrek."

Sannie (huilend): "Maar hoe sal ek nou maak, dis al voete wat ek het."

2154. Hotelbaas (aan bediende): "Hoekom sit jy weer hier in die gang en skoene skoonmaak voor die Meneer se kamerdeur? Ek het jou honderdmaal gesê, jy moet al die gaste se skoene voor die kamerdeur wegneem en onder in die kombuis gaan poets."

Bediende: "Ja, Meneer, maar die eienaar van hierdie twee skoene is 'n Skotsman, en hy staan binne in sy kamer en hou styf aan die veters vas; kyk gerus, daar staan hy agter die deur."

2155. Gert: "Maat, hoekom loop jy dan altyd jou skoene na die buitekant toe af?"

Maat: "Ek dink dis oor die wêreld rond is."

## *Skool*

2156. En dan vertel dr Strasheim oor sy skooldae:

"Ek is net een keer in my skoolloopbaan na die prinsipaal se kantoor toe gestuur om lyfstraf te ontvang vir 'n oortreding in die klas. Ek het nou al die besondere oortreding vergeet, maar die res is nog glashelder en ek kan nou nog voel hoe ek met bewende lippe en hande en 'n bonsende hart by mnr Roos se kantoor aangekom het.

"'En toe, Bertus, wat het jy nou weer aangevang?' kom sy bekende bulderende, diep stem, en met bewende lippe vertel ek hom toe ...

"'Buk,' was die oubaas se antwoord en hy tel sy lat op.

"Ek het my al klaar ingespan vir die eerste hou toe die oubaas weer sy lat laat sak. 'My seun, ek gaan jou in diepe skaamte laat loop. Ek gaan jou nie slaan nie. Jy het my baie diep teleurgestel en die lat sal jou nie seer genoeg maak nie. Laat dit vir jou 'n les wees ...'

"Ek kon my ore nie glo nie ... en draai om nadat ek regop gekom het, en toe sien ek die oubaas het wragtie 'n traan in sy oog ...

"My klasmaats wou dit eenvoudig nie glo nie ... en jare daarna het baie van hulle dit nog nie aanvaar nie, en moet ek dus beskou word as een van weinige skoolseuns wat voor baas Polla moes buk vir 'n pak maar dit nooit ontvang het nie."

2157. Onderwyser: "Jy het vier albasters in jou sak. Jy verloor twee. Wat het jy nou in jou sak?"

Jannie: "'n Gaatjie, Meneer!"

2158. "Ken jy al die negemaaltafel, Jannie?" vra die onderwyser aan een van sy leerlinge.

"Ja, Meneer," sê Jannie.

"Hoe gaan dit?" vra die onderwyser.

"Nee, goed dankie, en met Meneer?"

2159. Die juffrou sê: "Toe, julle het nou al die plaasdiere genoem, behalwe een. Wie kan my sê wat dit is?"

Stilte.

"Dis maklik," sê sy, "dink net 'n bietjie; hy het stekelrige hare, is baie vuil en lief vir modder."

'n Klein outjie agter in die klas steek sy handjie op.

"Ek is jammer, Juffrou, ek dink dis ek."

2160. Waarom onderwysers salarisverhogings wil hê. Die volgende antwoorde is een van die redes:

'n Driehoek is 'n sirkel met drie hoeke in.

'n Lugleegte is 'n leë plek met niks in nie.

'n Kurwe is 'n reguit lyn wat gebuig is.

Die dae in die winter is korter, want koue laat alles krimp.

Goud is op die Witwatersrand ontdek nog voordat iemand geweet het dit was daar.

Mars is die naam van 'n ster wat so ver is dat dit 'n miljoen jaar sal neem om daarnatoe te loop met 'n vliegtuig.

'n Wonderwerk is iets wat iemand doen wat nie gedoen kan word nie.

2161. Fransie: "Meneer, ek het 'n padda wat kan praat."

Meneer: "Moet nou nie weer jok nie, Frans!"

Fransie: "Is so, Meneer, toe ek hom vra wat is vyf minus vyf, sê hy niks."

2162. Nog 'n storie van Pieter Hauptfleisch:

Die juffrou vra in die klas: "Jannie, jy is in die veld en skielik bestorm 'n leeu jou, wat sal jy doen?"

"Ek sal in 'n boom klim," sê Jannie Briljant.

"Dit is baie slim. Wat sal jy doen, Kosie?"

"Ek sal ook in die boom klim," sê Kosie Kortpad.

"Nee, Jannie het al in die boom geklim, jy moet iets anders uitdink," reken Juffrou.

"Ek sal in 'n erdvarkgat kruip," skitter Kosie.

"'n Slim plan!" sê Juffrou.

"Wat van jou Pietie?"

Pietie dink en dink en Pietie sê: "Ek mag nie in 'n boom klim nie, want Jannie is in die boom. Ek mag ook nie in die erdvarkgat klim nie, want Kosie is al klaar in die gat, en die leeu storm?"

"Ja," sug Juffrou.

"Ek sal my broek vuil maak, en jy?"

2163. Net nadat dr D F Malan se Nasionale Party die bewind in 1948 oorgeneem het, besoek 'n inspekteur wat 'n groot aanhanger van dr Malan was, 'n sekere skool.

Die juffrou, wat geweet het aan watter kant haar brood gebotter is, oefen toe 'n vleispeletjie met die kinders. Hulle moet elke keer 'n sekere antwoord op haar vrae gee.

Die inspekteur daag op en Juffrou begin: "Wie het vir ons hierdie mooi skool gegee?"

"Doktor Malan!" koor die klas.

"En wie het vir ons hierdie mooi rugbyveld gegee?"

"Doktor Malan!"

"Wie het vir ons ons pragtige skoolsaal gegee?"

"Doktor Malan!"

Die inspekteur glimlag mooi en gelukkig en vra: "Wie het vir ons ... kyk 'n bietjie buite ... wie het vir ons die sonskyn gegee en die blou lug en die voëltjies?"

"Liewe Jesus!" waag Kosie dit.

Juffrou sê: "Meneer moenie na hom luister nie, hy's 'n Sap!"

2164. Oom Storie van Vuuren was Nasionale Party-kandidaat en besoek 'n skool. Dieselfde storie volg; met rampspoedige gevolge.

"Wie het vir julle hierdie skool gegee ...?"

"Oom Storie!"

"Wie het vir julle die rugbyveld gegee ...?"

"Oom Storie!"

"Wie het gesê julle moet so sê?"

"Oom Stoooooooorie!"

2165. Die eerste skooltjie daar in Phalaborwa se wêreld was net langs die Wildtuin. Die hoof was 'n ywerige tuinier en het 'n baie mooi groentetuin langs die skoolgeboutjie gehad.

Op 'n dag is hy vinnig huis toe, want sy vroutjie voel nie te lekker nie.

Juffrou Pasbegin, ook pas uit die stad, is alleen in die klas. Sy kyk by die venster uit en skrik haar elfuurtee weg. Daar is 'n yslike dier tussen die koolkoppe!

Sy bel Meneer by die huis.

"Meneer, o, Meneer! Hier is 'n dierasie tussen die koolkoppe!"

"Wat maak hy?" vra Meneer.

"Hy pluk die koolkoppe met sy stert af!"

"En dan? Wat maak hy daarmee?"

"Ag, Meneer ... Meneer sal my tog nie glo nie!"

2166. Onthou jy die storie van die skoolhoof wat vergeet het om sy gulp toe te maak? Hy staan voor die kinders met opening en al en die hele skool begin giggel.

Hy sê: "Julle moet oppas vir julle, hier is 'n lelike ding wat vanmôre sy kop hier wil uitsteek!"

2167. Toe hy op hoërskool was, het ds Piet van der Merwe van Linden by 'n sekere oom Dirk Human geloseer. Toe vertel oom Dirk vir hom dat hulle eendag in sy kinderjare wegkruipertjie gespeel het. Hy het op Britstown grootgeword, en die dorpskinders het altyd in 'n park gespeel. Die "parlementshuisie" daar was 'n geliefde wegkruipplek. Toe die jong Dirk op die plekkie afstorm en die deur oopskop, kyk hy vas in die oë van hulle onderwyseres. Wat sê hy? "Môre, *Miss* Krynauw!"

2168. Die skoolseun klim oor 'n muur om te gaan perskes steel. Die eienaar sien hom toe hy bo-op die muur is en vra: "Waar gaan jy heen?"

"Ek gaan weer terug!"

2169. Pietie sit dikmond aan tafel.

"Jy moet gou maak, anders gaan jy laat wees vir skool," jaag sy ma hom aan.

"Ek gaan nie skool toe nie, hulle jok vir mens."

"Jok?"

"Ja, hulle sê eers 2 en 4 is 6, en dan is dit 'n ander storie, dan is 3 en 3 kastig 6!"

2170. Pietie kom by die huis. "Hoe lyk julle nuwe juffrou?"

"Nee, ek weet nie, sy's maar dom – alles wat sy wil weet, vra sy vir ons."

2171. Die prinsipaal wil weet waarom die aardbol so skeef hang.

"Nee," sê die juffrou, "ek weet nie, Meneer, toe ek hom vanmôre uitgepak het, het my maar so skeef gehang."

2172. Pa: "Jannie, het jy baie moeite in die skool met jou lesse?"

Jannie: "Ja Pa."

Pa: "Wat gee jou die meeste moeite?"

Jannie: "Die onderwyser, Pa."

2173. Meester: "Kom, Jan, lê vir my uit wat die woord 'wewenaar' beteken."

Jan: "'n Wewenaar, Meneer, is die man van 'n weduwee."

2174. Pa: "Meester, hoe gaan Piet in die skool aan?"

Meester: "O, stadig en seker."

Pa: "Hoe bedoel Meester?"

Meester: "Hy is stadig om te leer, en seker om te vergeet."

2175. Pa: "Kyk, Jan, ek is regtig ontevrede oor jou skoolrapport."

Seun: "Ja, Pa, ek het vir Meester gesê dat Pa so 'n ding nie wil hê nie, maar hy wil mos nie luister nie; dis daarom dat Pa so 'n ding kry."

2176. Pa: "Wel, Koos, wat het jy vandag in die skool geleer?"

Koos: "Die naam van ons nuwe buurman se mooi dogter."

2177. Pa: "En toe Jannie, hoe het jy van die eerste dag in die skool gehou?"

Jannie: "Nee wat, niks nie, Pappie."

Pa: "Nou hoe so, my kind?"

Jannie: "Ag Pappie, hulle vra 'n mens te veel vrae, want eers wou hulle weet waar Pappie gebore is, toe waar Mammie gebore is en toe waar ek gebore is. Ek was toe te skaam om te sê in die hospitaal, want dan skel hulle my dalk uit vir 'n papbroek. Toe sê ek maar op die voetbalveld."

## *Skoon*

2178. Tant Ellie was 'n baie presiese ou tante. Die werf moes elke môre skoongevee word. In die huis was alles ook altyd spieëlblink. Op 'n goeie dag verwag tant Ellie mense. Ongelukkig vergeet die staljong om die staldeur toe te maak. Die perde kom uit en mis oral op die werf rond. Toe tant Ellie die volgende môre opstaan, sien sy net perdemis. Woedend gaan sy na haar ou man: "Ou man, wat sal die mense nou van my dink?"

Oom Frikkie: "Ag toemaar, ou vrou, die mense kan tog sien dis die perde en nie jy nie."

## *Skoonheid*

2179. Hy is eintlik Louis Harry Barnard gedoop, maar niemand noem hom so nie. Meestal is hy Barnie Barnard ... of mnr Barnard as hoof van 'n skool, of Chris Barnard se neef.

My eerste kennismaking met hom was op Buffelsbaai, Knysna se strandplek. Die plek waar hy gebore is en grootgeword het.

Ek het dadelik van die fris kêrel met die blink ogies en die "thtoot" in sy tong gehou. Ons het besluit om 'n mej Buffelsbaai te kies en dit het ons geleentheid gegee om al die mooi nooientjies van naderby te beskou.

Nadat ons die verskillende pryse toegeken het, sê hy:

"Daar is ook 'n spesiale prys en dit gaan aan Moeder Hanna (sy vrou). Sy kry 'n spesiale prys: blymoedig onder moeilike omstandighede ..."

## *Skoot*

2180. 'n Mens het 'n skoot sodat meer as een mens op 'n stoel kan sit.

## Skot

2181. 'n Skot (met sy rokkie aan) loop in die straat, trap op 'n piesangskil en val. Terselfdertyd kom 'n ou swartman op hom af. Die ou beskou hom met jammerte en sê: "Auk, maar dis 'n bul van 'n ounooi."

## Skryf

2182. Jan: "Waarom skryf jy so groot?"

Piet: "Wel, jy sien, my ouma is doof en 'n mens moet hard praat, anders hoor sy jou nie."

## Skuld

2183. Klaas: "Wat makeer nou, Piet? Is jy alweer in geldelike moeilikheid?"

Piet: "Ja, sien, die saak is so – ek skuld Van Tonder R100, en vandag het ek presies R100 by my oom present gekry, en Van Tonder weet dit, en hy weet ek weet hy weet."

2184. Koos: "Kan ek Oom se dogter kry?"

Oom Jan: "Kan jy my honderd pond leen?"

Koos: "Ja."

Oom Jan: "Ja."

2185. Vrou: "Ou man, jou broek raak stukkend; jy moet vir jou 'n mooi pak klere laat maak."

Man: "My vrou, ons moet nou ophou met skuldmaak. Ek is nou al tot oor my ore in die skuld, want ek het gister vir my 'n hoed op skuld gekoop."

2186. Piet (wat nie graag sy skuld betaal nie): "Faan, bring bietjie vir my 'n mes van die winkel saam."

Faan (wat 'n ekskuus soek om dit nie te doen nie): "Nee, jong, moenie van daardie man se messe koop nie; hulle is so sleg, ek het in één week twee verloor."

2187. Faans: "Elke keer as ek jou sien, dink ek aan Piet."

Maans: "Maar ons lyk tog nie na mekaar nie?"

Faans: "Nee, maar hy skuld my ook vyf rand."

2188. A: "Hoe maak jy nou met jou skuld?"

B: "Nee man, die grotes betaal ek nie, die oues vergeet ek, en die kleintjies maak ek weer groot."

2189. Klerk: "Meneer, buite is 'n man wat sê hy het gekom om 'n klein bedraggie wat uitstaande is, in te vorder."

Bestuurder: "Hoe lyk hy?"

Klerk: "Nee, ek sal u aanraai om te betaal."

## Skuldeisers

2190. "Is jou man tuis?" vra hy toe sy die deur oopmaak.

"Ja, hy is."

"Mooi skoot, nou sal hy seker die geld betaal wat hy my skuld."

"Moenie so hoopvol klink nie. As my man geld gehad het, sou hy nie tuis gewees het nie."

## Skuldig

2191. 'n Advokaat het eendag iemand verdedig wat beskuldig was dat hy 'n broek gesteel het. Hy was gelukkig en kry die kêrel vry.

"Jy kan nou maar gaan," sê hy aan sy kliënt toe die regter hom vrygespreek het. Die kêrel knik, maar in plaas van te loop, kom hy langs die advokaat sit.

"Nou ja, waarom loop jy dan nie?" vra die advokaat weer.

"Om die waarheid te sê," antwoord die man, "wil ek nog nie gaan nie; ek wil eers wag tot die aanklaer weg is."

"Hoekom dan?" vra die advokaat.

"Ek het nog die gesteelde broek aan," kom die gefluisterde antwoord.

## Slaan

2192. Eerste gammat: "Ek sal djou tik dat djy die hele aarde mis val."

Tweede gammat: "Ag sies vir djou, ek sal djou piets dat djy ses daage level met die aarde trek, en hulle djou vir die speed limit die sewende dag in Ottawa vang."

## Slaap

2193. Hy slaap so stil soos 'n ouderling in 'n kerkbank.

2194. 'n Professor is iemand wat in iemand anders se slaap praat.

2195. "Dokter, my vrou verbeel haar sy is 'n yskas. Sy slaap met haar mond oop, nou skyn die liggie in my oë."

2196. Hy vra vir die dokter iets vir sy slaaploosheid. Die dokter gee hom pille en sê hy hoop hy sal daardie nag lekker slaap.

"In die nag? Nee, Dokter, ek slaap lekker in die nag, ek is bekommerd oor die dag!"

2197. Hy sê daardie slaappille is so swak, hy kan nou nie eers meer slaap as dit tyd is om op te staan nie.

2198. Hoekom het Vannermerwe op sy tone by die apteek verbygeloop? Hy was bang hy maak die slaappille wakker.

2199. Die vuurtoringwag was gewoond daaraan dat daar elke ses minute 'n kanon net langs hom afgevuur word om die skepe te waarsku. Maar dit het hom nooit gehinder nie. Na 25 jaar het hy afgetree en die eerste nag was dit so stil dat hy kort-kort wakker geskrik en geskreeu het: "Wat was dit?"

2200. Ma: "Jannie, loop suutjies na die kamer toe, en kyk of jou pa aan die slaap is."

Jannie (terug van die kamer): "Ja, Ma, hy slaap, maar sy neus moet nog wakker wees, want dit raas vreeslik."

2201. Oom Sarel Coetsee wat daarvan gehou het om soms 'n bietjie in die kerk te dut, het eendag weer onder die preek saggies ingesluimer. Toe die kollekte opgeneem word, kom die diaken by oom Sarel se bank en stoot hom so effens met die lang stok waaraan die swart kollektesakkie hang. Oom Sarel skrik wakker, vrywe sy oë en sê: "Nee, Neef, dis nie my mus nie, myne is 'n witte."

## Slang

2202. Ma: "Het die slang 'n lang stert gehad, Piet?'

Piet (vier jaar oud): "Nee, Ma, hy was heeltemal stert."

## Slim

2203. Sy: "Die man met wie ek trou, moet dapper wees en slim ook."

Hy: "Ek dink ek kan aan altwee eise voldoen."

Sy: "Ek moet erken dat jy dapper is, want jy het my lewe gered toe ons skuitjie die ander dag omgeslaan het, maar dit is nie slim nie."

Hy: "Natuurlik is dit slim; ek het die skuitjie met opset laat omslaan."

2204. 'n Slim man het hier op aarde geleef, en toe hy daar bo kom, sê sy gasheer: "Jy was baie slim op aarde en ek gaan jou kennis hier toets.

"Wys vir my wie is Adam hier tussen die klomp." Hy draai sy kop eers links dan weer regs.

"Daardie tiende een van links."

"Ja, dis reg, maar sê vir my hoe weet jy dit?"

"Adam het nie 'n naeltjie nie."

## Slim stories

2205. Langenhoven wat gesê het dat 'n vlieg se naam eintlik verkeerd is, want hy sit meer as wat hy vlieg, maar hoe sou dit geklink het as 'n mens so geskryf het: 'n *sit* kom by die deur ingevlieg en gaan sit op die draaiende plaat. Of: 'n *sit* kom by die deur inge*sit* en gaan *vlieg* op die draaiende plaat.

## Smarties

2206. Daar is die storie van die jong paartjie wie se kinders almal verskillende kleure hare gehad het en toe sê hulle hul was te arm om *die pil* te koop. Hulle het toe sommer *Smarties* gebruik. Maar die storie sal platval as jou toehoorders nie *Smarties* ken nie.

## Smouse

2207. "Wat vra u vir die perskes, Meneer?"

"Nee, ek gesels nie graag met hulle nie, maar as jy hulle iets wil vra, sal ek nie omgee nie."

### *Snertjies*

2208. 'n Dieet is vir mense wat dik is en dik is daarvan.

2209. Hy is so swak, toe hy wou gaan visvang, wou hy 'n erdwurm uit die grond uittrek, maar die wurm het eerste getrek.

2210. Dis nie so erg om sigare te rook nie – my buurman werk in die slaghuis en hy rook ham.

2211. Hy het so 'n blink pak klere, die motte in sy hangkas dra donker brille.

2212. Hy het 'n lang, harde pad geloop voordat hy 'n luitenant geword het – hy het as kolonel begin.

2213. Sy het 'n vreeslike nou rokkie aangehad – sy het alles gewys behalwe haar eetlus.

2214. Ek was ongelukkig. Sy het oë soos olywe gehad, lippe soos granate en ronde spekwangetjies ... en ek was op dieet.

2215. Ek wou haar baaikostuum uitdroog, maar sy wou nie. Sy was nog daarin.

2216. Sy het groot blou oë soos pierings – maar jy moet haar koppies sien!

2217. Sy het die pragtigste twee bene. Ek weet – ek het hulle self getel.

### *Snobisme*

2218. Hulle was baie lank vennote, maar dit het nie so goed gegaan nie. Hulle is insolvent verklaar en elkeen het sy eie paadjie geloop. Na baie jare ontmoet hulle mekaar weer. In 'n derderangse hotel gaan die een ou om te eet en tot sy grootste verbasing vind hy sy vorige vennoot daar, as kelner.

"Jy 'n kelner in hierdie plek!" sê hy teleurgesteld.

"Ja," sê sy maat, en stoot sy bors uit, "maar ek éét nie hier nie!"

2219. Twee universiteitsmaats het besluit hulle gaan elk met een van daardie ryk meisies uit die hoë kringe trou. Kobus ontmoet toe 'n meisie en besluit om Hannes saam te neem sodat hy hom 'n bietjie moed kan inpraat.

Nadat hulle voorgestel is, glimlag die meisie se pa vir Kobus en sê: "Ek verstaan jou pa is 'n kleinhandelaar?"

Kobus sê beskeie: "Ja, nie eintlik iets watwonders nie."

Hannes klop hom op die rug en sê: "Die Kobus is tog so beskeie. Sy pa het 'n reeks winkels, nie minder as 25 nie."

Die moeder sê: "Ek verstaan jy het 'n woonstel."

Hannes: "'n Woonstel? Hy het 'n gebou in Hillbrow!"

Die ouers vervolg: "En jy het 'n motor?"

Hannes lag: "Hy – 'n motor? Hy het drie Rolls-Royces ... en dis net vir die stad!"

Toe begin Kobus nies.

"Het jy verkoue?" vra die angstige ouers.

"Verkoue?" roep Hannes. "Hy het tuberkulose!"

2220. "Ek hoor jou skoonmoeder is in die hospitaal? Hoe lank is sy al daar?"

"Oor drie weke sal sy al 'n maand daar wees ..."

2221. 'n Arm snob is 'n man wat 'n Mercedes-Benz het, maar self die kar was.

### *Snork*

2222. 'n Engelsman en 'n Boer reis in dieselfde treinkompartement. Die nag snork die Boer só geweldig dat hy die Engelsman uit die slaap hou. Laasgenoemde skud die snorker wakker met die opmerking: "Man, ek is jammer om jou wakker te maak, maar jy snork so dat g'n mens kan slaap nie."

Ewe verontwaardig sê die Boer: "En wie sê vir jou dat ek gesnork het?"

"Ek hoor jou mos snork," is die antwoord.

"Man," sê die Boer, "weet jy nog nie dat 'n mens nie alles moet glo wat jy hoor nie?"

### *Soek*

2223. Thomas: "Pa, vandag het Meester ons gesê om die grootste gemene deler in 'n som te vind. Wat beteken dit?"

Pa: "Wat? Soek hulle nog altyd na daardie ding? In die dae toe ek nog skoolgegaan het,

het hulle ons reeds daarna laat soek; het hulle dit nou nog nie gekry nie?"

## Soen

2224. Tant Lenie verras vir Piet en Sannie in die sitkamer.

"Ek het maar net 'n paar mooi goedjies in Sannie se oor sit en fluister, Tante," sê Piet.

"Dis snaaks," was die antwoord, "jy moes dan seker haar mond vir haar ore aangesien het."

2225. Piet en Sannie was albei ewe skaam, maar een aand kry Piet moed, gryp haar beet en gee haar 'n soen.

"Wat meen jy daarby?" vra sy.

"Nee," antwoord hy, "ek het jou maar net skrik gemaak."

Hulle sit weer 'n lang tyd stil, toe sê Sannie: "Wanneer maak jy my dan weer skrik, Piet?"

2226. Hy: "Wat verkies jy, 'n boek of 'n soen?"

Sy: "Ek kan nie lees nie."

2227. Koos: "Soen jou vrou jou altyd as jy saans tuiskom?"

Gert: "Ja, sonder uitsondering."

Koos: "Dit moet lekker wees om so 'n liewe vroutjie te hê."

Gert (met 'n sug): "Nee, sy soen my net om te ruik of ek nie gedrink het nie."

2228. Hy: "As ek weet dat niemand dit sou sien nie, gee ek jou 'n soen."

Sy: "Sal ek my oë toemaak?"

2229. Sjarmante sekretaresse: "Meneer, u vrou sê sy wil u graag 'n soentjie oor die telefoon gee."

Bestuurder: "Neem dit maar, ek sal dit later weer van jou kry."

2230. Hester: "As jy my wil soen, sal ek om hulp roep."

Ou Polley: "Ek het nie hulp nodig nie."

2231. Pa: "Jou ma was die eerste vrou wat ek gesoen het.

Sal jy eendag dieselfde aan jou seun kan sê?"

Seun: "Ja Pa, maar nie met so 'n onskuldige gesig nie."

2232. Ryk jongkêrel (bombasties): "En wat moet ek jou gee vir net een soentjie?"

Sy: "Net een verdowingsmiddel."

2233. Professor: "Wie kan my die definisie van 'n soen gee?"

Student: "Dis iets geweier aan 'n vryer tot aanstoot en afstoot vir 'n opstoot."

Professor: "Iemand anders?"

Damestudent: "Dis 'n afdruk van 'n indruk met nadruk, Professor."

Professor (opgewonde): "Ja wragtie, dit is 'n 'druk' van 'n 'druk'!"

## Soet

2234. Onderwyser aan dogtertjie: "Maar jy was darem regtig soet vandag."

Anna: "Ag Meneer, ek kan nie help nie, my nek was seer."

## Soldaat

2235. 'n Spoggerige sersant sê eendag aan 'n gewone soldaat: "Tom, kêrel, 'n soldaat moet nooit lui wees nie. Kyk hier na die strepe op my arm; dink jy miskien dat ek hulle deur luiheid verwerf het, of deurdat ek gedurig ledig by die kantiene rondgeslenter het?"

Ewe bedaard antwoord die soldaat: "Nee, ek glo nie jy het hulle op daardie manier verdien nie, anders was jy nou al bepaald 'n sebra."

2236. In Johannesburg het 'n sersant 'n afdeling rekrute op die skietbaan gehad. Hy laat hulle eers op 'n afstand van vyfhonderd tree skiet, maar g'n een raak die skyf nie; daarna op tweehonderd tree met dieselfde gevolg. Toe hulle egter op honderd tree weer almal mis skiet, vlieg die ou op. "Afdeling," beveel hy. "Aandag! Bajonet op! Storm!"

2237. 'n Jong soldaat gaan loop met sy nooi en ontmoet 'n sersant.

"Dit is my suster," sê hy ewe vrymoedig.

"Heeltemal in orde," antwoord die sersant vriendelik, "sy was vroeër myne."

2238. Korporaal: "Daardie rekruut was voorheen 'n klerk."

Sersant: "Hoe weet jy dit?"

Korporaal: "Elke keer wanneer hy op rus staan, probeer hy sy geweer agter sy oor sit."

2239. 'n Soldaat begin 'n brief aan sy vrou: "Ek skryf hierdie brief aan jou met 'n pistool in die een hand en 'n swaard in die ander hand."

2240. Offisier besig om 'n klompie rekrute te oefen: "Almal met die linkervoet op!"

Daar was een rekruut wat maar baie senuweeagtig was en hy tel sy regtervoet op langs sy maat se linkervoet.

Offisier: "Wie is daardie gek wat altwee sy voete optel?"

2241. 'n Soldaat op wag sien iets in die pad beweeg. "Halt, wie gaan daar?"

"'n Vriend met 'n bottel bier," kom die antwoord.

Soldaat: "Voorwaarts vriend, halt bottel bier!"

2242. 'n Soldaat was op 'n mars uit en was so doodmoeg dat hy vyfmaal uit gelid geval het.

Kolonel: "Jy hoort nie by ons korps nie, jy moet by die lugmag aansluit!"

Soldaat: "Die lugmag?"

Kolonel: "Ja, want daar sal jy net eenmaal 'n kans kry om uit te val."

2243. In 'n Marine-opleidingskool van die VSA was 'n helper besig om vingerafdrukke van 'n rekruut te neem.

"Was jou hande," gebied hy.

"Albei?" vra die aspirantseesoldaat.

Die assistent aarsel: "Nee," sê hy toe, "net een. Ek wil sien hoe jy dit doen."

2244. 'n Ontslane soldaat was ook een van die ongelukkiges wat 'n plaas gekry het. Na 'n ruk het hy van die hoë beamptes laat kom en vir hulle gevra wat vir 'n lewe hy daar kan maak, aangesien die plaas net een kliprant is. Hulle is toe saam met hom die veld in. Van 'n hoë randjie af het hulle die plaas staan en bekyk. Meteens gaan daar 'n swart ding voor hulle verby – so vinnig dat dit onmoontlik was om dit te herken.

"Wat is dit?" vra een.

"Toemaar," sê die soldaat, "dis net my kat wat by my buurman gaan soek na 'n sanderige plekkie."

## *Spaarsaamheid*

2245. Mnr G Sutherland vertel dat hy en 'n vriend eenkeer deur 'n insektekundige na sy laboratorium geneem is om die verskillende instrumente en apparaat wat hy in sy werk gebruik, te besigtig. Die insektekundige het by 'n apparaat tot stilstand gekom en vir hulle vertel dat die ding in staat is om 'n vlooi in 300 skyfies te sny. Die vriend wat dit nie te breed het nie en vader is van vyf gesonde kinders, het nader gestaan en die apparaat belangstellend betrag en betas.

"'n Vlooi in 300 skyfies," sê hy, "maar dan is dit mos net die ding om die kaas vir die kinders se toebroodjies te sny!"

2246. Oupa het vir hom 'n nuwe motor gekoop. Hy sê Kleinboet moet saam met hom gaan ry. Hulle klim in, Oupa bestuur. Hulle vat die pad uit die dorp uit.

Nadat hulle dertig kilometer gery het, sê Kleinboet: "Oupa ry nog altyd in eerste rat, ek dink Oupa moet nou oorskakel tweede rat toe."

"Nes julle kinders is, trek alles op een slag deur julle stêre. Nee, laat ons eers die een rat opgebruik!"

## *Speel*

2247. Moeder: "Wat maak julle in die badkamer?"

Jannie: "Ons speel skipbreuk en Kosie wil volstrek nie verdrink nie."

## *Speelgoed*

2248. Elke Vrydag blaai ons saam
deur *Die Huisgenoot.*
Van die prentjies wil hy raam;
hy word mos nou al groot.

Hy lees ook saam aan al die woorde
in swarte letters vet gedruk.
Soms is dit in wanakkoorde
skeef uit die verband geruk.

'n Artikel vir die kinders
is ook op die teks.
Hulle sê: "Speel ons tieners
nou al reeds met seks?"

Hy wil nog 'n vragie vra
voordat hy na buite loop:
"Mammie, vra tog dan vir Pa
om vir my 'n seks te koop!"

### Speurder

2249. Op 'n keer is ds Johan Reynecke genooi om by dr D F Malan te gaan eet. Na ete word hy genooi om saam na die Parlementshuis te ry. Omdat slegs speurder-lyfwagte saam met die Eerste Minister in sy ampsmotor mag ry, is ds Reynecke toe maar gou deur die speurders tot speurder-lyfwag verklaar!

### Spieël

2250. Die "moderne" nooi: "Ek wil graag julle spieëls sien."

Die winkelassistent: "Handspieëls, Mevrou?'

Die nooi: "Nee, spieëls waarin ek my gesig kan sien."

### Spiere

2251. Professor (nadat hy 'n lesing oor die spiere van die liggaam gegee het): "As ek nou begin te boks, watter spiere sal dan in werking kom?"

Student: "Die lagspiere van die toeskouers, Professor!"

### Spoedoortreding

2252. Versteekte kameras by verkeersligte het seker menige man al vasgetrap, maar in Pretoria is 'n man wat baie ongelukkig voel oor die situasie. Die foto is geneem, twaalfuur in die nag, waar hy teen 'n rooi lig ry. Die polisie het die foto laat ontwikkel en die registrasienommer is baie duidelik op die motor te sien. So het hulle die adres gekry en sit af na sy huis toe. Hy was nie tuis nie, maar hulle wys toe die foto vir sy vrou. Binne-in die motor was 'n man en 'n vrou, maar dit was nie sy nie.

Baie in haar skik sê sy: "Ek sal die boete betaal, maar mag ek die foto hou?"

### Spog

2253. 'n Ier vertel dat in sy land die geboue so hoog is dat daar altyd ongesmelte sneeu op die dakke lê.

Die Amerikaner antwoord: "Wel, in ons land is die skoorstene so hoog dat hulle elke nag 'n paar bakstene moet wegneem om die maan te laat verbygaan."

2254. "By ons," sê die Amerikaner, "draai die treine so kort dat die enjindrywer en die kondukteur mekaar se sigarette opsteek."

"Dis nog niks," antwoord die Ier, "by ons draai hulle so kort dat 'n mens jou eie nek se agterkant kan sien as jy mooi kyk."

2255. Ier (aan Amerikaner): "Man, by ons in Dublin is 'n versekeringsmaatskappy wat so fluks hul verpligtinge nakom dat, as 'n man doodgaan, hulle die polisbedrag aan sy weduwee uitbetaal nog voor die begrafnis."

Amerikaner: "Dis nog niks; by ons in New York is daar 'n versekeringsmaatskappy wat sy kantore het in een van die onderste verdiepings van 'n hoë gebou. As 'n versekerde persoon per ongeluk uit die boonste verdieping val, gee hulle hom sy tjek wanneer hy by die kantoorvensters van die maatskappy verbytrek."

2256. 'n Amerikaner sê eendag aan 'n Ier: "Ons het kanonne wat jou doodskiet al is jy ook ver anderkant 'n hoë bult waar die kanonniers jou gladnie kan raaksien nie."

"Dis niks om van te praat nie," antwoord die Ier, "by ons skiet die kanonnier jou met sy kanon dood as hy net jou adres ken."

2257. 'n Skotsman en 'n Ier het geredeneer oor die ontwikkeling van hul lande.

Die Skotsman sê: "Tweehonderd jaar gelede is 'n ou huis in Skotland opgegrawe, en daarin is toe 'n klomp drade gevind; dis 'n goeie bewys dat die telefoon toe al bekend was in ons land."

Die Ier het 'n bietjie geaarsel maar hy wou hom darem nie laat wen nie, en antwoord toe: "Omtrent driehonderd jaar gelede is in my land ook 'n huis opgegrawe, en daarin is glad geen draad gevind nie; dit bewys dat draadlose kommunikasie toe al in my land bekend was."

2258. Yankee: "Jy moet asseblief weet dat ek aan Chicago behoort, kêrel."

Skotsman: "So, is dit al? Aan jou houding sou 'n mens sweer dat Chicago aan jou behoort."

2259. Daar was eendag drie mans wat gestaan en stry het oor wie se skepe die grootste is.

Amerikaner: "By ons is die skepe so groot dat die kaptein met 'n vliegtuig moet rondgaan om te kyk dat alles goed gaan."

Engelsman: "Ag, dis nog niks, by ons moet die kaptein bevele uitstuur met 'n radio."

Boer: "Julle praat van groot, by ons moet die kok met 'n duikboot afgaan om te gaan kyk of die aartappels in die sop gaar is."

2260. Daar was eenmaal 'n Boer, 'n Engelsman en 'n Jood.

Engelsman: "Ons bly so hoog dat as ek afkyk, lyk die mense soos miere."

Jood: "Ons bly so hoog dat as ek 'n seuntjie afgooi, is hy 'n ou man as hy onder kom."

Boer: "Ons bly so hoog dat ek my vensters moet toemaak want die engeltjies raas te veel."

2261. Amerikaner: "By ons in Amerika bou hulle sesverdiepinggeboue in een dag."

Boer: "Dis nog niks, ek stap een môre werk toe en sien toe dat hulle 'n fondament van 'n gebou lê. Die aand toe ek weer daar verbykom, word die huurders uitgeja omdat hulle agter was met die huur."

2262. Toneelspeler: "Toe ek in die Volksteater in Pretoria gespeel het, was die hele gehoor in trane."

Reisiger: "Dis nog niks, my radiotoespraak oor my noordpooltog was so realisties dat die meeste luisteraars nou nog in die bed is met 'n swaar verkoue."

## *Spoke*

2263. Die snaaksste ervaring wat hy ooit in sy lewe gehad het, vertel mnr Sutherland, was in die jaar 1930 in die Queenstown distrik. Destyds was hy in diens van die Departement Landbou in die hoedanigheid van melkaantekenaar. 'n Melkaantekenaar, verduidelik hy, is 'n mens wat sy plek volstaan in die department se veeverbeteringskema deur melkplase te besoek waar die amptenaar dan twee dae in die boer se huis bly om die koeie se melk te weeg en te toets vir bottervetgehalte. Berekenings word dan gemaak wat aandui of die koei haar bak semels en gerf graanvoer verdien of nie.

Eendag het hy op 'n plaas met 'n besonder groot plaaswoning aangeland. Daar was gange in baie rigtings en talle kamers het uit hulle gelei. Die boer, noem hom maar mnr Bouwer, het hom 'n slaapkamer gewys met die grappige opmerking dat dit 'n spookkamer is en die rigting van die badkamer beduie, waarna hulle na die koeistal is sodat hy monsters van die melk kon neem. Daardie aand aan tafel het mev Bouwer 'n mej Venter (nie haar regte naam nie) aan hom bekend gestel. Sy het 'n week op die plaas kom kuier.

Ek dink hiervandaan moet ek mnr Sutherland self aan die woord stel:

"Alles het vlot verloop totdat ek ná halftwaalf daardie aand by die badkamerdeur uitgekom het nadat ek genoeglik 'n rukkie in die warm water gelê het. Die huis was doodstil en ek het aanvaar dat al die huismense slaap. Met 'n handdoek om my middel gewikkel, loop ek slaapkamer toe, maak die deur oop en gaan in. Ek het hoegenaamd nie verwag wat ek gesien het nie. By die spieëlkas staan juffrou Venter in haar nagrok.

"Haar lang hare hang los op haar skouers en in haar hand hou sy 'n kam. Ek wou net vra wat sy in my kamer soek, toe dit my tref dat ek in haar kamer is.

"'n Paar oomblikke gebeur niks nie. Bewegingloos staar ek onthuts na haar en sy staar met vreesbevange en wydgerekte oë na my. Vir 'n toeskouer sou ons gelyk het soos twee standbeelde wat nou net deur die burgemeester onthul is. Toe bring sy lewe in die tablo deur luid te gil soos 'n stoomtrein wat 'n stasie nader. Een flukse agterwaartse sprong bring my weer in die gang en nie lank daarna nie sit ek bewend op my bed en wonder wat nou.

"Ek was moeg en dit was laat en selfs die ontstellende voorval kon my nie wakker hou nie. 'n Kwartier later was ek vas aan die slaap. Later, toe die hele petalje verby was en ons kalm oor die storie kon praat, het ek gehoor dat toe ek haar kamer in trurat verlaat het, juffrou Venter ook op die kant van die bed gaan sit het, gespanne en onrustig. Sy was bang dat ek sou terugkom, en toe sy na 'n paar pogings besef dat haar kamerdeur nie kon sluit nie, het sy geluidloos en behoedsaam haar kamer verlaat om mnr Bouwer te gaan wakker maak en haar nood by hom te kla.

"Nou moet jy onthou dat die mees rigtingvaste mens in daardie doolhof van 'n huis 'n fout kon begaan het. Juffrou Venter het in my kamer te lande gekom!

"Dis 40 jaar gelede, maar ek onthou nog die verlammende vrees toe ek wakker word en in die flou lig van die maan merk dat 'n gedaante oor my buig. Onmiddellik het mnr Bouwer se skertsende opmerking dat hy my in die spookkamer gaan huisves, deur my kop geflits.

"Met 'n rou, roggelende kreet het ek orent gevlieg, die meisie onderstebo gespring en 'n oomblik later suiker ek met trillende neusvleuels die gang af, reguit na mnr Bouwer se slaapkamer toe, vas van voorneme om aansoek te doen om 'n ander kamer wat spookdig is.

"Byna gelyktydig het ek en die juffrou by ons slapende gasheer se kamer ingestorm. Hy het regop gaan sit en ergerlik verneem of 'n hardwerkende man dan nie meer sy nagrus kan geniet nie. Daar in sy kamer het juffrou Venter haar storie vertel – en ek myne – en dit het die lug gesuiwer en alles weer in die reine gebring.

"En hoewel ek gewoonlik die humoristiese kant van 'n gebeurtenis sien, het ek 'n jaar later eers oor dié voorval gelag."

2264. Waarom is 'n spook se toon blou?
Omdat hy die emmer geskop het!

2265. Gert: "Ek gaan my vanaand soos 'n spook aantrek en dan jou suster bangmaak."
Piet: "Nee man, sy sal groter skrik as jy kom nes jy is."

2266. Oom Gert stap een middag laat tot ver in die bos. Op sy pad ontmoet hy 'n spook. Oom Gert laat hom ook nie tweekeer nooi nie, maar lê sommer rieme neer. Toe hy so 'n ent gehardloop het, voel hy baie moeg, en sit toe maar op 'n omgevalle boomstam om 'n bietjie te rus. Die spook kom sit toe ook op die boomstam.

"Ai," sê die spook, "jy kan hard hardloop, nè?"

"Dis nog niks," sê oom Gert, "wag net so 'n bietjie tot ek eers gerus het, dan sal jy sien."

### Spotprenttekenaar

2267. Victor Ivanoff, die spotprenttekenaar, se oë was uit die aard van sy werk besonder skerp en hy sou altyd die uitstaande kenmerke van 'n persoon raaksien – man, vrou of kind. Op 'n dag het 'n pragtige nooi die pers besoek. Ivanoff het normaalweg nie te veel gepraat nie. Hy het haar net beskou, waarderend. Toe 'n kollega later van die besoeker verneem, vra hy vir Victor: "Almal is so uit lit uit gekyk na die meisiekind, was sy werklik so besonder mooi, Victor?"

Hierop het hy baie raak geantwoord: "O, ja. Veral plek-plek."

Snaaks, toe weet die kollega sommer min of meer hoe die meisiekind gelyk het.

### Spraaksaamheid

2268. My ma was die stilste mens wat ek ooit geken het. Ons ry Lichtenburg toe. Anderkant Coligny pomp my pa my met sy elmboog en vra: "Fanie, waar het jou ma uitgeval?"

2269. Eenkeer vra ek haar waarom sy so min praat. Sy lag eers en sê: "Jy en jou pa praat genoeg vir ons almal ..." Maar toe sê sy sy wil my iets vertel.

Daar waar hulle geboer het, was dit baie droog. Die bure het sewentien boorgate geboor en toe eers water gekry.

Daar was 'n jong seun van sewe jaar wat ook nie gepraat het nie. Nie een woord nie. Sy ma het bitter trane gestort oor haar stom seun. Maar op 'n dag storm hy die huis binne en hyg: "Ma, hulle het raak geboor! Ons het water gekry!"

Sy ma druk hom vas en snik: "Vergeet van die water! Jy praat! Jy praat!"

Hy lag, en sy vra: "Waarom het jy nog nooit voorheen gepraat nie, seun?"

Hy sê: "Ek het nog nooit iets gehad om te sê nie ..."

### Staatsamptenare

2270. Waarom tuur 'n staatsamptenaar nie soggens by die venster uit nie?
Dan het hy smiddae niks om te doen nie.

2271. Hoe knipoog 'n staatsamptenaar?
Hy maak sy een oog oop ...

### Stad

2272. Oom Zirk was nooit gek na die stad nie. Leeuwdoringstad was goed genoeg vir hom. Een keer is hy Johannesburg toe, en terug in die hotel vertel hy wat gebeur het.

"Ek loop oor die straat, dink my eie ding, toe 'n gevaarte van 'n lorrie om die draai kom en my voete skoon onder my uitry sodat ek, toe die man brieke aanslaan, onder die vragwa lê. In plaas van askies vra, skree hy vir my: 'Ek sê, ou Toppie, terwyl jy daar onder is, tjek sommer die olie!'"

2273. As ek die volgende storie nog nie vertel het nie, dis 'n wooi ('n ware mooi verhaal!) dan wen ek een bladsy. Dit is 'n egte weergawe, en hier het jy dan weer die verhaal van die "Agtien Bottels":

Ek het agtien bottels whisky onder in my kelder gehad en my vrou het gesê as ek dit nie een-vir-een in die wasbak uitgooi nie, gaan sy van my skei. Ek belowe ek sal, en ek begin met die onaangename taak ... Dit was goeie ou whisky, met kurkproppe, nie draaiproppe nie, nog te meer rede om hartseer te wees.

Ek trek die eerste kurk uit die eerste bottel en gooi die inhoud in die wasbak, behalwe een glasvol wat ek drink. Ek trek die prop uit die tweede bottel en gooi die inhoud in die wasbak, behalwe een glasvol wat ek drink. Toe trek ek die prop uit die derde bottel en gooi die whisky in die wasbak wat ek drink. Ek trek die prop uit die vierde bottel uit die wasbak en gooi die bottel in die glas, wat ek drink. Ek trek die bottel uit die prop van die volgende en drink een wasbakvol, en gooi die res in die glas. Ek trek die wasbak uit die volgende glas en skink die prop in die bottel. Toe kurk ek die wasbak met die glas, bottel en drank en drink die skink. Toe ek alles uitgegooi het, toe hou ek die huis regop met een hand, tel die glase, proppe, bottels en wasbakke met die ander wat 29 was, en toe die huis verby kom, toe tel ek hulle weer en einde ten laaste had ek al die huise in een bottel, wat ek drink. Ek's nie onder alvloed van inkohol nie, al pink een daap ek is. Ek's nie half so donk as wat jy mag drink nie. Ek goel so 'n fek en ek weet nie wie ek is nie, en die dronker ek hier staan hoe langer ek hier lê. Het iemand nie vir my 'n koeldrank nie?

2274. Niek Koekemoer, 'n hoteleienaar van Bronkhorstspruit, sê na Nuwejaarsdag is dit so stil op Bronkhorstspruit, hy kan sy omset hoor val.

## Standbeeld

2275. Anna Neethling-Pohl het gesê dat ons nog 'n standbeeld van 'n koeksister moet oprig. Koeksisters en pannekoek het vir ons kerke betaal, het vir ons verkiesings gewen. So 'n moderne koeksisterstandbeeld sal nogal mooi lyk as jy die dorp binnekom.

## Stap

2276. 'n Kort dik mannetjie doen sy uiterste bes om by sy groot maat met die lang treë by te hou. Uitasem roep hy uit: "Stadig, Klaas; ek kan nie meer byhou nie; loop jy altyd so vinnig?'

Klaas: "Ag, man, as ek alleen is, loop ek nog baie vinniger."

Dik mannetjie: "Nou dan sal ek nie graag by jou wil stap as jy alleen is nie."

## Stasie

2277. Koos Meyer vertel hierdie staaltjie van minister Ben Schoeman. Hy sê op Soekmekaar, in Noord-Transvaal, het die stasievoorman skielik verhoging gekry en toe die manne wil weet wat hy dan gedoen het om so gou verhoging te kry, sê hy hy weet nie, maar dit kon oom Ben gewees het. Wat gebeur het, is dit: Op een van sy jagtogte in Noord-Transvaal het oom Ben 'n leeu gekwes. Die leeu het nie daarvan gehou nie en oom Ben begin jaag. Oom Ben het naderhand op die treinspoor beland met die leeu agterna. Die voorman het die spulletjie gesien. Hy sê hy kon dit nie help nie, hy moes oom Ben help, en hy gooi toe die wissels oor. Hy stuur oom Ben Alldays toe en die leeu na Soekmekaar!

## Ster

2278. Hy: "Ek wens ek was 'n sterretjie."

Sy: "Ek wens liewers jy was 'n komeet."

Hy (ewe bly): "Ai, en waarom dan, waarom dan?"

Sy: "O, dan sou ek jou net eenmaal elke vyf en sewentig jaar sien."

2279. Oom Koos van die plaas kom kuier vir sy seun in die studentedorp. Hulle stap een aand by die universiteitsgronde verby, en die oom sien vir die eerste keer 'n student besig met 'n teleskoop. Oom Koos staan so en kyk in die rigting waarin die teleskoop wys. Meteens verskiet daar 'n ster en hy roep verbaas uit: "Kragtie, maar daardie neef kan darem 'n goeie skoot skiet."

2280. Seuntjie: "Mammie, waar gaan die sterre heen as dit dag is?"

Mammie: "Hulle gaan in die lug en jy kan hulle nie sien nie."

Seuntjie: "Dan is hulle soos Ouma se tande; gaan uit in die aand en kom terug in die môre."

## Stilte

2281. Hulle het 'n argument gehad. Naderhand kon sy dit nie meer uithou nie en vra: "Hoekom is dit so stil?"

"Die goudvis is dood ..." kom sy antwoord.

2282. 'n Man van die wêreld het besluit hy wil in 'n abdy gaan vrede soek. Hy doen aansoek en die ab sê: "U is baie welkom hier, maar ons het 'n eed van stilte. U mag nie sonder toestemming praat nie."

Ná drie jaar vra die man die ab toestemming om te praat.

"Seker, my seun."

"Vader, is dit moontlik dat ek twee lepels suiker in my tee kan kry?"

"Ek dink dit kan gereël word," sê die ab.

Vyf jaar later vra hy weer toestemming om te praat: "Vader, dink u ek kan warm melk oor my pap kry?"

"Seker, my seun."

Ses jaar later vra hy weer toestemming: "Vader, dit lyk my ek kan my nie aanpas hier nie. Ek dink ek gaan weer terug keer na die buitewêreld toe."

"Ek sou so dink," sê die ab, "want vandat jy hier aangeland het, kla jy aanmekaar!"

## Stoeigeveg

2283. Jim Londos stoei teen Johannes van der Walt. Die vrouevolk raak histeries toe Jim Londos vuil speel. Een vrou gooi hom met haar kunstande.

Hy los Johannes van der Walt, tel die tande op, oorhandig dit aan haar met 'n buiging en sê: "Lady, you sure said a mouthful!"

2284. Eerste stoeier: "Jy byt."

Tweede stoeier: "Nou ja, wil jy dan hê ek moet jou heel insluk?'

2285. Vrou aan stoeier na groot wedstryd: "En toe, hoe het dit gegaan?"

Stoeier: "Uitstekend! Ek het hom al in die tweede rondte aan die slaap gehad."

Vrou: "Mooi. Kyk wat jy met die baba kan uitrig."

## Stout

2286. Sussie: "Kyk, as jy nou stout is, dan sal ek vir Ma vertel, en Ma sal vir Pa sê, en Pa sal jou 'n pak slae gee."

Boetie: "Dan sal ek hard skree, en Ouma sal my jammer kry en vir my lekkers gee, en ek sal tog niks vir jou gee nie, pê."

2287. 'n Seun wat baie stout is in sy klas, word elke dag na skool gehou vir straf. Op 'n goeie dag het hy weer geen huiswerk gedoen nie en die juffrou sê: "Jannie, jy kan maar weer vandag skoolsit om jou huiswerk te doen."

Jannie: "Juffrou, ek gee nie om om dit te doen nie, maar die hele dorp dink al ek vry na Juffrou."

## Stoutertjies

2288. Ek het die siekte wat 'n mens se geheue aantas, ek dink die dokters noem dit ... jy weet, die siekte as mens nie kan onthou nie ... elk geval ... ek het nou die naam vergeet. Is dit nie Alkaseltzer nie? Nee, ek dink dis die medisyne. Maak nou nie saak nie, maar die dokter sê vir my (ek mag met myself spot!): "Jy het die siekte, jy vergeet maklik, daarom moet jy vooruit betaal! Maar ek het vir jou goeie nuus en slegte nuus: jy het die vergeetsiekte, dis die slegte nuus. Die goeie nuus is: jy gaan baie nuwe vriende ontmoet!"

2289. Onthou jy nog in *Koukus*, my en Leon Schuster se program? Toe Diana die eerste keer vir Charles ontmoet het? Dit was in 'n trein waar hulle die eerste aand ontmoet het, en die volgende aand het hulle weer daar ontmoet, en die derde aand in die stal.

2290. Die ou oom kom by die dokter en hy sê sy rug is baie seer.

Dokter: "Maar Oom, ek het jou gesê jy moet die vrouens laat staan!"

Oom: "O, dan is dit my probleem: ek het hulle tot nou toe laat lê ..."

2291. Sê net jy trou vir liefde en vind dan uit jou vrou het nie geld nie!

2292. Geregtigheid is skaars: as jy jou inkomstebelasting korrek voltooi, word jy 'n kerkmuis, doen jy dit nie, 'n tronkvoël.

2293. Die een geluk van 'n popliedjie is dat dit nie lank 'n popliedjie bly nie.

2294. Die meeste manne wat by die huis bly, is manne wat alleen by die huis bly.

2295. Jy kan nie jou familiesirkel vierkantig korrek hou met 'n driehoek nie.

2296. Daar is baie min mense met genoeg moed om te erken hulle het nie.

2297. Wanneer 'n vrou 'n man regtig liefhet, kan sy hom enige ding laat doen wat sy wil hê.

2298. 'n Weduwee en haar geld raak gou getroud.

2299. Wanneer twee vrouens skielik vriendinne word, beteken dit dat 'n derde vrou skielik twee vriendinne verloor het.

2300. 'n Goeie man is iemand wat voel-voel in sy sakke elke keer as hy 'n posbus sien.

2301. Kersfees kom, maar een keer per jaar is genoeg.

2302. As jy geld moet leen, leen by 'n pessimis – hy verwag dit tog nie terug nie.

2303. As jy nie weet waar die komma kom nie, moenie 'n punt maak nie: "Die film het, gelukkig, geëindig ..." of: "Die film het gelukkig geëindig!"

2304. Die lewe is vir party wat hulle daarvan maak, vir ander hoeveel hulle maak, en vir die res of hulle dit maak.

2305. As jy wil hê jou kind op kosskool moet vir jou skryf, skryf vir hom en sê: "En ek sluit sommer 'n ekstra geldjie in ..." en dan sluit jy niks in nie.

2306. Gehoor van die baas wat met sy sekretaresse in die geheim gevry het, en sy tikster inkluis?

2307. Een rede waarom daar so baie arm skrywers is, is omdat daar so baie arme skrywers is.

2308. Wat ons land nodig het, is minder mense wat ons vertel wat ons land nodig het.

2309. Die outydse, stewige, breë trouring is gemaak om 'n leeftyd te hou.

2310. Die kortste en mooiste na-ete-toespraak: "Kelner, bring vir my die rekening!"

2311. 'n Man is daardie aaklige dier wat met 'n tuisteskepper trou sodat hy in huislike omstandighede hoteldiens kan kry.

2312. 'n Meisie met lelike bene sien nooit 'n muis nie.

2313. 'n Moderne Kersfeesprobleem: wat gee jy vir die vrou wat nie rook nie?

2314. Al die dinge wat nie die moeite werd is om te sê nie, word gesing.

2315. Jy kan nie al die mense altyd ore aansit nie, maar 'n politikus is tevrede met 'n meerderheid ... van een.

2316. 'n Man is snaaks: hy sal drie dae agter 'n bok in die veld aanloop, en dan met sy vrou raas as sy aandete tien minute laat is.

2317. As 'n man verjaar, vat hy 'n dag af, as 'n vrou verjaar, vat sy 'n jaar af.

2318. Die vraag is nie waar beskawing begin nie, maar wanneer.

2319. Moenie agter 'n bus of 'n vrou aanhol nie, daar kom sommer gou weer een.

2320. "My enigste probleem is dat ek net een vrou het wat ek na haar ma toe kan stuur."

2321. 'n Woordjie van advies: moenie dit gee nie.

'n Woordjie van advies: moenie.

2322. Hy is skatryk, hy het 'n hoesmedisyne vir radios uitgevind.

2323. Waarom het vrouens nie 'n humorsin nie? Sodat hulle vir mans kan lief wees en nie vir hulle lag nie.

2324. 'n Man jaag 'n vrou totdat sy hom vang.

2325. Twintig jaar gelede het die meisies nooit gedink aan die dinge wat die meisies van vandag doen nie; daarom het hulle dit nooit gedoen nie.

2326. Twintig jaar gelede het die meisies nooit gedink aan die dinge wat hulle vandag doen nie; daarom het hulle dit nooit gedoen nie.

2327. 'n Egskeidingsprokureur sê die moeilikste en gevaarlikste jaar in die huwelik is die eerste. Dan volg die tweede, die derde, vierde, vyfde en so aan.

2328. Die lewe is net een gek ding na die ander; liefde is twee gekke.

2329. Die ou was gelukkig: toe hy by haar aanlê, toe roep sy 'n polisieman; sy kon 'n predikant geroep het.

## *Straf*

2330. Mnr C R Swart het van die voorval vertel waaroor hy en mnr Sauer altyd die lekkerste gesels het. Dit het gebeur tydens 'n nagsitting, toe hulle om drie-uur in die oggend honger geword het. Hulle het die regering die hele nag besig gehou oor 'n wetsontwerp waarteen hulle klein opposisie van negentien baie sterk gekant was. Elke man moes sy deel doen en hulle twee het as die Swepe, hul hande vol gehad om die debat aan die gang te hou. Mnr Swart vertel verder:

"Ons was moeg en honger en gaan toe teen drie-uur die oggend saam na die eetkamer wat ons oorvol aantref. Die kelners en kok is ook so besig dat 'n mens lank moet wag om bedien te word. Ons kry toe 'n plan. Ek gaan na die Volksraad terug, tel minder as dertig lede daar en vra die Speaker om 'n kworum. Klokkies weergalm deur die eetsaal en regeringslede moet inderhaas terug om 'n kworum te vorm. Dit was in die kwaai, onaangename dae, toe sommige regeringslede geweier het om ons klompie sogenaamde gesuiwerdes te groet of met ons te praat. Twee van hulle het aan 'n tafeltjie gesit en wag vir hulle bestelling, maar moes binnetoe. Ons sien dat die kelner hulle bestelling aflewer, en ek en Paul gaan sit op hulle plek, ontvang die borde – heerlike allegaartjie – betaal daarvoor en begin eet. Die twee manne kom toe terug en sien hoe ons smul aan braaiwors, kotelette, spek en eiers. Hulle praat mos nie met ons nie. Ons twee maak asof ons hulle nie gewaar nie maar uit die hoekies van ons oë merk ons hoe hulle ons onvriendelik aangluur en naderhand brom-brom wegstap om weer 'n halfuur te moet wag vir kos. Verspot, nè? Vir ons was dit groot pret en sommer ook 'n strafmaatreël."

## *Stres*

2331. Wat is die verskil tussen stres en spanning?

Spanning is wanneer jy 'n vrou én 'n sekretaresse het ... en jou vrou verwag. Stres is wanneer jou sekretaresse verwag.

## *Strykysters*

2332. Ek wonder of baie van G Sutherland se losieshuisverhale nie hulle oorsprong gehad het in die losieshuis in Queenstown waar hy gewoon het nie.

Die gebruik van strykysters in die slaapkamers was in die losieshuis streng verbied. Loseerders moes aan mevrou Palmer, die eienares, 'n belofte aflê dat hulle nie hul klere in hul kamers sou stryk nie. Eendag stap hy in die gang af op pad na sy kamer, toe 'n meisie in een van die deure verskyn.

Sy wink hom nader. Toe hy by haar kom, wys sy na 'n strykyster op 'n tafeltjie in die een hoek van haar kamer en vra: "Sal jy asseblief vir my die strykyster aanskakel?"

Sutherland was baie verbaas.

"Kan jy dit nie self aanskakel nie?"

"Nee," antwoord sy met vroulike logika, "ek het mevrou Palmer belowe dat ek nie 'n strykyster in my kamer sal aanskakel nie ... hierdie kamer is mos nie joune nie. Toe, asseblief, jong, ek moet gou 'n paar stukkies klere stryk."

### *Studente*

2333. Barnie Barnard vertel dat hy tydens sy omswerwinge op Stellenbosch baie ouens ontmoet het.

"Aap Greef – sal ek hom ooit vergeet! Hy het mos een aand in Dorpstraat op my naam gaan vry. Op hierdie manier het ek 'n gawe meisie verloor, want sy het daarvan gehoor en wou net nie glo dat ek daardie aand gestudeer het nie. Aap sê my naam was die eerste waaraan hy kon dink. Verbeel jou! My naam was die eerste waaraan hy kon dink, met name soos John Vorster, Jan Haak, Fanie Botha en ander as medestudente.

"Ek het ook 'n ander outjie ontmoet. Hy was nogal snaaks – ene Koos Meyer. Ons het boesemvriende geword. Ongelukkig kan al ons wedervaringe nie te boek gestel word nie.

"Een aand keer 'n polisieman vir Koos voor wat besig is om op sy fiets te ry. Ons ander se fietse het pragtige ligte gehad. Koos se gloeilamp se draadjie het net gegloei. Hy vra toe vir Koos waar sy lig is en Koos beduie vir hom. Hy vra vir Koos wat hy gaan maak as daar 'n motor aankom. Sonder om te aarsel, antwoord Koos: 'Ek *dim* hom, *Sarge.*'

"*Five Bob,* dit was sy naam, is seker lank nie meer daar nie. Hy was eintlik menige dag ons skyf. Eendag ry die 'familie' op in Victoriastraat. Almal het lisensies, behalwe Koos en Joe Badenhorst.

"Toe ons 'n hoek vat, ry ons vas in *Five Bob.* Soos jy sê mes, spat ons uitmekaar en ry vir die vales, behalwe Koos en Joe. Hulle ry stadig aan en *Five Bob* kies vir Piepie van der Riet, want hy was die kleinste, en jaag hom tot in Dagbreek. Triomfantlik vra hy waar Piepie se lisensie is, wat hy net daar vir *Five Bob* wys. Hy het weer gaan soek na Koos en Joe, maar toe kon hy hulle nêrens kry nie.

"Een aand, in die oorlog, na intervarsity, sit ons in die stasiekafee en eet. Oorkant ons sit drie soldate. Drie Pole. Ons was spraaksaam en dit was nie lank nie of ons het al die manne in ons kring en ons kuier tog te lekker. Hulle konvooi het daardie dag aangekom. Toe dit haas tyd word dat die dronktrein moes vertrek, het ons ons bekommer oor wat van ons nuwe vriende gaan word. Koos wou hê ons moet hulle saamneem Stellenbosch toe en hulle wys wat boeregasvryheid is, maar hulle beduie hulle moet teruggaan na hulle skip. Ek het Duits tot in Matriek gehad ... ek sê *gehad.* Omdat hulle van 'n deel van Pole af kom waar Duits gepraat word, kon ons mekaar darem so half en half verstaan. Om die saak op te los, wou ek uitvind wanneer hulle skip vertrek en vra: '*Wären Schiffe*?' en dit is omtrent my beste Duits.

"Skielik spring 'n vrou agter ons op en skree: 'Spy! Spy! Ships and shipping!' Ons wis nie dit is van ons wat hulle praat nie, maar toe die klomp ons storm, besef ons dis nou ons wat die *spies* is. Dit skreeu, klim en klouter. Ek hoor nou nog hoe hulle skree: 'Police! Police!' Hoe ek buite gekom het, weet ek nie, en wat van die ander geword het, weet ek ook nie. Ek het eers Maandag op Stellenbosch aangekom, ou Tarzan eers Donderdag. Ons was omtrent helde toe die storie uitlek. Ek wonder nou nog wat die arme Pole gedink en later aan hulle makkers vertel het.

"Een aand het Huis De Villiers 'n kermis gehou. Die familie het by Tollies gekuier en het besluit om later die koshuis se poging te ondersteun. Om hulle funksie te adverteer, het die meisies groot, uitgeholde boerpampoene met kerse in op stokke in die tuin voor hulle koshuise gesit. Toe ons daar kom, vat Koos een pampoen, hol hom verder uit en glip dit oor sy kop. Ons ander doen dieselfde. Toe die meisies ons gewaar, is die maanmanne – destyds is daar baie oor hulle geskryf – vlieënde pierings en die goed tussen hulle. Mense, dit was nou vir jou 'n kabaal! Die funksie was omtrent verongeluk. Gelukkig het Koos met sy welsprekendheid die situasie gered. Hy het dit inderdaad met die opveiling van allerhande artikels 'n groter sukses gemaak as wat dit andersins sou gewees het.

"Een Vrydag voor intervarsity sou dit soos gebruiklik die *groot brag* wees. Koos het baie vriende, maar sy beste bly Bill Winshaw, direkteur van die Stellenbosse Wynmakery. Om ons voor te berei vir die *groot brag*, het die familie vroegmiddag saam met Koos by sy vriend gaan kuier. Hier teen drie-uur se kant was ons reg vir die *groot brag*. Dit is 'n hele ent na Coetzenburg en dis warm en die voggies trek. Die familie besluit toe ons swem *groot brag* toe. Ongelukkig was die *groot brag* verby toe ons daar kom en ons het ons eie in Tollies gaan hou. Ek verstaan dié middag se een was maar flou. Oor ons s'n het almal lank nog gepraat."

2334. 'n Student aan die U van Pretoria
Is belaai met DPhil's, DLitt's et
Gloria.
Van al sy studeer,
Is sy hartjie nou seer
Want sy IK wys hy's verstandelik
verstoria!

2335. Die student sê: "Dis 'n vreeslike lewe op universiteit: ek staan vroeg op, ek gaan slaap laat, ek werk agtien uur per dag."

'n Vriend vra: "Wat word jy?"

"Moeg."

2336. Werner Barnard, baie bekend op sportgebied, slimkop, vinnig met sy antwoorde, vinniger met voorspellings, het eenkeer nie 'n antwoord gereed gehad nie. Hy het vertel: "Ek het in die vroeë vyftigerjare met Cecil John Rhodes se geld aan die Universiteit van Oxford gestudeer. Die ringkoppe aan die hoof van ons kollege was puriteinstreng en ons mog slegs een naweek per kwartaal uitslaap. 'n Oulike Suid-Afrikaans nooientjie, daar uit Franschhoek se wêreld, was toentertyd in Londen. Sy word mondig en nooi my om haar partytjie in die Engelse hoofstad daardie komende Saterdagaand by te woon. Die nooi was so mooi dat ek nie nee kon sê nie maar my probleem was dat ek reeds een vry naweek gebruik het.

"Ek stap na die rektor toe en vertel hom 'n hartroerende storie van 'n suster wat ernstig siek is en Londen toe vlieg vir noodbehandeling. Dit kan nie hoër of laer nie – ek moet haar daardie Saterdag in Londen gaan ontmoet en na haar welstand omsien. Die waardige heer het my met 'n simpatieke kraak in sy stem die nodige verlof gegee en ek is met 'n somber gesig en 'n aandpak in my tas by die kollegehek uit.

"Die partytjie in een van Londen se bekendste nagklubs was 'n uitbundige sukses. Die kabaretsangeres het tussen die tafeltjies met 'n mikrofoon deurgeslang en toe sy by ons Afrikaanssprekendes kom, moes ons *Sarie Marais* sing. Dit was tog te jollie en ek het my gate uit geniet.

"Sondagaand daag ek weer met 'n begrafnisondernemergesig by die kollege op. Die deurwag sê die rektor wil my graag spreek. Ek stap soontoe en word gevra hoe dit met my suster gaan. Ek raak skoon weemoedig en dra die slegte tyding oor dat sy baie siek is.

"Die rektor knik sy kop meewarig en sê: 'Well, I am glad to see that you can take hardship with a song – I saw you on television on Saturday night.'"

2337. Gerda sê ons gewone mense kan soms so 'n wonderlike humorsin openbaar; so half droog 'n ding so raak sê. Toe sy nog op universiteit was, het sy 'n motorfiets gery met 'n maat agterop. Eendag raak die petrol op en hulle stap baie haastig in die warmte in die rigting van die universiteit. 'n Groot vragwa hou langs hulle stil, laai hulle op en neem hulle universiteit toe. Hulle wou toe, voordat hul by die plek kom, afklim, maar met 'n swierige draai hou hy voor die hoofgebou stil tussen al die ander studente. Hulle moes maar daar afklim, en met 'n glimlaggie sê die bestuurder: "Ja-nee, 'n derdeklasrit is soms beter as 'n eersteklasstap."

## Suid-Afrika

2338. Onthou jy kan nie Suid-Afrika spel sonder die U en die R in humor nie.

2339. En niemand kan die Nuwe Suid-Afrika spel nie. Dis nie speletjies nie. Dis ook nie vir sissies nie.

2340. So Suid-Afrikaans soos Griekse slaai, Russiese worsies, Engelse mosterd, Franse brood, Portugese wyn, Italiaanse pasta, Duitse herdershonde ...

2341. 'n Besoeker uit Europa: "Ek ken Suid-Afrika baie goed, ek het twintig jaar van my lewe daar deurgebring, een Sondag ..."

## Suid-Afrikaners

2342. Suid-Afrika is soos 'n kind wat alleen in die hoekie sit en al die onderwysers dink vir hom straf uit. Een van ons verteenwoordigers in Australië is met vakansie en besluit om te gaan kyk hoe lyk die groot land.

Terwyl hy by 'n kamp verbyry, sien hy hoe 'n verwoede bul 'n klein dogtertjie jaag. En die bul is vinnig besig om haar in te haal. Die Suid-Afrikaner gooi ankers, spring uit sy kar, spring oor 'n heining wat aan die twee meter raak, en hardloop teen 'n asemrowende snelheid die arme kind tegemoet.

Maar wat hy nie weet nie, is dat 'n Australiese joernalis op daardie oomblik daar verbykom, stilhou en die hele manmoedige daad op film vaslê.

Die Boer het die bul teen hierdie tyd bereik, gryp hom aan sy horings en briek hom ... vyf sentimeter van die dogtertjie af. Hy is 'n seun van 'n Afrikanerbeesboer in Noord-Transvaal, en soos hy so menige keer op die plaas gedoen het, krink hy die horings en die bul val op sy rug, maar dié bul was nie gewoond aan sulke soort behandeling nie en gee die gees.

Die Australiër kan sy oë nie glo nie. Hy hardloop na die Boer toe, skud sy blad en sê opgewonde en bewonderend: "Slaat my dood met 'n kangaroestert! Dit was iets om te sien! Nog nooit in my lewe het ek sulke dapperheid gesien nie! Waar het jy dit geleer, waar kom jy vandaan? Ek dink dit gaan die voorblad haal!"

"Ek is 'n Suid-Afrikaner," sê die Boertjie beskeie, maar trots.

Die volgende dag haal die storie die voorblad in Australië se grootste koerant. En daar staan in vet letters:

*South African bastard kills child's pet*

## Suinig

2343. "Hoeveel kos dit?" vra die deftige ou man vir die huurmotorbestuurder wat hom huis toe gebring het. Die bestuurder hoop om van so 'n ryk man straks meer as sy normale fooi te kry, en hy sê: "Ek laat dit maar aan u oor."

"Ag dankie dan," antwoord die ou vrek, "ek wens daar was meer mense soos jy in die wêreld," en hy stap weg sonder om hom 'n sent te gee.

2344. 'n Skot struikel nooit nie. Hy is te suinig om sy ewewig te verloor.

2345. Hy is so suinig, hy kook sy vleis in seepvlokkies sodat dit nie moet krimp nie.

2346. Hy is so suinig, as hy gif drink, sal hy die deposito op die bottel gaan terugvra voor hy sy laaste asem uitblaas.

2347. Hy is so suinig, hy laat nooit sy hare skeer nie; hy laat net elke derde week sy ore sak.

2348. O, hy gee maklik geld uit. Geld vloei deur sy vingers soos kougom op 'n koue dag.

2349. Hy hou sy geld so lank in sy sak, as hy die muntstuk uithaal, knip Jan van Riebeeck sy oë.

2350. Hy betaal ook nooit belasting nie. Hy sê die belastingvorms is Grieks vir hom en hy betaal nie aan 'n vreemde land belasting nie.

2351. 'n Bedelaar kom by 'n baie ryk man en vra of hy nie vir hom 'n ietsie kan gee nie. Die ryk man gee hom tien sent.

"Tien sent!" sê hy teleurgesteld. "Jou seun het my twee rand gegee!"

"Ek weet, ja," sê die ryk man, "maar hy het 'n ryk pa!"

2352. Hy is so suinig, as hy jou klaar gegroet het, moet jy eers jou vingers tel.

2353. 'n Joernalis word gestuur om 'n ryk Skot se geheim van sy sukses te gaan uitsnuffel. Hy tref hom aan in 'n armoedige kamertjie waarin 'n kersie brand.

"Die geheim van my sukses?" vra die miljoenêr. "Wel, dis 'n lang storie en terwyl ek dit vertel, kan ek net sowel die kers spaar," en hy blaas die kers dood.

"Dis nie meer nodig om te vertel nie, ek verstaan ..."

2354. Hy was baie suinig en almal was verbaas die dag toe hy in die kroeg op die toonbank slaan en sê: "As Vannermerwe drink, drink almal!"

Maar hulle het almal gedrink. Weer 'n keer slaan hy op die toonbank en sê: "As Vannermerwe drink, drink almal!"

En weer word daar geskink. Toe haal hy sy beursie uit en almal kyk met groot oë na hom.

Maar hy het niks verander nie, want hy sê: "As Vannermerwe betaal, betaal almal!"

2355. Hy was baie suinig en die dag toe hy dood is, het almal probeer om iets goeds van hom te sê. Uiteindelik het sy ou buurman darem iets gesê: "Ek wil net dit sê: hy was nie altyd so suinig soos hy partykeer was nie ..."

2356. "Iets vir 'n koppie koffie ... iets vir 'n koppie koffie ..." vra 'n bedelaar een koue oggend. Toe stop 'n verbyganger iets in sy hand. Toe hy sy hand oopmaak, lê daar 'n klontjie suiker.

2357. Ds C B Brink vertel van die keer wat hy by 'n boer op 'n afgeleë plasie gaan huisbesoek doen het. Hy sê die eerste keer wat hy daar kom, was daar baie bloekombome en het die plekkie nie te sleg gelyk nie, maar toe hy die volgende keer weer gaan, is al die bome afgekap.

"Waar is al die bloekombome dan, Broer?" vra hy.

"Ag, Dominee, hier was so baie wind, toe kap ek maar die bome af."

Hulle gaan in en Dominee begin lees en preek. Later begin dit donker word, en die boer steek 'n kers aan.

Toe dominee klaar gelees het, kniel hy om te bid en die boer sê: "Ag, Dominee, verskoon tog, maar aangesien ons tog ons oë gaan toemaak, kan ek nie maar die kers vir eers doodmaak nie?"

2358. By 'n ander geleentheid het die dominee gaan kollekteer. Maar dit was droog daardie jaar.

Die boer wys na die verkrompelde mielies en sê: "Dominee, dit lyk te sleg hierdie jaar, ek sal nie iets kan gee nie. Miskien volgende jaar?"

Die volgende jaar reën dit pragtig. Dominee loop deur die mielies huis toe, die mielies troon hoog bo sy kop uit.

"Môre, Broer, die mielies lyk pragtig vanjaar!"

"Ag, Dominee, jy moenie so sê nie, jy moet darem weet hoe put hulle die grond uit!"

2359. Oom Koos is baie suinig. En 'n bietjie skelm ook.

Dominee vra 'n bydrae vir die kerk. Oom Koos skryf 'n tjek vir R100 uit.

Dominee kom later, baie verleë, by oom Koos aan en sê die tjek het teruggekom, gemerk "Verwys na trekker".

Oom Koos sê hy is baie jammer en skryf weer 'n tjek vir R100 uit.

Dominee bring weer die tjek, weer gemerk "VT".

Oom Koos sê: "Dominee, ek sê jou wat. Ek sal jou nie weer 'n tjek gee nie, ek gee jou drie skape."

"Baie dankie, Broer," sê Dominee.

Oom Koos vat self die skape kerkbasaar toe waar hulle die skape opveil.

Oom Koos koop self die skape – en betaal per tjek!

2360. Oom Pieter was dikwels op die mark omdat hy 'n markagentskap bestuur het. Een oggend loop hy die dorpsvrek ook daar raak. Dié ou oom was nie juis gewild op die dorp nie, omdat hy 'n weduweesuster van hom in absolute armoede en ellende in 'n kamertjie laat leef het en hy wat 'n welaf boer was, nie 'n vinger verroer het om haar te help nie. Ek dink ons noem hom maar Koos Muller.

"Môre, Pieter," groet Koos vriendelik. Oom Pieter was oral in die Middellande bekend vir toneeltalent. Hy kyk toe na Koos se kant toe, draai sy oë vinnig weg en mompel iets onderlangs.

"Nou wat skort vanmôre, Piet?" vra hy ietwat onthuts.

Oom Pieter, nou in sy element, speel toneel vir 'n vale.

"Nee, wat, oom Koos, dis niks nie. Tot siens," en hy draai weg en stap na sy kantoor toe, sowat 'n kwartmyl verder. Hy was skaars daar, toe kom oom Koos ook daar aan en hy maak die deur agter hom toe.

"Pieter man," begin hy, "jy moet my nou vertel hoekom jy jou so snaaks gedra," en toe begin oom Pieter vertel dat hy 'n droom gehad het – dat hy gedroom het oom Koos gaan dood. Hy sê hy droom oom Koos kom by Petrus by die hemelpoort en hy vra of sy naam daar is. Petrus slaan toe die Groot Boek na en hy kyk, en naderhand kry hy sy naam: *Muller, Jacobus, Graaff-Reinet.* Dis al wat daar geskrywe staan, en oom Koos vra bekommerd: "Man, is dit al?"

Petrus kyk weer en hy sê: "Nee ... hier staan nog iets. Op 4 Junie 1922 het hy 'n stuiwer vir 'n pikkenien gegee."

Toe dié tyd is oom Koos al spierwit bleek, en oom Pieter gaan voort: "Toe draai Petrus hom na Oom toe, strek sy arm reguit en wys sy lang vinger na Oom se gesig en hy lyk kwaad, en hy sê: 'Koos Muller, gaan jy reguit na die hel.' "

Oom Koos het opgestaan en sonder 'n woord die vertrek uitgesluip. Later die middag kom sy suster, tant Lettie, daar by oom Pieter aangehardloop. Sy is baie ontsteld en sy sê: "Ag, Pieter, my arme broer, die arme man se verstand is aangetas. Hy het homself te buite gegaan – hy het vir my 'n sak meel, 'n sak suiker, klompe, klompe kruideniersware en ek weet nie wat alles nie kom gee en hy het belowe om elke maand vir my geld ook te gee ... Ag Pieter, Koos het sekerlik mal geword. Dis mos nie hy nie!"

2361. Hy vertel dat hy 'n vreeslike suinige man ken. Verlede jaar net voor Kersfees neem hy sy pistool, gaan in die tuin, trek 'n skoot af, kom binnetoe gehardloop en vertel vir die kinders dat Kersvader selfmoord gepleeg het.

2362. Nog 'n staaltjie van ds Piet dui op die suinigheid van party van ons mense: Hy vertel van 'n plaasboer-miljoenêr, oom Bennie, en sy vrou, tant Saartjie. Net nadat hy nog 'n plaas vir R60 000 kontant gekoop en tien nuwe trekkers en 'n stootskraper aangeskaf het, val 'n boom op sy kop. Hy is toe hospitaal toe en sê sy inkomste is R150 per jaar sodat hy vry hospitalisasie kon ontvang.

Tant Saartjie is toe ook Pretoria toe om naby haar man te wees. Ds Piet besluit om vir hulle te gaan kuier. Die aand voordat hy vertrek, bel hulle seun en vra of ds Piet 'n pakkie vir sy ma sal saamneem. Hy sê hy sal dit graag doen. Die seun wat vyftig kilometer van die dorp af boer, is vroeg die volgende môre daar. Die pakkie bestaan uit 'n sakkie mieliemeel en 'n skoendoos vol eiers.

Ds Piet en 'n vriend is toe Pretoria toe. Daar was nie parkeerplek naby die gebou waar tant Saartjie in haar dogter se kamer tuis was nie. Die vriend het daar afgeklim terwyl ds Piet parkeerplek gaan soek het. Dit het hy 200 meters verder gekry. (Ek praat van 200 parkeermeters verder!) Nou kom die snaakse toneel: Hier is die Bosveldse predikant, deftig uitgevat vir die stad, en hy kom spoggerig aangestap met die sakkie mieliemeel al swaaiend in sy hand.

Die tante het op 'n pompstofie vir haar pap gemaak en eiers gebak. Haar seun het dit vyftig kilometer ver aangery en hulle nog 'n tweehonderd of wat.

## Swaer

2363. Naby Kempton Park in Transvaal, het daar in die dertigerjare 'n swarte gewerk met die naam Jack. Een middag toe hy na die dag se arbeid by die huis kom, vind hy dat sy vrou verdwyn het. Bure het hom meegedeel dat Majerrie, 'n vriend van hom, die oggend vroeg al met sy vrou weggeloop het.

Die volgende dag het Jack die treurige verhaal vir sy werkgewer vertel en 'n dag verlof gevra om sy familie in kennis te stel van die slag wat hom getref het.

"Maar, Jack," sê sy werkgewer, "gaan jy Majerrie nie opspoor en toetakel nie? 'n Mens vat mos nie sommer so 'n ander man se vrou nie."

Jack skud sy kop. "Nee, Meneer. Ek hy slaan nie Majerrie nie. Hy gevat my vrou. Nou hy isse my swaer."

## Swem

2364. "Daar word nie tweestukke by die swembad toegelaat nie, Anita."

Anita: "Reg, Meneer, watter stuk wil u hê ek moet uittrek?"

2365. 'n Professor sit saam met 'n visser op 'n skuit. Die professor wil toe weet hoeveel geleerdheid die visser het.

"Omtrent niks," was die antwoord.

"Dan is jy die helfte van jou lewe kwyt," sê die professor.

'n Rukkie daarna kom 'n storm op en die skuit slaan om. Albei die drenkelinge klou aan die sinkende boot vas, en die visser vra: "Kan jy swem?"

"Nee," antwoord die geleerde.

"Nou ja," sê die visser, "dan is jy jou hele lewe kwyt."

2366. Gehoor van die vrou wat altyd 'n swart rokkie saamneem as sy see toe gaan, want haar ou man kan nie goed swem nie ...

2367. Jan: "Waar gaan jy heen?"

Piet: "Ek gaan swem."

Jan: "Kan jy swem?"

Piet: "Nee."

Jan: "Nouja, neem my raad en bly uit die water tot jy kan swem."

2368. Die direkteure van 'n kranksinnige gestig het 'n swembad laat bou. 'n Paar dae na voltooiing het hulle dit besoek. Op 'n vraag oor hoe dit vorder, antwoord die bestuurder: "Eersteklas! Party van hulle duik in met die hande op die kop, ander weer met kussings op die kop. Dit sal darem beter gaan van volgende week af, want dan word die water ingepomp."

2369. Hans: "Gister het ek byna verdrink toe ek by die hawe in die water geval het."

Floors: "Maar is jy dan so sleg dat jy nie eens kan swem nie?"

Hans: "Nee, nie dit nie, maar daar staan 'n groot kennisgewing: 'Swem verbode. Groot boete vir oortreding'."

### *Swemgat*

2370. In Seepunt, Kaapstad, is daar 'n swemgat net vir mans, Graaff se Poel. Daar swem die manne in hulle Adamsgewaad. Langs die see op is daar rye en rye woonstelle. Toe kom daar 'n klag van twee oujongnooiens dat die mans daar kaal swem. Die polisie gaan stel ondersoek in. Hulle kyk deur die venster, maar sien niks nie.

"Maar jy sal niks sien nie," sê een van die dames, "jy moet die stoel op die tafel sit en bo-op klim, dan sien jy mooi!"

# T

## *Taal*

2371. Is die manlik van 'n makou dalk 'n papegaai?

2372. Tommy kom huilend by die juffrou aan: "Ek se potlood is weg ..."

"Nee, Tommy," sê die juffrou, "'n Mens sê nie ek se potlood is weg nie, maar *my* potlood is weg. 'n Mens sê ook: *Jou potlood is weg ... Ons potlode is weg ... Haar potlood is weg ... Sy potlood is weg ... Hulle potlode is weg ...*"

"Jislaaik," sê Tommy, "lyk my almal se potlode is weg!"

2373. En dan was daar die Amerikaanse oujongnooi wat in die eetsalon van ons fantastiese Bloutrein gesit het en die spyskaart bestudeer het. Onwetend dat sy na die Afrikaanse weergawe kyk, blink haar ogies toe sy met haar vinger wys na: *Rape in room ...*

2374. Daar was 'n ander Amerikaner wat in 'n hotel gevra het waar hy kan bad, want die bad wat daar is, is 'n slegte bad, sê hy. Daar staan dan duidelik geskryf: *Bad Bath*!

2375. Koos ry met sy bakkie en sien 'n kennisgewing *Gate*. Hy soek nog na die *gate* in die pad toe ry hy deur die *hek*.

2376. Wat is die Afrikaans vir "blind date"?

*Sleep-en-hoop* of *Bel-en-Bid*.

2377. 'n Boerseun moes na die katkisasie gaan. 'n Vreemde merrie het by sy pa in die land gepla; hul het haar gevang en 'n blik aan haar stert vasgemaak en toe laat loop.

Toe sy so weghardloop sê iemand: "Maar hoor, dis 'n spektakel!"

"Arrie," dog die Boerseun, "daardie woord moet ek onthou; dalkies kry ek hom nodig in die katkisasieklas."

In die katkisasie kom hul by die wonderwerke, en die predikant wat van vreemde woorde gehou het, vra aan die kinders: "Wie kan my sê wat 'n mirakel is?"

"A," dog die seun, "ek het mos gesê ek sal die woord nodig kry."

Hy steek sy hand op.

"Ja," sê die predikant.

"'n Mirakel, Dominee, is 'n merrie met 'n blik aan haar stert."

2378. Onderwyser: "Piet, vertaal die sin: 'Change here for Ceres'."

Piet (ewe gou): "Kleingeld hier vir Ceres."

2379. Kosie: "Waarom het woorde wortels?"

Jannie: "Jou swaap, hoe anders wil jy hê moet 'n taal groei?"

## *Tak*

2380. Boervrou aan bedelaar: "Maar is jy nie die man wat in die dorp bedel nie?"

Bedelaar: "Dit is so, Mevrou, maar ek het 'n tak op die platteland oopgemaak."

## *Takt*

2381. Koos: "Piet, wat is 'takt'?"

Piet: "Dis ... dis ... "

Koos (ongeduldig): "Nou ja, wat is dit?"

Piet: "Kyk hier, ek sal jou 'n voorbeeld gee: die ander dag gaan ek om 'n pyp in die badkamer heel te maak; toe ek binnekom, sien ek 'n dame in die bad. Ek kyk 'n slag vinnig, haal my hoed af en sê: 'Ekskuus, Meneer.' Dit is takt."

## Tande

2382. Seuntjie aan Oupa: "Hoeveel tande het Oupa?"
Oupa: "Nie een nie, my kind."
Seuntjie: "Dan kan Oupa my okkerneute vir my oppas."

2383. Boetie: "Ouma sê sy het weer tandpyn."
Sussie: "Sy het seker haar kunstande in 'n trek neergesit."

## Tandartse

2384. Hy wou nie stilsit sodat die tandarts sy tand behoorlik kon trek nie. Die dokter sê toe die verpleegster moet hom met 'n speld steek net wanneer hy die tand mooi vas het. Op die gegewe oomblik steek sy hom met 'n speld en die pasiënt skree: "Stop! Stop! Ek dink hy's omgeklink!"

2385. "Dokter, jy het die verkeerde tand getrek!"
"Ek weet," sê hy kalm, "ek kom nou by die regte een."

2386. Ek het altyd gedink ek het lang tande. Nou vind ek uit ek het kort tandvleise.

2387. Dan is daar die dokter wat ses tande te veel getrek het. Hy sê hy wou nie die inspuiting mors nie.

2388. Hy sê hy sal haar seuntjie tien rand ekstra moet vra, want met sy geskreeu het hy vyf ander pasiënte weggejaag.

2389. "Hoekom het jy die tandarts geslaan?"
"Omdat hy op my senuwees werk!"

2390. "Ek het 'n vreeslike tandpyn."
"As dit myne was, het ek hom laat trek."
"Ja, as dit joune was, sou ek hom ook laat trek het."

2391. Hy sê daardie tandarts is nie pynloos soos hy gesê het nie; hy het vreeslik geskreeu toe hy sy vinger byt.

## Tegnologie

2392. Landboukollegestudent: "Oom, ek sê vir jou, die tyd sal kom dat Oom die kunsmis wat Oom sal nodig hê vir 'n morg grond, in jou een baadjiesak kan bêre."
Oom: "En die oes in die ander een."

2393. 'n Ou boer koop eendag 'n huishorlosie, maar hy het niks van die masjinerie verstaan, of geweet dat 'n mens die ding moet opwen nie. Toe die horlosie gaan staan, het die boer dit goed bekyk en naderhand binne-in gesnuffel om die fout te kry. Tussen die ratjies vind hy 'n dooie muis.
"Nou sien ek," sê hy, "g'n wonder dat die affêre gaan staan het nie, want die enjindrywer is dood."

## Teken

2394. Fanie sit en sukkel met sy huiswerk en roep bly uit toe hy sy pa sien aankom: "Staan asseblief daar op Pa se hande en voete."
Vader: "Hoekom?"
Fanie: "Pa, Meester het gesê ons moet 'n buffel teken."

## Telefone

2395. Ds Attie van der Colff van Parys se toga word gesteel en hy rapporteer dit aan die polisie. Hy sê hulle het die pastorie baie deeglik deursoek en toe sê die man hy het 'n leidraad. Ds Van der Colff vra toe wat die leidraad is en die polisieman sê: "Die dief het beslis 'n telefoon, want hy het nie joune gesteel nie!"

2396. Laat een nag lui my telefoon.
"Wat is die nommer?" vra 'n stem aan die ander kant.
"Dis 23 3155 ..."
"Is dit nie 23 3156 nie?"
"Nee, Meneer, dis 23 3155!"
"Is jy seker?"
"Natuurlik is ek seker! Het ek al ooit vir jou gejok?"

2397. Sam sê een koue wintersaand het hy en Kosie vroeg ingekruip. Die telefoon lui.
Sam: "Dis vir jou," sê Sam, want hy wil nie uit die bed klim nie.
Kosie: "Is nie, dis vir jou. Ag, Pa, staan op, jong!"
Die foon lui.
Sam staan bibberend op en stap telefoon toe. Na 'n ruk kom hy terug.

"Was dit toe vir jou?" vra Kosie.
"Nee," sê Sam en klim terug in die bed. Kosie aanvaar toe sommer dis vir haar. Sy staan op, bibber tot by die deur.
Sam sê: "Dit was die verkeerde nommer!"

2398. Hy bel die aand sy ma, maar hy kom by 'n jong ou stemmetjie uit. Hulle gesels vreeslik lekker en hy vind toe uit dat hy die verkeerde nommer geskakel het.
Daarna bel hy elke aand en dan vra hy: "Is dit die verkeerde nommer?"

2399. Die foon lui. Dis laat in die nag.
"Is dit meneer Botha?"
"Nee, dis Coetzee wat praat."
"Jammer, ek het jou uit die bed uitgejaag, meneer Coetzee."
"Dis alles reg, ek moes tog opstaan, die foon het gelui."

2400. Dis laat in die nag. Die foon lui. Hy staan vaak-vaak op en sê in 'n dik stem: "Ja ...?"
"Is dit meneer Van der Walt?"
"Ja ..."
"Is dit meneer Van der Walt van Congoweg 9?"
"Ja ...?"
"Meneer Van der Walt, kyk tog net of u straatligte brand ..."
Hy strompel tot by die venster.
"Ja, dit brand ..."
"Nou ja, blaas hulle dood, dit skyn in my oë!"

2401. Die telefoon lui. Hy tel op en hoor net die een helfte van 'n gesprek.
"Jy sê dit nie!"
Luister.
"Jy sê dit nie!"
Luister.
"Jy sê dit nie!"
Luister.
"Jy sê dit nie!"
Hy plaas die gehoorbuis terug.
Sy vriend vra: "Wie was dit?"
"Dit het hy nie gesê nie."

2402. My vriend Thys was nog op skool. Hy leen sy pa, wat 'n bietjie doof is, se kar en stamp hom teen die garage se petrolpomp. Hy bel sy pa: "Pa, dis Thys hier."
"Nee, Thys is nie hier nie."
"Pa, dis Thys *hier!*"
"Nee, ek sê mos hy is nie hier nie!"
"Pa, dit is Thys wat bel!"
"Moet Thys jou bel as hy inkom?"
"Pa, dis Thys wat praat!"
"Nou hoe kan jy met hom praat as hy nie hier is nie?"
"Pa, ek het Pa se kar geleen."
"Nee, Thys het die kar geleen."
"Pa, dis Thys dié kant!"
"Nou ja, tot siens van my kant af ok."

2403. Al die telefoongebruikers op die aangrensende plase het gekla omdat skinderbek Borrie Jordaan na hulle gesprekke inluister, maar dit het niks gehelp nie, totdat Bertus en Jannie van Wyk 'n slim plan bedink het.
Bertus het Jannie geskakel en hulle het oor alles en nog wat gesels. Toe, sommer so uit die bloute, sê Bertus : "Ou Jannie, het jy gehoor Borrie Jordaan verwag 'n baba?"
"Dit lieg jy!" skree Borrie.
En dit was die einde van die inluistery.

2404. Piet: "Man, maar die telefoon is darem 'n handige ding."
Gert: "Hoekom?"
Piet: "Sien jy, 'n mens kan met jou vrou praat op 'n afstand van honderd myl."
Gert: "Ja, dit is so."
Piet: "Maar die beste is dat jy kan ophou net wanneer jy wil."

2405. Ikey gebruik die telefoon vir die eerste keer. Toe die oproepkantoor vir hom vra: "Watter nommer wil jy hê?" sê hy ewe verbaas: "Ek wiet nie, watter nommers het julle?"

2406. Jan is op kosskool en skrywe aan sy moeder om hom 'n paar nuwe skoene te stuur omdat syne al oud en stukkend is. Die telefoonstelsel het net so pas in werking gekom, en die ou tante het ook gehoor hoe vinnig die ding is. Sy koop toe 'n paar skoene en hang dit oor die draad. 'n Rondloper kom verby, hang sy ou skoene oor die draad en neem vir om die nuwe paar. Die volgende dag kry die tante die oues daar, bekyk dit en sê: "Ag, die arme kind se skoene was regtig stukkend."

### *Telegram*

2407. As jy 'n man tot raserny wil dryf, stuur hom die volgende telegram: "Ignoreer my eerste telegram."

2408. Nog 'n manier om 'n man mal te maak: stuur hom 'n telegram en skryf boaan die telegram *bladsy twee.*

2409. Deesdae kan jy 'n faks ook hiervoor gebruik.

2410. Met die moeilikheid op die aandelebeurs toe die pryse so laag was, stuur 'n sakeman per telefoon 'n telegram aan sy vennoot wat vir sake in Durban was.

Die telegram lui soos volg: "Moenie terugkom nie stop besigheid swak stop so pas twintig mense afgedank stop balju agter ons stop aandele baie baie laag stop."

En toe sê hy vir die dametjie by fonogramme: "Moet asseblief nie die telegram vir my teruglees nie. Dit breek my hart."

2411. Jan stuur 'n telegram aan 'n vriend: "Net vertrek, hou reg die vis."

Koos kry die telegram met die woorde: "Nek verrek, hou reg die kis."

### *Televisie*

2412. Ek sou lankal vir die televisie opgetree het, maar ek het talent.

2413. Ek vra toe vir die regisseur hoe ver van die kamera af moet ek wees om goed te lyk. Hy vra toe vir my: "Het jy 'n motor?"

2414. Televisie is 'n wonderlike ding. Oor die radio het hulle net altyd van atmosferiese versteurings gepraat. Nou kan 'n mens sien hoe lyk dit.

2415. Televisie is 'n onderontwikkelde film wat jy deur 'n bak jellie sien.

2416. Televisie sal darem nooit die koerant vervang nie. Jy kan nie jou toebroodjies in die televisiestel toedraai nie.

2417. My buurman het eendag gaan kyk hoe hulle TV uitsaai. Toe vra hulle hom om te help met een van die tonele. Dit is waar 'n man met 'n mes gesteek word. My buurman moes 'n bottel tamatiesous op die man se bors omkeer sodat dit soos bloed lyk, maar die kamera het vasgehaak en toe sien miljoene mense hoe hy die tamatiesous oor die man uitskud.

"Wat het jy toe gedoen?" vra ek hom.

"Wat kon ek doen?" was sy antwoord, "Ek het hom geëet!"

2418. U ken almal die storie, maar hierdie boek is soos 'n versoekprogram. Ons vertel die mooies oor en oor. Man wat vir 'n ander ou se vrou gaan kuier het. Toe kom die man onverwags by die huis. Man wat kuier, gaan skuil gebukkend agter die televisiestel. Man van die huis gaan sit voor die televisiestel om na 'n sokkerwedstryd te kyk. Man drink een bier na die ander. Man agter TV stel word naderhand moeg om so gebukkend te sit. Besluit om uit te hardloop. Man wat baie bier gedrink het, sien hom en sê: "Nou hoekom stuur die skeidsregter hom van die veld af? Hy't niks gedoen nie!"

### *Terroris*

2419. Roux Swart mag nie sê waar dit gebeur het nie, maar in een of ander laerskooltjie in dié swart buurstaat het die onderwyser ongeveer 50 leerlinge wat wissel van ses tot twaalf jaar oud. Hy hoor daar is 'n terroris in die bosse daar naby. Hy vat toe sy kinders en vorm 'n impi. Die impi voer die tradisionele "oskop"-beweging van die Zoeloes uit.

Hulle vang die terroris tussen die twee "horings" en een van die kinders tik hom oor die kop met 'n skoffel. Daarna maak hulle hom vas en dwing hom om te vertel waar hy sy wapens weggesteek het en waar sy makkers hulle bevind, vat hom na die naaste plaas en gaan terug skool toe om te leer lees en skryf.

### *Testament*

2420. "Was jou oom by sy volle verstand toe hy sy testament opgestel het?"

"Nee, ek weet nie, die testament word eers môre gelees."

2421. Hy het op sterwe gelê.

"Moeder, is jy hier?" vra hy in 'n bewerige stem.

"Ja, Pappa, ek is hier ..."
"Willem, my oudste, is jy hier?"
"Ja, Pa, ek is langs Pa se bed ..."
"Sannie?"
"Ja, Pa."
"Kosie, is jy hier?"
"Ja, Pa, natuurlik is ek hier."
Toe sit hy regop.
"Nou wie kyk dan na die boerdery?" bulder hy.

2422. "Aan my vrou, al haar minnaars en die wete dat ek van al haar romanses bewus was. Aan my seun, die plesier om sy eie brood te verdien. Aan my motorbestuurder, al my motors sodat hy hulle kan stamp soos hy wil ..."

2423. 'n Groot sakeman is besig om sy testament te laat opstel. "Tweehonderd rand vir elke werknemer wat 20 jaar by my in diens was."

Prokureur: "Maar, Meneer, u winkel staan dan nou nog maar 10 jaar."

Sakeman: "Maak nie saak nie, dit sal goed lyk in die koerante."

## *Tier*

2424. Jan Pohl, advertensieman, vroeër radio-omroeper, sê Jimmy Boonzaaier is een van die komieklikste mense wat hy ooit in sy lewe teëgekom het. Toe hy nog by die SAUK gewerk het – dit is nou Jan Pohl – kom Jimmy eendag in sy kantoor. Hy het 'n leeuvel en 'n tiervel wat hy in Suidwes gekry het en hy wou daarmee by hulle manne gaan smous.

"Wat kos die leeuvel, Jimmy?" vra Jan.
"Vyftig rand."
"En die tiervel?"
"Vyftig rand en vyftig sent."
"Maar hoekom kos die tiervel meer as die leeuvel?"

En dis toe dat Jimmy Boonzaaier met een van sy briljante antwoorde na vore kom: "Maar 'n tier byt mos!"

2425. 'n Man het 'n mak tier aangehou wat nooit die huismense gemolesteer het nie. Maar eendag verskeur die tier sy skoonmoeder wat ook by hom ingewoon het. Die berig het in die koerant verskyn. Die volgende dag kry die man twee telegramme van simpatie en negentig wat vra of hy nie die tier wil verkoop nie.

## *Tiksters*

2426. "Jou tikster spel belaglik."

"Dan is dit die enigste woord wat sy kan spel."

2427. Hy wys haar daarop dat sy Philippolis verkeerd gespel het.

Tikster: "Meneer, hoe kan ek dit help as die F op my tikmasjien stukkend is?"

## *Toekenning*

2428. Oom Loek Geertsema was jare lank hoofbestuurslid van die TO. Die dag toe hy aftree, nooi die voorsitter hom om verhoog toe te kom om sy sertifikaat te ontvang. Terwyl die voorsitter sy hand uitstrek, sê oom Loek: "Herinner tog die kongresgangers daaraan om hande te klap."

Dit was 'n ovasie.

2429. Ek het nou veertien toekennings gekry, ek verdien nie een van hulle nie, maar ek het ook rumatiek, ek verdien dit ook nie. Toe hulle my vra hoeveel geld ek verdien, sê ek ek verdien baie meer ...

2430. Toe Bernard Shaw die Nobelprys kry, het hy gesê: "Om 'n Nobelprys toe te ken, en die wenner al daardie geld te gee, is om iemand 'n reddingstou te gooi as hy veilig aan wal is."

## *Toespraak*

2431. Die FAK besluit om my 'n Halfeeufeestoekenning vir "Volgehoue Bevordering van Volkskommunikasie" te gee.

Dit was die eerste toekenning in sy soort en 'n groot eer en 'n grootse geleentheid. Die organiseerder vra dat ons elkeen net drie minute sal praat. (Jamie Uys het ook 'n toekenning ontvang, dit kon ek verstaan, maar ék? The gods must be crazy!) Ek sê ek sal nog korter praat, maar hy lag net en sê: "Jy kan nie, al wil jy ook!"

Toe my beurt kom, sê ek: "Ons was amper nie hier nie, my vrou het weer niks gehad om aan te trek nie. Agter elke man ... agter elke suksesvolle man ... is daar 'n kaal vrou!"

2432. 'n Sekere ou boer wat altyd op die tentoonstelling vertoon het, en wat nie baie geleerd was nie, was egter nie op sy mond geval nie. Daar was toe die aand 'n groot eetmaal, en nadat al die geleerdes hul toesprake gelewer het, moes oom Koos ook iets sê. Almal het in hulle toesprake gewag gemaak van die veearts, en toe die ou boer aan die woord kom, sê hy dat hulle hom aan 'n klomp bobbejane laat dink, want hulle klim almal op die hoogste berg. Die veearts was 'n baie groot man.

2433. "Ek praat in die belang van die nageslag," sê 'n langdradige spreker.

"Ja," skreeu iemand uit die gehoor, "en as jy nie gou maak nie, is hulle netnou hier."

## *Toor*

2434. Klaas: "Hoekom so haastig, Gert?"

Gert: "Ek kan nie versuim nie, Neef. Ek het nou net 'n goëlaar gehelp om 'n ou man se goue horlosie te laat verdwyn."

## *Tou*

2435. Twee swape was besig om 'n lang rol tou af te rol. Die een punt het hulle al gehad, maar hulle was besig om die tweede een te soek. Na 'n lang ruk se gesoek sonder om die tweede punt te kry, tree die een swaap effens agteruit en sê: "Jong, kom ons loop, ons sal hom nooit kry nie, hy is afgesny."

## *Touché*

2436. Kêrel: "Mag ek vanaand saam met jou kerk toe gaan?"

Nooi (trek haar neus op): "Ek is 'particular' met wie ek saam loop."

Kêrel: "Ek nie, daarom vra ek jou."

2437. Dorpseun (aan plaasseun): "Watter apiesgesig is dit die?"

Plaasseun: "Het jy dan gedink jy is die enigste apiesgesig wat hier is?"

2438. Twee meneertjies wat 'n tydjie in die Boland op skool was, sit eendag op die stoep in 'n plattelandse dorpie, en wil met elkeen die draak steek. Daar kom 'n boer verby.

Hulle roep hom en toe hy naby kom, vra een: "Hoe ver sou jy nou gewees het, as jy aanhou loop het?"

Vererg sê hy: "Ek sou net soveel verder van twee gekke af gewees het as wat ek nou nader gekom het."

"Ja," sê die ander, "van 'n esel kan jy 'n skop verwag."

"Maar hoe moet die esel dan ook maak as die varke aanhou onder hom inkruip?" sê die boer onderwyl hy wegstap.

2439. 'n Student het sy professor die hele môre gepla met allerlei nonsensvrae.

Eindelik vra hy: "Professor, hoe lank kan 'n donkie leef sonder harsings?"

Professor: "Ek weet regtig nie, maar hoe oud is jy?"

2440. 'n Klompie jongkêrels staan op die hoek van die straat en kyk na 'n meisie met vuurrooi hare wat verbystap.

"Pas op, Tys," sê een van hulle, "jy verbrand!"

Ewe bedaard antwoord die meisie: "Toemaar, jy hoef nie bang te wees nie, groen hout brand nie sommer nie."

2441. Twee van die soort kollegekêrels wat altyd daarop uit is om met oumense die spot te drywe, kom eenmaal op die trein saam met 'n ou man in een koepee te lande. Nadat hul een en ander spottende aanmerking gemaak het, sê die een: "Haai Oom, het Oom gehoor die duiwel is dood?"

"So?" sê die ou ewe simpatiek en gee hul elkeen 'n rand met die woorde: "Ek doen altyd goed aan weeskinders."

2442. 'n Jongkêrel wat altyd graag sy nooi geterg het, kom eendag by haar en sê: "Ag Lettie, ek het vanmôre van so 'n treurige geval gehoor; 'n mooi jong meisie moes aan haar oë laat opereer; die dokter het gevrees sy sou blind word; hulle het die operasie laat uitvoer en toe vind hulle ... "

"Ja wat?" vra Lettie angstig.

"Dat sy 'n kêrel in die oog het," eindig hy met 'n glimlag.

Lettie sit so 'n rukkie stil en sê toe: "Dis nogal 'n wonder, want party van die hedendaagse jongkêrels is so deurskynend dat sy dwarsdeur hulle sou kon gesien het."

2443. 'n Brutale studentjie sit regoor 'n Skot aan die hoteltafel en die volgende gesprek vind plaas:

Student: "Meneer, maar watter onderskeid is daar nou eintlik tussen 'n Skot en 'n esel?"

Skot: "Wel, soms is die verskil net 'n tafelbreedte."

2444. Spotter (aan 'n seun met groot ore): "Soe, man, maar jy het regtig groot ore."

Seun: "Ja, daar is net één ding wat nie het nie, anders was ek 'n opregte esel."

Spotter: "En wat is dit?"

Seun: "Jou verstand."

2445. Hy (grootpraterig): "Toe ek jonk was, het ek met niks begin nie as net met my verstand."

Sy: "Wat 'n klein begin."

## *Towenaar*

2446. 'n Dogtertjie sê eendag aan haar pa: "Pa, ek het gesien hoe 'n towenaar 'n tienrandnoot in 'n blom verander."

Pa (droewig): "Dis maar min, my kind; ek sien elke maand hoe jou ma tien vyftigrandnote in 'n rok verander."

## *Treine*

2447. Vannermerwe is 'n man van min woorde. Toe hy die dag by die stasie aankom, sê hy vir die kaartjiesklerk: "Retoerkaartjie vir Boetaboeta."
Die klerk kyk toe op sy kaart, maar hy sien nie so 'n plek soos Boetaboeta nie.
"Hoe het jy nou weer gesê?" vra hy toe.
En weer sê Vannermerwe: "Retoerkaartjie vir Boetaboeta."

Die klerk haal naderhand al sy lêers uit, maar dié plek kry hy nie. Moedeloos vra hy toe: "Weet jy miskien waar is hierdie Boetaboeta?"

"Ja," sê Vannermerwe. "Sit hier buite op sy soetkys."

2448. In een toneeltjie in die rolprent kyk die fliekgangers deur 'n venster na die mooi meisie wat besig is om uit te trek. Net voordat sy al haar klere uit het, ry 'n trein voor die venster verby.

Vannermerwe het aand na aand na die rolprent gaan kyk.

"Een aand," het hy gesê, "gaan daardie trein laat wees ..."

2449. Ek het gedink dit is so 'n Afrika-storie as wat jy kan kry, maar toe vertel die Amerikaanse humoris, Bennet Cerf, hierdie een:

Tant Jemima vra die stasiemeester: "Een kaartjie vir Carolina, wat sal dit kos?"

"Watter deel van Carolina?"

"Al die dele van Carolina. Hier is sy. Sy hou my hand vas."

2450. 'n Lokomotiefmasjinis, oom Sasie,
Wil glad nie sy treinfluitjie blasie.
Hy sê: "Na jou maai –
Daar's genoeg lawaai,
Dat ek nie ook nog moet sta'n rasie!"

2451. Die trein hou skielik stil, dóér in die vlaktes van die Vrystaat.

"Wat het gebeur?" vra 'n ou tante aan die kondukteur.

"Ons het 'n koei gestamp," sê hy gelate.

"Was die koei op die spoor?" vra die tante besorg.

"Nee, ons het haar tot in die stal gejaag!"

(Miskien sou die storie tot hier ook snaaks gewees het, maar my humorsin kry die oorhand en die tante vra): "Hoekom?"

2452. "Hoe laat is die volgende trein Lichtenburg toe?"

"Agtuur vanaand."

"Is daar nie een voor hom nie?"

"Nee, meneer, ons laat nooit 'n trein vóór die volgende een loop nie."

2453. "Meneer, jy moet my asseblief help wanneer ons by Boshof kom, want ek moet daar afklim."

"Maar die trein stop nie op Boshof nie."

"Hy móét daar stop, ek moet daar afklim!"

Die kondukteur maak toe 'n plan. Hy sê hy sal met die treindrywer praat. Die treindrywer sal stadiger ry as hy deur Boshof se stasie ry. Onse vriend moet dan afspring, so 'n ent saam met die trein hardloop en dan laat los.

So gesê, so gedaan.

Maar toe hy afspring, sien die tweede kondukteur hom, gryp hom aan sy baadjiekraag en pluk hom op die trein:

"Jislaaik, ou maat, amper loop jy die trein mis!"

2454. Die ou tante vra die (swart) portier hoe laat die volgende trein is. Hy sê haar.

Daarna stap sy na die (wit) stasiemeester toe en vra hoe laat die volgende trein is.

Die portier sê vir die stasiemeester: "Nou sal sy ons seker glo, noudat sy dit in swart en wit het!"

2455. Dick Toet sê hy loop een môre die trein mis en draai gefrustreerd om. Die man agter hom sê: "Trein gemis?"

"Nee," sê Dick, "ek jaag elke môre hierdie trein uit die stasie uit!"

2456. Daar in die Duineveld het twee broers gewoon. Hulle het nog nooit treingery nie. Op 'n dag sê die een broer vir die ander broer: "Broer, dink jy nie dis 'n goeie plan as ons ook voel hoe ry die trein nie?"

"Ja, broer, dis 'n goeie plan," antwoord die ander in die ewe stadige tempo.

Hulle bespreek plek, Kaap toe.

Net voordat hulle deur 'n lang tonnel ry, kom die kelner en vra of hulle ietsie sal drink.

"Broer, wil jy iets drink?"

"Ja, broer, ek sal iets drink."

"Soos wat, broer?"

"Nee, ek weet nie, broer, wat gaan broer drink?"

Die kelner help en stel voor hy sal vir elkeen 'n koeldrank bring. Nou bring hy vir elkeen 'n bottel bruin koeldrank met 'n strooitjie.

"Nou wat maak mens hiermee, broer?"

"Suie, broer, suie ..."

"Ek sal eerste suie, broer ..." en hy suie, net toe hulle die tonnel binnegaan.

"Broer," sê hy afgemete, "het broer al gesuie?"

"Nee, nog nie, broer ..."

"Moet liewer nie suie nie, broer, want ek het gesuie, en ek is stokblind."

2457. Toe kry oom Roelfie en tant Saar, na jare by die Spoorweë, 'n rytuig as aftreegeskenk. Hulle mag hom op 'n syspoor trek. Nadat hulle 'n maand daar gewoon het, besoek die minister hulle. Daar kry hy tant Saar waar sy besig is om die rytuig op en af te stoot.

"En wat maak tant Saar?" lag die vriendelike minister.

"Regulasies is regulasies. Dit staan baie duidelik in die toilet daarbinne: 'Moenie gebruik as trein stilstaan nie'."

2458. 'n Jong dingetjie is op pad Johannesburg toe om te gaan trou. Oorkant haar sit 'n man wat 'n geselsie probeer aanknoop. Toe hulle die Witwatersrand beginne binnestoom, vra hy: "Juffrou, het jy al myne gesien?"

Baie ontsteld roep sy die kondukteur en lê 'n klag. Die kondukteur vra vir die man of hy dit wel gesê het. Die man staan op, roep die kondukteur eenkant en sê: "Ek bedoel het sy al *goud*myne gesien!"

Die kondukteur lag, gaan terug na die dametjie toe en sê: "Juffrou, die man het nie bedoel het jy al *syne* gesien nie, hy het bedoel het jy al *myne* gesien!"

2459. Oom Ben Schoeman vertel die storie van die vrou wat op Windhoek op die trein geklim het. Sy kry toe 'n miskraam op die trein en stel 'n eis teen die SAS & H in.

"Mevrou," sê oom Ben vir haar, "u moes beter geweet het. U moes nie in daardie toestand op die trein geklim het nie."

Waarop die vrou antwoord: "Meneer, ek was nie in hierdie toestand toe ek op die trein geklim het nie."

2460. Onthou jy nog die storie van die ou wat die kondukteur gevra het om hom vóór 'n sekere stasie wakker te maak, want dit is 'n saak van lewe en dood, hy móét daar afklim?

'n Honderd kilometer anderkant die stasie skrik die passasier wakker. Hy kyk deur die venster, skrik sy dop en dam weg, bevlieg die kondukteur en vra waarom hy hom nie op daardie stasie wakker gemaak het nie. Hy is so kwaad vir die kondukteur dat hy hom amper aanrand.

"Meneer," sê die kondukteur verbysterd, "is dit jy wat gesê het ek moet jou daar wakker maak, en dit maak nie saak hoe jy baklei nie, ek móét jou daar afgooi? Wel, wel, wel ... al wat ek jou kan sê, as jy dink jy is kwaad, moes jy die ou gesien het wat ek toe wel daar afgegooi het!"

2461. "Ek is so naar, ek het die hele pad van Kaapstad af met my rug na die lokomotief toe gesit, en ek kan nie so ry nie, toe word ek naar."

"Hoekom het jy nie met die persoon aan die ander kant omgeruil nie?"

"Ek kon nie, daar het niemand gesit nie."

2462. "Die trein vanaf Kaapstad het 'n ongeluk gehad en op die spoor dwars gedraai. Hy sal nou inkom op platform sewe, agt en nege."

2463. Oom Boemsie Beetge had een van die mooiste vroue in die kontrei. En hulle het baie gelukkig saamgewoon, vir 'n hele klompie jare. Maar toe bou hulle mos 'n treinspoor wat haar direk na haar ma toe sal vat. En van daardie dag af moes ou Boemsie in sy spoor trap. Ook nie lank nie, na 'n argument oor die baie vlieë in die kombuis, pak sy haar tas en is weg na haar ma toe.

Oom Boemsie was baie hartseer en baie eensaam, want sy was 'n mooi vrou, en hy was 'n vurige eggenoot. Drie en 'n halwe weke later stuur sy hom 'n telegram: "Verlang vreeslik, kom met die 12-uur trein ..."

Hy span die hings in. Dis nou al lank wat die hings nie die treppie getrek het nie, en hy was blasend van die haastigheid. By die drif toe trek hy al teen 30 die uur; by die skool gaat hy oor 40. Oom Boemsie "Ho!" en "Hokaai" maar die hings laat spat. Toe hulle 50 by die skool slaat, skree oom Boemsie: "Haai jy, wie het daai telegram gekry, ek of jy???"

2464. Die kondukteur sien 'n man onder 'n treinbank lê.

"Waar is jou kaartjie, en wat maak jy hier?"

"Ag, Meneer die Kondukteur, wees genadig, ek is 'n arm man, my dogter trou vanmiddag op Stellenbosch en ek het nie geld vir 'n kaartjie nie."

"Nou ja, lê doodstil en moenie die ander passasiers hinder nie," sug die goedhartige kondukteur.

Maar drie banke verder lê nog 'n man.

"En wie is jy?" vra hy nou kwaai.

"Ek is die bruidegom!"

2465. 'n Ou vrou ry vir die eerste keer in haar lewe trein, en per ongeluk raak die trein by 'n kort draai van die spoor af met die gevolg dat van die koetse omslaan. Die ou tante het ook vinnig by die venster uitgevlieg, maar gelukkig sonder letsel op hande en voete te lande gekom. Terwyl sy aan opstaan was, kom die kondukteur verby en vra vir haar of sy regkom. "Kyk, die trein het mos van die spoor af gehardloop," sê hy.

"O," antwoord die tante, "ek dog hulle laai maar so af."

2466. 'n Ou vrou wat vir die eerste keer in haar lewe treinry, vra by die stasie 'n "tikket". Die klerk vra vir haar waarheen sy wil reis. Dit vind sy nogal 'n bietjie brutaal en bemoeisiek, maar toe die klerk aanhou dat hy dit moet weet, antwoord sy ewe kortaf: "Nou ja, ek gaan Kaap toe." Sy kry die kaartjie en klim naderhand in 'n trein waar sy al die ander mense sien inklim. Toe die trein by die onderpunt van die platform verbytrek, sien sy nog 'n slag die kaartjiesklerk, en sy roep spottend uit, terwyl sy haar sambreeltjie by die venster na hom uitsteek: "Pê, ek gaan tog Johannesburg toe."

2467. 'n Reisiger wat nie geld gehad het nie, klim op die trein, maar word by die eersvolgende stasie reeds uitgeskop. 'n Tydjie later kom daar nog 'n trein aan, en hy klim weer op. By die volgende stasie word hy weer afgeskop. So het dit nog 'n paar keer gegaan, totdat hy op Bloemfonteinstasie deur 'n medereisiger gevra word waarheen sy reis is.

Hy antwoord ewe treurig: "As ek die skoppe kan uithou, gaan ek tot in Johannesburg."

2468. Oom Karel wat vir die eerste keer in sy lewe gaan treinry, kom op die stasie en neem sy reiskaartjie uit. Net toe kom daar 'n trein in, en oom Karel wat van niks beter weet nie, loop dadelik die trein storm.

Die stasiemeester pluk hom aan sy baadjie terug met die woorde: "Man, jy is te haastig; dis nog nie die regte trein nie."

Drie keer het oom Karel in sy ongeduld die inkomende trein bygedraf, maar elke maal word hy deur die stasiemeester teruggepluk, met die gevolg dat een van sy baadjiesakke naderhand stukkend geskeur is. Oom Karel laat niks merk nie, maar brom so nou en dan binnesmonds 'n groot woord. Eindelik kom die regte trein, en oom Karel kom by 'n predikant in die kompartement. Hy kyk nog 'n slag na sy gehawende baadjiesak, en begin opnuut weer te knoop.

"Foeitog, Broeder," sê die predikant op berispende toon, "as jy so vloek, sal jy op die verkeerde plek uitkom."

"Wat?" roep oom Karel, "is ek al weer op 'n verkeerde trein?"

2469. 'n Engelsman, 'n Skot en 'n Ier sit eendag in 'n trein en gesels oor die vinnige treine in elkeen se land.

"In ons land," sê die Engelsman, "loop die treine só vinnig dat, as jy jou kop by die venster uitsteek en jy huil, dan loop die trane oor jou kop."

"O," sê die Skot, "dis niks; as jy in Skotland dit durf waag om jou kop by die trein uit te steek, dan waai die wind hom morsaf."

"Ag kom, bog," sê die Ier, "julle moet by ons in Ierland kom kyk as jul wil praat van vinnige treine. As jy tussen Dublin en Cork uit die treinvenster kyk, en jy gaan so die aartappellande, die lemoenboorde, en die troppe varke en koeie verby, dan sal jy sweer dit lyk alles kompleet nes 'n skottel bredie."

2470. 'n Ou man en 'n ou vrou wil eendag met die trein gaan kuier. Op die platform kyk die ou tante so na die treinspoor en sê: "Ou man, kyk daar lê sy spore; hy is al verby: kom ons draai maar om huis toe."

2471. Een: "By ons loop die treine só vinnig dat as jy by die venster uitkyk, die telegraafpale net soos 'n kam se tande lyk."

Twee: "Dis nog niks, as jy in ons land by 'n trein se venster uitkyk, dan lyk die mylpale soos 'n kerkhof se muur."

Drie: "As jy by ons op 'n trein klim en jy probeer jou vrou soen, dan soen jy 'n portier raak by die volgende stasie."

2472. 'n Ou boer ry vir die eerste maal trein. Op pad steek hy 'n slag sy kop uit, en sien dat die trein reëlreg na 'n krans toe peil. Hy skree toe met alle mag: "Hou links!" en net mooi op daardie oomblik swaai die trein links en in 'n tonnel in. "A," sê die ou boer met 'n sug van verligting, "ek het net betyds geskree."

2473. Die trein was baie vol en 'n jongman wat sitplek soek, kry naderhand 'n kompartement waar op die enigste beskikbare sitplek 'n ou oom se trommel langs hom staan. Die jongkêrel wou die trommel verskuif, toe sê die ou oom: "Jammer, Neef, maar hierdie sitplek behoort aan my vriend."

Die jongman bly toe staan totdat die trein wegtrek, en meteens raap hy die trommel op, smyt dit by die venster uit en gaan sit ewe bedaard op die oop plek.

"Wat makeer jy?" vra die ou oom vererg.

"Wel, Oom se vriend het blykbaar die trein gemis, en ek sien nie waarom hy sy trommel ook moet verloor nie."

2474. Die kondukteurs kom om, maak 'n kompartement oop en roep: "Alles vol?"

'n Dik heer wat pas geëet het, stryk met sy hand oor sy maag en sê: "Daar, Meneer, ek kan niks meer inkry nie, maar hoe dit met die ander passasiers gaan, weet ek nie."

2475. Oom Koos was al oud, maar hy het nog nooit 'n trein gesien nie. Eendag kom hy op 'n stasie. Hy gaan staan langs die lokomotief. Na hy die ding so 'n rukkie beskou het, begin hy met sy kierie daaraan te steek.

Meteens fluit die trein en oom Koos spring weg, terwyl hy uitroep: "Arrie, maar so 'n ding is nogal kielierig ook!"

2476. Seun aan kruier: "Haai, in daardie kompartement is daar 'n man wat effens mal is. Hy sê hy is Napoleon."

Kruier: "Toemaar, die volgende stasie is Waterloo."

2477. Koos: "Jan, moet my tog nie ophou nie, ek wil nog die trein op Oudtshoorn vang."

Jan: "Maar sê my, Koos, watter soort aas gebruik jy?"

## *Tronk*

2478. Eerste seun (veragtelik): "Hm, jou ma neem mos wasgoed in."

Tweede seun (nog veragteliker): "Natuurlik, jy het tog nie gedink dat sy dit buite sou laat hang nie, tensy jou pa in die tronk is, of hoe?"

2479. "Maar jy sal seker bly wees as jou tyd om is," sê 'n juffrou vir 'n gevangene by 'n Sondag besoek aan die tronk.

"Ek weet nie, juffrou," antwoord die gevangene, "ek het lewenslank."

2480. Bewaarder: "Vandag kan jy gaan."

Gevangene: "Wat het ek nou weer gesondig?"

2481. Tronkbesoeker aan gevangene: "En is dit drank wat jou hierheen gebring het?"

Ou karnallie: "Lyk ek vir jou na 'n man wat hierdie plek sal aansien vir 'n kantien?"

2482. A: "Waarom was jy in die tronk?"

B: "Oor niks!"

A: "Oor niks, hoe kan dit wees?"

B: "Ek het 'n nul agter my salaris ingevul."

2483. Onthou jy nog die groot treinongeluk in Standerton? Daar in die veertigerjare. 'n Trein het in 'n bus vasgery. Dit was 'n oop spooroorgang, maar daar was 'n man met 'n lantern. In die ondersoek het die aanklaer die spoorwegman herhaaldelik gevra of hy die lantern heen en weer geswaai het.

"Onthou, u is onder eed. Het u die lantern heen en weer geswaai?"

"Ek het, U Edele ..."

Die hof het hom geglo en hy is vrygespreek.

Later sê hy vir sy advokaat: "Gelukkig dat hulle my nie gevra het of die lantern gebrand het nie!"

2484. 'n Gammat word weens die een of ander oortreding in die tronk gestop, en terwyl hy by die tralies staan en uitloer, kom 'n ander gammat daar verby, en loer van buite af in.

"Wat loe djy da in?" vra die een van binne af.

"Ek loe liewes hierin as hieruit," antwoord hy.

## *Troue*

2485. Sannie aan Jan: "Waarom trou jy nie?'

Jan: "Ag, dis so, ek dink die vrou wat my vat, is mal, en 'n mal vrou wil ek nie hê nie."

2486. Vrou vererg: "Jy praat altyd so baie van Bettie. Hoekom het jy nie met haar getrou nie?"

Man: "En waar het jy dan 'n man gekry?"

2487. 'n Dokter in 'n sielsiekegestig loop 'n pasiënt raak wat in 'n prikkelbare bui is.

"Wat makeer jou vanoggend?" vra die dokter.

"Ek wil trou, dokter."

"Hoe oud is jy?"

"Sewe en vyftig."

"Dan veronderstel ek jy wil 'n vrou hê van omtrent so vyftig?"

"Wel, dokter, as jy nie omgee nie, wil ek liewer twee hê van vyf en twintig elk."

2488. Ou Jafta: "Ja my baas, ekke hy was baie ongelukkig met altwee my vroue."

Oom Hans: "Hoe so?"

Ou Jafta: "Die eerste een het weggeloop."

Oom Hans: "En die tweede?"

Ou Jafta: "Sy het nié."

## *Tuinhekkie*

2489. Die geluid van 'n tuinhekkie – dis al wat hy wou gehad het.

Heine Toerien was in die ou dae, voor televisie, omroeper/regisseur by die radio in Durban.

Hy het die klank nodig gehad vir 'n radioopvoering en hoewel die SAUK se byklankdiskoteek oor 'n verskeidenheid krakende en skreeuende tuinhekkies beskik het, was nie een van hulle na sy sin nie. Hy besluit toe om sy eie tuinhekkie se klank te gaan opneem.

Daardie middag plaas hy die bandmasjien langs die tuinhekkie en maak dit oop en toe, maar, o wee, die honde blaf en die motors brul en die kinders raas ... en hy wil nét die tuinhekkie se klank hê.

Heine sê net die beste is goed genoeg. Hy stel die wekker vir halfdrie in die oggend, staan op en gaan stel die bandmasjien langs die hekkie. Toe swaai hy die hekkie oop: "Krrr ... krrr ..." Net die gekraak wat hy wou gehad het. Maar toe begin die krieke te kriek en die goggas te gog.

Hy vind toe uit as hy met sy voet op die grond stamp en sê: "Wha! Wha!" dan bly die krieke en goggas stil.

Heine voel iemand kyk vir hom. Hy draai om, maar nie voor hy nog 'n slag "wha" gesê het en met sy voet gestamp het nie

"Goeienaand, Meneer," sê die polisieman beleef, "of moet ek sê goeiemôre?"

"Ha-ha-ha!" lag Heine soos Remington Steele. "Ja, dit is eintlik al môre, nie waar nie?"

"En," vra die konstabel, en Heine merk dat die man erg senuweeagtig is, "wat maak u, Meneer?"

"Ek?" vra Heine onskuldig. "Ek neem die hekkie op."

"Jy ... neem ... die hekkie op?"

"Ja, hy kraak."

"Sou olie nie beter gewees het vir die kraak nie?"

"Nee, jy sien, ek wil hê dit moet kraak. Daar is ander hekkies, maar dan blaf die honde en die karre raas."

"Maar die wha?"

"Ek maak die krieke stil," sê Heine.

"Die krieke?"

"Ja, jy sien, krieke raas net in die nag en ek wil die hekkie in die dag gebruik."

"O, ek sien."

"Ek is bly," sê Heine.

"Meneer," sê die konstabel bedagsaam, "kan ons jou help om by die huis te kom? Waar woon jy?"

"Dis my huis dié," sê Heine.

"O, nou maar goed, dan help ons jou om in die huis te kom ... en dan gaan slaap jy, goed so?"

"Maar ..." sê Heine, maar die konstabel vat hom ferm aan die elmboog.

"Nou goed dan," sê Heine, "maar julle verstaan nie, ek het hierdie geluid nodig vir 'n opvoering."

"O, ek verstaan maar te goed, maar gaan slaap liewer eers. Ag, toe?"

Die konstabel het hom tot in die huis gehelp en die deur toegemaak. Ná 'n lang ruk het Heine die deur oopgemaak en uitgeloer: die blitspatrollie was nog daar. Een van die opnames sou seker goed wees.

## Tuinmaak

2490. Jan Schutte het so 'n pragtige storie wat hy vertel van die twee oubasies by die Uniegebou wat tuin natgooi. Staan hulle daar met hulle gieters ...

Sê die een vir die ander: "Daar loop ou Jan, 'n regte ou inkruiper. Ek is al drie jaar hier, hy maar net drie maande. Ek is nog altyd op gieters en hy is al lankal op die 'hous'."

2491. "Wat is die verskil tussen meerjarige en eenjarige plante?"

"Eenjarige plante vrek net een keer per jaar."

2492. Manie: "Hoe gaan dit met julle groentetuin?"

Danie: "Gaaf. Ons het hom vir middagete gehad."

## Tweetaligheid

2493. Ons kry tweetalige stories hier in Suid-Afrika wat net hier kon ontstaan het. Byvoorbeeld, die manne sê die afkorting bvp beteken: been voor paaltjies – been too long voor paaltjies so the ump gave him out.

2494. Die staatsamptenaar het 'n immigrant gevra watter tale hy ken en toe antwoord hy: "Engels, Duits, Italiaans en Frans."

Die amptenaar skryf toe op die vorm: "Nie tweetalig nie!"

2495. Genl Kemp het 'n mnr Winterton in Waterwese aangestel. Toe kom die partymense na die generaal toe en wil weet of dié Winterton die regte man vir die werk is.

Genl Kemp sê toe die man ken sy vak en hy is die regte man.

Deputasie: "Maar, Generaal, is hy darem tweetalig?"

Genl Kemp: "Tweetalig? Magtag, man, ek sou so dink! Hy's so tweetalig, hy kan amper nie Engels praat nie!"

2496. Wat is nou weer die Engels vir 'n tyre?

## Tyd

2497. Een oggend vroeg – ek het nog *Flink uit die vere* uitgesaai – ry ek by Joubertpark verby. Daar was altyd so 'n blommehorlosie. En ek vra later in my program: "Weet jy hoe laat was dit toe ek daar verbyry?"

Eers laat ek die mense raai en sê toe: "Nee, dit was jakobregop oor aster!"

2498. "Ek kan nie begryp wat aan my horlosie skeel nie," sê meneer Albertyn aan sy vrou, "ek dink ek moet dit horlosiemaker toe vat om skoon te maak."

"Nee, Pa, dis nie nodig nie," sê klein Jannie, "Sussie en ek het hom al vanoggend in die bad gewas."

2499. Oom Koos wat net wil stap onderwyl sy ou vrou nog talm: "Is jy klaar, ou vrou?"

Tant Annie: "Ag julle mans. Ek sê jou al die laaste uur ek sal oor 'n minuut klaar wees."

# U

## *Uitgewers*

2500. "Ek hoor hy skryf 'n boek."
"So, en wie is die held?"
"Die ou wat die boek gaan publiseer."

## *Uitvindsels*

2501. Ronde horlosies vir ouens wat die dae wil omslaap.

2502. Oogdruppels vir bloedbelope oë vir mense wat nie televisiestelle kan bekostig nie.

2503. Tandepasta met 'n knoffelgeur vir ouens wat nie lief is vir mense nie en ook nie knoffel eet nie.

2504. Familiegrootte insekdoders vir mense met te veel boekwurms in die familie.

2505. Roosterbrood met nommers op sodat jy kan kaart speel tot die sop kom.

2506. Rolskaatse met 'n trurat vir mense wat agterbaks is.

2507. 'n Onderarmspuitstof wat jou onsigbaar maak: jy ruik nog sleg, maar mense weet net nie waarvandaan dit kom nie.

2508. 'n Gieter sonder 'n boom vir plastiekblomme.

2509. Nuwe hondebeskuitjies wat soos 'n briewebesteller se been smaak.

2510. Waatlemoene met handvatsels – dit dra makliker.

2511. Piesangs met ritssluiters vir mense wat haastig is.

2512. Die mikroskoop is lankal uitgevind; dit word gebruik om na klein goedjies te kyk. Die teleskoop word gebruik om na goed wat ver is, te kyk. Nou het hulle 'n apparaat uitgevind waarmee 'n mens deur 'n muur kan kyk. Hulle noem dit 'n venster.

## *Universiteit*

2513. 'n Professor aan student wat laat kom: "Meneer S, waarom is u dan weer so laat?"

Die student staan ewe plegtig op, stap na die professor en fluister in sy oor: "Professor, ek sal u sê: dis omdat ek te laat van die huis af weg is."

2514. Nog 'n Stellenbosch-herinnering uit die WO II-jare van Barnie Barnard:

"Met die instelling van tydbesparing was die manne maar bokbek. 'n Agtuurklas het toe seweuur begin. In die ekonomieklas het 'n student vir prof Schumann gesê hy dink ons ondersteun die oorlogspoging as ons hierdie tyd volg. Om die gemoedere te kalmeer, sê prof Schumann dat dit ons nie sal doodmaak nie, inteendeel, dis gesond om vroeg op te staan. Vinnig kap die outjie terug: 'Maar, Professor, u het nou die dag gesê ons is nie hier vir ons gesondheid nie!'"

2515. Een professor was so verstrooid, hy het vergeet om 'n boek te skryf wat hy aan die klas kon verkoop.

2516. 'n Universiteit is 'n fontein van wysheid waar die studente bymekaarkom om te drink.

2517. Hy was op universiteit en sy pa hoor niks van hom nie. Sy pa stuur toe die volgende telegram:

"Het jy gedruip of is jy deur?"
Hy stuur toe 'n telegram terug: "Ja."
Sy pa telegrafeer weer: "Ja, wat?"
En hy antwoord: "Ja, Pa."

2518. "Pa, ek het 'n gawe verrassing vir Pa, Pa hoef nie weer boeke vir my te koop hierdie jaar nie. Ek gebruik sommer weer verlede jaar se boeke."

2519. Hy sê doedies hou hom jonk. Hy het drie jaar gelede as 'n eerstejaar doedies uitgeneem en hy is nog altyd 'n eerstejaar.

2520. "Ek dra nooit handskoene as ek vir my doedie gaan kuier nie."
"Hoekom nie?"
"Ek voel beter daarsonder."

2521. "Die arme seun loop eintlik vooroor van al die studeer."
"Moenie glo nie, dis omdat hy so baie moet buk om sy doedie te soen."

2522. "Ek het gesê jy mag my hand soen, maar jy het my lippe ook gesoen. Hoe durf jy!"
"O, ek leef maar so van die hand na die mond!"

2523. Die doedie het nie een van die douens verdink nie en hulle het daarvan gebruik gemaak. Hulle soen haar gereeld reg onder haar neus.

2524. Dou aan doedie: "Ek was gisteraand met 'n verpleegster uit."
Doedie: "Miskien sal jou ma toelaat dat jy een van die dae alleen uitgaan."

2525. Die kelner het gelag toe ek met hom Frans praat. G'n wonder nie – dit was my ou prof.

2526. "Waar was jy die afgelope vier jaar?"
"Op universiteit. Medisyne geneem."
"Voel jy nou beter?"

2527. Streng pa: "Harde werk het nog nooit iemand doodgemaak nie."
Seun: "Dis net die ding, Pa, ek hou van iets wat darem 'n tikkie gevaar in het."

2528. "My seun is terug van universiteit af."
"Hoe weet jy?"
"Ek het drie weke lank nog nie 'n bedelbrief gehad nie."

2529. Die boer se seun is baie wetenskaplik aangelê. En dit het die ou man baie geld gekos om hom al die jare op universiteit te hou. Eendag, in die mielieland, vra hy hom: "Waarmee is jy besig?"
Hy sê: "Pa, ek wil 'n oplosmiddel uitvind, 'n universele oplosmiddel wat alles sal oplos ..."
"Whau!" sê die boer, stoot sy hoed agtertoe, krap sy kop en vra: "En as jy dit uitvind, waarin gaan jy dit hou?"

# V

## *Vaderland*

2530. Opskrif in *Die Waarheid* toe *Die Vaderland* se gebou amper afgebrand het: "O, Vaderland, ons is aan die brand!" *Die Vaderland* is 'n aan die brand koerant!

## *Vaders*

2531. "Pa, aan wie behoort hierdie park?" vra hy toe hulle 'n ent gaan stap.

"Aan ons, my seun, aan ons," antwoord die vader. "Aan ons, die mense. En as deel van die mensdom behoort dit aan ons. Dis nou 'n mooi eienskap van ons regeringstelsel. Die wil van die mense is die hoogste wet."

"Haai, julle daar!" kom 'n kwaai stem. "Gee pad van daai gras af of daar's moeilikheid!"

Dit was die polisieman.

2532. Hy het al twee jaar lank by die dogter gekuier. Toe kon Vader dit nie meer uithou nie.

"Sannie, ek wil weet wat is jou jongkêrel se planne ..."

"Ek weet nie, Pa, hy hou my so in die donker, Pa ..."

2533. Hier volg een van die oudste stories wat ek ken: Pa en dogter was op pad met die perdekar. Skielik spring daar twee rowers uit die bos en deursoek hulle vir geld, maar toe hulle niks kry nie, vat hulle die kar en perde.

Hulle stap aan plaas toe en pa sug: "Ja, nou het ons niks. Hulle het ons perdekar en al ons geld gevat."

"Nie die geld nie, Pa, hier is die beursie nog."

"Maar waar het jy dit weggesteek?"

"In my mond, Pa."

"Ag, hoe jammer dat jou ma nie hier was nie, dan kon ons die kar en perde ook gered het!"

2534. Pa betrap die twee dat hulle albei op een stoel opsit.

"Ek wil net vir jou sê, knapie, toe ek en my vrou opgesit het, het sy in een hoek van die vertrek gesit, en ek in die ander hoek."

"Ek sou dit ook gedoen het as ek met oom se vrou opgesit het."

2535. "En waar's jou vrou hierdie vakansie heen?"

"Ja, dit was te warm vir haar hier. Sy is Drakensberg toe."

"Is die kinders saam?"

"Nee, dis te stil vir hulle daar, hulle is kus toe."

"En jy?"

"Nee, ek kan nie nou van die werk af weg nie, maar ek het darem my kompensasie gekry – 'n elektriese waaier vir my kantoor."

2536. Sy pla hom altyd as hy koerant lees. Sy sien op die voorblad staan: "Een vrou te veel," en sê: "Seker die werk van een of ander bigamis."

"Nie noodwendig nie," antwoord haar man.

2537. En dan was daar die tekenprentjie van die man wat met sy koerant by die tafel sit. Duskant, sodat sy vrou dit nie kan sien nie, hou hy 'n pistool en mik dit op haar. Sy vrou lees op die voorblad: "Man skiet vrou omdat sy altyd uit koerant voorlees."

2538. Kleinsus vra honderde vrae as Pappa saans by die huis kom.

"Pappa, wat doen Pappa op kantoor?"

"Niks nie," antwoord hy om ontslae te raak.

"Maar hoe weet Pappa wanneer Pappa klaar is?"

2539. Jannie: "Pa, hoe hoog is die SAUK-toring?"

Pa: "Ek weet nie, my seun."

Jannie: "Pa, hoe diep is die see?"

Pa: "Nee, ek weet nie, Jannie."

Jannie: "Pa, gee Pa nie om as ek so baie vrae vra nie?"

Pa: "Jy moet maar vra, Janneman, hoe sal jy anders leer?"

2540. Vader: "Is daar halfprys vir kinders?"

Klerk: "Ja, onder twaalf."

Vader: "Dis mooi, ek het net sewe."

2541. Hy was baie ryk. Sy enigste erfgenaam sit langs hom by sy sterfbed.

"Het Pa 'n laaste wens?" vra hy aan die siek man.

"Ja," kom die antwoord flou, "haal jou voet van die suurstofpyp af ..."

2542. Woedende vader aan lastige vryer: "Ek sal jou leer om my dogter te soen!" Vryer: "Oom is te laat, ek weet reeds hoe!"

2543. "Pa, wat is voorvaders?"

"Wel, ek is 'n voorvader ... Oupa is 'n voorvader ..."

"Hoekom spog die mense dan so daarmee?"

## *Vakansie*

2544. As u soos die foto op u paspoort lyk, het u die vakansie nodig.

2545. "In watter hotel was julle tuis toe julle met vakansie in Durban was?"

"In die Orgidee ..."

"Maar die Orgidee-hotel is nie in Durban nie, dis in Pietermaritzburg."

"G'n wonder dit was so ver strand toe nie!"

2546. Ek het nie 'n sê met my vakansie nie. My vrou besluit waarheen ek moet gaan en my baas wanneer.

2547. Vakansie is sand in jou swembroek.

2548. Vakansie is: "Oppas my sonbrand!"

2549. Vakansie is: "Nie vinniger as 120 km/h nie!"

2550. Vakansie is: "Hoe laat is julle daar weg?"

## *Val*

2551. "Ek het ook eenmaal 'n verskriklike slegte val gehad," sê Piet, "uit 'n venster, en op pad ondertoe het al my gemene dinge my bygeval wat ek ooit in my lewe aangevang het."

"Op die aarde!" antwoord Jan, "maar dan moet dit darem 'n lang val gewees het daardie."

2552. Messelaar, nadat hy veertig voet geval het: "Wat, gee julle my water? Hoe ver moet ek dan val om brandewyn te kry?"

## *Valskerm spring*

2553. Wanneer jy in die nag valskerm spring, word daar glo so 'n rooi flikkerlig aan jou valhelm geskroef. Willie spring vir Wonderboomlughawe, maar spring uit koers uit en land naby Bon Accord op 'n plasie waar 'n ou omie besig is om te ploeg. Jy kan jou voorstel wat die omie gedink het toe hy die rooi gevaarte sien wat al flikkerend neerdaal.

Toe Willie langs die trekker land, vra hy: "Ekskuus, Oom, maar waar is ek nou?" Die oom het hom net een kyk gegee en toe sê hy: "Aarde!" en die trekker brul voort.

2554. Boer: "Man, maar jy is dapper om in so 'n orkaan met 'n valskerm uit 'n vliegtuig uit te spring."

Vreemdeling: "Ek het nie met 'n valskerm afgespring nie, ek het met my tent opgegaan."

## *Van der Merwe*

(Of is dit in hierdie geval Vannermerwe?)

2555. Hy loop in die straat en sien hoe die mense opkyk na 'n hoë gebou. Op die gebou se dak staan 'n man. Dit lyk asof hy wil afspring. Koos is op met die hysbak en gaan staan langs die man. Die man waai vir die mense; Koos waai ook vir die mense. Die man wys hy gaan spring; Koos wys hy gaan ook spring. Die man spring; Koos spring ook. Die man se valskerm gaan oop en hy sweef saggies na benede. Koos trek by hom verby en sê: "Jou ou papbroek!"

2556. Vannermerwe het van sy vrou geskei en die regter sê: "Hierdie hof staan R100 per maand onderhoud aan mevrou Vannermerwe toe."

Vannermerwe (baie aangedaan): "Baie dankie, Edelagbare, en ek wil net sê, as dit beter gaan met my sake, dan sal ek ook 'n ietsie bydra."

2557. Vannermerwe doen aansoek om 'n werk by die Wildtuin.

"Het jy matriek deurgekom?"

"Nee, ek het sommer Bronkhorstpruit deurgekom."

Hy word toe aangestel: "Ek sal jou R100 per maand betaal en later R150 per maand."

Vannermerwe: "Nou ja, dan sal ek later weer kom."

2558. Vannermerwe is so dom, hy het sy bloedtoets gedop.

2559. Onthou u nog die een van Vannermerwe wat langs die Pous op die balkon in Rome gestaan het? Toe vra een van die toeskouers: "En wie is daardie ou met die skrumpet wat langs Koos staan?"

2560. Koos ontmoet 'n pragtige plaasnooi en raak verlief op haar. Hulle het drie plase in die Bosveld, vier in Natal en een in die Boland.

Koos: "As ek met jou trou, dink jy jou Pa sal ons 'n bruidskat gee?"

Sannie: "Ja, Koos."

Koos: "En, Sannie, dink jy hy sal my bestuurder van een van die plase maak?"

Sannie: "Ja, Koos."

Koos: "Dink jy hy sal my miskien een van die plase gee?"

Sannie: "Ja, Koos."

Koos: "Sannie, sal jy met my trou?"

Sannie: "Nee, Koos."

2561. Koos se oupa was 95 jaar oud. Toe hulle hom vra wat hy anders sou gedoen het as hy sy lewe kon oorlewe, sê hy:

"Ek dink ek sal middelpaadjie kam ..."

2562. Koos het sy jongste laat doop. Hy gee die lysie met die kind se name aan die dominee.

"Johannes Petrus Willem Andries Sarel Bernardus ... Koster, nog water, asseblief!"

2563. Vannermerwe is in die wagkamer van die verpleeginrigting. Saam met hom is twee ander verwagtende vaders. Die verpleegster kom roep hulle drie om die eerste baba te identifiseer. Die baba is baie blas van kleur.

Vannermerwe sê toe onmiddellik: "Dis myne daardie een, my vrou verbrand altyd alles!"

2564. Hoe maak Vannermerwe sy skoen vas? Hy sit sy linkervoet op die stoel en maak sy regterskoen se veters op die grond vas.

2565. Vannermerwe se vriend, Botha, is in 'n skietongeluk oorlede, nou moet Vannermerwe die treurige nuus aan sy vroutjie gaan oordra.

Hy klop aan die deur.

"Is u die weduwee Botha?"

"Nee. Ek is nie 'n weduwee nie."

"Wil jy wed?"

2566. Koos was ongelukkig omdat die dokter hom nooit vra hoe dit met hom gaan nie. Toe vra die dokter maar:

"Koos, en hoe gaan dit met jou vandag?"

Koos: "Ai, Dokter, moenie vra nie!"

2567. Koos was Europa toe en toe hy terugkom, bel hy sy ma van Jan Smuts-lughawe af: "Dag, Ma, dis ek, Koos."

"Kosie, is jy terug? Hoe gaan dit?"

"Ma, ek het 'n meisie in Engeland ontmoet en ons het gaan trou, Ma ..."

"'n Engelse meisie, Kosie?"

"Ja, Ma, getroud, Ma, maar dis nie die ergste nie, Ma, die ergste is dat sy drie kinders het ..."

"Drie kinders, Kosie?"

"Ja, Ma, maar dis nie die ergste nie, Ma, ek is met haar getroud, Ma, en ons het nêrens om te bly nie, Ma ..."

"Kosie, dis verskriklik, maar jy is my

enigste seun en ek sal vir jou sorg, julle moet maar hier in my huis kom bly ..."

"Maar waar gaan Ma dan bly?"

"Nee, nadat ek hierdie foon neergesit het, gaan ek dood neerslaan."

2568. Vannermerwe sê vir Abe: "Abe, ek is jammer om te hoor van jou fabriek wat gister afgebrand het."

Abe: "Nee, nee, nee, nie gister nie, môre!"

2569. Vannermerwe koop 'n papegaai wat *Die Stem* kan sing. Hy neem hom toe na die manne toe en wed hulle tien teen een dat die papegaai dit wel kan doen, en nadat almal die weddenskap geplaas het, weier die papegaai om dit te doen. Hulle vat sy geld en baie kwaad is Koos terug huis toe. By die huis raas hy met die papegaai en vra waarom hy nie *Die Stem* gesing het nie.

Papegaai: "'n Mens sing nie *Die Stem* in 'n kroeg nie."

2570. Die mense wou uit Engeland
graag 'n tonnel bou.
Tot aan die Franse kus
wou hul die tonnel grou.

Toe vra hulle tenders
van al die bouers hier,
maar ai, die mense tender
vir hulle glad te duur.

Hulle hoor toe van 'n man
in ver Suid-Afrika,
en wou toe weet hoeveel sal
hy vir die tonnel vra.

Hy tender vreeslik laag,
sy prys is baie min.
Hul sê toe Vannermerwe
moet dadelik begin.

Maar een van hulle mense,
'n slimkop-ingenieur,
sê eers moet Vannermerwe
hul sy geheimpie leer.

"Ek begin te tonnel," sê hy
"in Frankryk anderkant,
my seun weer met sy kruiwa,
begin in Engeland."

Die ingenieur krap kop:
dit sal 'n raaisel bly.
"En sê nou net jul tonnel
skoon by mekaar verby?"

Breed glimlag toe ons bouer,
Van Vannermerwe Seun:
"Dan kry u tog *twee* tonnels
net vir die prys van een!"

2571. Koos besluit om sy perd vir die "July" in te skryf. Maar al wat Suidwester is, probeer hom afraai, omdat dit volgens hulle mening 'n donkie is. In Durban wil die organiseerders eers nie dat hy sy perd inskryf nie, maar toe hy sy plaas as waarborg gee, stem hulle in. Toe die hek lig, spring almal weg, behalwe Koos se perd. Na lang gesukkel kry hy hom aan die gang. Met elke tree wat hy gee, is hy byna drie lengtes by die ander verby en hy wen toe ver. Al wat leef en beef wil toe weet watse perd dit is en wat sy stamboek is. Toe sê Koos: "Wel, voordat ek sy horings afgesaag het, was dit 'n koedoe."

2572. Vannermerwe loop in die Sahara met sy sonbril, baaibroek en handdoek toe hy op 'n klomp Arabiere afkom.

Hy vra toe vir hulle: "Hoe ver is dit nog see toe?"

"Omtrent 1000 kilometer," kom die antwoord.

Moedeloos sê hy: "Nee, dit is te ver, ek sit sommer maar hier op die strand."

2573. Waarom het Vannermerwe met 'n maatband gaan slaap? Hy wou kyk hoe lank hy slaap.

2574. My gelukkigste jare op skool," sê Koos Vannermerwe, "was die drie jaar in standerd vier."

Nou is Koos 'n finalis in *Flinkdink* op TV.

"Jou laaste vraag, meneer Vannermerwe: hoe ver is dit van Johannesburg na Durban?"

"672 kilometer," sê Koos sonder om eers na te dink.

"Heeltemal korrek! En nou: hoe ver is dit van Durban na Johannesburg?"

Koos frons. "Wag, moenie my help nie! Moenie sê nie! Ek net 'n bietjie dink ... Julle sal my nie uitvang nie, o, nee ..."

Die vraesteller sê: "Meneer Vannermerwe, dink 'n bietjie. Jy sê dis 672 kilometer van Johannesburg na Durban, nou hoe ver is dit van Durban na Johannesburg?"

"Jy sien, julle dink dit is dieselfde afstand, maar dit is nie. Van Kersdag na Nuwejaarsdag is dit sewe dae, maar van Nuwejaarsdag na Kersdag is dit driehonderd agt en vyftig!"

2575. Koos wil gaan fliek; almal sê hy moet *Fatal Attraction* gaan kyk.

Later vra iemand: "Was dit 'n mooi fliek?"

"Nou ja ... dit was baie mooi, maar dit was darem baie kort."

"Watter fliek was dit?" vra iemand anders.

"Daai fliek wat julle almal gesê het, *Next attraction*. Mooi, maar baie kort."

2576. Koos vra waar kan hy lekker eet. Sy maat noem 'n restaurant se naam. Koos gaan eet daar.

Later vra die maat: "Hoe was die kos?"

Koos sê: "Die voorgereg was uitstekend, die hoofgereg was uitmuntend, maar die nagereg en die koffie was heeltemal onder standaard."

"Wat is die restaurant se naam?"

"Ek weet nie, maar daar staan *Under new management*. Ek dink die plek het na die hoofgereg van eienaar verwissel!"

2577. Daar is al baie geredekawel oor die hoe en waar van die oorspronklike Vannermerwe-grap. Sommige humoriste beweer dit het sy ontstaan in A G Visser se Muskietejag. Onthou u? Die kêrel wat die muskiet belowe dat hy sal sterwe ... want *My naam is Van der Merwe*?

Ander weer, sê nee, dit kom van die storie van Van der Merwe wat gaan reis het. In die eetsalon op die skip kom hy toe te lande langs 'n Fransman wat voor elke ete buig en *bon appetite* sê. Van der Merwe dag die man stel homself voor en dat sy naam "Bon Appetite" is en hy buig ook en sê: "Van der Merwe!"

So hou dit 'n paar dae aan en toe vertel Koos aan 'n vriend dat die man homself elke aand voorstel en die vriend verduidelik toe dat "bon appetite" eintlik "smaaklike ete" beteken. Van der Merwe dag toe hy gaan die Fransman daardie aand voorspring en toe hulle by die tafel kom, buig hy diep en sê: "Bon appetite!" waarop die Fransman glimlag en sê: "Van der Merwe!"

2578. Maar nou kom Cornelis Haupt van die Kaap met hierdie storie en hy sê dis die oorspronklike Van der Merwe-een:

Tydens die Atlantiese vlootoefeninge van Amerika, Brittanje en die Republiek van Suid-Afrika, sit die drie admiraals een aand teen skemer hulle tyd en verwyl soos enige matroos maar sal as daar nie dames by is nie. Hulle steek toe maar 'n dop. Donker doppe laat 'n mens so spoggerig voel en met dié sê die Brit, admiraal Sir Percy Belle-Bitham:

"Haar Majesteit se Vloot is natuurlik die glansrykste in die wêreldgeskiedenis. Onvergelyklik. Ons is miskien nie meer die grootste nie, maar ons tradisie van dissipline, slaggereedheid en byna roekelose dapperheid is uniek. Net om julle te wys ..."

Hy draai sy oë effens en bulder: "Smythe!"

Toe sy oë weer vorentoe kyk, staar hy vas teen Smythe wat op aandag staan en prewel: "Rapporteer vir diens, Admiraal."

Sir Percy kyk hom aan en sê. "Jy sien hierdie maspaal bo-op die kommandodek. Vir die roem van Haar Majesteit se Vloot en vir jou land, klim jy tot bo en duik af op die dek. Toe, spring!"

"Aye, aye, Sir!"

'n Flinke saluut en daar gaan hy. Van heel bo duik die matroos soos 'n vliegtuig wat afgeskiet is.

Toe die manne met die moppe klaar skoongemaak het, sê Sir Percy aan sy makkers: "Hoes daai vir dapperheid, Menere?"

Admiraal Van Wijngaard: "Ongelooflik."

Admiraal James Q. Topside: "Voortreflik. Werklik voortreflik, maar natuurlik nie beter as wat 'n mens sou verwag van enige ordentlike matroos nie. Ons vloot is die grootste wat die wêreld nog gesien het, met 'n slaankrag so groot soos alle kanonne saam wat in alle vorige oorloë gebruik is. Ons het meer slotmasjiene aan boord ons skepe as alle hawestede van die Westerse demokrasie saam. Ons manne se gesamentlike koopkrag is so groot soos dié van 'n gemiddelde Afrikastaat. Maar laat ek julle wys ..."

Hy loer oor sy skouer en bulder: "Hi, Joe!"

Sestien Joe's staan op 'n ry.

"Jy," sê hy en wys na een Joe, "jy't gesien wat die pikbroek van Haar Majesteit se Vloot gedoen het. Nou klim jy op daardie maspaal. Ons het nou wel g'n koningin nie, maar vir ons land en ons president duik jy af in die see. Maak spore!"

Toe Joe afduik, staan die haaie en watertrap met oopgesperde kake. Hy't nie eens nat geword nie.

Lui-lui tik admiraal James Q. Topside die as van sy sigaar af en vra-sê: "Hoe's daai vir dapperheid, Menere?"

Admiraal sir Percy: "Merkwaardig. Inderdaad merkwaardig."

Admiraal Van Wijngaard: "Ongelooflik."

Hierop wou die geselskap nie lekker vlot nie. Admiraal Van Wijngaard het gepraat oor allerlei dinge, maar sy kollegas wou net weet wat dan van Suid-Afrika se vloottradisie en vermoë. Eindelik roep admiraal Van Wijngaard: "Koos van der Merwe, kom 'n bietjie hier ...!"

Toe Koos voor hom staan, sê die admiraal: "Ou seun, jy't nou gesien wat hierdie Engelsman en Amerikaner gaan staan en aanvang het, net om te bewys hoe dapper hulle matrose is. Nou kyk, ons het nou wel nie 'n koningin nie en ons vloot is nie die grootste in die wêreld nie en hulle wil ook nie weet dat ons die enigste biltongfabriek ter see op ons vlagskip het nie. Vir volk en vaderland vra ek jou nou om op daardie maspaal te klim. Dan kan jy kies: óf jy duik jou hier te pletter op die dek, óf jy duik tussen daai klomp haaie in."

Hierop was Koos van der Merwe se antwoord bondig: "Gaan vlieg in jou maai!"

Waarop admiraal Van Wijngaard hom omdraai tot sy kollegas en met 'n breë glimlag sê: "Hoe's daai vir dapperheid, Menere?"

2579. Die motoris sien die padblokkade 'n entjie vorentoe en wonder skielik of sy olike flikkerlig werk. Hy keer toe vir Vannermerwe voor en sê hy moet net kyk of die lig wel werk. Vannermerwe gaan staan voor die motor, kyk stip na die geel lig en sê: "Nou werk hy, nou werk hy nie, nou werk hy, nou werk hy nie ... "

2580. Vannermerwe het 'n winkel langs Ikey. Een môre is daar 'n plakkaat voor Ikey se winkel: *Botter 50 sent ...*

Die volgende môre is daar 'n plakkaat voor Vannermerwe se winkel: *Botter 40 sent* ...

Toe verander Ikey syne na *30 sent* ... en Vannermerwe syne na *20 sent!*

Kom die Jood by Vannermerwe en hy sê: "Jy kan nie botter teen daardie prys verkoop nie!"

Koos lag en sê: "Ek kan want ek verkoop nie botter nie!"

2581. Vannermerwe kom in die hof.

"Wat is jou naam?"

"K Vannermerwe."

"Waarvoor staan die K?"

"Voor die Vannermerwe!"

2582. Vannermerwe gaan haal sy pensioen.

"Wat is jou voorletter?"

"S Vannermerwe ..."

Hulle soek en soek. Hulle kry nie sy naam nie.

"S? Waarvoor staan S?"

"Sjert Vannermerwe ..."

## Varke

2583. Oom Krisjan was 'n baas-varkskieter. (Nee, nie 'n spekskieter nie, wat hy seker ook was, maar 'n varkdoodmaker.) Hy het vertel dat mense hom ver laat kom het wanneer hulle wou vark slag. Hy het verduidelik dat daar voor op die vark se voorkop 'n plek so groot soos 'n tiekie is ... en as jy hom nie daar skiet nie, is daar moeilikheid.

Nou vertel Barnie se pa – nie in die teenwoordigheid van oom Krisjan nie – dat hy eendag op Bosfontein 'n vark vir Johnnie van Rensburg moes skiet. Hy het op sy perd daar aangekom en met groot swier vertel die hoeveelste vark dit was wat hy daardie dag moes skiet.

Maar van die begin af wou dinge nie reg loop nie. Die vark wou net nie saamspeel nie en telkens moes oom Krisjan verlê. Later staan die vark en die doodskoot knal ... eintlik moes dit 'n doodskoot gewees het, maar dit was nie. Die vark storm die hek en breek uit. Nou skiet oom Krisjan wild. Die vark hol die hele werf vol en skreeu soos 'n maer vark. Dwarsdeur die huis, by die pot kookwater wat reg gestaan het vir die varkslag verby, deur die dipgat – intussen skiet oom Krisjan, die mense vlug, oom Krisjan raak beserk ... sy reputasie is daarmee heen.

By die plaasskooltjie is mej Terblanche net besig met 'n Bybelles – heel moontlik nog die swyne van Gadara – toe die vark by die skoolgebou se venster inklim.

Daar het die volk hom doodgeslaan. Oom Krisjan se magasyn was leeg. Hy het stil-stil verdwyn. Die vark het aan die haak omtrent 5 kg swaarder geweeg voordat al die lood uit hom verwyder is.

2584. 'n Man ry teen 'n eenrigtingstraat en 'n vrou wat van die ander kant af kom, skree vir hom: "Vark! Vark!" en hy skree terug: "Koei! Koei!" en omkyk-omkyk ry hy oor die vark.

2585. Die plaasboer nooi sy Hillbrow-nooi om te kom kyk hoe dit op 'n plaas lyk.

"Dit is nou 'n karring," wys hy haar ... "en dit is 'n kraal ... dit is 'n koei ... en dit is 'n vark ... "

"Haai, sies, wat het hy dan gedoen?" vra sy onskuldig.

2586. Koos Vannermerwe en Jan Vannermerwe smokkel 'n vark oor die grens. Hulle trek vir die vark klere aan, sit vir hom 'n hoed op en maak hom tussen hulle sit.

Die doeane-beampte wil weet: "Wat is jou naam?"

"Koos!" sê hy.

"En jóú naam?"

"Jan Vannermerwe," kom die antwoord.

"En joune?" en hy wys na die vark.

Koos pomp die vark in die ribbes.

"Org!" sê die ot.

Toe hulle ry, sê die beampte aan sy maat: "Dis die likste broers wat ek nog gesien het: daardie Org kan nog gaan, maar die ander twee is darem vreeslik lelik!"

2587. Twee oujongnooiens wil met varke boer. Hulle koop vir hulle 'n sog. Die volgende môre gaan kyk hulle of daar nog nie klein varkies is nie. Daar is nie. Hulle vra toe raad by die buurman en die buurman verduidelik toe dat een vark nie alleen kan aanteel nie. Hy bied toe aan dat hulle die sog na sy beer toe kan bring. Die twee dames stoot die sog op 'n kruiwa na die buurman se beer toe. Die middag stoot hulle haar weer terug. Kom die son op, kyk hulle of daar nog nie varkies is nie. Is daar nie, stoot hulle haar weer na die beer toe. Twee weke later soek hulle die sog. Later kry hulle haar waar sy self in die kruiwa geklim het.

2588. Kwaai onderwyser aan dom seun: "Jy is net goed genoeg om varke op te pas."

'n Paar jaar later word genoemde onderwyser deur dieselfde seun op die trein bedien.

Onderwyser: "En toe, wat maak jy hier?"

Seun: "Ek bedien nou varke, Meneer!"

2589. Pa aan seuntjie: "Sies jou otjie, kyk hoe mors jy. Weet jy wat 'n otjie is?"

Seuntjie: "Ja Pappie, dit is die seuntjie van 'n vark."

## Vars

2590. Huisvrou: "U is heeltemal seker dat dit vars aartappels is?"

Groenteboer: "O ja Mevrou, kyk, hul oë is nog nie eens oop nie."

## Veelwywer

2591. Jan: "Watter straf kry 'n veelwywer?"

Piet: "Hy kry meer as een skoonmoeder, ou maat."

## Veewagter

2592. Boet Klue van die Baai vertel van die beeswagters wat tot drie maande alleen op die buitepos moes bly. As daar iemand van die huis af kos bring, rek die beeswagter die gesprek gewoonlik baie lank uit.

"Jy sê jy het vir my kos gebring?"

"Ja, ek het vir jou kos gebring."

"Mmmmm ...." Stilte. "O, jy sê dit gaan goed by die huis."

"Dit gaan goed."

"Hoe gaan dit met ma?"

"Nee, dit gaan goed met Ma."

"Mmmmm ... Ek sien. Jy sê dit gaan goed met Ma?"

"Jaaaa ..."

"Hoe gaan dit met Pa?"

En so duur dit voort.

Op 'n keer kom die boer ook daar aan. Daar sit die beeswagter op 'n klip. Nadat hulle gegroet het en bogenoemde gesprek amper 'n uur geduur het, vra die boer: "Nou wat doen jy die hele dag, oudste?"

"Ek dênk."

"Wat dênk jy?"

"Ek dênk die beeste."

"Ja?"

"En ek dênk die gras."

Stilte. Dan: "Ja?"

"Ek dênk die reën." Hy kyk op in die lug. "Nou ek dênk die groot voël."

"Ja?"

"Ek dênk weer die gras ... Nou ek dênk die meerkat."

"Ja?"

"Nou darie groot voël hy gryp darie meerkat ... Darie meerkat hy skreeu en skreeu toe die voël met hom vlieg. Nou ek dênk darie meerkat ... hy hou fokôl van vlieg!"

### Veiling

2593. 'n Man vertel eendag vir sy vrou dat hy gedroom het hulle veil vrouens in die hemel op.

"En hoe duur gaan hul nogal?" vra sy belangstellend.

"So van 'n rand tot tien rand stuk," antwoord hy sarkasties.

Die volgende dag sê sy vrou vir hom: "Ou man, raai, ek het ook vannag gedroom dat ek in die hemel was by 'n vendusie waar hulle mans opveil, en jy was ook daarby."

"Ja, en hulle het seker 'n goeie prys behaal," sê hy.

"O," sê sy, "party het duisende ponde gegaan."

"En hoe duur het ek gegaan?" vra hy.

"Van jou soort," sê sy, "was daar 'n hele boel, en hul is verkoop vir tien sent 'n bossie."

### Vendusie

2594. 'n Man ry eendag met 'n duur perd deur 'n rivier wat skielik afkom. Terwyl hy met die perd en al in die stroom afdryf, bid hy in doodsangs om redding, en beloof dat hy die duur perd sal verkoop en die volle opbrengs aan die kerk sal skenk. Eindelik kom hy veilig uit en begin 'n bietjie spyt kry oor sy haastige gelofte. Na lang gepeins vind hy 'n uitweg.

Op die vendusie koop hy 'n hoenderhaan vir R10 en toe iemand hom vra wat hy vir die perd wil hê, antwoord hy: "Die perd sal ek verkoop vir R10 as ek vyfduisend rand vir die hoenderhaan kan kry." Om die perd te bekom, neem die koper die eienaardige aanbod aan, en die suinige man skenk sonder enige gewetenswroeging sy R10 aan die kerk.

### Verbeel

2595. 'n Dame kom eendag met 'n monstertjie in die winkel en vra om van dieselfde goed te kry.

"Ons het nie van dieselfde soort goed op die oomblik nie," sê die winkelier, "maar verbeel jou maar dis die regte goed," en hy bied haar ander goed aan.

Sy vat dit en sê: "Verbeel jou maar jy is betaal."

### Verdwaal

2596. Ier: "Ek is verdwaal, kan jy my sê waar ek is?"

Skot: "Enige beloning?"

Ier: "Natuurlik nie."

Skot: "Dan is jy nog verdwaal."

### Verf

2597. Koos kom by sy maat, wat besig is om 'n motorkar te verf.

Koos: "Gert, hoekom het jou motor se ou verf dan so opgedop?"

Gert: "Man, ek dink hulle het dit onderstebo aangesit."

### Vergadering ... Konferensie

2598. 'n Konferensie is die vergadering van belangrike mense wat alleen niks kan doen nie, maar wat dan gesamentlik na lang besprekings besluit dat niks gedoen kan word nie.

2599. Elke keer wanneer die Wetgewende Vergadering 'n grap maak, word dit 'n wet; en elke keer as hulle 'n wet maak, is dit 'n grap.

### Vergeet

2600. "Ouma, ek is jammer dat ek Ouma se verjaardag gister vergeet het, en ek sal verstaan as Ouma my verjaardag môre sal vergeet."

2601. Ma: "Jannie, wat het ek gesê sal ek doen as jy weer koek steel?"

Jannie: "Ag ma, hoe wonderlik is dit dat ek dit nou juis moes vergeet, noudat ma dit ook vergeet het."

2602. Jiems: "Jong, wat beteken die toutjie om jou vinger?"

Flip: "My vrou het dit vanmôre om my vinger gebind sodat ek moet onthou om haar brief te pos."

Jiems: "En het jy nou al die brief gepos?"

Flip: "Nee, sy het vergeet om dit vir my te gee."

2603. Vrou: "Ag, man, ek onthou tog die jaartalle so sleg."

Man: "Nee, ek onthou weer al die jaartalle, ek vergeet net wat toe gebeur het."

2604. Eendag ry 'n ou man na die dorp om die nodige dingetjies te koop. Sy ou vrou was ook saam met hom. Op sy terugreis voel dit al vir hom of hy nog iets vergeet het, maar dit wou hom nie byval wat dit was nie.

Toe hy by sy huis kom, stap sy dogter hom tegemoet en vra: "Maar Pa, waar is Ma dan?"

Dit was al die tyd sy ou vrou wat hy in die dorp vergeet het.

2605. Daar is seker niemand wat Afrikaans kan lees wat nog nie een van G Sutherland se kortverhale gelees het nie. Hierdie meester van die ligte, komiese kortverhaal, vertel van 'n sekere man in sy kantoor wat 'n paar kilometer buite die stad woon en wat twee keer per week vleis vir die huis moes koop. Hierdie diensie het hy soos 'n getroue eggenoot verrig. Die pakke vleis sit hy dan in die kantoor se yskas, met die prysenswaardige voorneme om dit saam huis toe te neem wanneer die kantoor sluit, maar ongelukkig het hy na werk selde onthou om die vleis saam te neem. Dit het vanselfsprekend sy vrou ergerlik gemaak.

Toe, eendag, het hy 'n blink gedagte. Dit was om sy motorsleutels op sy pakke vleis in die yskas neer te sit wat hom dan sou herinner om sy vleis te vat.

Maar helaas, dit het nie gewerk nie.

Hy daag in 'n taxi by die huis op en vertel skaam-skaam vir sy vrou hy het sy motorsleutels verloor!

2606. Prof D F Malherbe was baie verstrooid. Hierdie een storie van hom is nie bekend nie. Hy ry in die trein en die kondukteur vra sy kaartjie. Hy soek en soek en soek, maar kry nie die kaartjie nie.

"Toemaar, Prof," sê die kaartjiesondersoeker, "ek weet u het 'n kaartjie, maak nie saak nie ..."

"Natuurlik het ek 'n kaartjie, maar waar de duiwel gaan ek heen?"

2607. Op 'n keer kom hy by die huis en kom agter dat hy sy voordeursleutel by die universiteit vergeet het. Hy klop aan die deur en die huishulp maak die boonste venster oop en skreeu: "Die Professor is nie tuis nie!" waarop Prof D F antwoord, terwyl hy omdraai: "Sê vir hom ek sal weer 'n draai maak!"

2608. Skot: "My broer is vreeslik vergeetagtig. Nou die oggend stap hy die huis uit en op die rand van die sypaadjie gooi hy sy een been in die lug op en val hom byna dood. Hy was onder die indruk dat hy op sy fiets wou klim."

Ier: "Ag man, jy ken nog nie my broer vir vergeetagtigheid nie. Die ander nag word hy wakker en trek 'n vuurhoutjie om te kyk of hy die kers doodgeblaas het."

2609. Oom: "Ek hoor jou oupa se gedagte is so kort?"

Kosie: "Ja Oom, hy onthou nou so kort dat hy nou maar gedurig sy *vergeet* gebruik."

2610. Oupa aan Ouma: "Ou vrou, waar is my kierie?"

Ouma: "Ek weet nie."

Oupa: "Tag, maar julle vroumense is kort van gedagte."

## *Vergroot*

2611. Piet Spekskiet was 'n groot jagter wat enigsins sy avonture kon oordryf. Sy maat het hom hieroor berispe, en toe kom hulle ooreen dat as Piet weer in die geselskap te veel sou vergroot, sy maat vir hom moes knik. Eendag vertel Piet weer van 'n vreeslike groot tier wat hy doodgeskiet het.

Hy voeg daarby: "Sy stert was tien voet lank."

Sy maat knik.

"Ek meen, vyf voet," sê Piet.

Sy maat knik weer.

"Ag, ek wou sê drie voet," sê Piet.

Toe sy maat vir die derde maal knik, roep Piet verontwaardig uit: "Wil jy dan verbrands sê hy het glad g'n stert gehad nie?"

2612. Jan, wat baie kon vergroot, vertel vir 'n paar ander mans: "Ek het nou die dag 'n bok met een skoot tegelykertyd deur die kop en deur die kloutjie geskiet."

Sy broer Piet wat staan en luister, sekondeer ter wille van Jan se eer: "Ja, ek was by en het gesien dat die bok aan sy kop krap net toe die skoot klap."

Toe hulle later alleen is, waarsku Piet vir Jan: "Jy moet darem nie so verwyderd jok nie, ek sal nie altyd die kloutjie so maklik by die oor kan kry nie. Onthou nou vir die toekoms, as ek teen my neus vryf, moet jy self jou storie 'n bietjie aanpas."

'n Paar aande daarna vertel Jan weer 'n lang liegstorie vir 'n paar vriende. Hy sê dat hy nou vir hom 'n huis gebou het wat vyfhonderd meter lank is. Onmiddellik vlieg Piet se vinger na sy neus en begin woes vryf. Jan skrik so groot dat hy sommer in een asem byvoeg: "... en een meter wyd."

2613. 'n Boer wat erg kon spekskiet, vertel aan 'n geselskap van 'n span osse wat hy gehad het, en sy laaste tog met hulle.

"Die osse het met die swaargelaaide wa op loop gesit, met so 'n spoed dat die wiele naderhand vasgebrand het en die hele spul mettertyd in 'n vlammende bol rook oor die bult verdwyn het. Die hele dag lank het ek die osse te perd agtervolg en toe ek eindelik op hulle afkom, was al wat oorgebly het die trekketting met 'n kaiing agter elkeen van die sestien jukke."

2614. 'n Man wat vreeslik kon lieg, vertel eendag aan 'n geselskap dat hy met 'n ankertou langs die strand staan en visvang het, toe kom daar 'n vreeslike dier wat hy nie kon sien nie en ruk die ankertou morsaf.

"O," sê een van die geselskap spottend, "dit sal seker 'n walvis gewees het."

"Nee," antwoord die leuenaar, "dit kon nie 'n walvis gewees het nie."

"Ag, man," sê die spotter, "ons weet mos almal, as die ding ligter as 'n walvis was, sou jy hom mos aan wal getrek het." Die leuenaar volhard egter in sy eerste bewering, en sê: "Ek is absoluut seker, dit was nie 'n walvis nie."

"Hoe is jy dan so seker daarvan?" vra die spotter eindelik.

"Ek sal jou sê," was die antwoord, "die aas wat ek aan my hoek gehad het, dít was 'n walvis."

## *Verjaarsdag*

2615. Toe dr Anton Rupert 70 jaar oud geword het, sê ek die môre in my program *Oepse-Daisy* oor Radio Jakaranda: "Dr Anton Rupert is vandag 70 jaar oud. Baie geluk. Maar ek moet sê hy lyk nie 70 nie. Ek wonder hoe kry hy dit reg om so jonk en gesond te lyk? Seker omdat hy nie rook nie."

2616. Pa: "Jannie, wat gaan jy vir jou broertjie gee op sy verjaarsdag?"

Jannie: "Ek weet waarlik nie; laas jaar het ek hom masels gegee."

2617. "Ek weet nie wat om my vrou vir haar verjaardag te gee nie."

"Vra haar."

"Nee, nee, dit kan ek nie bekostig nie."

## *Verkeer*

2618. Konstabel: "Dis 'n eenrigtingstraat dié, het jy nie gesien nie?"

Motoris: "Maar ek ry mos net in een rigting!"

2619. Man wat teen eenrigtingverkeer ry: "Ek weet nie waar gaan ons heen nie, maar ons is laat, want almal kom al terug."

2620. Hulle ry in die motor en hy het sy een arm om haar lyf.

Sy: "Om hemelsnaam, gebruik tog albei jou hande!"

Hy: "Kan nie. Ek bestuur met die ander hand."

2621. Die omie wat besluit het om sy motor saam te neem Europa toe. Sy kinders sê toe vir hom dat hulle daar aan die regterkant van die pad ry. Toe hy in Durban aankom, sê hy nee, hy gaan nie meer die motor saamneem nie. Die kinders wou weet hoekom dan nie.

Hy sê: "Ek het van Bloemfontein af probeer om aan die regterkant van die pad te ry, maar wat 'n gemors!"

## *Verkiesing*

2622. Net na 'n verkiesing tref die gemeente Aasvoëlkop reëlings vir die ontvangs van hulle nuwe predikant, ds Moolman van Queenstown. Dr Jannie Malan kom op die verhoog en sy eerste woorde is: "Ek wil net aan die gemeente sê, ons het Queenstown gevat!"

2623. Na die uitslag van die algemene verkiesing van 1970 sê 'n Nasionalis: "Dit mag miskien goed wees, maar dis nie lekker nie!"

2624. 'n Sekere kandidaat wat ook 'n ryk boer is, het pampoene voor die verkiesing onder sy kiesers uitgedeel. Toe hy net 512 stemme behaal, sê een van sy teenstanders: "Lyk my sy vragwa was nie groot genoeg nie!"

Miskien het hy net vir dié mense pampoene gegee wat hulle koppe verloor het?

2625. 'n Engelsman is iemand wat aan die Verenigde Party behoort, vir die Progressiewe Party stem en hoop die Nasionale Party kom in.

2626. Ook na die verkiesing gehoor: Hy wat 'n graf grawe, kry 'n groot hoop ... (Sand? Ja, as die grond nat is.)

2627. Ek hou baie van Koos van der Merwe van Pretoria se storie. Nadat verskeie van die kandidate hulle deposito's verbeur het, wou hy weet of hulle nou moet opvolg.

2628. En so gaan ons bult-bult die skuld uit!

## Verkoue

2629. Jan: "Piet, dit lyk vir my jy is verkoue."

Piet: "Ja man, ek het gisteraand in die agterplaas geslaap, en my pa het vergeet om die agterhek toe te maak."

## Verleentheid

2630. "Gerhard, my seuntjie van tien," vertel mev Benadé, "het een môre my siel uitgetrek met ons nuwe voordeurklokkie. Hy lui die klokkie. Ek stoot my hare reg, droog my hande af en gaan soek my skoene. Ek gaan maak met 'n sosiale glimlaggie die voordeur oop, net om sy vuil hakskeentjies om die hoek te sien verdwyn. 'n Paar maal het ek my so laat flous, maar toe maak ek my reg vir hom. Ek sou hom op heterdaad betrap, al is dit net om sy heerlike skaterlag te hoor. Ek laat die voordeur oopstaan. Daar is 'n portaal en die trap van bo af loop tot byna by die deur. Toe die klokkie vir die soveelste maal lui, kruip ek versigtig al agter die trappe in die portaal op. Dit moet natuurlik handeviervoet geskied, want anders sal hy my tog naderhand bo-oor die trap gewaar. Toe ek meen dat ek nou so naby is as wat ek dit kan waag, loer ek versigtig oor die rand tussen die tralies deur – en kyk vol in die oë van 'n vreemde man.

"Nee, maar so 'n verleentheid is onbeskryflik. Die man wat daar staan se verbasing bars saam met sy oë uit sy kop. Dit het nog seker selde tevore met hom gebeur, 'n huisvrou wat handeviervoet in die gang opsluip om deur toe te gaan."

2631. "Snaaks, ek beland nogal dikwels in lastige situasies," gaan sy voort. "Anderdag het ek weer lustig al om die huis op 'n fietsie gery wat ons vir ons agtjarige dogtertjie gekoop het. Begryplikerwys was dit selfs vir my 'n bietjie koddig, want my knieë moes wyd langs die handvatsels verby. Dié dat ek by myself breed glimlag, al om die huis, al om die huis en weer so 'n ontmoeting – 'n vreemdeling by die voordeur. Dié een het darem saamgelag. Ek vervies my soms so as mense snaaksighede aangaap en nie lag kry nie. Die ou van die trapstorie was nou nie eens geamuseerd nie – was ook darem seker te verbaas, maar hy moes mos geweet het dit was nie vir hom bedoel nie, en ek was te verleë om te verduidelik."

## Verlowings

2632. Hy het pas die jawoord gekry by die mooiste meisie in die wêreld.

"Weet jou pa dat ek gedigte skryf?"

"Nog nie," sê sy, "ek het hom gesê dat jy drink en dobbel, maar ek kon hom nie alles gelyk vertel nie."

2633. Bertha: "Dus, die goeie Ella is verloof?"

Maria: "Ja, eindelik."

Bertha: "En wie is die gelukkige?"

Maria: "Haar pa, want nou is hy tog eindelik van haar verlos."

2634. Verliefde: "My skat, noudat ons verloof is, wil ek jou my groot geheim vertel, ek is bankrot."

2635. Hannie aan haar verloofde: "En nog iets; in die laaste tyd neem jy my so min êrens heen dat die mense al dink ons is getroud."

2636. Jan: "Sussie, ek hoor jy het jou verlowing met die trompetblaser uitgemaak?"
Sussie: "Ja, hy het altyd na koper gesmaak."

### *Verskil*

2637. "Wat is die verskil tussen 'n konstabel en 'n reënboog?"
"Nee, ek weet nie."
"Daar is geen onderskeid nie, altwee verskyn as die storm eers verby is."

2638. 'n Groot man en 'n baie klein mannetjie kom toevallig teenoor mekaar te staan.
Groot man verbaas: "Op die aarde."
Klein mannetjie: "Liewe hemel."

### *Verskonings*

2639. Een van Sam se hoofde laat hom eendag dringend roep. Hy word geroskam oor 'n saak waaraan Sam glad nie gedink het nie.
"Dis onregverdig, Meneer," sê Sam, "ek het verwag Meneer gaan oor iets anders raas ... ek het 'n ander verskoning voorberei!"

2640. Jannie se ma het eendag gaan kuier en hy en sy pa het alleen by die huis gebly. Toe kom daar 'n man vir wie sy pa geld skuld. Toe sy pa die man sien, kruip hy onder die bed in en sê vir Jannie: "Sê Pa is nie tuis nie; sê ek is Soutrivier toe."
Die man kom toe in en vra: "Is jou pa tuis?"
"Nee," sê Jannie.
"Waar is hy heen?"
"Soutrivier toe."
"En wanneer sal hy weer terugkom?" Jannie staan stil, krap sy kop so 'n bietjie en sê: "Wag, ek sal gou gaan vra."
Die man stap toe met hom saam die huis in. Toe hulle in die kamer kom, kyk Jannie onder die bed in en sê: "Pa, die Oom wil net weet wanneer Pa weer sal terugkom."

### *Verslaap*

2641. Mevrou de Kock: "Lena, waarom is jy so laat vanmôre?"
Lena: "Ag Mevrou, ekskuus tog, ek het my verslaap en die horlosie ook."

### *Versoeking*

2642. Moeder aan Pietie by die konfytbottels: "Pietie, wat maak jy?"
Pietie: "Ek stry teen die versoeking, Mammie ..."

### *Verstrooidheid*

2643. Senator A M van Schoor het graag in sy huis geloop en lees. Op 'n dag klop iemand aan die deur, A M loop na die deur toe, klop ook aan die deur, loop verder en lees.

2644. By 'n ander geleentheid het mense vir hulle kom kuier. Nadat hulle geëet het, staan hy op, vat sy vrou, Marié, aan haar arm, stap die trap op kamer toe en sê: "Ons kuier altyd te lank ..."

2645. 'n Kollega kry vir D F Malherbe in die straat in Bloemfontein en sê hulle moet iewers heen gaan vir middagete.
"Nee, dis reg, as dit net nie te ver is nie, want ek het nog 'n afspraak."
Hulle gaan sit en toe hy kos bestel, sê hy vir die kelner: "Snaaks, maar ek is glad nie honger nie ..."
Verbysterd sê die kelner: "Maar Prof, u het tien minute gelede al geëet!"

2646. "Hy het alweer sy sambreel iewers laat lê," sê sy vrou vies.
"As sy kop nie vas aan sy nek was nie, sou hy dit ook laat rondlê het," sê een van die kinders, waarop die huishulp ook haar stuiwer werp: "Hy het juis gesê hy sal Karoo toe moet gaan vir sy longe!"

2647. Een aand kom hy by die huis en sy vrou wys hom *Die Volksblad*: "Kyk, hier is 'n berig van jou dood ..."
"Sal jy 'n kransie stuur, of sal ek?"

2648. Dan is daar die storie van die man wat sy vrou deur die venster gegooi het. Sy verskoning in die hof was dat hy vergeet het dat hulle getrek het en nou op die tweede verdieping woon. Eers was hulle op grondvlak.

2649. By 'n ander geleentheid spring die prof in 'n taxi en sê: "So vinnig as wat jy kan!" en die man begin jaag.

Na drie kilometers vra die prof: "Weet jy waarheen ek gaan?"

"Nee," sê die taximan, "maar ek gaan baie gou daar kom!"

2650. Tant Sarie het lank in die donker na die vuurhoutjies gesoek, en gee eindelik haar slapende eggenoot 'n gedugte stamp in die ribbes, met die woorde: "Andries, steek aan jou kers, dat ek die verbrande vuurhoutjies kan soek."

2651. Professor se vrou: "Maar my tyd, my ou man, hoe lyk dit of jy my pragtige hoed se veer gevat het om jou pyp mee skoon te maak, want dit stink na pypolie en dis blink en glad."

Profesor (ingedagte): "Ag, vroutjie, ontstel jou tog nie daaroor nie; ek sal dit terugsit, dit verseker ek jou."

2652. Skoonmaakster: "Het u die papiere nog nodig, Meneer, of kan ek dit maar verbrand?"

Professor: "Miskien sal ek dit later nodig kry, maar vireers kan jy dit maar verbrand."

2653. Professor: "Wat is dit?"

Verpleegster: "'n Fris seun."

Professor: "En wat wil jy hê?"

2654. Professor: "Wie is hier onder my bed?"

Inbreker: "Niemand nie, Meneer, slaap maar gerus."

Professor: "Snaaks tog, ek kon wed ek het iemand hoor hoes hier onder my bed."

2655. Verstrooide professor: "Vrou, waar is my bril wat ek opsit as ek hom soek?"

2656. Twee ou mans stap in die straat.

Ou Piet: "Weet jy, ou maat, dis vreeslik so kort van gedagte as wat ek nou is. Nou die dag op pad werk toe, val dit my by ek het my horlosie by die huis vergeet. Ek haal toe my horlosie uit my sak om te sien hoelank dit my sal neem om hom te gaan haal."

Ou Koos: "Aag dit is nog niks nie, nou die nag word ek wakker en ek voel ek is styf van die koue. Ek bekyk die wêreld so en toe sal ek sien dat ek my broek in die bed gesit het en dat ek self oor die katelstyl hang."

## *Vertaling*

2657. Advokaat: "Gentlemen of the jury, my client then found himself on the horns of a dilemma."

Tolk: "En toe, geagte lede van die jurie, bevind my kliënt hom op die horings van 'n dier waarvan ek nog nooit gehoor het nie."

## *Verwaandheid*

2658. Hy is so verwaand, as hy verjaar stuur hy 'n telegram van gelukwensing aan sy moeder.

## *Verward*

2659. 'n Verwarde professor sien 'n vriend in die straat aankom, en roep om sy aandag te trek. Terwyl hy nader stap, besef hy dat hy hom vergis het, want dis nie sy vriend Piet nie, maar wel Piet se broer Jan wat daar aankom. Toe hy nog nader kom, strek hy sy hand uit na die vreemdeling wat hom vraend aankyk, en sê: "Ekskuus, Meneer, ek het regtig eers gedink jy is jy, toe dog ek jy is jou broer, maar nou sien ek jy is nie jouself of jou broer nie. Moet asseblief nie bekommerd wees nie, dis nie jou skuld nie, ek aanvaar volle verantwoordelikheid vir die vergissing. Goeiedag."

## *Vettes*

2660. "Hoekom is julle vet ouens altyd so saggeaard?"

"Ons moet wees, ons kan nie baklei nie en ook nie weghol nie."

2661. Jan Hoeksma kom by die slaghuis, staan in die tou om boerewors te koop. Voor hom staan 'n taamlik gesette dame en toe haar beurt kom, vra sy tien pond beesvleis. Die slagter sny 'n stuk beesvleis af en sit dit op die skaal en sê dit is sewe pond. Sy sê daar moet nog drie pond bykom. Hy sny toe nog 'n stuk af, sit dit op die skaal en sê dit is presies tien pond en dit sal soveel en soveel kos.

Die dame antwoord: "Nee, ek wil dit nie koop nie. Ek kom nou net van die dokter af en hy het gesê ek moet tien pond gewig verloor. Ek wou net sien hoeveel dit is."

2662. Oom Gert was taamlik vet, en sy spiksplinternuwe Sondagpak erg noupassend. Hy het dit maar selde aangetrek, maar eendag kon hy nie anders nie, omdat hy haastig moes dorp toe ry om die predikant te sien.

"Oom Gert," sê die predikant, "maar jy lyk mos 'swell' vandag!"

"Ag nee, Dominee," antwoord die Oubaas, "ek is maar altyd so dik, dis net dat die pak nie wil saamswel nie."

2663. 'n Vet ou man adverteer dat hy 'n vet vark te koop het. Iemand reageer toe op die advertensie, en die jong seun maak die deur oop.

Die man sê: "Ek wil graag die vet vark sien wat julle adverteer." "Pa," skree die seun, "hier is iemand wat vir pa wil sien."

2664. 'n Kind vra eendag vir sy ma 'n bietjie vet oor sy kos. Sy ma sê toe vir hom: "Vet klink nie mooi nie, jy moet liewer sê 'sous'."

Net toe klop daar iemand aan die deur. Die kind maak die deur oop en sien daar 'n dik tante.

Hy loop na sy ma en sê: "Mammie, daar is 'n sous tante wat vir Mammie wil sien."

2665. Baie gesette vrou: "Ek wil graag 'n aandrok sien wat vir my sal pas."

Winkelassistent: "Ek ook, Mevrou."

2666. 'n Gesette dame aan man op stasie: "Meneer, kan u my asseblief sê waar ek my kaartjie kan koop?"

Man: "Deur daardie venstertjie, Mevrou."

Dame: "Jou ellendeling, dink jy ek kan deur daardie venstertjie klim?"

2667. 'n Klein mannetjie in 'n hoek van 'n trem beskou 'n vet vrou: "Jammer," sê hy, "dat hulle 'n mens nie volgens grootte laat betaal nie."

"As dit die geval is," sê die vet vrou, "sal hulle nie eers stilhou om jou te laat opklim nie."

## *Visse*

2668. Twee visse in Sodwanabaai gesels:

"Ek is sterker as jy!"

"Ek is groter as jy!"

"Ek is mooier as jy!"

"Ek is slimmer as jy!"

"Ek is lekkerder as jy!"

Toe eet die groot vis hom op, want dié kleintjie was 'n brêgfis!

## *Vistermanne*

2669. Ons vistermankoning, Flip Joubert, vertel van die Kleurlingkerk op die strand. Terwyl die predikant sy boodskap lewer, kom 'n gammat die kerkdeur ingewaai en hy skreeu: "Haai, julle, julle sit hier en *sing-song* – wie' julle nie die masbankers is innie baai nie?"

'n Paar minute later is die kerk dolleeg.

2670. Vaalseun du Toit noem die mense hom. 'n Man wat lekker stories kan vertel, rympies maak, spekskiet, plesiermaak.

Hierdie sersant se broek was baie wyd om die lyf – trouens, hy het so 'n soort pronkbroek gedra. As hy nou eenmaal lekker aan die gesels raak, dan vang-vang hy die broek met die elmboë om dit so 'n bietjie nader aan die skouers te bring. Maar ek laat hom liewer self sy visvangstorie vertel:

"Ek sit die môre omtrent vieruur op die kaai met my vislyn diep ingestoot en wag op 'n byt. Ek sien toe daar naby my lyn is daar 'n skool elwe; seker omtrent so 'n honderd van hulle. Maar ek vang so nou en dan een – omtrent so lank (en hy wys). Terwyl ek so sit en wag, sien ek die skool visse is besig om uit te dun. Later sien ek daar is net so 'n stuk of tien visse oor en ek het net sewe gevang. Toe dit mooi lig word, sien ek wat gebeur het. Net so 'n lang kabeljou (en hy wys) swem al agter die elfies aan en kort-kort vang hy een. Naderhand is daar net een elfie oor en hy sien toe die tamaai kabeljou agter hom. Die enigste ander ding in die see is 'n tamatiekas wat hier onder my dryf. Kort-kort loer die elfie agtertoe ... dan swenk hy links, of hy loer-loer agtertoe en swenk regs. Dis net kabeljou en elfie en elfie en kabeljou. Die elfie het weer so 'n slag agtertoe geloer en pyl skielik reg op die tamatiekas af. Soos blits spring die elfie uit die water uit en gaan op die tamatiekas lê terwyl hy so langs die kassie af na die kabeljou loer. Die kabeljou het al rondom die tamatiekassie geswem en so kopskuddend die elfie betrag ... tot vervelens toe. Die kabeljou het skoon vergeet van sy omgewing en ek het net so oorgeleun, toe vang ek hom aan die kiewe terwyl die elfie netjies van die kassie afgly die water in!"

2671. Ek hou ook van visvang, maar dit is goedkoper om by die huis te drink.

2672. "Enige geluk gehad?"
"Nee, ek kan nie die prop uitkry nie."

2673. Hy sê die vis was baie groot.
"Het jy 'n foto daarvan geneem?"
"Ja, die negatief het drie kilogram geweeg."

2674. Hy sê vir die vistermanne: "Julle kan nie hier sonder 'n permit visvang nie."
"O, is dit die rede waarom hulle nie wil byt nie!"

2675. Die visterman het niks vis gevang nie. Hy gaan toe by die viswinkel aan en koop vyf visse.
"Gooi dit nou vir my!" sê hy en gaan staan by die deur.
"Die visverkoper vra: "Hoekom moet ek dit vir jou gooi?"
"Jy sien, as my vrou my vra of ek dit gevang het, wil ek nie graag jok nie!"

2676. Hy sit op die trappe voor die stadsaal in Johannesburg. Hy het 'n visstok en 'n lyn. Hy gooi die lyn, rol die katrol en gaan sit. Ek stap by hom verby.
"Wat maak jy?" vra ek.
"Ek vang gekkies ..."
"Hoeveel het jy al gevang?"
"Jy is die tiende een!"

2677. Die ander ou het gesê hy vang gogowallies. Ek vra vir hom hoe lyk 'n goggowallie. Hy sê hoe moet hy weet, hy het nog nie een gevang nie.

## Visvang

2678. Twee manne wat gaan visvang het. Hulle sit heerlik langs die viswaters toe die een ou 'n lid van Fauna en Flora gewaar. Hy vlieg op en begin hardloop, met die man van die gereg kort op sy hakke. 'n Hele ent verder haal die beampte hom in.
"Aha!" juig hy uit-asem, "waar is jou vislisensie?"
Die visterman steek sy hand in sy sak en haal die verlangde lisensie uit.
"Maar ... (asem) ... maar (asem) waarom hol jy dan weg as jy 'n lisensie het?"
"Ek het (asem) 'n (asem) lisensie, maar dis (asem) my maat (asem) – hy het nie 'n lisensie nie!"

2679. Twee manne het met 'n boot gaan visvang. Die een se kunstande val toe in die see. Later vang die ander ou 'n vis, haal sy eie kunstande uit en sit dit in die vis se bek.
"Koos, is dit nie jou tande nie?"
Koos haal die tande uit die vis se bek, pas dit in sy eie mond, sê: "Nee, dis nie myne nie!" en gooi dit ook in die see.

2680. 'n Man het eendag gaan visvang in die rivier, nie ver van 'n brug af nie. Toe dit begin reën, gaan skuil hy onder die brug, en gooi sommer dadelik weer sy lyn uit.
'n Vreemdeling wat daar verbykom sê toe vir die visser: "Maar Neef, hulle sal mos nie onder die brug kom byt nie."
"O so," was die antwoord, "ek dog dan juis dat hulle ook hierheen sal kom om nie nat te reën nie."

2681. Eienaar: "Ek sê, weet jy nie dat jy nie hier mag visvang nie?"
Visser (wat al drie uur sit en nog niks gevang het nie): "Ek vang hulle nie, ek voer hulle."

## Vitamines

2682. In die eksamen: "Vitamines kom voor in ...?"
Antwoord: "... en agter uit!"

## Vleiery

2683. Meisie: "Ek was verlede jaar op die plaas waar ek so 'n las gehad het van die bye; hulle gons gedurig hier rondom my."

Kêrel (erg beleefd): "Heel natuurlik, juffrou; hulle het seker 'n koningin gesoek."

2684. 'n Jongman wou graag sy nooi 'n mooi kompliment maak; toe sê hy vir haar: "Annie, jy lyk vir my net soos 'n roos van agtien jaar oud."

## Vleis

2685. "Kyk hier, Meneer," skree die kwaai vrou teen die slagter, "ek wil ander vleis hê; hierdie vleis wat jy gestuur het, is só taai dat ek nie eers die mes in die sous kan kry nie."

2686. Seun: "Ma sê verlede week se vleis was so taai dat ons pa se skoene daarmee kon versool het."

Slagter: "En hoekom het julle nie?"

Seun: "Omdat ons nie spykers daardeur kon kry nie."

## Vlieg

2687. Twee vlieë sit op die plafon. Nee, 'n vlieg kan nie op 'n plafon sit nie. Ja, hy kan, maar dan kan jy hom nie sien nie, want dan sit hy binne-in die dak. Toe sê die een vlieg, dit was 'n Engelse vlieg, vir die ander vlieg, dit was ook 'n Engelse vlieg: "Fly, your man's open!"

2688. Wat is die verskil tussen 'n muskiet en 'n vlieg?

'n Muskiet kan vlieg, maar 'n vlieg kan nie muskiet nie.

2689. Selfde as 'n muggie.

2690. "Ek het Saterdag Kaapstad toe gevlieg, maar hier oor Bloemfontein het my arms vreeslik moeg geword ... "

2691. Hy koop 'n vrugtekoek en daar is 'n vlieg in. Baie verontwaardig bel hy die bakkery.

"Daar's 'n vlieg in my vrugtekoek!"

Die bestuurder word nie opgewonde nie: "Stuur die vlieg terug, dan stuur ek vir jou 'n nuwe rosyntjie ..."

2692. Pietie: "As Ma eendag 'n engel word, sal Ma dan nie vir my wegvlieg nie?"

Ma: "Nee, want dan word jy ook 'n engel en vlieg saam met my."

Pietie: "Maar Ma, wat maak ons as Frikkie ons met sy rekker skiet?"

## Vliegtuie

2693. Die telefoon lui op die lessenaar van 'n klerk in die lugdienskantoor.

"Kan u my sê hoe lank duur 'n vliegrit van Johannesburg na Kaapstad?"

"Net 'n oomblik," sê die klerk.

"Baie dankie," en hy plaas die gehoorstuk terug.

2694. Oom Koos en tant San gaan die heel eerste keer vliegtuig ry. Oom Koos kyk deur die venster en sê vir tant San: "Kyk net so af, die mense is so groot soos miere!"

"Moenie laf wees nie," sê tant San, "dit is miere – ons het nog nie opgestyg nie."

2695. 'n Ou Skot en sy vrou ervaar vir die eerste keer 'n vliegtog saam in 'n klein vliegtuigie. Die loods wed die Skot vir tien rand dat hy hom sal kan laat skree van benoudheid voordat hulle land. Die Skot neem die weddenskap aan. Bo in die lug het die loods toe allerhande manewales uitgehaal met die vliegtuigie, toere gemaak en herhaaldelik bolmakiesie geslaan, maar die Skot bly doodstil.

Die loods bring toe maar mettertyd die vliegtuigie tot bedaring, en toe hulle die aarde nader sê hy sonder om om te kyk vir die Skot: "Ek erken darem dat ek die weddenskap verloor het; jy het jou waarlik moedig gedra."

"Ja," antwoord die Skot, "maar eenslag het ek darem amper geskree, toe my ou vrou uitgeval het."

2696. 'n Ou man wat 'n vliegtuig sien neerstort het, moet getuienis gee en hy doen dit as volg: "Unlucky die vliegmasjien hy kantel. Lucky die man spring uit, met 'n sambreel. Unlucky die sambrella wil nie oopgaan nie. Lucky daar's 'n hooimied onder. Unlucky die gaffel steek in die hooimied. Lucky hy val die gaffel mis. Unlucky hy val die hele mied mis."

2697. Konstabel aan verskrikte seuntjie: "Het jy nie miskien 'n vliegtuig hier die buurt sien neestort nie?"

Seuntjie: "N-n-nee, Meneer, ek het maar net na voëltjies geskiet."

## *Vloek*

2698. Kaspertjie, vier jaar oud, het baie gevloek, toe sê sy pa as hy nie weer vloek nie, gee hy hom twee hasies present. Kaspertjie het woord gehou, maar toe kom Dominee kuier, en wat Kaspertjie nie geweet het nie, was dat Mamma Hasie kleintjies verwag het. Pa sê trots Kaspertjie moet sy hasie gaan haal, wat hy as prys gekry het omdat hy nie meer so vloek nie. Maar net toe Kaspertjie Mamma Hasie die sitkamer indra toe gee sy geboorte aan 'n hele swetterjoel kleintjies. Hy laat val die hasie op die vloer en skreeu: "Bliksems! Die blerrie ding val uitmekaar uit!"

2699. Die dominee was nie baie groot nie en het op 'n kassie gestaan en preek. Nou wieg hy van die een kant van die preekstoel na die ander kant. Die klein mannetjie het die spulletjie mooi dopgehou en toe Dominee weer so wikkel en wieg van die een kant na die ander kant, vlieg die knapie op, wys met die vingertjie en sê kliphard: "Jy gaan daar afneuk!"

2700. Onderwyser vertel aan die klas dat die mense in Japan glad nie vloek nie.

Jannie: "Het hulle ook Fordkarre daar?"

Onderwyser: "Ja, Jannie."

Jannie: "Hoe kry hulle die Fordkar aan die loop op 'n koue wintersoggend?'

## *Voëltjie*

2701. Jan en Bettie stap in die veld. Nadat hulle 'n entjie gestap het, vlieg daar 'n voëltjie verby en laat val 'n boodskappie op Bettie.

Bettie: "Jan, het jy nie vir my 'n stukkie papier nie?"

Jan: "Ag! Bettie laat staan dit, hy is tog al weg."

## *Voëlverskrikker*

2702. Winkelier: "Wil u nie graag hierdie voëlverskrikker koop nie?"

Ou oom: "Nee dankie, ek is gewoonlik self in my tuin."

## *Voetbal*

2703. 'n Boer, 'n Skot en 'n Engelsman sit op 'n muur en kyk na 'n voetbalwestryd.

Die Skot skreeu: "Drie vir Skotland."

Die Engelsman skreeu: "Vyf vir Engeland."

Die Boer het hom al vererg vir die twee. Hy stamp hulle van die muur af en skreeu: "Twee vir die hospitaal."

## *Voorgee... Vryerigheid ... Speletjies*

2704. Die nuwe mev Carel van der Merwe voer 'n onderhoud met 'n nuwe kinderoppasser en vra haar waarom sy by haar vorige werkplek weg is.

Sy sê: "Die kind was agterlik en die pa was voor-oppie-wa."

2705. Twee stoute manne sê hulle speel een Sondagoggend gholf. Voor hulle speel twee dames.

Die een ou sê vir die ander: "Gaan vra vir hulle of ons maar kan verbyspeel."

Sy maat loop so 'n ent, kom terug en sê: "Nee, jy sal moet gaan, want die een is my vrou en die ander is my skelmpie ..."

Sy maat loop toe, maar draai skielik in sy spore om en sê: "Klein wêreldjie, is dit nie?"

2706. "Kyk net daai oorlogsperd," sê Jannie vir sy gholfmaat, "ek sweer sy het 'n snor en daar groei haarwortels by haar ore uit!"

"Jy praat van my vrou!" vererg sy maat hom.

"Nee, ek praat nie van die ou dame nie, ek praat van die jonger een."

"Dit is my dogter," sê sy maat, wat toe nie meer sy maat is nie.

2707. Weet jy hoekom speel dominees nie Sondae gholf nie?

Die een doom het een Sondag gespeel toe kry hy die volmaakte gelukskoot, die putjie-in-een, maar toe kon hy by niemand daaroor gaan spog nie!

2708. Gholfweduwee: "Jy speel so baie gholf, jy kan nie eens meer onthou wanneer ons getroud is nie."

Speler: "Natuurlik kan ek onthou Liefie, is dit nie die dag toe ek die eerste keer 80 gebreek het nie?"

## *Voorkoms*

2709. Jy sal hom maklik herken, hy het 'n snaakse groeisel op sy nek – sy kop.

2710. Sy is so nougeset, sy dra net een oorbel.

2711. Hy is so maer, hy moet rondspring as hy onder die stortbad staan anders word hy nie nat nie.

2712. Sy is so maer, as jy na haar kyk, word jy honger.

2713. Hy is so vol van homself, hy moet twee broeke dra.

2714. Hy is so lelik, 'n hond wil hom nie eers byt nie.

2715. Hy is so mooi, as hy in die spieël kyk, voel hy sommer lus en soen homself.

2716. Hy is so bles, hy kam sy hare met 'n waslap.

2717. Maar toe kry hy 'n plan: hy laat sy ooghare groei, en nou kam hy dit agteroor.

2718. Hy het so 'n groot neus, hy is die enigste ou in die land wat 'n sigaar kan rook terwyl hy 'n stortbad neem.

## *Voorneme*

2719. Jiems: "Daar is een ding wat ek my voorgeneem het om nooit weer te doen nie."

Herman: "En wat is dit?"

Jiems: "Ek sal nooit weer so jonk trou nie."

## *Vrae*

2720. Inspekteur: "Wil een van julle nog iets vra?"

Kosie: "Ja, Meneer, wanneer vertrek u trein?"

2721. 'n Vroeëre direkteur van die Rembrandt-tabakmaatskappy se sake-opleidingsdiens, mnr Woodie Maartens, se taak was ook om verskillende instansies toe te spreek oor sake-opleiding. Na 'n toespraak voor die Afrikaanse Handelsinstituut was daar geleentheid vir vrae en 'n warm bespreking het gevolg. Die voorsitter het kortkort op sy horlosie gekyk en naderhand gesê: "Menere, daar sal nog geleentheid vir een vraag wees, dan gaan ons tee drink."

'n Ou omie spring op en vra die laaste vraag: "Drink meneer Woodie Maartens melk in sy tee?"

2722. Omdat hy so baie moes reis, was mnr Woodie Maartens baie afhanklik van korrespondensie vanaf sy hoofkantoor in Stellenbosch. Op een van sy besoeke daar vra hy vir mnr Albert van Tonder waarom hy nie sy briewe beantwoord nie. Toe vertel mnr Van Tonder 'n staaltjie wat oor dieselfde onderwerp deur mnr John Vorster vertel is.

'n Man kom van 'n partytjie af en sukkel om sy motor oopgesluit te kry. 'n Konstabel kom daar aan en sê dat die man nie in 'n toestand is om te ry nie, maar dat hy hom sal huis toe neem. Toe hulle by sy huis kom, nooi die man die konstabel binne en vra of hy nie 'n drankie wil drink nie. Hy weier natuurlik, want hy is aan diens.

"Wat is jou naam?" vra die man.

"Van Vuuren," antwoord die konstabel.

"Nee, jou voornaam?"

"Paulus ..."

"Nou toe nou! Paulus ..." vervolg hy verbaas, "daardie brief van jou aan die Efesiërs ... Het hulle toe darem teruggeskryf?"

2723. Wat gevatheid betref, is daar min ander wat so in die volksmond lê soos Tielman Roos nie. Dit is natuurlik behalwe C J Langenhoven.

Daar word vertel dat Tielman Roos tydens 'n vergadering geleentheid vir vrae gegee het. 'n Man in die gehoor het 'n vraag gevra. Mnr Roos se reaksie was: "Wie is die vriend wat dié vraag gevra het?"

Die persoon het sy hand opgesteek.

"Nee, ek wil weet wat die vriend se naam is?"

Die persoon het sy naam verstrek.

"Maar kom hier op die verhoog, ons wil sien hoe die vriend lyk."

Die man het op die verhoog geklim waar Tielman Roos hom met 'n uitgestrekte hand verwelkom het.

"Ek wil die vriend net baie hartlik gelukwens met 'n baie intelligente vraag. Veels geluk!"

Met daardie woorde het hy hom van die verhoog afgelei. Almal was tevrede en hy sal nou nog die vraag beantwoord!

2724. 'n Student wat beskou was as 'n bietjie swak van oordeel, word deur die professor ondervra. "Hoe sou u agterkom of iemand 'n gek is?"

"Deur middel van die vrae wat die persoon stel," antwoord die student.

2725. Koos: "Piet, as ek 60 kilogram weeg en ek staan met my een voet op die skaal en die ander een op die grond, wat weeg ek dan?"

Piet: "Jy dink seker ek kan nie met twee deel nie."

### *Vragmotors ... Mike Schutte ... Dom swape ...*

2726. Mike moet 'n vrag sand in Northcliff aflaai. Die pad is vreeslik steil en nou. Hulle waarsku hom dat die pad daar bo te nou is om om te draai, daarom ry Mike in trurat teen die bult uit.

Ou Kallie staan onder vir hom en wag. Na 'n uur kom Mike weer af, weer in trurat.

"En nou?" vra Kallie.

"Daar was plek om om te draai ..." lag Mike breed.

2727. "Hoe lyk sy nuwe meisie?"

"Soos 'n ongeluk wat 'n plek soek om te gebeur!"

2728. "Hoe het jy jou been gebreek?'

"Sien jy daai trap? Ek het nie."

### *Vriendskap*

2729. Met sulke vriende het ek nie vyande nodig nie.

2730. Wees goed vir jou vriende. Was dit nie vir hulle nie, was jy 'n totale vreemdeling.

2731. Hulle het 'n Bosveldplaas. In die somer eet die vlieë hulle op en in die winter eet hulle vriende hulle op.

2732. 'n Meisie gaan na 'n vriendin maar vind haar nie tuis nie. Sy sien die klavier is erg vol stof en skryf met haar vinger daarop: "Slordige mens."

Die volgende dag ontmoet sy die vriendin op straat en sê: "Ek was gister by jou."

"Ja," antwoord die ander, "ek het jou visitekaartjie op die klavier gekry."

### *Vroeg*

2733. Huisvrou aan nuwe huishulp: "My man en ek staan albei vroeg op, wat van jou?"

Huishulp: "O, u sal my nie hinder nie Mevrou."

### *Vroutjies*

2734. Ek sal nooit verlede jaar se verjaardaggeskenk vergeet nie. Sy het toegelaat dat ek 'n argument wen.

2735. Ek gee nie om om my vrou met die skottelgoed te help nie – sy help my soggens so mooi met die beddens.

2736. Huisvrou: "Jy weet, my klererekening is hierdie jaar net dubbel wat dit verlede jaar was ..."

Buurvrou: "Maar jou man kan dit nie bekostig nie."

Huisvrou: "Ek weet, maar hy kon dit ook nie verlede jaar bekostig nie, dus wat maak dit saak?"

2737. "Hoe kry jy dit reg dat jou man nooit vir jou wag as julle gaan stap nie?"

"O, dis maklik: ek steek altyd sy hoed en sy kierie weg. Teen die tyd wat hy dit gekry het, is ek lankal klaar ..."

2738. Sy wou 'n waterbak vir haar hond koop. Die ene waarop *Brakkie* geverf was, was duurder as die een sonder die geskrif.

"Ek sal maar die goedkoopste een neem," sê sy, "my hond kan nie lees nie en my man drink nie water nie."

2739. "Wat maak daardie stukkie tou om jou vinger?"

"My man het my gevra om 'n brief te pos."

"En het jy dit gepos?"

"O, ja."

"En wat maak die tou dan nog daar?"

"Dit moet my herinner om hom te vertel dat ek vergeet het om 'n seël op te plak."

2740. "Ek dink nie vrouens is so ydel nie. Jy moet darem onthou, vrouens is voor spieëls gemaak."

"Ja, en sedertdien is hulle nog altyd voor spieëls."

2741. Hulle is pas getroud en die eerste week toe gee hy haar 'n rand. Toe sy niks daarvan sê nie, gee hy haar die volgende week net vyftig sent. Maar dit kon sy nie vat nie en beskuldig hom dat hy suinig is. Hy vat toe sy hoed en mompel so ver soos hy loop: "Dis die moeilikheid met haar, ek het haar die eerste week bederf ..."

2742. Vroutjie (die eerste keer in Johannesburg): "Konstabel, as my man hier verbykom, sê vir hom hy moet vir my wag."

Konstabel: "Maar hoe sal ek hom ken?"

Vroutjie: "O, wêreld, daaraan het ek nooit gedink nie. Sê vir hom hy hoef nie vir my te wag nie."

2743. Eerste vroutjie: "Jy sê Jannie en Sannie gaan trou? Ek het nie eers geweet hulle ken mekaar nie."

Tweede vroutjie: "Dis hoekom hulle gaan trou."

2744. "Hoekom het jy toe nie met Jannie getrou nie?"

"Hy was baie onredelik. Elke keer as ek met 'n ander man gaan piekniek maak, dan bid hy vir reën."

2745. "Het jy 'n kaalfoto van jou vrou?" vra die buurman.

"Nee, ek het nie," sê ek, ewe onskuldig.

"Wil jy een hê?" vra hy.

2746. In Lichtenburg waar Tielman Roos volksraadlid was, hou hy weer 'n vergadering en sê skertsend: "Al die mooi vrouens gaan môre vir my stem!"

'n Dame antwoord uit die gehoor: "Ek gaan nie vir jou stem nie!"

Hierop antwoord hy ewe kalm: "Ek het gesê al die *mooi* vrouens!"

2747. Na die vergadering stap 'n vrou na Tielman Roos toe om hom vas te vra. Hy vra wie sy is en sy sê, waarop hy blitsvinnig antwoord: "Jou moeder het my alles van jou vertel. Hoe gaan dit met haar?"

En sy begin vertel hoe dit met haar moeder gaan. Daarna stuur hy haar aan haar arm by die deur uit en sê: "Sê baie groete vir jou moeder, hoor!"

2748. Dit was seker dieselfde vrou wat een aand reg voor in die voorste ry gesit en aanhoudend boe geskree het op alles wat hy gesê het. Naderhand stap Tielman vorentoe en sê: "Ek sien daar is 'n paar fris boere in die saal. Wil hulle my nie kom help met hierdie koei wat so boe nie?"

2749. Nick vra aan oom Vossie: "Oom Vossie, hoe lyk dit dan of Oom baie bang is vir 'n vrou?"

Oom Vossie: "Ja, ou Nick, dis waar. Jy sien, toe ek en die tante die dag getrou het, het ek die aand voordat ons bed toe gaan, die rok en die broek geneem en haar gevra om te kies. Nick, daar het ek die fout gemaak."

2750. Twee vriende sit nog laat in die koffiehuis. Die een vra: "Ek sê, Augus, wat sê jy vir jou vrou as jy so laat tuiskom?"

Augus: "Ek sê net 'Goeienaand' – die res sê my vrou dan."

2751. 'n Vrou het altyd die langste woord. My broer leer sy seun bestuur. Hulle kom vir ons kuier. Die seun is lus om te ry. Hy klim in die motor en skakel die enjin aan.

Sê sy pa: "Eerste les: moenie die enjin aanskakel voordat die vrou klaar gegroet het nie. Eintlik moet jy eers ry en dan aanskakel ..."

2752. Nuuskierige: "Watter een is jou vrou, die een links of die een regs van daardie lelike?"

"Nee, myne staan tussen die een links en die een regs."

## *Vrydag*

2753. "Wat is nou die snaaksste ding wat ooit met my gebeur het? Ek sê liewers die snaaksste ding wat ek ooit gehoor het. In die vyftigerjare was ek op 'n internasionale malariakursus in die destydse Tanganjika. Ons het 'n toer onderneem en op 'n Vrydagmiddag by daardie indrukwekkende, groot, digbegroeide krater gekom, die een wat wemel van allerhande soorte wild. Ons was redelik moeg teen daardie tyd en ons gasheer, 'n jong Engelse kollega wat bekend was vir sy spitsvondigheid, was ook al tam van die beantwoording van al die vrae. Een van die manne wou weet of die olifante daar in die verte ooit na hierdie kant van die krater kom. Sonder aarseling word geantwoord: 'Yes, every other Friday afternoon.'

"Na byna vyftien jaar lag ek nog altyd daaroor wanneer ek elke tweede Vrydag daaraan dink."

# W

## *Waarde*

2754. Vrou wat die koerant sit en lees: "Kyk, ou man, hier staan dat iemand in Amerika so waarlik sy vrou vir 'n honderd rand verkoop het."

Haar man antwoord ewe bedaard: "Wel, vrou, as sy baie goed is, is sy dit miskien werd."

## *Waarom*

2755. Jannie: "Pa?"

Pa: "Bly stil, Jannie, eet jou kos."

Jannie: "Maar waarom moet 'n mens dan eet, Pa?"

Pa: "Om te lewe."

Jannie: "Maar waarom moet 'n mens dan lewe, Pa?"

Pa: "Omdat jy nie wil sterwe nie."

Jannie: "Moet 'n mens dan nie sterwe nie, Pa?"

Pa: "Ja, 'n mens moet sterwe, Jan."

Jannie: "Maar waarom eet 'n mens dan, Pa?"

Pa: "Jan, loop slaap."

## *Walvis*

2756. "Kinders," sê die Sondagskoolonderwyseres, "kan julle julle iets wonderlikers indink as dat die walvis vir Jona ingesluk het?"

"Ja, Juffrou," antwoord snaakse Piet, "ek dink dit sou nog wonderliker gewees het as Jona die walvis ingesluk het."

## *Warm*

2757. "In Suid-Afrika," sê 'n boer, "word dit soms so warm, dat jy die botter met 'n lepel moet opskep in plaas van dit met 'n mes te sny."

"Dis nog niks," sê 'n Australiër vir hom, "in ons land moet ons in die somer vir die henne roomys gee, anders lê hulle gekookte eiers."

2758. Dis so warm in die Noordweste, ek sien nou die dag 'n hond wat 'n kat jaag en albei loop ...

2759. Hulle sê in Groblersdal word dit so warm, jy kan nie alleen in die veld loop nie – as die son jou alleen kry, brand hy jou dood.

2760. In Cookhouse is dit nog erger: Die mense daar kan nie buitekant braaivleis hou nie, die vuur moet in die koelte gemaak word, want die son brand die vuur dood.

2761. En in Phalaborwa is dit so warm, die sonbesies sing in die nag.

2762. Durban is lekker vir 'n vakansie, maar om in die somer daar te werk ... daaraan moet 'n mens eers gewoond raak.

## *Waterjaarlied*

2763. Na aanleiding van die Waterjaarlied van G A Watermeyer, maak ons ons eie:

> Daar's water in die damme,
> daar's water in die vlei,
> kinders moenie in die water mors nie,
> die oumense gooi dit by.

## *Wedstryde*

2764. Die Hoefies, vriende van ons in Pretoria, het deelgeneem aan 'n wedstryd in *Rooi Rose*. Hulle wen toe 'n reis vir twee na China. Hulle is al ses maande daar. Hulle skryf nou in vir Vyf Rose Chinese Tydskrifte en probeer 'n reis vir twee terug wen Suid-Afrika toe!

### *Weer*

2765. Die oubaas en sy ou vrou het lekker gelê en slaap. Naderhand word die weer swaar en die oubaas skrik wakker. Hy het so geskrik dat hy opspring en sy broek verkeerdom aantrek. Naderhand steek die ou kers op en sien homself in die spieël. Toe sê hy ewe verskrik vir die ou tannie: "Haai, ou vrou, die weer het my hele onderlyf omgeslaan."

### *Weervoorspelling*

2766. Laat niemand sê die weer is dwars,
al vries dit dat die pype bars.
Vleis, alle vleis, het u vergeet?
selfs mensvleis, dit moet u weet,
bly langer in 'n yskas vars.

2767. Nog wyshede van Hennie van Niekerk:

- Die son sal na verwagting môreoggend in die ooste opkom.
- As die wind nie uit 'n noordelike, oostelike of suidelike rigting waai nie, sal dit wel uit 'n westelike rigting of beide langs mekaar geleë windstreke waai.
- Teen die aand se kant sal dit donker word en as die maan skyn, sal dit nie heeltemal donker word nie.
- By die kusgebied sal die see nat wees.
- Hier volg 'n wenk vir vistermanne: "As die snoek byt, byt terug."

### *Weet*

2768. "Hy wat weet en nie weet dat hy weet nie, is aan die slaap, laat hom slaap. Hy wat nie weet nie en weet dat hy nie weet nie, is wakker, leer hom. Hy wat weet en weet dat hy weet, is wys, volg hom."

### *Wegkruip*

2769. 'n Klein seuntjie wat slae moes kry, kruip onder die bed weg. Die ma was te groot van lyf om daar in te kom. Toe die pa kort daarna by die huis kom, sê die ma hy moet hom daar gaan uithaal.

Toe hy sy skrale vader onder die bed sien inkruip, sê die seuntjie ewe begaan: "Hierso, Pappie, hier is 'n plekkie langs my. Wil Mammie vir Pappie ook slaan?"

Die pa het begin lag, sy hart het versag, en die seun het met 'n waarskuwing weggekom.

### *Welkom*

2770. Tant Betta (aan 'n paar ongewenste gaste): "Maak julle maar tuis, vriende; ekself is tuis, en ek wens julle almal was."

### *Wens*

2771. Neef: "As ons kan kry wat ons wil hê, begeer ek wysheid en verstand."

Oom: "Heeltemal natuurlik. Elkeen wens om te kry wat hy nie het nie."

### *Wêreldburger*

2772. "Koos, wat beteken wêreldburger?"

Koos: "Wel, stel jou voor dat jy 'n Rus is wat in Engeland woon en getroud is met 'n Egiptiese vrou wat in 'n Franse koffiehuis sit en Spaanse koffie drink, terwyl 'n Duitse orkes 'Op die Hooglande van Skotland' speel, dan sê ek jy is 'n wêreldburger."

### *Werk*

2773. Daar is 'n regte manier en 'n verkeerde manier om 'n werk te doen. Dit is maklik om te onderskei. Die regte manier
(a) is moeiliker,
(b) neem langer, of
(c) kos meer.

2774. Party manne is nie bang vir werk nie, en 'n mens merk dit op in die manier waarop hulle daarteen veg.

Die werksonderhoud verloop so:
"Drink jy?"
"Ja, wat het jy?"
"Was jy getrou in jou werk?"
"Nee, ek het getrou in die kerk."
"Gebruik jy alkohol?"
"Net wanneer ek dit drink ..."
"Het jy matriek deurgekom?"
"Nee, ek het sommer Bronkhorstspruit deur gekom."

Hy het nie die werk gekry nie.

2775. Bankier: "Elke keer as ek hier kom, dan sit jy en slaap. Hoe is dit dan?"
Klerk: "Net 'n bewys van 'n rustige gewete."

2776. Besige huisvrou: "Jy sou 'n beter kans gehad het om werk te kry as jy jou 'n slag wou skeer."
Rondloper: "Mevrou, dit het ek al jare gelede uitgevind."

2777. Werkgewer aan nuwe kantoorseun: "Het die kassier jou gesê wat jy in die middag moet doen?"
Seun: "Ja, Meneer, ek moet hom wakker maak wanneer ek Meneer sien aankom."

2778. Voorman: "Jy soek werk, wel hier is skaars werk om een man vir een uur besig te hou."
Werksoeker: "Nee, maar dis gaaf. Dis net die soort werk wat ek soek."

2779. "Werk het nog niemand doodgemaak nie," sê 'n pa vir sy lui seun.
"Dit is juis die moeilikheid, Pa, ek wil graag iets onderneem waarin daar darem so 'n bietjie gevaar is."

2780. 'n Gammatjie kry werk waar hy 'n kruiwa moet stoot. Sy maat kom by hom waar hy werk. "Ek sê, Gammat, djy het job gestrike. Kan djy nie vir my ôk 'n job kry nie?"
Die ander een: "Aag, wa's djy. Wat weet djy van masjinerie?"

2781. Piet: "My broer het nou vir sewe jaar 'n vaste werk."
Jan: "Wie het so gesê?"
Piet: "Die regter."

2782. Adoons: "Gister het ons gewerk tot ons omgeval het."
Kiewiet: "Wat het jy dan gemaak?"
Adoons: "Wyn getap."

## Werkloos

2783. Vrou: "Hoekom is dit dat jy nie werk kan kry nie?"
Rondloper: "Sien Missus, die ding is so – ek is te lig vir swaar werk, en te swaar vir ligte werk, en daar is nie werk tussenin nie."

## Werktuigkundige

2784. My mense sê Eddie Barlow is seker 'n werktuigkundige, want hy het nie lank gesukkel met daardie Lawry nie, toe loop hy!

## Wet

2785. Jannie: "Pa, wat is 'n wetgewende liggaam?"
Vader: "Jou ma, my kind."

## Wilde woordeboek

2786. *Sirkus* – 'n Ridder se soen

2787. *Sirkel* (*Sirkul*) – Dit is 'n skelm ridder!

2788. *Sersant* – 'n Woestynridder

2789. *Servet* – Nie 'n maer ridder nie

2790. *Servies* – 'n Ridder wat die josie in is

2791. *Servaas* – Voorsitter van die pottebakkersvereniging

2792. *Suspend* – 'n Ridder wat al sy geld op perde blaas

2793. *Sirkulasie* – Jakkals

2794. *Serfyn* – 'n Laventelhaan

2795. *Sirloin* – Agterstevoor koning van die oerwoud

2796. *Circumstance* – Ridder wat sy stoel vir 'n dame aanbied (You sit please? Sir come stands sommer ...)

2797. *Syrup* – Dooie Sir – Hy's op!

2798. *Bokser* – Springbokrugbykaptein

2799. *Kuikens* (Kykkuns) – Beeldende kuns ... of is dit 'n hoendertjie wat kan teken?

2800. *Lakens* – Goedkoop kuns, nie eintlik hoë kuns nie

2801. *Tekens* – Kunstenaar wat nie koffie drink nie. Of soos Don Leonard wat met turksvyblare skilder, skilder hy met teeblare

2802. *Mispel* – Verpleegster

2803. *Misgenoegd* – Dis die Kaap met mis oppie Berg

2804. *Mistiek* – Mejuffrou Gogga

2805. *Misrabel* – Mejuffrou Rusland ... O nee, dis Roebel!

2806. *Misdaad* – Soldoedie?

2807. *Mistas* – Mejuffrou Reisgenoot

2808. *Misgewas* – Verpleegster? (Sy het mis gewas ... hulle was jou mos vieruur in die môre. Dit was so donker, sy het mis gewas ...)

2809. *Misinterpretasie* – ...is oppie stasie

2810. *Misvat* – Kaapse Wynkoningin

2811. *Missiel* – Mejuffrou Sondagskool

2812. *Misdruk* – Mejuffrou Inryteater

## Wildtuin

2813. In die Etosha-wildtuin moes 'n wildbewaarder 'n nuweling gaan touwys maak en hulle sou dié aand in die veld slaap. Nou vertel hy hulle het kamp opgeslaan, die Boesmans het vuur gemaak en by die vuur gaan lê – hy ook, eenkant. Toe kom hierdie jong knaap met sy moderne slaapgeriewe te voorskyn. Hy en die Boesmans het verbaas gekyk toe hy 'n splinternuwe slaapsak uithaal.

"Wat is dit?" word daar gevra.

"Dit is my nuwe slaapsak. Kyk hoe werk hy: 'n Mens rits hom oop en rits hom toe, en rits hom oop en rits hom toe," vertel hy terwyl hy dit demonstreer. Die wildbewaarder het stilweg geglimlag toe die jong knaap ook in 'n pak rooi pajamas klim en homself in die slaapsak toerits.

Laat die nag het hulle gekom, soos hy verwag het – die leeus. Eers het hulle die Boesmans se voete geruik, toe nog voete gaan soek, maar net 'n gesig gekry wat bokant die ritssluiter uitsteek. Hieraan het die mannetjie begin lek. Toe ons jong vriend wakker word, kyk hy in die koning van die diere se bakkies vas.

Met 'n gil het hy die ritssluiter vasgegryp en hom probeer ooprits sodat hy kon uitspring, maar o wee, sy slaappak se kraag haak in die ritssluiter vas en hy kan nie uit nie. Die wildbewaarder vertel dat hy soos 'n groot duisendpoot, soos 'n larwe, of soos iemand wat sakresies met 'n leeu hardloop, homself op die skouers en tone van die vuur af weggewurm het. So groot was sy skrik en so vinnig sy vaart dat hy sy tone dwarsdeur die nylonsak gedruk het en toe soos 'n regte sakresiesman van die vuur af weggehardloop het.

2814. My oudste spruit was vier jaar oud toe ons die eerste keer Wildtuin toe gaan. Ek pak in en hy vra: "Mag ek my hond saamvat Wildtuin toe?"

Ek sê nee.

"Hoekom nie?"

"Die leeus sal hom vang."

Dis 'n goeie rede, dink hy. Die hond bly by die huis. Ons het tien dae gekuier en die dag toe ons uitry, sien ons 'n kameelperd oor die pad lê. Twee leeus is besig om ontbyt te eet. Op 'n goeie afstand is twee hiënas besig om moed bymekaar te skraap om darem ook ietsie te kry, maar drie jakkalse waag dit nader. Die leeuwyfie verwilder die jakkalse. Die hiënas benut die geleenthied, storm die karkas en gryp elkeen 'n stuk vleis. Die leeumannetjie brom kwaai.

En daar kom die vrae: "Hoekom gee die leeus nie vir die jakkalse en hiënas ook vleis nie?"

"Nee, die natuur werk nie so nie. Die leeus het die kameelperd gevang, dit is hulle s'n. Dit is die oorlewing van die sterkstes," sê ek met vaderlike wysheid.

Nou eers sien ons die aasvoëls wat ook nader wip.

"Vang die jakkalse hulle eie bokkies?"

"O, ja."

"En die hiënas?"

"Nie sommer nie, hulle is aasdiere, net soos die aasvoëls. Hulle wag vir die oorskiet."

"Hoekom vang die leeus nie die hiënas nie?"

"Leeus is vleisetende diere, hiënas en jakkalse is ook vleisetende diere. Leeus vang net grasvretende diere, soos die kameelperd hier."

"En 'n hond? Is 'n hond ook 'n vleisdier?"

Ek trap netjies in die strik: "Ja, 'n hond is ook 'n vleisetende dier."

"Nou waarom mag ek nie my hond saambring Wildtuin toe nie?" (Ja, hy is vandag advokaat.)

2815. Die pad slinger deur die mopanie. 'n Troupant wip van tak tot tak; 'n geelbekneushoringvoël krap met sy geelbekneus. Na die Lebomboberge se kant toe draai 'n paar optimistiese aasvoëls. 'n Vlakvark bid op sy knieë vir 'n sappige wortel. 'n Eekhorinkie skarrel teen 'n stam op en maak dan asof hy iemand anders is. Langs die pad versteen 'n steenbok.

In die pad lê 'n olifant se besoekerskaartjies.

Kleinboet hou langs een van hierdie bewyse stil, maak die motordeur oop, hou die agterkant van sy hand teen die mis:

"Pa, dis nog warm, hy moet hier iewers wees!" Hy ry katvoet deur die bospad aan die oewer van die Olifantsrivier.

"Wat maak so?" vra ek skielik. "Hou stil."

'n Nare geskreeu trek deur die bos. Afrika.

Kleinboet glimlag: "Hagedash hagedash."

"Shkiesh?" Pa maak altyd grappies.

"Die hadida. Hoor hoe roep hy: Ha-di-da ... ha-di-da!"

2816. Voor ons, in 'n lekkerbreek, sit 'n bruinarend. Hy sit nog, toe val hy af in die gras en 'n streepmuis byt in die stof. En die bruinarend byt die streepmuis. Verderaan peusel 'n maraboe aan 'n stuk aas.

"Eet hulle dan vleis, Pa?"

"Snaaks, ja, maar hulle het die aasvoëls begin na-aap. Vroeër net saad en bessies geëet."

"Hier is die mis weer. Ek wonder of hy diékant toe geloop het ..."

Hy hou weer stil. Voel: "Die mis is nog warmer ..." Lag: "Ons is warm op die spoor!"

Nou kuier ons tussen die bome deur; poësie op die tong: appelblaar ... buffeldoring ... dikbas ...drolpeer ... hardekool ... raasblaar ... sterkbos ... jakkalsbessie ... mkwakwa ... Dan is daar die voëls; swartoogtiptol ... kakelaar ... hoephoep ... katakoeroe ... wielewaal ...

En in die pad altyd maar die olifantmis.

"Wanneer sien ons dan die olifant, Pa? Ons sien net mis, Pa. Pa, moet ek die mis mis ry of moet ek die mis raak ry?"

"Nee, ry liewer die mis mis, want hier is baie toeriste wat nog die mis wil sien ..."

"Ek weet," glinster Kleinboet, "dit is *toerismis!*"

2817. Die aand om die kampvuur vertel die Boere van hulle ervaringe, en lieg oor die leeus.

'n Paar studente vertel dat hulle te laat die vorige aand daar aangekom het en dat hulle sommer voor die hek in die motor geslaap het. Lalie vertel hoe sy, vroeg die oggend, die geroep van moeder natuur beantwoord en 'n draai in die bos gaan loop het. Terwyl sy met hierdie natuurplig besig was, op haar hurke, natuurlik, kyk sy op en wonder: Watter snaakse boom is dit dié? Maar toe die boom twee duim na links beweeg, toe sal sy sien dit is nie 'n boom nie, dis 'n kameelperd se been!

"Ek raap my op en ek knyp en ek hol. Fanny Blankers-Koen is 'n mooi een! Ek spring hekkies oor die doringbome sodat die Springbok my dit nie kan nadoen nie, en dit met al my noodsaaklikste klere om my enkels!"

"Maar hoekom hol jy weg vir 'n kameelperd?"

Lalie bloos bekoorlik: "Dit ... dit was 'n mannetjie ... Ek was nie bang nie, ek was skaam!"

### Wilskrag

2818. Dis wanneer jy in die hoofstraat loop en dink aan die dinge wat jy nie wil koop nie.

### Wind

2819. Seuntjie: "Pa, weet pa alles?"

Vader: "Ja, my kind."

Seuntjie: "Nou ja, Pa, wat maak die wind as hy nie waai nie?"

### Wingerdgriep

(Sien ook prieelgriep, kromhoutkoliek of hanepootuit)

2820. Wingerdgriep is iets wat in 'n kop is wat nie die vorige aand gebruik is nie.

## *Winkels*

2821. Oom Willem was jare lank winkelier en vertel dat 'n Jood eendag by sy winkel inkom, na die vleis in die yskas kyk en met sy vinger na 'n stuk ham wys. "'n Pond daarvan, asseblief ..."

"Ham?" vra oom Willem.

Geskok kyk die Jood na hom: "Did I ask you to name it?"

2822. Die poetsbakker van die dorp sien dat die winkel alles by die meter verkoop. Hy stap toe in en vra 'n meter kondensmelk. Die winkelier trek nie 'n mond toe hy die blikkie oopmaak en 'n meter melk op die toonbank afmeet nie.

"Vyf sent," sê hy.

"Draai dit toe," sê die grapmaker.

2823. Hy het 'n Lodewyk XIV-bed gekoop, maar dit was te klein vir hom, toe het hy dit gaan verruil vir 'n Lodewyk XV.

2824. Hy was 'n goeie verkoopsman. Haar man is dood en toe verkoop hy aan haar 'n pak klere waarin haar man begrawe moet word. Nee, dit is nie so erg nie, maar die verkoopsman het haar 'n ekstra broek verkoop.

2825. Die man wat 'n klavier gekoop het, was agterstallig met sy paaiemente. Hy het dit op die *speel-terwyl-u-betaal-plan* gekoop.

Verkoopsman: "Hoekom betaal u so sleg?"

Koper: "Ek speel so sleg."

2826. Bestuurder (wys na 'n stompie op die grond): "Van der Merwe, is dit jou stompie?"

Van der Merwe: "Nee, Meneer, u het hom eerste gesien!"

2827. "Ek wil drie grassnyers koop, asseblief."

"Drie grassnyers! U het seker 'n baie groot grasperk?"

"Nee, maar ek het twee buurmanne sonder grassnyers."

2828. "Veronderstel jy verkoop skoene en 'n dame sê aan jou: 'Meneer, dink u nie my een voet is groter as my ander voet nie?' Wat sal jy sê?"

"Ek sal sê: 'Inteendeel, Mevrou, u een voet is kleiner as die ander een.'"

"Jy kan die werk kry!"

2829. "Hoeveel kos u agtrandskoene?"

"Vier rand per voet."

## *Wittebroodsdae*

2830. Die wittebroodsdae is verby wanneer hy huis toe bel om te sê hy gaan laat wees vir aandete en sy het reeds 'n briefie gelos om te sê dis in die oond.

2831. Hy: "As ek 'n miljoen rand gehad het, weet jy waar was ek dan?"

Sy: "Ja, dan was jy op ons wittebroodsdae."

2832. Konserwatief grootgemaak, Sannie. Ná haar troue is Ma baie nuuskierig hoe die wittebrood verloop het.

"Vertel, vertel!" moedig Mammie haar aan.

"Wel, Ma, die eerste aand het ons behoorlik konsert gehou – dit was 'n hele opvoering. So teen twaalfuur se kant het ons weer 'n opvoering gehou, en die volgende oggend agtuur nog een.

"Die tweede aand het ons vroeg gaan slaap, want Jan het die son met klippe gegooi, en ons het agtuur ons eerste opvoering gehou, nege-uur ons tweede, drieuur ons derde en sewe-uur ons vierde.

"Die derde aand het ons 'n kleedrepetisie gehou."

"Wat is 'n kleedrepetisie?" vra haar ma.

"Dit is dieselfde as 'n opvoering, maar niemand klap hande nie."

2833. Die bruidspaar is weg met wittebroodsdae. Tant Sannie hoor niks van haar dogter nie. Die buurvrou is later ewe bekommerd. "Het jy nog niks gehoor nie, Sannie?"

"Nie 'n woord nie. Hulle is al 'n week weg, ek het darem gedink sy sal bel."

Twee weke gaan verby. Nog niks nie. So aan die begin van die derde week, sê tant Sannie vir die buurvrou: "Sy het gebel! My dogtertjie het gebel!"

"Wat sê sy, Sannie?"

"Sy was so opgewonde, sy sê: 'Mammie, ons slaap al deur!'"

2834. Dis lekker om te sê: "Ek mag jou seker hierdie storie vertel, want Dominee het dit vir my vertel," al jok jy.

2835. Maar rêrig, hierdie een hét Dominee vir my vertel, persoonlik.

Die tweetjies is getroud en die natuur het daardie eerste aand baie goed vir hulle gesorg. Die volgende oggend, so teen tienuur se kant, staan hulle op en manlief sê: "Het jy al ooit saam met 'n man gestort?"

"Nog nooit nie," bloos die bruidjie.

"Nou ja, kom, ons gaan stort!"

Nou weet jy mos hoe maak 'n mens. So maak 'n mens: jy was haar en sy was jou. Dis toe wat sy so skamerig afkyk en vra: "Liefie, is dit ál wat ons oor het?"

2836. Wanneer is die wittebroodsdae verby? Wanneer die hond die pantoffels aandra en die vrou begin knor.

## Woede

2837. Daar word vertel van twee Alexander-broers wat baie, baie kwaad was vir mekaar as gevolg van een of ander grondtransaksie of boedel. Hulle was so kwaad dat hulle nooit met mekaar gepraat en mekaar nooit op die voorname genoem het nie. Jare lank het die broedertwis aangehou. Hulle plase het aan mekaar gegrens, en soos die toeval dit wou hê, was albei die dag besig om die grensdraad na te gaan. Nou stap die een op sy plaas, al met die draad langs, en kyk of daar nie fout met die draad is nie, en die ander een stap van die ander kant af. Baie noukeurig ondersoek hulle die heining, maar toe hulle weer sien, staan hulle van aangesig tot aangesig teenoor mekaar. Hulle kyk mekaar in die gesig en die bloed stoot op. Die een vat naderhand vlam en hy skreeu: "Moord!" en toe skreeu die ander een: "Bloed!" en so het hulle aangehou "moord" en "bloed" skreeu en weggestap van mekaar of tot by hulle onderskeie huise.

## Wonders van die wêreld

2838. Dit gebeur mos soms dat jy 'n meisiekind sien en jy kan net nie jou hande van haar afhou nie. Bêrend werk vir die een of ander Streeksdiensteraad en die eerste van die maand kom werk só enetjie daar.

Sy is gebou om te hou. Behalwe egte, blonde hare en blouselblou oë, het sy ook al die ander goeters op die regte plekke. (Toe die jong mediese student oor die voordele van moedersmelk moes praat, en een van sy argumente was: "... en dit kom in die mooiste houertjies ...")

Bêrend kyk na hierdie nuwe aanwins in hulle teeklub en bewonder die pragtige houertjies. Maar hy sien ook die diamant aan haar ringvinger raak: die meisiemens het gaan staan en verloof raak aan die een of ander simpel man!

Op die Kersfeespartytjie word almal se kêrels, mans en meisies en vrouens, ook genooi. So leer hulle mekaar ken.

Nou het Bêrend deur die jaar baie beter bevriend geraak met Dolly. (Toevallig is haar naam ook Dolly, ja!) Hy het al 'n paar keer met haar gedans, en haar probeer styf vasdruk, maar sy was baie daarop gesteld dat sy 'n verloofde meisie was, en sy hou nie van 'n los gevryery nie.

Maar Bêrend is 'n ou kalant, lank in die land, bietjie baard, maar klipsteenhard. Hy fluister in Dolly se oor: "Jy het die mooiste twee **** wat ek nog ooit in my lewe gesien het ..."

"Hoe weet jy?" terg sy.

"Ek het hulle getel!"

2839. So begin 'n mens mos maar: jy maak eers grappies, later keer jy die slagoffer aan. Dit is hoe Bêrend dit doen, soos volg: "Ek sal 'n duisend rand betaal as ek net aan hulle kan vat!"

Eers vererg Dolly haar, maar dan begin sy dink: hulle gaan trou, sy het nuwe gordyne nodig, 'n nuwe naaimasjien nodig, dalk 'n mikrogolfoond?

Toe sy later met haar verloofde dans, vertel sy van die grap wat Bêrend gemaak het. Haar kêrel dink nie dis 'n grap nie.

"'n Duisend rand sê jy?"

"'n Duisend rand."

"Dis baie geld, weet jy?"

Sy weet.

Hy dink aan die nuwe houtwerkmasjien wat hy wil koop.

"Hy sê hy wil net daaraan vat?"

"Net vat."

"Niks doen nie?"

"Niks doen nie."
"Net vat?"
"Net vat."
"Sê vir hom dis reg, maar dan moet hy dit sommer vanaand nog doen, want ons kan die geld goed gebruik."
Toe Dolly weer met Bêrend dans, druk sy stywer teen hom vas.
"Net vat?" vra sy.
"Net vat."
"'n Duisend rand?"
"'n Duisend rand."
"Waar sal ons gaan?"
"Wat van die brandkluis? Dis groot genoeg, net groot genoeg, en daar is 'n lig en die deur het 'n sleutel."
Hulle dans in die rigting van die brandkluis; Bêrend loer oor sy skouer, Dolly verken ook die wêreld oor sy skouer.
"Nou!"
Hulle glip in.
"Net vat?"
"Net vat."
"'n Duisend rand?"
"'n Duisend rand."
Sy spelle los. Bêrend staan daar en vryf sy hande, vryf sy hande. Sy mond begin kwyl.
Dolly loer skaam-skaam na hom toe: "Toe, vat nou, ek begin koud kry."
Bêrend vryf sy hande, bring hulle nader, totdat hy amper-amper raak, en kwylend sê hy: "Oeeeee, ek wens ek het 'n duisend rand gehad!"

2840. Nou is daar 'n vervolg op hierdie storie. Maar vir die waarheid daarvan kan ek nie instaan nie.
Nadat Bêrend hierdie twee wonders van die wêreld na behore bewonder het, sê hy: "Dolly, ek sê jou wat: almal weet ek het eintlik baie geld by Oupa geërf, ek wil die saak nou verder voer. Ek gaan jou sê wat ons maak: ek gaan nie aan jou vat nie, maar een aand, wanneer dit jou pas, gaan ons na my woonstel toe. Jy bly die hele nag daar en ek gee jou tienduisend rand."
Dolly se oë rek. Met tienduisend rand kan hulle die naaimasjien koop én die mikrogolfoond én die TV-stel vir die kamer, én nuwe gordyne!
"Tienduisend rand?"
"Tienduisend rand."
"Net één nag?"
"Nét een nag."
"Moet ek my verloofde daarvan sê?"
"As jy wil, maar miskien moet jy liewer niks sê nie."
"Miskien is dit beter," sug sy. "Dan sal ons *baie* diskreet moet wees." Bêrend weet nie mooi wat *diskreet* beteken nie, maar dit maak nie saak nie: as Dolly so sê dan is dit so.
Sy reël haar sake baie mooi. Haar verloofde moet vir 'n kongres Kaap toe, en dan sal sy een Saterdagaand vry wees.
"Saterdagnag," help Bêrend haar reg.
"Saterdagnag," sluk sy.
"Tienduisend rand?"
"Tienduisend rand."
"Kontant?"
"Kontant," sê Bêrend, wat nie in skuld glo nie.
"Mag ek die geld ... e ... vooraf kry?"
"Lyk my jy vertrou my nie," sê Bêrend.
"Nee, dis nie dit nie, dis net ... jy weet ... ek het my ou lief, en dit is net ... as ek die geld het ... of dit makliker sal wees, dit is dan half of ek die opoffering vir hóm doen ... jy weet!"
Bêrend weet. Bêrend belowe om die geld vir haar te gee net as sy daar aankom.
So gesê, so gemaak.
Dolly klop aan sy woonsteldeur, daardie Saterdagaand. Sy kyk benoud oor haar skouer. "Ek het 'n tassie in die kar, moet ek dit gaan haal?" fluister sy.
"Ek dink so," sê Bêrend, "maar kom eers binne, laat ons net die besigheidsdeel afhandel, dan vergeet ons daarvan en dan kan ons die aandjie geniet."
Dolly dink dis 'n uitstekende voorstel. Sy sluip in, haal die kopdoek af, haal die donkerbril af. Sy staan ongemaklik rond. Bêrend steek sy hand in sy sak en haal vyf tweerandnote uit.
"Hier is jou tien rand vir die aand," sê Bêrend.
"Tien rand? Tien rand? Jy het gesê tienduisend rand. *Wat dink jy is ek*?" vra sy woedend.
"Ons weet wat jy is, ons kibbel net 'n bietjie oor die prys," sê Bêrend.

2841. Hy: "My skat, jy is regtig die agste wonder van die wêreld."
Sy: "Dankie, en sorg net dat ek jou nie by die ander sewe vang nie."

## *'n Wooi*

'n Wooi is 'n Ware Mooi Verhaal

2842. 'n Vorige eerste minister het 'n baie deftige dinee aangebied. Op die spyskaart was daar verskeie soorte vleis, onder andere ook wildsvleis, en een van die wildgeregte was verkeerd gespel: ELANDDROL.

2843. 'n Bekende minister sit langs my vrou by 'n dinee en vertel hierdie staaltjie: 'n verkoopsman soek slaapplek en die boer sê jy kan by my dogter in die kamer slaap, maar op aparte enkelbeddens. Die boer strooi toe meel op die vloer tussen die twee beddens sodat hy die volgende môre kan sien of een van hulle in die nag oorgeloop het.

Skaars het hulle gelê of die boer se dogter psssst!

"Wie het so gepssssst?" vra die verkoopsman hoopvol.

"Dit was ek ... hoekom kom jy nie oor nie?"

"Maar hoe? Wat van die meel?"

"Kan jy nie paalspring nie?" vra sy en giggel.

"Ek kan!" sê die verkoopsman, "maar daar is net een probleem: hoe kom ek terug?"

2844. Juffrou Bettie sê sy hoor dit by een van die ouers. Die skool gaan 'n operette opvoer en klein Hernus glo dat hy die koning se rol gaan speel.

Elke dag dink hy positief en sê: "Ek gaan die koning wees! Ek gaan die koning wees!"

Later daardie week toe hulle die verskillende rolle toegewys het, sit klein Hernus baie ongelukkig op die agterste trappie.

"En toe," vra sy mammie, "is jy die koning?"

"Nee," sê klein Hernus dikbek, "ek is die fokkin parra!"

2845. Dokter Derek sê sy dogtertjie is vier jaar oud en is baie lief om die telefoon te beantwoord. Toe die foon lui en die man vra: "Is die dokter daar?" sê sy: "Nee, Pappa is by die hospitaal, besig met 'n appendektomie ..."

Baie verbaas vra hy of sy vir hom 'n boodskap sal gee. Sy sê ja.

Hy sê: "Sê vir jou pappie hy moet Koos Nel bel ..."

Sy sê: "Wag, ek kry net 'n potlood ..." en na 'n rukkie: "Wat was die naam nou weer?"

En hy antwoord: "Koos Nel ..."

Lang stilte en die dogtertjie van vier jaar vra: "Hoe spel mens dit nou weer?"

2846. Gerrie van Wyk het 'n radioprogram, Telephone Quiz, gedoen. So 'n bietjie gek geskeer met die luisteraars. Een keer skakel hy en die huishulp antwoord.

Hy sê: "Is mnr Siegfried Mynhardt daar?"

"Ek kan 'n boodskap neem?"

"Ja, sê vir hom hy moet die volgende telefoonnommer skakel ... het jy 'n potlood?"

"Ja."

"Skryf af die nommer ... is jy reg?"

"Ek is reg ..."

"Hier kom hy: 5 ..."

En dan herhaal sy elke keer die nommer: "Vyf ..."

"3 ... 7 ... 9 ... 0 ... 2 ... 3 ... 5 ... 7 ... 8 ... 5 ... 1 ... 9 ... 2 ... 6 ... 0 ... 3 ... 3 ... 6 ... 7 ... 9 ... 1 ... 4 ... 3 ... 6 ... 3"

Teen daardie tyd is die gehoor histeries, wie het al van so 'n lang telefoonnommer gehoor?

En toe vra sy: "Moet ek net die nommer gee?"

"Ja, het jy dit reg afgeskryf?"

"Ek het ..."

"Lees dit vir my terug."

"En sy begin: "5 ... 3 ... 7 ... 9 ... 0 ... 2 ... 3 ... 5 ..." en sy lees al 26 nommers terug. "Is dit korrek?"

"Dis korrek. Dis perfek!"

"Sê my, mnr Van Wyk, wanneer word dit op Telephone Quiz uitgesaai?"

Berge bedek my!

2847. "Wat is die grootste vlieënde soogdier?"

"Is dit nie 'n lugwaardin nie?"

2848. Eendag kom ek by 'n garage en ek wil petrol ingooi.

Die joggie vra: "Waar is die kaart?"

Ek vra: "Vat julle kontant ook ... want sien, ek het nie 'n kaart nie. Vat julle kontant?"

"Ek sal net die bestuurder gaan vra!"

### *Wrok*

2849. Ouderling Venter: "Ekskuus my, Meneer Smit, maar weet u dat u 'n vals halfkroon vanmôre in die bordjie gegooi het?"

Mnr Smit: "Ja, ek het nog 'n wrok teen die heidene, omdat hul 'n sendeling-oom van my opgevreet het."

### *Wilde pleknaamwoordeboek*

2850. Ma is dood – *Parow*

2851. Erger en erger – *Worcester*

2852. Die Britse koningin se man en 'n versekeringsbewys – *Philippolis*

2853. Die tuinimplement loop nooit nie – *Graaff-Reinet*

2854. Die oseaan werk nie – *Ceres* of *Zeerust*

2855. Minister van Buitelandse Sake stem in – *Bothaville*

2856. Eerste Minister soek diamante – *Premiermyn*

2857. Ma het 'n Engelse begrafnis gehad *Malmesbury*

2858. Het reeds gaan slaap – *Bethal*

2859. Visblik – *Barberton*

### *Wyn*

2860. Twee ou boere buite die dorp, het op 'n dag baie lus vir 'n doppie wyn. Hulle besluit toe ook hulle sal gou vir ou Klaas te perd met 'n briefie instuur dorp toe. So gesê, so gedaan. "Maar jy moet baie gou kom, Klaas," sê die een boer.

Nadat ou Klaas sowat twee uur weg was, sien een ou boer 'n perderuiter aankom. Dit moet nou ou Klaas wees, reken hy. Hy proe ook al hoe lekker smaak die wyn. 'n Rukkie later klop een aan die deur. Albei storm gelyk na die deur en maak oop, en hier staan ou Klaas.

"Baas! Waar isse hy die toom?" vra hy.

2861. Eens op 'n tyd toe treine nog onbekend was in die meeste dele van Afrika, moes 'n paar transportryers met 'n paar vragte wyn deur die Karoo. Dit was baie warm en die transportryers het begin lus kry om hul dors met die inhoud van die vate te les. Hul boor toe 'n paar klein gaatjies in 'n paar vate, en suig die wyn uit met rietjies. Daarna word die vate weer sorgvuldig met water gevul. Toe hul 'n paar dae lank op die wyse aangegaan het, word die voorman 'n bietjie onrustig en roep sy maats bymekaar.

"Kyk, kêrels," sê hy, "ons moet darem nie soveel drink nie; hul sal dit uitvind en dan waai ons vere. My voorstel is," vervolg hy, "dat ons so smôrens, en dan weer elfuur, na die middagete en saans so 'n bietjie drink, en dan so 'n bietjie tussenin as ons lus kry. Ek dink dis baie billik."

Sy maats het met hom saamgestem en met drie hoera's vir die voorman sy gesondheid gaan uitsuig.

2862. "Hier, Oudste, hier is vir jou 'n sopie. Dis van my beste wyn, twaalf jaar oud."

Oudste: "Ai, Meneer, maar hy is darem baie klein vir sy ouderdom."

# Z

## *Zoeloe*

2863. "Ek wil jou net laat verstaan dat my oupa in die Zoeloe-oorlog geveg het."
"O, hy het, het hy? Aan watter kant?"

## *Zola*

2864. Ek en Leon Schuster was eerste met dié een:
"Hallo, mag ek met Zola praat?"
"Zola Budd?"
"Ek sal wag."

## *My vrou Griet gered!*

Hier lê begrawe my vrou Griet,
In die hemel is sy;
Niet in de hel,
Dit weet ek wel. (Ag! Hoe dankbaar tog!)